Werner Kraus

Karl der Kleine
Geschichte einer Jugend

Werner Kraus

# Karl der Kleine

*Geschichte einer Jugend*

EOS-Verlag Erzabtei St. Ottilien
2002

*Meiner Frau und meinen Freunden,
ohne die dieses Buch nicht entstanden wäre.*

Bibliografische Information Der Deutschen Bibliothek

Die Deutsche Bibliothek verzeichnet diese Publikation in der Deutschen Nationalbibliografie; detaillierte bibliografische Daten sind im Internet über http://dnb.ddb.de abrufbar.

ISBN 3-8306-7134-2

© EOS-Verlag Erzabtei, 86941 St. Ottilien
http://www.eos-verlag.de

Ein kleiner Junge, der Karli Grob hieß und ein rundes Gesicht mit Sommersprossen hatte, stand am Fenster und schaute in den milchweißen Himmel hinauf, aus dem die Schneeflocken herunterkamen. Unzählige! Unzählige! Der Karli konnte schon bis zehn zählen, obwohl er noch nicht in die Schule ging. Also, mehr als zehn waren es auf jeden Fall.
Sie tanzten und torkelten umeinander und blieben manchmal sogar ein wenig in der Luft stehen, bevor sie sich, ohne den geringsten Lärm zu machen, auf das Fenstersims senkten, auf die Haselnußstauden, auf die Tannenhecke oder das Holzlegdach vom Bahnwärter Winzinger.

Der Karli starrte in den Himmel und wunderte sich. Die Flocken, die da aus der himmlischen Milchsuppe herunterschwebten, waren nicht weiß. Jeder Mensch weiß doch, dass Schnee weiß ist. Weiß wie die Leintücher, die die Mama immer so schön glattbügelte, oder weiß wie der Schlagrahm auf der Torte in der Auslage vom Konditor Forster.
Freilich, da, wo sich die Flocken sacht zur Ruhe legten, auf dem Fensterbankerl, der Tannenhecke und dem Holzlegdach, da war er schon wieder weiß, der Schnee, so wie es sich gehört. Aber aus dem Himmel herunter kam er grau, fast dunkelgrau manchmal.

Ja sowas! Der Karli verstand es nicht, und er drehte sich nach der alten Tante Emmi um, die am Herd stand und in einem Haferl rührte, und er fragte sie nach einer Erklärung für dieses Phänomen.

"Geh, Kaschperl", sagte die Tante Emmi, "freilich ist der Schnee weiß. Der schaut halt nur so dunkel aus, weil er vom Himmel herunterkommt."
"Wird der erst herunten weiß, der Schnee, Tante?"
"Nein, der ist auch im Himmel droben schon weiß!"
"Aber warum schaut er dann so grau aus?"
"Ja mei - fragst halt den Papa!"

Die Tante Emmi konnte zwar den besten Apfelstrudel von der ganzen
Welt machen, aber das war keine erschöpfende Auskunft.
Und weil der Karli in einem Alter war, in dem ein Bub den Drang hat, alle Geheimnisse dieser Welt zu entschleiern, ein Humboldt, ein Newton, ein Kapitän Cook in einer Person, fragte er am Abend seinen Vater, wie das nun eigentlich wäre mit den grauen Schneeflocken, denn der Papa, der wußte alles, einfach alles. Bis jetzt jedenfalls. Und der Vater enttäuschte ihn nicht, er wußte es tatsächlich.
"Also, das ist so," sagte er und legte seine Pfeife vorsichtig in den Aschenbe-

cher. "Wie wir eine Sache sehen, das hängt auch immer von dem ab, was drum herum ist oder davor oder dahinter."

Er nahm eine der weißen Hühnerfedern, die in einem alten Zinnbecher darauf warteten, von ihm zum Pfeifenputzen missbraucht zu werden, und dozierte wie folgt:

"Schau, Karli, wenn ich die Feder unter die Lampe lege, wo das ganze Licht drauf fällt, dann ist sie schön weiß, und wenn ich sie davor halte, siehst du, dann ist sie fast schwarz. Genauso ist's mit den Schneeflocken. Vor dem hellen Himmel sind sie dunkel, und vor dem Winzinger seiner braunen Holzlegwand, da sind sie wieder schön weiß.

Und wenn du ganz genau hinschaust, dann merkst du, dass der Schnee eigentlich nie ganz weiß ist. Im Schatten, da ist er oft blau oder grün, und wenn die Sonne am Morgen oder am Abend so wunderschön rotgolden auf- oder untergeht, dann schenkt sie auch dem Schnee etwas von ihren herrlichen Farben."

"Und zwischen die Bahngleis, da is er manchmal sogar ganz schwarz oder gelb oder braun!" unterbrach ihn der Karli prosaisch.

"Ja," sagte der Vater, "aber das kommt von etwas anderem."

"Und gell, Papa, so ganz richtig schneeweiß ist dann eigentlich nur dem Konditor Forster sein Schlagrahm?"

Ein hoffnungsvoller Hintergedanke schwang in dieser Frage mit, der Vater jedoch schien das glatt überhört zu haben und redete weiter:
"Mit den Leuten ist's so ähnlich wie mit dem Schnee. Es kommt immer drauf an, vor welchem Hintergrund und in welcher Umgebung wir sie sehen. Unter lauter Gescheiten fällt ein Depp viel mehr auf als unter lauter Deppen. Und unter lauter Deppen fällt ein Gescheiter natürlich auch auf. Aber nicht angenehm.

Und wenn es nur gute Menschen gäb, dann wüsste man gar nicht, was in Wirklichkeit ein guter Mensch ist. Das wär doch auch nichts, oder? Und unter lauter schlechten Leuten ist ein Lump auch nichts besonderes mehr. Drum fallen heutzutage eh nur noch die ganz großen Lumpen auf."

Solcherart schweifte Karlis Vater von den kleinen, zarten Schneeflocken zu den großen Lumpen ab. Von den Naturwissenschaften zur Philosophie, sozusagen.
Der Karli konnte ihm bei diesen gewagten Geistessprüngen noch nicht ganz folgen, aber er wusste trotzdem, dass der Papa natürlich recht hatte.

Der gab seiner Pfeife Feuer, ließ eine herrliche blaue Wolke unter die Schreibtischlampe ziehen und sagte:
"Die Kontraste machen das Leben aus, nur die Kontraste! Weißt du, was ein Kontrast ist?- Ich will`s dir sagen. Den Unterschied zwischen hell und dunkel, gut und schlecht, kalt und heiß, süß und sauer, den heißt man Kontrast."

Der Karli hatte es begriffen, und er dachte, dass der Schokoladenguß auf den Mohrenköpfen vom Konditor Forster einen schönen Kontrast zu dem weißen Schlagrahm macht.


Der alte Oberlehrer hatte eine komische Angewohnheit: Er hakte die Daumen in die Armlöcher seiner Weste, schritt die Bankreihen auf und ab und redete mit sich selber.
Die Erstklassler spitzten jedesmal ihre sehr unterschiedlich gereinigten Ohren, um zu hören, was der Herr Oberlehrer denn da redete, aber keiner hat es je herausbekommen, keiner! Denn was weiß so ein Murnauer Erstklassler schon von Goethe, Shakespeare oder Hölderlin? Und Verse dieser Poeten waren es, welche der alte Herr sich selbst vorrezitierte.
Mit den Buben seiner Klasse hat er natürlich schon auch geredet. Freilich nicht so klassisch, mehr Gebrauchsdeutsch, sonst wären ja die ungefähr fünfzig Jahrgänge, mit denen sich der alte Lehrer im Laufe seiner Dienstzeit abgeplagt hat, samt und sonders Analphabeten geblieben.

Eigentlich ist der Karli ganz gern in die Schule gegangen. Besonders von dem Tag an, als der Herr Schulrat da war. Ein mächtiger Mann, auch was seine Statur betraf. Auf der Nase trug er so einen spaßigen Zwicker mit einem schwarzen Bandl dran. Das war schon 1929 nicht mehr ganz modern. Und manchmal rutschte ihm der Zwicker von der Nase, wurde von dem Bandl aufgefangen wie ein abgestürzter Kletterer vom Seil und baumelte dann vor dem gewaltigen Überhang seines Bauches hin und her.

Nachdem sich der Herr Schulrat von dem hohen Bildungsstand der Klasse, was Schreiben, Lesen und Rechnen betraf, überzeugt hatte, sollte was gezeichnet werden. Blätter, Buchen- Ahorn- und Eichenblätter.

Auf den glatten Rückseiten der Schiefertafeln kratzten und quietschten die Griffel, hastig angefeuchtete Finger radierten in den Kunstwerken und Blicke auf die Nachbartafel wurden mit erhobenem Ellbogen unwillig abgewehrt. Ein aufgeregtes Schaffen überall.

Nur der Karli war die Ruhe selbst. Mit genialem Griffelschwung zeichnete er die verschiedenen Blätter, ruckzuck, fast ohne abzusetzen. Sowas war doch für ihn kein Problem!

Da machte hinter ihm jemand "mhmm, mhmm!" Und es klang durchaus anerkennend. Das war der Herr Schulrat. Und dann hörte er, wie der Herr Oberlehrer sagte:
"Das ist der Karli Grob, der ist recht begabt und auch sonst einer von meinen Besten."
Solches rann dem Gelobten natürlich in die Seele wie Nektar und Ambrosia, und zwei Dinge haben bei dem Karli Grob von diesem Tag an gewaltig zugenommen: Die Sympathie für den alten Oberlehrer und die Hochachtung vor sich selbst!

Allerdings das letztere, die Hochachtung vor der eigenen, zirka hundertfünfzehn Zentimeter hohen Person, bekam sehr bald einige Sprünge. Heute würde man sagen: Frust zog auf.
Und da dran war der Geiger Sepp schuld. Der raufte nämlich gern. Der Karli hingegen hatte es lieber harmonisch. Er war schließlich ein Mann des Geistes, ein Künstler, der wo sogar vor dem Herrn Schulrat offiziell belobigt wurde.
Und als er ein paar Tage später zwischen den Buchenhecken des Friedhofweges seiner Mittagssuppe entgegenstrebte, wartete der Sepp am Utzschneider seinem Gartentürl auf ihn und fragte: "Megst was?"

Der Karli wollte natürlich nichts vom Sepp, außer in Ruhe gelassen werden, und das sagte er ihm auch mit aller gebotenen Höflichkeit. Denn es muß zugegeben werden: Der Karli hatte richtige Bollen vor dem Sepp.

Nach den üblichen Eröffnungszeremonien, die aus gegenseitigem Rempeln und der mehrfach wiederholten Frage, ob der andere was möchte, bestanden, begann der Kampf. Wie schon befürchtet, ging er für den Karli nicht besonders gut aus. Der Sepp hatte eine mordsmäßige Kraft, und der Karli war halt die meiste Zeit der Untere.
Der Chorregent Heuberger beendete durch beherztes Einschreiten und vermittels seines geschickt benutzten Hacklsteckens das Duell, und der Karli ist ihm heute noch dankbar dafür. Die Wunden der Schlacht trägt ein Mann wie einen Orden, aber die Schmach der Niederlage ist es, was wirklich schmerzt.

In den folgenden Tagen gingen die Kämpfe für den Karli noch zweimal verloren, aber die vierte Rauferei machte alles wieder gut. Da kriegte der Karli den

Sepp zufällig so in den Schwitzkasten, dass der ganz blau wurde, und dann, als die Gegenwehr schon etwas nachließ, nahm er die feuchte Feindnase zwischen Zeige- und Mittelfinger der linken Hand und zwickte zu.

Das Wehgeschrei des Gegners war Balsam für Karlis wunde Seele. "Sag Gnade!" keuchte er dem Sepp ins Ohr und zwickte noch fester zusammen. Gern hat der Sepp bestimmt nicht um Gnade gewimmert, aber so eine eingezwickte Nase tut halt weh.

Natürlich nicht sofort, aber etliche Zeit später sind die beiden dann noch ganz gute Spezln geworden.

Der Heinz war Karlis Lieblingsvetter, denn es gab keinen anderen, und er freute sich immer sehr, wenn der Heinz mit seinen Eltern in den Ferien zu Besuch kam. Besonders die Tante, dem Heinz seine Mutter, wurde vom Karli heiß geliebt, denn sie stammte aus Bern und brachte immer eine große Tafel Schweizer Schokolade mit. Das war schon eine Sache, damals!

Nun darf man aber nicht glauben, dass der Karli Grob nur ein krasser Materialist war, bei dem sich alles hauptsächlich ums Essen drehte. Er war halt ein kleiner Bub in einer Zeit, in der eine Tafel Schokolade durchaus nicht zu den Alltäglichkeiten gehörte.

Die gegenseitige Zuneigung der zwei Buben war echt und ehrlich, bewegte sich aber in Intervallen. Zwei Tage Max und Moritz, zwei Tage Kain und Abel sozusagen. Und ausgerechnet an so einem Kain-und-Abel-Tag wurden sie von ihren Müttern in nagelneue weißeMatrosenanzüge gesteckt. - Keine Widerrede! Es war schließlich Pfingstsonntag.

Diese elegante Gewandung wurde von den beiden Vettern zutiefst gehasst, denn so eine nordische Uniform war eines Bayern unwürdig, darin waren sie trotz des Kain-und-Abel-Tages absolut einer Meinung. Weiß auch noch! Man war einfach kein freier Mensch in so einem Gewand! Und an den Hosenbeinen rechts und links waren auch noch je vier Knöpfe angenäht, bloß so. Völlig sinnlos!
Das schartige Taschenmesser vom Vetter Heinz entfernte den modischenFirlefanz umgehend und die lieben Mütter bemerkten das Fehlen dieser Zierde nicht einmal! Ein weiterer Beweis dafür, wie überflüssig solche Knöpfe waren.

Man wanderte unter der strahlenden Pfingstsonne hinaus zu einem ländlichen-Gasthof in der Umgebung. Die dunkelblauen Mützenbänder flatterten lustig im Frühlingswind, aber das war auch das einzig Lustige an den beiden Matrosen.

Selbst die in goldener Schrift auf die Stirnseite gestickten Namen "SMS Königsberg" und "Kreuzer Emden" vermochten es nicht, etwas wie Stolz in den zwei Knaben zu erwecken, denn der Hauch der Geschichte hat sie damals noch nicht umfächelt.

Kein Jägerstand durfte erklettert werden, in keinen Stadel durften sie schlupfen, durch keinen Bach waten oder gar mit trockenen Mistbollen aufeinander schmeißen, denn sofort erschollen die schrillen Warnrufe der Mütter und die etwas dumpferen Drohungen der Väter.

Zu dem Gasthof gehörte auch ein Sandkasten, in dem liebe Kinder backe - backe - Kuchen spielen konnten. Den kleinen Spaten, der darin steckte, benutzte der Karli sofort, um seinem Cousin eine Handvoll feuchten Backmaterials ins Genick zu schlenzen. Das war nicht schlimm, aber als Ouvertüre zu einem Heldendrama genügte es.

Der Heinz bekam eine Wut, entriß dem kleineren Vetter den Spaten und jagte ihn in die Flucht wie weiland der rasende Achill den Hektor. Die wilde Jagd ging um das Gebäude herum. Hintenhinaus war der Stall und der Misthaufen und die Odellacke. Und hinter dem Misthaufen stellte der Karli dem Heinz ein Bein.

Das war keine große Tat, eher ein Akt der Verzweiflung. Ein Schrei, ein sattes Platschen, und oben auf der Brühe schwamm eine Matrosenmütze mit der Aufschrift: "Kreuzer Emden"!

Als die Schrecksekunde vorbei und der Vetter aus dem Odel heraus war, gab es einen Kampf. Der war nicht lang, aber blutig. Zum Glück war es nur ein kleiner Kinderspaten, um den es ging, doch für einen drei Zentimeter langen Schmiss auf dem Karli seinem Hinterkopf war er gut genug.

Das Rot kontrastierte herrlich zu dem Weiß des Matrosenanzugs, und weil die beiden soviel Blut auf einmal noch nie in ihrem Leben gesehen hatten, packte sie das nackte Entsetzen, und wie aus einer Kehle brüllend suchten sie als braunweiß-rotes Heldenpaar die Fittiche ihrer überglücklichen Eltern auf. Ein Gutes hatte es: Die Matrosenanzüge blieben seitdem verschollen.

Den weitesten Schulweg in der Klasse vom Karli Grob hatte der Jackl. Der war in Lothdorf zu Hause, einem Weiler, etwa eine Stunde von der Schule entfernt. Das galt allerdings nur für den Sommer, denn im Winter - und dazumal gab es noch Winter mit viel Schnee - dauerte der Marsch zu den Quellen der Bildung um etliches länger.

Der schmale Fahrweg zwischen Lothdorf und Froschhausen war oft nicht zu sehen, und der pferdebespannte Schneepflug räumte höchstens die Murnauer Hauptstraße. Wenn tags zuvor so ein langer Bauernschlitten mit Streu oder Holz, eine sogenannte Schloapfn, gegangen war, dann hat der Jackl schon Glück gehabt, weil er doch nicht gar so tief eingesunken ist, nachdem Ross und Schlitten eine feste Spur gemacht hatten.

Eine Sternstunde war es gar, wenn er auf so einem Luxusgefährt aufsitzen konnte, weil es sich zeitlich so traf. Aber das kam selten genug vor, und so stapfte er denn meistens einsam dahin mit seiner Wollmütze und dem Lodenumhang über dem Schulranzen. Eine kleine, schwarze, wandelnde Glocke in der Winterlandschaft.

Jetzt braucht aber niemand zu glauben, dass irgendeiner in Karli Grobs Klasse den Jackl bedauert hätte. Das Gegenteil war der Fall! Beneidet wurde er!

Schließlich genoss er einige Privilegien, die er nur seinem langen Schulweg zu verdanken hatte. Er durfte zur Winterszeit als einziger eine halbe Stunde zu spät kommen, ohne dass es Krach gab oder Tatzen. Und manchmal, wenn der Herr Oberlehrer einen guten Tag hatte und die letzte Stunde Singen war, dann konnte es schon passieren, dass er zum Jackl sagte: "Schaug, dass d` hoamkommst!"

An Tagen, an denen es so kalt war, dass der Winter schwungvolle Eisblumen an die Fenster gemalt hatte, kam der Jackl wirklich wie eine Glocke in die Schule. Seine Lodenkotze war so gefroren, dass sie ganz starr von ihm wegstand. An Nase, Haar und Mütze glitzerte das Eis, und der Karli meinte, gleich müßte er anfangen, Bimm-Bamm zu machen, der Jackl.

Der alte Oberlehrer aber ließ ihn an den mächtigen grünen Kachelofen hinstehen zum Auftauen. Der kleine See, der sich alsbald am Boden bildete, wurde, was seine Ursache betraf, von den anderen Kameraden höhnisch missdeutet. Der Karli Grob allerdings hat sowas vom Jackl nie geglaubt, denn den hat er heimlich immer bewundert, weil er im Schulgarten von einem Baum auf den anderen hupfen konnte wie ein Aff. Und weil er vor keinem Angst hatte, vor gar keinem und vor nichts! Dreiundvierzig ist er im Kaukasus gefallen.

Eines Wintertags, als der Schnee so hoch lag, dass der Karli zu Hause vom ersten Stock aus in das weiße Gebirge hinunterhupfen konnte, das der Schneepflug und die Gemeindearbeiter aufgetürmt hatten, da hat niemand damit gerechnet, dass der Jackl kommen würde, aber er kam. Und zwar mit Schi!

Das war eine Sensation, denn so selbstverständlich waren Schi damals nicht.

Nur drei oder vier Privilegierte in Karlis Klasse hatten solche Brettln. Der Jackl kam aus einem kleinen Bauernhof und war natürlich alles andere als ein Privilegierter.

Seine Schi waren ja auch das Archaischste, das man sich denken konnte, denn sein Vater hatte auf zwei alte Fassdauben das Oberleder ausgedienter Arbeitsschuhe als Bindung genagelt, und dahinein konnte der Jackl mit seiner erheblich kleineren Schuhnummer schlupfen.

Die Schistöcke bestanden aus zwei Haselnussprügeln mit Blechdeckeln von Konservenbüchsen als Schneeteller unten dran. Also alles in allem eine genial einfache Sache, ohne die aber der kleine Jackl in dem tiefen Neuschnee glatt ersoffen wäre.

Was würde wohl heutzutage in den Zeitungen stehen, wenn man einem Siebenjährigen einen solchen Schulweg und solche Schi zumuten würde?

Damals sind die Leute aber nicht zimperlich gewesen, denn es war eine arme Zeit.


Der Karli Grob hat nie Hunger leiden müssen, und sein Pausebrot war ihm sicher, wenn auch manchmal nur "die frische Resi" drauf war. Aber die Hälfte seiner Klasse hatte um zehn Uhr, wenn sie in den Schulhof hinunter durften, nichts zum Beißen dabei. Einige konnten sich an keinem Tag satt essen und hatten ständig Hunger.

Die glücklichen Pausebrot-Kauer wurden dann von den unfreiwilligen Fastern oft angehaut: "Geh, lass ma halt a Bröckerl übrig!" Nicht alle kamen dieser Bitte nach, aber die mehreren schon.

Im Herbst, da war es natürlich etwas besser, denn da ließ der liebe Gott das Pausebrot in Form von Äpfeln, Birnen, Zwetschgen und Nüssen an den Bäumen reifen. Zwar gelangten diese Gaben der Natur nicht immer auf ganz legale Weise in die Jacken- und Hosentaschen der Buben, das muß zugegeben werden, aber die Äpfel sind jedenfalls nicht zentnerweise verfault wie heutigentags.

Der Karli und seine Freunde zeigten sich gegenseitig die vom vielen Walnuß-Aufmachen braun gewordenen Hände vor. Je brauner die Finger, desto erfolgreicher war der Nußdieb.


Bis weit in den Herbst hinein sind etliche von der Klasse noch barfuß herumgelaufen. Schuhe waren teuer. Und wenn es dann so kalt wurde, dass mit der

Barfußlauferei ein Ende sein mußte, dann wurden die vielgeschundenen, zerkratzten Bubenbeine von dicken Wollstrümpfen erwärmt, die so oft gestopft waren, dass sie beinahe aussahen wie die Knieschützer von einem Eishockeyspieler.

Der Simon war ein ganz ruhiger, fast schüchterner Bursch, groß und schlank mit blonden Haaren und einer Frisur Marke "Hausschnitt". Der sagte zwar nie etwas, aber der Karli teilte seinePausebrotzeit oft mit ihm.
Er hatte den Simmerl gern, weil man mit ihm über alles reden konnte. Der war nicht dumm. Manchmal hat der Karli nach der Schule lieber einen Umweg gemacht und ist mit dem Simmerl gegangen, weil sie sich irgendetwas Interessantes zu erzählen hatten.

Dabei hat er auch öfter den Vater vom Simon gesehen. Er saß meistens in einem alten Korbstuhl vor dem Haus und war so mager, dass der Karli zuerst ganz erschrocken ist. Sein Gesicht hatte eine Farbe wie Mutters Fensterleder, und die großen Zähne hat man ganz stark gesehen. Er hat auch dauernd so leise vor sich hingehustet, aber er war immer freundlich, und manchmal hat er sogar einen Witz erzählt.
Später hat der Simon dem Karli gesagt, dass sein Vater nicht mehr arbeiten kann und wahrscheinlich auch nie mehr gesund wird, weil er Giftgas in die Lunge bekommen hat. Neunzehnhundertachtzehn an der Somme. Das ist in Frankreich.
Und im September ist der Simmerl einmal nicht in die Schule gekommen, weil die Beerdigung von seinem Vater war. Durch das offene Schulzimmerfenster hat man gehört, wie sie drüben auf dem Friedhof"Ich hatt' einen Kameraden" gespielt haben, und der Böller hat dreimal gekracht, dass die Scheiben klirrten. Da lässt sich der Veteranenverein nicht lumpen.
Der Karli wusste aber selber nicht genau, warum er auf einmal so traurig wurde und woher die zwei nassen Flecken auf seiner Schiefertafel kamen.

Den Lehrer Hoffmann haben die Dritt- und Viertklassler gut leiden können, denn er war eines jener seltenen Exemplare von Erwachsenen, die nicht vergessen haben, daß auch sie einmal kleine Buben waren. Und was ein Neunjähriger liebt oder hasst, das hatte er noch so ungefähr im Kopf, der Lehrer Hoffmann.
Aber nicht nur dadurch war er seinen Kollegen weit voraus. Er besaß auch ein Motorrad! Nicht so ein Schnauferl mit Keilriemenantrieb, wie sie damals üblich waren, sondern eine echte Harley-Davidson. Mit vier Zylindern. Ein Stier von einem Motorrad!

Und wenn der vierzylindrige Stier im Schulhof gestanden ist, olivgrün, mit blitzenden Chromteilen, dann sind der Karli und seine Kameraden in der Pause darumherumgewurlt, haben alles befingert und mit wichtigen Mienen gefachsimpelt: "Des is a Englische, weil`s Dafidsohn hoaßt!" - "Vier Zylinder hat`s!" - "Des siehgt doch jeder, du Depp!" - "Anderthalb Liter hat`s." - "Im Tank?" - "Naa, in die Zylinder!" - "Des bedeut`, daß die so groß san, wia drei Halbekrüagl, die Zylinder." - "Aha!"

"Hundertsechzge geht`s." - "Ja, am Tacho!"

"Mei Papa sagt, die braucht viel Benzin und haut oan Meter Feuer naus, aus`m Auspuff, wenn er Vollgas gibt, der Hoffmann." - "Dei Papa hat ja net amoi a Fahrradl, was versteht denn der davo?" - "Mehra scho, wia der dei!"

So etwa diskutierten die Sachverständigen, bis der lästige Unterricht weiterging. Aber so lästig war der Unterricht dann gar nicht mehr, denn der Lehrer ist an der Tafel gestanden und hat gefragt:
"Wer von euch weiß denn, warum so ein Motorrad eigentlich geht?"
"Des geht überhaupts net, des fahrt!" hat der Karli vorwitzig hinausgerufen. Der Hoffmann hat gelacht und gesagt: "Recht hast, du Lausbua!" Und er wiederholte seine Frage, diesmal korrekt:
"Also, wer weiß, warum so eine Maschin` fährt?"

Die Antworten schwirrten nur so um ihn herum, wie Vögel um ein Futterhäusl:
"Weil ein Benzin hineinkommt!" - "Und ein Öl!" - "Und weil`s einen Auspuff hat!" - "Ja, und so Dings, wo immer so auf und ab gehen!" - "Und auch einen elektrischen Strom hat`s, der wo innen drin Funken macht!" - "Und a Ketten und so Zahnradl!" - - - "Und a Hupen." sagte der langsame Walli abschließend. Und alle lachten.

Der Herr Lehrer lächelte auch und meinte, dass jeder recht hätte mit dem, was da aufgezählt wurde, dass diese Teile aber auch in derrichtigen Weise zusammenwirken müssten, damit so ein Motor funktioniert.

Und er zeichnete alles mit einfachen Strichen auf die Tafel: Vergaser, Zündung, Zylinder, Kolben, Pleuelstange und Kurbelwelle. Die ganze geniale Harmonie technischer Elemente, die es den Menschen erlaubt, immer schneller zu werden - und immer fauler.

Keiner in der Klasse fand das langweilig, und im Prinzip hat jetzt jeder gewußt, warum ein Explosionsmotor so heißt.

Der Karli aber kam an diesem Tag mit dem sicheren Gefühl nach Hause, zumindest der Mutter und der Tante Emmi auf einem weiteren Wissensgebiet haushoch überlegen zu sein.

Dass die Zeiten schwer waren und die Menschen voller Sorgen und Aggressionen steckten, das weiß jeder, der sie erlebt und noch nicht ganz vergessen hat. Warum es so war und sein musste, darüber haben inzwischen schon viele gelehrte Geschichtsforscher und Politiker zentnerweise Papier verschrieben. Die große Welt hatte riesige Probleme und die kleinen Leute waren es halt, die dann am Ende diese Probleme wie einen schwarzen Peter in ihren unmanikürten Händen hielten.

Die Jugend war bestimmt nicht unglücklicher als heute, von gelegentlichem Kohldampf einmal abgesehen.
Wohlstandsneurotiker hat es jedenfalls keine gegeben, und das war auch etwas wert.

Der Karli Grob und seineAltersgenossen hatten damals natürlich Wichtigeres im Kopf als Young-Plan, Notverordnungen oder Kabinettsumbildungen. Zehn gewonnene Schusser waren ein Erfolgserlebnis, zehn verlorene konnten einem den Tag versauen. So war das.

Aber es ließ sich nicht vermeiden, dass die Spannungen dieser Jahre auch in die Schulzimmer hineingerieten und die politischen Richtungen, denen die Väter zuneigten, haben natürlich meistens auch die Herren Söhne vertreten. Das hörte sich dann so an:
"Hitlerbubi, Hitlerbubi!" - "Kommunistenlump!" - "I wähl an Hindenburg, i bin a Sozialdemokrat!" - "A Demokrattler bist!" - "Heil Moskau!" - "Mei Papa sagt, wenn ma net Bayerische Volkspartei wählt, dann kemma die Preißn und erobern uns!" - "Die Preißn traun si des nia, die kriagaten saubere Prügel!"

In dieser scharfsinnigen Form wurden in Karli Grobs Klasse damals die politischen Probleme durchdiskutiert.

Von den sechseinhalb Millionen Arbeitslosen, die es zu jener Zeit in Deutschland gegeben hat, sind acht oder zehn Mann immer vor der Maria-Hilf-Kirche gestanden, haben geredet und manchmal zusammen an einer Zigarette geraucht. Die ging reihum, und jeder konnte dann zwei oder drei Züge machen, bis sich der letzte an der winzigen Kippe die Finger verbrannte.

Ab und zu kam einer von denen in den kleinen Tabakladen zu Karlis Mutter, legte ein Fünferl in den Zahlteller und nahm dafür zwei "Zuban" in Empfang.

"Acht Mark siebzig Tageskasse waren`s heute", sagte dann am Abend die Mutter zum Vater. Und sie sah nicht glücklich aus dabei. Aber der Karli dachte bei sich, daß dies doch ein Haufen Geld wäre.

Unter den Arbeitslosen war einer, der auf den Karli einen starken Eindruck machte, weil er meistens ein feuerrotes Hemd anhatte und schwarze Knickerbocker und kurze Schaftstiefel; damit sah er natürlich ganz anders aus als seine Spezl.
"Des is a Kommunist!" raunten sich die Buben zu, und allgemein nannte man ihn den Roten Ottl. Es hieß auch, daß er schon oft mit denen von der SA gerauft hätte.
Wie dann der Hitler an die Macht kam, ist der Rote Ottl verhaftet worden.
Später aber wurde erzählt, dass er im spanischen Bürgerkrieg bei der internationalen Brigade war.
Nach Murnau kam er nicht mehr zurück.

An einen Nachmittag im Februar kann sich der Karli noch gut erinnern. Trotz des trüben Wetters waren viele Leute unterwegs. Ziemlich viel Schnee ist auf der Straße gelegen, denn damals sind im Winter nur wenige Autos durch den Ort gefahren. Ein Trupp Männer in grauen Uniformen und mit Schirmmützen marschierte den Untermarkt hinunter zum Gasthaus "Traube".
Die Mutter schaute zum Fenster hinaus und sagte: "Das sind die vom Reichsbanner, ich glaub`, die Sozi haben heute eine Versammlung beim Kirchmeier."

Da trieb die Neugier den Karli auf die Straße, denn irgendeine Spannung ist in der Luft gelegen. Ein Neunjähriger spürt sowas gleich.

Ins Gasthaus "Traube" sind noch immer viele Leute hinein. Lauter Männer natürlich, denn die Frauen reagierten in diesen Jahren ihre Emotionen mehr auf privater Ebene ab.
Ein paar von denen, die da zum Kirchmeier hineindrückten, hat der Karli gekannt. Sozi waren es nicht alle, denn einige hat er früher auch schon in der brau-

nen Hitleruniform gesehen, da war er sich ganz sicher, aber er dachte sich natürlich nichts dabei.

Jedesmal, wenn die Eingangstür zur "Traube" aufgegangen ist, kam ein Schwall von Stimmen und eine Wolke von Tabaksqualm heraus. Sonst war aber nichts los, und darum trollte sich der Karli langsam wieder nach Hause. Aus alter Gewohnheit schaute er sich noch die Bilder im Kino-Schaukasten an.

Ein Film mit der Pola Negri ist gelaufen, aber dem Karli war das eigentlich egal. Er konnte eh nicht ins Kino gehen, denn erstens war er zu jung für die Pola Negri, und zweitens hatte er kein Geld.

Auf einmal ist drüben beim Kirchmeier ein fürchterliches Gebrüll gewesen. Fensterglas ist auf das Trottoir geklirrt, und Holz hat man splittern hören. Leute sind aus den Fenstern gesprungen oder gefallen, und auch aus den beiden Türen sind sie schreiend und wild mit den Armen fuchtelnd herausgestolpert.

Der Karli hat zuerst gedacht, es brennt, aber dann hat er gehört, wie die Nachbarin mit ihrer schrillen Stimme zur Mutter hinaufgerufen hat: "Beim Kirchmeier raffas, beim Kirchmeier raffas! Mei, die schlag'n si alle tot!"

Mit Schauder und Faszination hat der Karli zugeschaut, wie sie noch auf der Straße aufeinander eingeschlagen haben. Da sind aber schon die ersten blutüberströmt an ihm vorbeigelaufen. Manche hatten die Hände an den Kopf gepreßt und zwischen den Fingern ist es ganz rot herausgekommen. Der Karli hat gedacht, dass er voriges Jahr an Pfingsten wahrscheinlich auch so ähnlich ausgesehen hat. Immer mehr Verwundete sind über die Straße gerannt oder gehumpelt und im Hausgang vom Dr. Nigler verschwunden, denn das war der nächste Arzt.

Mei, war das aufregend! Aber da hat leider die Mutter den Karli drüben stehen sehen. Sie winkte heftig und hat laut gerufen, er solle sofort heraufkommen, - aber sofort! Und weil er ein folgsamer Knabe war, kam er dem mütterlichen Wunsche ohne Murren nach. Warum auch nicht, denn daheim hatte er ja einen bequemen, erstklassigen Fensterplatz.

Inzwischen hatte sich quer über den Untermarkt, von der "Traube" zum Dr. Nigler, eine breite Blutspur gebildet, ein feierlicher roter Teppich, der herrlich zu dem Schnee kontrastierte, von dem das Murnauer Pflaster an jenem Tag bedeckt war.

Der Onkel vom Karli, der auch am Fenster stand, deutete mit dem Daumen hinunter und sagte fachmännisch:

"Ja, ja, Maßkrugscherbn am Schädl, des schwoaßt unheimlich!"

Die notdürftig verbundenen Kämpfer, Freund und Feind, schob der Doktor auf den kleinen Steinbalkon hinaus, der sich vor seinem Sprechzimmer über der Straße befand, denn drinnen war kein Platz mehr. Sie sahen prächtig aus mit ihren weißen Mull-Turbanen, durch die es bei manchen schon wieder rötlich durchsickerte.

Sicher hätten einige ihre unterschiedlichen politischen Meinungen gerne noch ein wenig länger ausgetauscht, aber auf dem Balkönchen vom Dr. Nigler war es glücklicherweise viel zu eng, um weiterhin schlagend argumentieren zu können.

Das war die berühmte Saalschlacht in der "Traube". Und danach haben die Leute in Murnau noch lange was zu reden gehabt.

Am nächsten Tag hat dieses vordem so gemütliche Lokal natürlich nicht mehr sehr einladend ausgesehen. Kein Tisch, kein Stuhl besaß mehr die genügende Anzahl Beine, um stehenbleiben zu können. Maßkrugscherben lagen herum, dazwischen waren geronnene Blutlachen, und durch die glaslosen Fenster strich die kalte Februarluft über die Walstatt.

Der Wirt, der Kirchmeier Ignaz, war zu bedauern, denn ein Jahr vorher hatte er seine Galsträume renovieren lassen. Der vordere Raum war ganz mit Zirbelholz verschalt, und über zwei Wände zog sich in ausgesägten Buchstaben der schöne Spruch:

"Wein und Weiber sind auf Erden aller Weisen Hochgenuss,
denn sie lassen selig werden, ohne dass man sterben muss."

Dem Karli hat dieser Vers immer sehr gefallen, weil er sich so gut reimte.

Überhaupt verbanden sich für ihn einige durchaus angenehme Erinnerungen mit dem Gasthaus "Traube". Als er sieben Jahre alt war, durfte er dort zum ersten Mal bei einem Kinderfaschingsball mitmachen. Die Mutter hatte ihm ein buntes Kasperlkostüm geschneidert mit einer weißen Halskrause und einem spitzen Hut dazu. Sein Gesicht war dank einer Schicht weißer Schminke völlig sommersprossenfrei, und der große rote Mund leuchtete eindrucksvoll daraus hervor. Er vermittelte den Eindruck eines permanenten Lachens, auch wenn der Karli ganz ernst schaute. Die Kasperl-Rolle lag ihm überhaupt sehr, und er hat sich bei dieser Gelegenheit unsterblich in eine Ballerina verliebt. Evi hieß sie. Das Tü-Tü-Röckchen stand wie eine umgekehrte Rosenblüte um sie herum. Sie war eine Elfe, ein Traum, eine rosarote Göttin! Aber dass unter diesem rosaroten Tüllwölkchen manchmal ein Paar Strapse zum Vorschein kamen, die anscheinend die Aufgabe hatten, die hellblauen Ballerinastrümpfe am Herabrutschen zu hindern, das störte den Karli sehr. Strapse konnte er nicht leiden, und er gab sich Mühe, da einfach nicht mehr hinzuschauen, um sich ungetrübt von den glänzenden Kirschenaugen, dem braunen Bubikopf mit dem breiten, roten Band, dem lustigen Gesicht und dem ganzen, wunderschönen Übrigen der Evi verzaubern zu lassen.

Alle Einfälle, von denen er absolut überzeugt war, dass sie ungeheuer witzig seien, spulte der Karli ab, er hupfte um seine Ballerina herum, wie ein liebestoller Birkhahn um seine Henne. Und wenn die Angebetete tatsächlich laut zu lachen geruhte, wurde er von einer Woge des Glücks fast verschlungen. Er war eben damals schon ein perfekter Hanswurst.

Und noch etwas machte die "Traube" für den Karli sympathisch: Es gab dort einen Prominenten-Stammtisch, zu dem auch sein von ihm heißgeliebter Großvater gehörte. Da waren einige pensionierte Offiziere, vom Hauptmann aufwärts bis zu einem leibhaftigen General. Der Großvater hatte aber keinerlei Komplexe, obwohl er es in seiner Dienstzeit nur bis zum Einjährigen gebracht hat.

Der General, das war der alte Buller, allgemein nur "die Exzellenz" genannt. Der Karli hat sich immer gewundert, warum ausgerechnet ein General, der noch dazu einen Schnurrbart hatte, die Exzellenz genannt wurde. Des Kaisers alte Soldaten erfreuten sich nach wie vor eines hohen Ansehens, obwohl doch 1918 der Krieg verloren wurde und angeblich eine Revolution gewesen ist.

Des weiteren gehörte der Professor Mayr-Graz zu dem Kreis und vor allem die liebe Frau v. Seidl, die Witwe des großen Architekten Emanuel v. Seidl.
Manchmal durfte der Karli am Sonntagvormittag seinen Großvater vom Stammtisch abholen. Er richtete es dann so ein, dass er pünktlich da war, wenn die alten Herrschaften gerade bei den Weißwürsten saßen. Der Kirchmeier machte nämlich die besten Weißwürste in der ganzen Gegend.
Nachdem der Karli artig "Grüßgott" gesagt hatte, tunkte die würdige Runde feierlich die Weißwürste in den Senf, und er ging, beim Großvater beginnend, um den mächtigen Tisch herum, wobei ihm jeder der Reihe nach die warm duftende Speise hinhielt, damit er einen nahrhaften Schnapper tun konnte. Es war wie ein Ritual.

Die Frau v. Seidl war besonders nett. Der Karli hat sie öfter in der herrlichen Jugendstilvilla im großen Park besuchen dürfen. Und dass er das sehr gern getan hat, dafür gab es halt auch wieder gute Gründe. Erstens war sie eine lustige

Dame, die gerne lachte, und zweitens stand auf dem großen Terrassentisch immer eine Kristallschale mit Süßigkeiten drin, und die Frau v. Seidl sagte todernst zum Karli: "Schad, daß du keine Pralinés magst, sonst hättest du dir jetzt welche nehmen können". Der liebe Knabe hat aber schon gewußt, daß dies nur ein Spaß war, und er bediente sich ohne Zögern.

Das Schönste jedoch waren Emanuel v. Seidls Gästebücher, in denen der Karli nach Herzenslust blättern durfte. - "Aber ja keine Schokoladfinger neimachen, gell!" -

Was gab es doch für wunderbare Zeichnungen in diesen Folianten! Landschaften, Karikaturen, Vignetten und lustige Begebenheiten, eine Fülle von spontanen Einfällen.

Völlig unbeeinflusst von dem Bekanntheitsgrad der Autoren hat es der Karli damals doch verspürt, dass es große Künstler waren, die sich da verewigt hatten, um dem Professor v. Seidl damit ihre Reverenz zu erweisen.

Später erst haben dem Karl Grob die Namen Diez, Kaulbach, Hengeler, Thöny, Herterich und vor allem Olaf Gulbransson etwas bedeutet. Auch Handgeschriebenes von Dichtern, Komponisten, Schauspielern, Politikern und königlichen Hoheiten bargen diese Bücher in Fülle, aber wirklich interessiert haben den Karli eigentlich nur die Zeichnungen.

Die Villa des Emanuel v. Seidl gibt es nicht mehr, auch der romantische Park ist kleiner geworden und hat viel von seinem einstigen Zauber verloren, denn die Murnauer sind mit dem Erbe ihres Ehrenbürgers nicht besonders liebevoll umgegangen.

Wenn eine Sache nicht sofort erkennbaren Gewinn abwirft, wird sie halt von tüchtigen Kommunalpolitikern schnell als "altes G`lump" eingestuft.

Großväter besaß der Karli zwei. Der zweite, der gehörte schon auch zu den Honoratioren, aber an dem Stammtisch in der "Traube" ist er nie gesessen. Dieser zweite Großvater durfte an mehreren Stammtischen sitzen, denn er war seit ewigen Zeiten Schützenmeister bei der Königlich Privilegierten Feuerschützengesellschaft. Er hatte einen grauen Vollbart und trug immer einen lodenen Trachtenanzug. Natürlich nicht so einen geschleckten Alpensmoking, wie sie heute in Mode sind. Nein, Joppe und Hose glichen in Farbe und Struktur eher dem Estergebirge. Vielleicht waren sie auch fast so alt wie dieses.

Selbst sehr alte Murnauer kannten den Meinrad - so hieß der Großvater mit Vornamen - nur mit Vollbart und Trachtenanzug. Aber einmal, im Fasching, als er schon ein Siebziger war, ließ er sich vom Bader Bartmann den Bart abnehmen, zog einen dunklen Straßenanzug an und ging mit Aktenmappe und Regenschirm zum Schützenball. Er sagte, er sei ein Versicherungsvertreter, und fragte höflich, ob er sich irgendwo hinsetzen dürfe. Selbst von seinen ältesten Freunden hat ihn keiner erkannt. Einen Versicherungsvertrag hat er trotzdem niemandem aufschwätzen können, dazu fehlte dem Meinrad einfach die Routine, denn von Beruf war er Schnapsbrenner. Am Haus hieß man es "Beim Branntweiner".

Und was für ein Haus das war! Anfang des vierzehnten Jahrhunderts ist es schon Kloster Ettal'sches Amtshaus und Gefängnis gewesen, und der Vogt hat dort residiert, bis Anno achtzehnhundertzwei die klösterliche Macht ein Ende hatte.

Man sagt, dass der Raubritter Schneeberger in diesem Haus vom Leben zum Tode befördert worden sei, nachdem man ihn aus der Veste Schaumburg hinausgeräuchert hatte.

Der Karli ging immer mit einem angenehmen Gruseln in die Kellergewölbe hinunter. Aber es war eigentlich nicht mehr viel zum Gruseln da. Im Gegenteil, das Inventar, Brennofen, Fässer, Weinregale und Mostpresse, war eher für die freundlichen Seiten des Lebens bestimmt. Immer ist in den alten Räumen auch der herbe Duft von Obstler, Most und Enzian gehangen, und nur die dicken, rostigen Eisenringe an den Mauern erinnerten noch an härtere Zeiten.

Seinen Spezln erzählte der Karli natürlich manchmal, dass um Mitternacht wieder der Raubritter Schneeberger gespukt und mit den Ketten gerasselt hat.

Der Speicher in dem alten Haus war eine Welt für sich. Er war riesengroß und zweistöckig. Die handbehauenen Balken stemmten sich kraftvoll gegeneinander und wurden von dicken Eichenholznägeln zusammengehalten. In den Ecken und unter den Dachschrägen standen Kisten, Körbe, Fässer und unzählige Schachteln, voll mit dem Bodensatz der Vergangenheit. Es war eine unerschöpfliche Quelle der Freude für den Karli. Vor Spinnen und Wespen durfte man allerdings keine Angst haben, wenn man dort oben auf Schatzsuche ging. In den Hausgängen und auf dem Dachboden hingen auch viele herrlich bemalte Scheiben, die sich der Großvater in einem langen Schützenleben zusammengewonnen hatte. Früher hat man oft lustige Begebenheiten oder Mißgeschicke, die den Schützenbrüdern unterliefen, auf die Scheiben gemalt, fast wie Moritatenbilder.

Zum Beispiel zeigte eine Scheibe, wie der Herr Bürgermeister mitten auf der Straße ein dringendes Geschäft verrichtet, während seine Freunde schadenfroh lachend in der Kutsche weiterfahren.

Auf einer anderen Scheibe war der Großvater abgebildet, wie er mit seinem Stilett gerade einen ledernen Ohrensessel aufschneidet, so dass die Sprungfedern und das Seegras herauskommen. Überschrift: "Wia der Meinrad an Hirsch zerwirkt". Er ist damals spät von einem Jagdausflug heimgekommen, hat sich auf seinen Sorgenstuhl gesetzt, ist eingeschlafen, hat im Traum noch einmal den kapitalen Hirsch erlegt und ihn waidgerecht aufgebrochen. Da war es halt nicht mehr der Hirsch, sondern der schöne Ledersessel.

Noch eine Scheibe gab es, die stellte den Großvater dar, auf besagtem Sorgenstuhl sitzend und mit seinem Stutzen auf Küchenschaben schießend, die des Nachts hinter dem warmen Herd heraufgekrochen waren. "Der Meinrad auf Hochwildjagd" war dieses Werk betitelt. Die Großmutter hat erzählt, dass sie damals nicht besonders glücklich war, weil von einer Reduzierung des Ungeziefers nichts zu bemerken gewesen sei, wohl aber von den Schusslöchern in der Küchenwand.

Die Munition für seinen Zimmerstutzen bewahrte der Großvater in einem kleinen Wandschrank im Hausgang auf. In einer unterteilten Blechschachtel waren auf der einen Seite die Bleikugeln und auf der anderen die Zündhütchen. Und von diesen Zündhütchen hat der Karli öfter welche abgezweigt. Man konnte sie zum Beispiel vorsichtig auf die Spitze einer Messerklinge spießen und dann das Messer senkrecht fallenlassen. Dann hat es geblitzt und gekracht und herrlich nach Knallquecksilber gerochen. Auch die Tante Emmi konnte man schön erschrecken, wenn man die Kapseln heimlich neben ihre Haferl auf die heiße Herdplatte stellte. Der Großvater hat gottseidank nie was gemerkt, denn der konnte saugrantig werden! Der Karli hatte eine ungute Erinnerung an eine Riesen-Ohrfeige, die er sich einmal eingefangen hatte, als er mit einem Stecken auf jemanden zielte und dabei "Bumm!" machte. Er war fassungslos vor Schreck, als der Großvater ihm eine schmierte und ihn zornig anbrüllte: "Auf einen Menschen zielt ma net,net amal aus Spaß und mit an Stecken, des merkst dir!"

Der Karli hat es sich gemerkt, aber schon zehn Jahre später war es ihm nicht mehr möglich, dieses Gebot zu befolgen.

Ja, und eines Tages hing von der Westfassade des alten Schlosses, in dem damals die Knabenschule war, eine riesige Hakenkreuzfahne herunter. Das Wohnzimmerfenster vom Herrn Oberlehrer, der oben im zweiten Stock wohnte, wurde von dem roten Tuch ganz zugedeckt.

Am Abend ist die SA mit Fackeln durch den Ort marschiert. Sie haben ihre Lieder gesungen, und obwohl kein Wind gegangen ist, haben sie die Riemen ihrer Mützen unters Kinn geschoben. Das hat ganz martialisch ausgesehen. Dahinter kam die Hitlerjugend mit einem kleinen dreieckigen Wimpel. Auch Mädchen mit braunen Röcken, weißen Strümpfen und braunen Kletterwesten waren

dabei. Am Schluß marschierten, wieder im strammen Gleichschritt, Männer in grauen Uniformen mit Schirmmützen und Schaftstiefeln. Aber das waren diesmal keine Reichsbanner-Leute, sondern die vom Stahlhelm-Bund.
"Die halten auch zum Hitler" hat der Onkel dem Karli erklärt.
Der rote Ottl und seine Freunde sind an ihrem Stammplatz bei der Maria-Hilf-Kirche gestanden, die Mützen im Genick und Zigaretten im Mundwinkel. Einige von denen haben sich gar nicht umgedreht und lieber die Wand vom Kircherl angeschaut als den Aufmarsch.
Aber auf der Straße und aus den Fenstern haben viele Leute gegrüßt und "Heil!" gerufen, "Sieg Heil!"
Es war der dreißigste Januar neunzehnhundertdreiunddreißig, und danach ist vieles nicht mehr so gewesen wie früher.

An dem sogenannten Dritten Reich, das mit diesem Tage ausgebrochen war, konnte vorerst niemand mehr was ändern. Der Karli Grob schon gar nicht. Und er wollte auch nichts ändern, denn man muß es zugeben: Er war recht angetan von dem ganzen nationalen Rummel.

Eine Uniform vor allem schien ihm höchst begehrenswert. So ein Braunhemd mit Halstuch und Lederknoten, Koppel, Schulterriemen und Mütze wertet einen Menschen doch bedeutend auf!
In Karlis Familie war man nicht gerade anti-hitlerisch eingestellt, und so hatte sein Quengeln Erfolg. Er durfte ins Jungvolk eintreten und bekam eine Uniform. Nun war er ein ziemlich stolzer Pimpf und fühlte sich ungeheuer wichtig. Wenigstens am Anfang.
Schließlich war man ja "Deutschlands Zukunft". Das wurde einem jetzt oft gesagt und auch in den Zeitungen stand es häufig zu lesen. Überhaupt, Deutschland!
Nichts war doch damit zu vergleichen. Es war auf einmal das größte, schönste, wichtigste Land der Welt geworden mit den tüchtigsten, tapfersten, fleißigsten, intelligentesten und schönsten Menschen darin. Und der Karli gehörte dazu, war sogar ein Stück Zukunft davon. Was auch immer das sein mochte.

Dass so eine Pimpfenuniform auf Mädchen zwangsläufig eine unwiderstehliche Wirkung ausüben müsse, war leider eine Fehleinschätzung vom Karli.
Die Evi, seine erste Faschingsliebe zum Beispiel, ließ ihn ganz schön abfahren, als er ihr mit seiner Uniform imponieren wollte und kundtat, daß er am Samstag keine Zeit habe, weil sie da am Riedhauser Torfstich eine Geländeübung hätten, - ganz echt, wie im Krieg. - Sie sagte nur schnippisch: "Angeber!" und entschwand.

Weiber verstehen eben nichts von zukünftigen Helden und was es heißt, wenn uns eine Fahne voranflattert bei einer Trommel dumpfem Klang, wenn man im Osten das Morgenrot sieht, ein Zeichen zur Freiheit, zur Sonne, wenn man wie des Geyers schwarze Haufen der Fahne folgt mit dem heiligen Zeichen darin, um dann festzustellen, daß Landsknechtsleben ein lustig Leben sei, während laut vom Bernwardsturm die Glocken dröhnen, Wildgänse mit schrillem Schrei durch die Nacht nach Norden rauschen und Jungvolk marschiert, Jungvolk voran, von der schwarzen Fahne geführt!

Das hört sich, so aneinandergereiht, zwar etwas wirr an, aber es stammt alles aus Liedern, die sie bei der Hitlerjugend gelernt haben. Dem Karli haben diese Lieder gefallen und das Soldatenspielen auch.

Er war zwar im Grunde eher eine ängstliche Natur und vor allem ein Träumer, aber gerade deshalb war sein Herz sperrangelweit geöffnet für alles Heroische, für Kampf und Sieg und Tapferkeit.

Der Jackl aus Lothdorf, der brauchte keine Pimpfenuniform, der hatte auch so Schneid genug.

Natürlich hat sich nicht alles im Leben des Karl Grob nur um den Herrn mit dem kleinen Schnurrbart und dessen fragwürdige Ideologien gedreht, und Fanfarengeschmetter mit Trommelgedröhn waren zum Glück nicht das einzige, was diese Welt für einen Elfjährigen zu bieten hatte.

Da war zum Beispiel der Ludwig, der war schon in jungen Jahren der Faszination der Technik erlegen und bastelte ständig an etwas herum. Hinter dem Haus, in dem der Ludwig wohnte, stand eine alte Holzlege, und darin befand sich sein Laboratorium. In einer Ecke herrschte immer ein geheimnisvolles Chaos von Drähten, Spulen und Schaltern, Schrauben und vielem Undefinierbarem. Hier muß sich der Karli irgendwie angesteckt haben, denn auf einmal hat ihn das alles auch interessiert.

Zuerst bauten sie Morseapparate. Die Magnetspulen wurden über Mutters leeren Nähfadenrollen selbst gewickelt und mit der Laubsäge ließen sich aus alten Zigarrenkisten die meisten übrigen Teile herstellen. Auch der unerschöpfliche Dachboden vom Karli lieferte viel Brauchbares, und bunte Luftschlangen, die von irgendeinem Fasching übriggeblieben waren, wurden als Aufzeichnungsmaterial für die gesendeten Punkte und Striche benutzt. Die Geräte, die da entstanden sind, haben zwar sehr urig ausgesehen, aber nach einigen Mühen funktionierten sie tatsächlich. Die beiden Konstrukteure waren selber ganz erstaunt.

Natürlich hätten sich der Karli und der Ludwig über die gewaltige Distanz von fünfzehn Metern auch mittels ihrer Stimmbänder unterhalten können, aber für größere Entfernungen reichte den beiden der Draht nicht, und die elektrische Kraft, die aus der nicht mehr ganz frischen Batterie von Vaters Fahrradlaterne kam, setzte ebenfalls gewisse Grenzen. Was aber machte das schon aus? Sie hatten sich und der Welt bewiesen, dass sie imstande waren, einen Morsetelegraphen zu bauen. Das war das eigentlich Wichtige an der Sache!

Im Gegensatz zum Karli und zum Ludwig war der Rundfunk damals schon aus den Kinderschuhen heraus, und wie man weiß, hat ein gewisser Dr. Goebbels diese Tatsache auch weidlich zu nutzen verstanden. Aber das war bestimmt nicht der Grund, warum die zwei nun auch mit dem Radiobasteln angefangen haben.

Das Ur-Radio ist der Detektor-Empfänger, sozusagen die Amöbe aller Rundfunkgeräte. Ganz einfach, wie alles Geniale. Eine oder zwei Spulen, ein Detektor, ein Kondensator, je ein Stück Draht für Antenne und Erde, dazu ein Kopfhörer, und fertig ist ein Wunderding, das es uns erlaubt, etwas zu hören, was viele hundert Kilometer entfernt jemand in ein kleines Kästchen spricht, singt oder spielt. Freilich muss man alle diese Teile in der richtigen Reihenfolge anordnen und zusammenbauen. Es gab hier verschiedene Möglichkeiten, als Schaltschema aufgezeichnet; und ein halbes Dutzend dieser Schemata hatten der Karli und der Ludwig schon in ihren Stiftenköpfen gespeichert. Besonders komplizierte Schaltungen waren es natürlich nicht, aber wer, bittschön, hatte denn sonst schon eine Ahnung von diesen Dingen?

Allein der Detektor, dieses kleine Glasröhrchen mit dem geheimnisvoll glitzernden Stückchen Bleiglanz darin, hatte beinahe etwas Mystisches an sich. Die Eisenbettstatt war die Antenne, und ein Draht an die Wasserleitung ergab die notwendige Verbindung zur Mutter Erde. Allerdings erforderte das Einfangen eines Senders sehr viel Hingabe. Karlis Ohren schwitzten unter dem Kopfhörer. Geduldig tastete er mit dem Metallstift das Kristallstückchen im Detektor ab, drehte gefühlvoll an der Spule, und als dann plötzlich statt Rauschen und Knakken Musik, richtige Musik im Kopfhörer zu vernehmen war, da hatte der Karli ein Erfolgserlebnis, dessen Größe kaum noch jemand richtig nachempfinden kann. Heute holt ein Zehnjähriger mit seinem Transistor Tokio her und denkt sich nichts dabei. Aber so wie der Karli an seinem Detektor muss sich einunddreißig Jahre vorher der Herr Marconi gefühlt haben, als es ihm gelungen war, den ersten Funkspruch von Irland nach Kanada abzusetzen.

Der Karli hat auch einmal nach München fahren dürfen zu einem netten Onkel, der ihm ein kleines Taschengeld zusteckte.

Das Höchste an München waren das Deutsche Museum und die großen Kaufhäuser. Letztere vor allem wegen der Rolltreppen. Im Kaufhaus Woolworth gab es auch eine eigene Abteilung für Radiobastler. Dort erstand er für fünfzig Pfennige eine sogenannte Netzantenne. Das war ein bleistiftartiger Teil, den man in einen Pol der Anschlußdose hineinschob, und an den man dann mit einem Bananenstecker den Antennendraht anschließen konnte. Jemand hatte ihm erzählt, dass man auf diese Weise fast die ganze Lichtleitung als Antenne zur Verfügung hätte und mindestens zehn Sender empfangen könne.

Was aber der Karli empfing, als er das Wunderding in ein Loch der Steckdose einführte, war nichts als ein mörderischer Schlag! Ein Schmiedehammer war auf seinen Kopf gefallen, und er sah Funken und Sterne in einem nachtschwarzen Himmel kreisen. Der Kopfhörer, den er sich in panischem Schrecken heruntergerissen hatte, lag vor ihm und roch intensiv nach verbranntem Isoliermaterial, während zarter Rauch aus den Hörermuscheln kräuselte.

Der Ludwig sagte nur: "Ja mei, da is halt der Kondensator durchg'schlagn!"

.Dieses Ereignis wirkte stark dämpfend auf Karlis Bastelfreude, wenigstens was Radiosanbetraf. Außerdem hatte der Großvater erst kürzlich einen ganz modernen Empfänger gekauft, bei dem man gar keinen Kopfhörer mehr brauchte, weil schon ein Lautsprecher eingebaut war.

In diesem Jahr ist der Karli nach Garmisch aufs Gymnasium gekommen. Er war recht froh, dass er nicht allein war, sondern noch drei aus seiner Klasse für würdig befunden wurden, die höheren Weihen der Bildung zu empfangen.

Da war schon alles erheblich anders als in der Volksschule, und auch die Tatsache, daß es für jedes Fach einen eigenen Lehrer gab, ließ nichts Gutes ahnen.

Anfangs war der Respekt natürlich groß. Allein schon deshalb, weil man zu jedem Lehrer "Herr Professor" sagen musste, auch wenn es nur ein ganz junger Assessor war. Aber gerade die legten besonderen Wert auf diesen schönen Titel. Der einzige Professor, den der Karli bis dahin persönlich kennengelernt hatte, war jener alte Kunstmaler gewesen, der ihn früher manchmal von der Weißwurst beißen ließ, ohne jemals unangenehme Fragen zu stellen.

Spaßige Typen gab es unter den Paukern! Die pflegten ihre Originalität bis zur Schrulligkeit, und die meisten hatten Spitznamen, die von einem Schülerjahrgang auf den anderen überliefert wurden.

Der Zeus zum Beispiel war - wie könnte es auch anders sein - ein würdiger Altphilologe. Äußerlich glich er dem Göttervater wenig, denn er hatte keinen Vollbart wie jener und trug immer elegante, graue Anzüge. Aber was er auch sagte, stets schwang ein gewisses antikes Pathos in seiner Rede mit. Selbst wenn er vor den Erstkläßlern "mensa, mensae, mensam" deklinierte oder so schwere

Sätze wie: "Bavaria et Austria terrae sunt" hersagte, klang es, als würde er eine Ode von Horaz rezitieren.

Später, wenn der Zeus seinen unwürdigen Zuhörern etwas aus der griechischen Mythologie oder Geschichte erzählte, geriet er schier in Verzückung und dozierte in klassisch gesetzten Worten zum Beispiel so: "Fürwahr, unsterblich sind die Taten des Leonidas und seiner dreihundert tapferen Spartaner, die mit todverachtendem Auge der Übermacht des Feindes entgegenblickten, aber noch unvergleichlich höher sind die Leistungen unseres Feldheeres im Weltkriege zu bewerten!" Und wenn er dabei mit großer Geste beide Arme ausbreitete, konnte man sehen, daß sein linker Arm ganz seltsam abgewinkelt und fast steif war.

Der Zeus hatte halt das Trommelfeuer von Verdun noch im Schädel, und verglichen damit ist die Schlacht bei den Thermopylen vielleicht wirklich nur eine kleine Rauferei gewesen.

Die vertrackte lateinische Grammatik hat der Karli manchmal sehr eigenwillig ausgelegt, und darum bekam er das klassische Sprichwort: "Si tacuisses, philosophus mansisses!" vom Zeus so oft an den Kopf geschmissen, dass er es als schäbiges Überbleibsel elendlanger Lateinstunden noch heute auswendig hersagen kann.

Nicht nur der Karl Grob, sondern auch wirklich bedeutende Männer, Spitzenpolitiker vor allem, haben später klar erkannt, dass der gelegentliche Gebrauch einiger lateinischer Zitate sehr nützlich sein kann, vorausgesetzt, man verwendet sie klug dosiert und einigermaßen zum Thema passend. Sie sind sozusagen der Feinputz auf jener Scheinfassade, welche man heutzutage Image nennt. Die Leute stecken dann nämlich die Köpfe zusammen und sagen respektvoll: "Der hat halt eine Bildung!"

Das hat der Karli aber damals noch nicht gewusst.

Der Deutschlehrer hieß Waldi, denn er war klein und hatte etwas parabolische Beine. Der Waldi war ein guter Kerl, und der Schüler Grob hatte bei ihm ein schönes Machen. Als nämlich der Karli in die zweite Klasse ging, hat eine Jugendzeitschrift einen Schulaufsatz von ihm veröffentlicht. Den Aufsatz hatten sie beim Waldi als Hausaufgabe bekommen, und das Thema hieß: "Ein schönes Ferienerlebnis". Kurzum, dieses schöne Ferienerlebnis vom Karli ist gedruckt worden. Vom Honorar hat er sich sein erstes Fahrrad gekauft, und beim Waldi hätte er von diesem Zeitpunkt an auch eine Seite aus dem Telefonbuch abschreiben können, ein Einser wäre ihm trotzdem sicher gewesen.

Eines konnte der Waldi allerdings überhaupt nicht vertragen, das war sein schöner Spitzname, obwohl ihm der doch sicher seit Jahren bekannt war. Und wenn er zum Beispiel Ohrenzeuge wurde, wie einer an der Klassenzimmertüre rief: "Obacht, der Waldi kommt!" dann bekam er vor Wut einen Kopf wie eine Tomate und brüllte: "Einen Hund geb` ich für euch Lümmel noch lange nicht ab!" Als im Unterricht einmal bayerische Ortsnamen durchgenommen wurden und der Waldi erklärte, dass Orte, die auf -ing endigen, meist alte Siedlungen germanischen Ursprungs seien, wie etwa Huglfing, Gauting, Plattling, Dingolfing, da brüllte die ganze Klasse: "Und Dackelfing, Herr Professor, Dackelfing!" Da ist der arme Waldi wortlos aus dem Schulzimmer hinaus, und die Deutschstunde war für diesmal beendet.

Der Paule war da schon aus wesentlich härterem Holz geschnitzt. Der verbreitete soviel Respekt um sich herum, dass er es nicht einmal zu einem Spitznamen gebracht hat, denn Paul hieß er tatsächlich.
Der Paule hat Mathematik und Physik gegeben und war ein Zyniker. Und ein Sozi war er auch. Aus seiner Abneigung gegen den Hitler und das Dritte Reich hat er nie ein Hehl gemacht. Und weil er von seinen Schülern im Allgemeinen nicht viel hielt, drum hielt er sie auch nicht für Denunzianten. Er hat recht behalten, denn der Paule wurde zwar von niemandem geliebt, aber hingehängt hat ihn auch keiner.
"Früher hat`s Hirschen, Radfahrer und Schilderhäuser gegeben," pflegte er zu sagen, "aber wenn`s so weitergeht, wird es bald nur noch Schilderhäuser geben!"
In dieser Zeit war es Vorschrift, dass jeder Lehrer, der den Unterrichtsraum betrat, mit erhobenem Arm "Heil Hitler!" zu sagen hatte. Dann durften sich die Schüler setzen. Der Paule dagegen kam jedesmal wie eine Sturmbö in die Klasse gerumpelt, machte mit dem rechten Arm eine Bewegung, wie wenn er eine Wendeltreppe erklären wollte, und brüllte: "Hinsetzen!" "Heil Hitler!" hat er nie gesagt.
Der Karli Grob und der Paule haben sich gegenseitig überhaupt nicht leiden können. Aber das hatte keine politischen Gründe. Es lag vielmehr daran, daß der Karli nicht die geringste Begeisterung für Mathematik aufbringen konnte. Der Paule hingegen verstand nicht, dass es Menschen gab, die es einfach nicht fertigbrachten, sich an der Schönheit und Logik mathematischer Lehrsätze oder an der Harmonie von Kurven in Koordinatensystemen zu berauschen. "Grob gesagt, Grob, bist du einfach zu dumm für sowas!" pflegte er zum Karli zu sagen. Was sein Fach betraf, hatte er da sicher recht.

Als in der Physikstunde einmal das Parallelogramm der Kräfte dran war, lief das beim Paule so ab:
"Also, da haben wir die Kraft A. Welche Farbe geben wir der?" -"Blau, Herr Professor!" - "Wenns d` meinst, machen wir s` halt blau. Dann die Kraft B, welche Farbe soll die kriegen?" - Gelb, Herr Professor!" - "Ja, Gelb ist gut, das ist die Komplementärfarb`!"
Er zog mit Lineal und weißer Kreide die Parallelen und sagte genüßlich:
"Und jetzt kommt das Wichtigste, die Tante Resul, auch Resultante genannt. Die könnt` ich ja braun machen, aber braun ist keine schöne Farbe.Sch... zum Beispiel ist braun. Nein, die Resultante ist das Wichtigste und Größte und darum machen wir sie rot. Rot ist doch eine besonders herrliche Farbe, oder?"
Und er verband den Punkt A/B und den Schnittpunkt der beiden Parallelen mit solcher Vehemenz, daß die Kreide auf der Tafel quietschte. Zum Glück war wirklich keiner in Karlis Klasse, der eine Neigung zum Denunzieren hatte, sonst wäre es dem Paule wohl schlecht ergangen.

In seiner Freizeit strich er mit Hingabe das Cello, und zwar so gut, dass er mit dem Richard Strauß zusammen im Quartett spielen durfte. Wem diese Ehre zuteil ward, der mußte ja wohl ziemlich gut sein.
"Nehmt euch ein Beispiel am Richard Strauß" sagte er des öfteren zu seiner unbegabten Klasse. "Der Strauß ist nicht nur unser größter Komponist, der ist auch ein ganz exzellenter Mathematiker! Aber ihr! - -" und er machte eine Handbewegung, die Hoffnungslosigkeit und Verachtung ausdrückte.

Manchmal hat der Strauß seinen Enkel von der Schule abgeholt. Da hat sich der Paule immer gefreut. Er ist dann mit dem großen Meister im Schulhof gestanden, und sie haben sich unterhalten und mit Genuss an ihren Zigarren gezogen.
"Musik und Mathematik sind Geschwister" hat der Paule immer behauptet, aber der Karli kannte einen, der konnte sagenhaft gut rechnen und war dabei so unmusikalisch wie ein Kilometerstein.

Naturkunde und später Chemie hatten sie beim Schmeil. Dieser Spitzname hört sich wunderlich an, aber die Erklärung ist einfach: In der Unterstufe wurde damals ein Naturkundelehrbuch benützt, dessen Verfasser drei Herren namens Schmeil, Beck und Fabry waren, und der Herr Professor, der die Angewohnheit hatte, außerordentlich akzentuiert und mit einer höchst eigenwilligen Veränderung mancher Laute zu sprechen, sagte dann zum Beispiel:
"Man nehme zur Hand den Schmeil - Beck - Fabry und schlage auf die Seite

ölleff", was Seite elf heißen sollte -. Oder er sagte nur:
"Schmeil, Seite fünneffzehn! Was steht da über die Lippenballüttler oder Labiatten?"

Der Schmeil hatte alle Bahnschüler dick. Er machte kein Hehl daraus, dass er sie samt und sonders für schlimme Rabauken hielt; und ganz so unrecht hatte er damit nicht. Als ihm der Karli einmal auf Befragen seinen schönen Marktflekken als Heimatort nannte, sagte er abfällig: "Aha, schon wieder so ein Murnauer Moosindiaaaner! Da wundert mich bei dir nichts mehr!"

Stand ein Schüler an der Tafel und wußte auf die messerscharfen Schmeil'schen Fragen keine Antwort, dann konnte der sehr schnell wütend werden, brach Kreidestangerl auseinander, schmiß mit den Stücken nach dem Unglücklichen und brüllte:

"Setzen, Ignorrannnt! Note sechs, nein, sieben, nein, acht! Selbst die Note ölleff, wenn es sie denn gäbe, wäre noch zu gut für so viel Dommheit!"

Der Karli liebte ihn auf seine Weise. Er zeichnete Fließblätter und Heftdeckel voll mit Schmeil-Karikaturen, denn dem sein Kopf war nicht alltäglich. Eine blasse Haut spannte sich über starke Backenknochen, und sehr konkave Wangen, dicke Brillengläser vor großen, wasserblauen Augen, spärliches, rotblondes Haar und lange Zähne, die man auch sah, wenn der Schmeil nicht lachte, was eh selten vorkam, all das erinnerte den Karli immer ein wenig an eine Dürer'sche Kohlezeichnung, auf der "memento mori" stand. Auch in eine mittelalterliche Alchimistenküche hätte er ganz gut gepaßt, von magischem Feuerschein beleuchtet, die Brille auf der Nasenspitze und mit rotgeränderten Augen, einen Destillierkolben betrachtend, in dem ein Homunkulus gerade mit dem Stein der Weisen spielt.

Aber auch in dem altmodischen Chemiesaal des Gymnasiums wirkte der Schmeil durchaus nicht deplaziert. Das Herzstück dieses Chemiesaals war ein langer Holztisch, dessen Platte interessante Muster aufwies: Flecken von Säuren, Laugen und Farben, Brandlöcher und Kratzer. Diese Muster sind im Laufe vieler Jahre als Folgen gewagter chemischer Experimente entstanden. Es war wie ein kleines Schlachtfeld, ein objektiver Beweis dafür, dass die Chemie eine höchst fragwürdige und gefährliche Wissenschaft ist.

Hinter diesem Experimentiertisch stand ein großes Regal, in dem Chemikalienbehälter,Glaskolben, Spritzflaschen, Messzylinder, Pipetten, Reibschalen, Reagenzgläser, Gestelle und Trichter schön ordentlich aufgereiht waren. Das alles hatte für den Karli einen geheimnisvollen Reiz, und er dachte, dass es doch einen Mordsspaß machen müßte, das ganze Zeug einmal richtig auszuprobieren, indem man alles mögliche durcheinandermischt, auflöst, erwärmt oder anzündet und voller Forscherdrang schaut, ob sich dabei was verfärbt, verflüchtigt oder ganz einfach explodiert. Vollkommen intuitiv würde er natürlich arbeiten, denn die meisten großen Erfindungen der Menschheitsgeschichte waren ja bekanntlich reine Zufallsprodukte, und chemische Reaktionsformeln, Molekularstrukturen und das periodische System der Elemente waren doch im Grunde furchtbar langweilige Dinge, die einem den ganzen Spaß an der Chemie versauen konnten.

Die Bankreihen gingen amphitheatralisch nach hinten bis fast unter die Decke. Die Schüler in den letzten Bänken mussten etwas gebückt sitzen, damit sie mit ihren Denkgehäusen nicht an die Heizungsrohre stießen. Aber sie hatten es schön warm da oben und bekamen es besonders gut mit, wenn bei den Experimenten Chlor, Schwefelwasserstoff oder ähnliche sympathische Gase frei wurden.

Eines Tages hatte der Schmeil einen Kipp'schen Apparat aufgebaut, um die Herstellung von reinem Wasserstoff zu demonstrieren. Das Gerät besteht im wesentlichen aus drei kugeligen Gebilden von dickwandigem Glas. In die Verengung zwischen der mittleren und der unteren Kugel werden Zinkstäbe gelegt, und in die obere Kugel kommt Salzsäure hinein. Wenn Salzsäure und Zink zusammengeraten, entsteht bekanntlich Wasserstoff. Den kann man dann durch einen kleinen Gashahn an der mittleren Kugel abzapfen. An diesen Gashahn hatte der Schmeil einen Gummischlauch gesteckt, der in einem Lötrohr endete. Das Lötrohr war mit einer Klammer an einem Gestell befestigt, und der Schmeil erklärte, dass reiner Wasserstoff mit hellblauer Flamme verbrennt. "Was aber", fragte er mit seiner seltsamen Aussprache, "würde geschähen, wenn ich so blööööd wäre, jetzt ein Zöndholz an dieses Lötrohr zu halten, - hä?Om die Ohren würde mir alles fliegen, weil noch Knüllgüss in dem Apparat ist!" Er meinte natürlich Knallgas, ein, wie man weiß, ziemlich explosives Gemisch aus Wasserstoff und Sauerstoff. "Also mache ich die Knüllgüssprobe", fuhr er fort, ließ Gas vom Lötrohr in ein Reagenzglas strömen und hielt dann dessen Öffnung an die Flamme eines Bunsenbrenners. Es knallte tatsächlich und der Schmeil sagte triumphierend: "Daher der Name Knüllgüss!"

Dreimal wiederholte er die Knallgasprobe, und als es beim viertenmal nur noch ganz leise "puff!" machte, sagte er: "Das ist genog!" Und brachte die Brennerflamme an das Lötrohr. - - Es krachte furchtbar. Glassplitter fegten durch das ganze Amphitheater, und der Schmeil war nicht mehr zu sehen.

Der Karli und noch zwei, drei Beherzte liefen hinter den Experimentiertisch. Da lag der Herr Professor und rührte sich nicht mehr. Mein Gott, wie sah der aus! Aus einer großen Platzwunde an der Stirn lief ein roter Strom über das

31

Gesicht. Alles war voller Glassplitter, auch die Hände, und Dutzende von Wunden bluteten um die Wette. Wo nahm der magere Schmeil nur das viele Blut her? Die Brille hing noch an einem Ohr, doch ihre dicken Gläser hatten, wie es schien, die Augen gerettet.

Sie trugen den armen Chemiker vorsichtig zum Pedell hinauf, legten den immer noch Bewusstlosen auf das alte Wachstuchsofa, das dort stand, und der Karli machte die Erfahrung, dass es Augenblicke gibt, in denen man sogar mit einem Chemieprofessor Mitleid hat.

Doch vier Tage später betrat der schon wieder den Chemiesaal. Es war ein Anblick, den man nur Männern mit starken Nerven zumuten konnte. So musste Frankensteins Monster ausgesehen haben, kurz nachdem es unter Donnern und Blitzen zum Leben erweckt worden war! Zwischen zwei großen Pflastern öffnete sich das Loch seines Mundes und er sagte mit hörbar höhnischem Unterton: "Ähr habt wohl schon gehofft, ähr seid mich los, aber dieses Gaudiom mache ich euch noch lange nicht! - Grob, an die Tafel!"


Wie schon gesagt, die Bahnschüler waren nicht besonders beliebt, weder bei den Lehrern, noch bei den anderen Fahrgästen. Der Karli Grob und seine Freunde entwickelten nämlich viel Phantasie im Erfinden von Spielchen, deren Nachahmung nicht zu empfehlen ist. Eines der harmloseren war das Blindekuhspiel. Für liebe Kinder ein reizender Zeitvertreib in Haus und Garten, aber eine Unverschämtheit in einem vollbesetzten Eisenbahnwaggon. Es konnte passieren, dass der mit den verbundenen Augen einem mitreisenden Herrn ins Gesicht oder einer würdigen Dame an den Ausschnitt tappte, dass eine Zeitung zerrissen, ein Hühnerauge betreten oder einem Brotzeitmacher eine Wurstsemmel aus der Hand geschlagen wurde.

Die wenigsten Passagiere hatten Verständnis für diese überaus originelle Blindekuh - Variante, und sie beschwerten sich beim Schaffner. Dieser konfiszierte dann umgehend die Schülermonatskarten, um sie in Murnau dem dortigen Fahrdienstleiter zu übergeben. Das aber war für Karli und seine Spezln niemals ein Problem, denn nun trat ein Freund in Aktion, der auch Karl hieß, den wir aber der Unterscheidung halber Karlo nennen wollen. In diesem Falle ist der Name auch gar nicht so abwegig, denn der Karlo hatte etwas von einem jungen, mit allen Wassern gewaschenen Neapolitaner. Schnell im Bewegen und schnell im Denken.

Der Karlo war zu jener Zeit Reichsbahnlehrling, und wenn der Mittagszug aus Garmisch einlief, stand er immer wie ein Adjutant hinter dem Fahrdienstleiter. Der Schaffner also übergab die beschlagnahmten Monatskarten an den Herrn mit der roten Mütze, und dieser legte sie in Eile in sein Büro. In der Zeit, in der er dann den Zug abfertigte, hat der Karlo, flink wie ein Wiesel, die Karten wieder aus dem Dienstraum geholt und seinen Freunden zugesteckt, die damit natürlich unbehelligt den kontrollierenden Billettlzwicker passierten. Das ist gut eingespielt gewesen und hat immer funktioniert.

Der Max hat einmal eine Flasche Kopiertinte mitgebracht, die konnte man unglaublich verdünnen. Wenn man ein paar Tropfen in eine Flasche Wasser gab, verwandelte sich das augenblicklich in herrliche blaue Tinte. Eine Zeitlang brachte jeder in der Frühe eine leere Flasche mit, die am Bahnhofbrunnen mit Wasser gefüllt wurde, und dieses Wasser ist mit dem Max seiner Zaubertinktur in Tinte, schöne blaue Tinte verwandelt worden.

Kurz hinter Eschenlohe fährt der Zug in einer Kurve ganz nah an einer hellgrauen Felswand vorbei, und an diese Felswand haben der Karli und seine Freunde von der Wagenplattform aus ihre Tintenflaschen geschmissen. Jeden Tag, bis das wunderbare Konzentrat zuende war. Der schlichte Kalkstein aber hatte durch diese Behandlung den geheimnisvollen Schimmer von Lapislazuli angenommen und hieß fortan die "Blaue Wand".

Schön war es, an Tagen, an denen sich ein weißblauer Himmel zwischen Krottenkopf und Ettaler Mandl über das Loisachtal spannte, auf der Wagenplattform zu sitzen, die Büchermappe unter sich, die Schule hinter sich und einen sonnigen Nachmittag vor sich. Die Schule, ja, die war schon vergessen, wenn der Zug im Garmischer Bahnhof anruckte. Das Gefühl, durch das Land zu fahren, war viel unmittelbarer, wenn man auf der Plattform hockte, die Beine durch das Klappgitter baumeln ließ und Büsche, Felsen, Masten und Signale so hautnah an einem vorbeisausten.

Die Loisach lief eine Zeitlang geschäftig und munter neben der Bahn her, aber bei der Hechendorfer Brücke gab der Fluss das aussichtslose Rennen auf und bog beleidigt ab, Richtung Kochelsee.

Durch eine sehenswerte Welt rollte man da: Berge, Wälder, Wiesen, die Felswände des Höhenberges, die gleich von der Landstraße aus steil hinaufschwangen, Dörfer und Heustadel, Ochsenfuhrwerke, die geduldig an den Bahnschranken warteten, die goldbraunen Moore mit den windschiefen Torfhütten darin, das alte Weichser Kircherl und die Viehweiden, auf denen Kühe und Schafe ein geruhsames Leben führten. An den Stationen standen die Bahnhofsvorstände mit Würde, Kelle und roter Mütze und grüßten lässig zum Lokführer hinauf. Vom Steinbruch Moosberg drüben kam manchmal eine wunderbare, schwarz-rote Spielzeuglokomotive durch das Schilf gedampft. Die Kleine schleppte ein Dutzend Kipploren voller Schotter hintennach und pfiff wie eine Große, bevor sie die Landstraße überquerte. Dabei puffte sie ganz geschäftig mächtige Wolken aus ihrem überlangen Schornstein hinaus.

Einmal hat der Karli auf diesem Traummaschinchen mitfahren dürfen, weil der Vater von seinem Freund Franz Sprengmeister im Steinbruch war. So ein Sprengmeister verfügt eben nicht nur über Kapseln, Schnüre und Dynamitstangen, sondern auch über Einfluss, und darum hat der Maschinist dieses unvergleichlichen Dampfrosses den Franz und den Karli ohne Murren auf die lange Reise zwischen Moosberg und Hechendorfer Bahnhof mitgenommen.

Es war ein Erlebnis, das jeden Vergleich aushielt.

Die Heimfahrt von der Schule hat nur fünfunddreißig Minuten gedauert, aber an einem Sommertag im Fahrtwind auf der Plattform war es eben eine Reise durch die ganze herrliche Welt der Jugend, und in dem Karli Grob entstand dabei ein Gefühl, das sich so ausdrücken ließ: "Ein Glück ist´s schon, dass ich hier daheim bin!"

Der Felsklotz der Hohen Kiste schaut von Eschenlohe her gesehen ziemlich mächtig aus. Eine Wand, die fast senkrecht wirkt, steht über dem wilden Kistenkar, und das macht einen ganz hochalpinen Eindruck, besonders, wenn dazu noch graue Wolkenfetzen zwischen Kar und Gipfel herumschweben. Dann könnte man glatt noch tausend Meter dazugeben, vom Anschauen her.

Der Karli hatte damals vom Bergsteigen nicht viel und vom Klettern überhaupt keine Ahnung, sonst hätte er nicht eines Tages zum Maxl gesagt: "Gehst am Sonntag mit auf d`Kisten? Aber von vorn nauf, über d`Nordwand!"

"Da brauch ma aber a Seil", meinte der Maxl, und der Karli sagte nur: "Hab i." Damit war die Sache abgemacht.

Schuld an der blödsinnigen Idee war eigentlich der Luis Trenker. Dem seine Filme haben nämlich die Generation vom Karli sehr begeistert, und wenn "Der Sohn der weißen Berge", "Kampf ums Matterhorn", "Berge in Flammen", "Der verlorene Sohn" oder "Der Berg ruft" auf dem Kinoplakat angekündigt wurden, dann war der Verwendungszweck der gesparten oder geschnorrten Zehnerl absolut klar. Wie herrlich und heroisch die Berge waren, das hat man eigentlich erst richtig in den Trenkerfilmen gesehen, und in vielen Knaben regte sich der geheime Wunsch, einmal so etwas ähnliches wie der braungebrannte, schnürlsamtene Übermensch aus Tirol zu werden.

Auch der Karli Grob war nicht ganz frei von solchen Gedanken.

Das alte Kletterseil, das stark verstaubt auf dem Dachboden hing, stammte noch aus des Onkels Sturm- und Drangzeiten. Niemand würde es vermissen. Der Karli trug es gleich zum Max in den Schuppen hinüber, denn die Mutter durfte nichts merken. Die hatte nämlich eine ganz schlimme Phantasie, jedenfalls was den Karli und seine Unternehmungen betraf.

Am Sonntag marschierten sie dann den Hahnbichlsteig hinauf, Richtung Hohe Kisten. Der Karli hatte das alte Hanfseil um seine Schulter geschlungen, grad so, wie er es beim Trenker gesehen hatte, wenn der seine Augen, die unter dem breitkrempigen Hut hervorblitzten, den Berg hinaufwandern ließ und mit schneeweißen Zähnen lachend sagte: "Alsdann, Mannder, pack ma`s!"

Um ehrlich zu sein: Der Strick war beim Gehen furchtbar lästig, und Karlis Schultern waren halt um etliches schmäler als dem Luis die seinen. Dauernd rutschten die Seilschlingen herunter, und wenn es einmal steil bergauf ging, verfingen sich die Beine darin. Es war eine elende Schinderei. Der Maxl trug den gemeinsamen Rucksack mit den Broten, auf welche die Mutter zu Margarine und Mettwurst viele gute Ratschläge und Ermahnungen geschmiert hatte. Sie wusste ja zum Glück nichts von dem Nordwand - Vorhaben.

Unterm Zwölferköpfl querten die zwei zur Kistenwand hinüber. Jetzt war es so weit, dass sie sich das Seil um die schmalen Brustkästen schlangen und die selbsterfundenen Patentknoten zuzogen. Ein verwegenes Erstbegehungsgefühl hatte den Karli und den Maxl ergriffen. Das kam wahrscheinlich von dem Bergseil und der Aluminium - Schneebrille, die der Karli ganz trenkermäßig am Hut trug. Es war aber kein Schnee mehr da, nur drüben im Kistenkar schmolzen ein paar weißgraue Lawinenkegel still dem Hochsommer entgegen. Das mit der Erstbegehung mochte übrigens stimmen, denn es erscheint äußerst fraglich, daß es vor dem Karli und dem Max noch irgendeinen Menschen gegeben hat, der so blöd war, sich in dem brüchigen Gestein der Hohen Kiste mit Klettern zu vergnügen.

Sie kamen ziemlich weit in die Wand hinein. Viel zu weit! Denn so ein Kletterseil ist halt auch eine große psychologische Hilfe! Aber auf einmal war der Höhenrausch vorbei. Da, rechts in Schulterhöhe war ein Griff, er brach aus, eine flache Steinplatte fiel, schlug auf, platsch! - noch einmal - patsch! Blieb unten liegen, tief unten.

Der Karli suchte vorsichtig nach einem neuen Griff. Der erste brach aus. Patsch - platsch! Gottseidank, der zweite hielt. Der rechte Fuß erangelte irgendwo einen Tritt, aber der Fels war nach unten geneigt und feucht. Der Schuh rutschte ab, und die Nägel machten auf der schrägen Platte einen Ton, wie seinerzeit der Griffel auf der Schiefertafel. Der linke Griff hielt immer noch, aber das rechte Knie vom Karli machte sich selbständig und vibrierte auf und ab in rasendem Takt, ohne dass er etwas dagegen tun konnte. Nähmaschine heißt man dieses Phänomen. Es tritt auf, wenn Nerven und Muskeln nicht mehr ganz in Ordnung sind. Genau das war beim Karli jetzt der Fall.

Von unten kam dem Max seine gepreßte Stimme: "Karli, was is?" - "I find koan Griff mehr!" - "Auweh!" - "Max?" - "Ja!" - "Kimmst du aa net weiter?" - "Na, wenn i mi rühr, rutscht all`s weg!"Der Karli spürte, wie sein Hemd allmählich patschnaß wurde, und er fingzu beten an: "Liaber Gott, laß den Max net fliagn, weil sonst reißt er mi mit abi und i bin aa hi. - Bittschön, liaber Gott, tuas net!"Der Max flog nicht, aber er fragte gequält: "Was moanst, solln mir um Hilfe schrein?" - "Ja mei, i woaß net. Vorigs Jahr hams drei Buam vom Waxnstoa g`holt, die ham hernach fürchterliche Watschn kriagt von die Bergwachtler."

Zwischen Watschn und Herunterfallen gab es nur die dritte Möglichkeit, es noch einmal selbst zu versuchen, wie der Münchhausen, als er mitsamt seinem Gaul im Sumpf steckengeblieben ist. Der linke Griff hielt noch immer, und der Karli zog sich ganz langsam hoch. Unter seinen Füßen gingen ein paar Steine ab , und es gab wieder dieses grausame Patsch - Platsch in der Tiefe. Die Nähmaschine fing jetzt wieder das Rattern an, diesmal im linken Bein. Aber jetzt hatte er rechts einen guten Stand, und seine Finger faßten einen Griff, der nicht gleich nachgab, und dann sah er wenige Meter weiter oben ein paar Latschen über die Felsen schauen. Wie er so weit kam, dass er den ersten Ast packen konnte, das weiß der Karli heute nicht mehr. Er zog sich mit letzter Kraft auf die kleine Rampe und hockte sich rittlings hinter einen Felsbrocken. Schwer schnaufend zog er das Seil ein und brüllte zum Max hinunter: "Kimm nach, i hab an Stand!"

Es war zwar kein Stand, sondern eher ein Sitz, aber von da führte eine latschenbewachsene Rinne nach oben. - Ins Leben!


Ein paarmal haben sie auch auf einer Insel im Staffelsee gezeltet, die hieß Buchau. Damals war noch kein Campingplatz drauf, sondern nur zwei Dutzend Kühe. Die Zelte standen unter den alten Lindenbäumen, in deren Laub des Abends der Bergwind rauschte, während drumherum friedlich die Kuhglocken bimmelten. Einmal, in einer besonders warmen Sommernacht, haben sie das Zelt nicht ganz zugeknöpft, und der Karli hat wegen der besseren Luft als Nächster beim Eingang geschlafen. Da ist er mitten im schönsten Schlummer von einem gewaltigen, ungeheuer feuchten und rauhen Kuss geweckt worden. Eine Kuh, die anscheinend eine besondere Zuneigung zu ihm gefaßt hatte, zog ihre patschnasse Riesenzunge einmal quer über sein sommersprossiges Gesicht. Der Karli fuhr mit einem lauten Schrei in die Höhe, und die Kuh, mindestens ebenso erschrocken, zog ihren mächtigen Kopf hastig zurück, verfing sich dabei mit den Hörnern in der Leinwand und mit den Haxen in den Schnüren, die Zeltheringe wurden aus dem Boden gerissen und das Rindvieh galoppierte mit dem ganzen Viermannzelt am Geweih in wilder Panik davon. Bis der Karli und seine Freunde ihre Textilvilla endlich gefunden und wieder aufgebaut hatten, dämmerte hinterm Jochberg schon der neue Tag herauf.

Am südlichen Ende der Insel war ein Tümpel, gefüllt mit einem warmen, dunkelbraunen Moorbaaz. Das Moor war fett und aromatisch und klebte als wunderschöner Überzug am ganzen Körper, wenn man in der Brühe richtig untergetaucht war. Oft haben sie sich damit in wilde schwarze Aschanti - Neger verwandelt und mit entsprechend infernalischem Gebrüll exotische Kriegstänze am Ufer aufgeführt. Einmal ruderte eine Sommerfrischlerfamilie vorbei, und ein hübsches Mädchen mit Strohhut rief begeistert: "Mami, guck, da gibt`s schon echte Neger!"

Wenn strahlende Sonnentage die großen Ferien vergoldeten, dann ist das Strandbad eine ganz wichtige Arena gewesen, denn der Karli Grob und seine Altersgenossen gerieten allmählich in jenen Zustand, in dem man sich immer deutlicher der Tatsache bewusst wird, daß Mädchen auf eine ganz wunderbare Weise anders sind. Nicht nur dümmer, schwächer und kindischer. Natürlich war man noch lange nicht so weit, um ernsthaft an der männlichen Überlegenheit zu zweifeln, denn gegenteilige Erfahrungen gab es ja noch nicht. Aber es muss gesagt werden, auch der Karli fand großes Gefallen daran, in lustige Augen zu schauen oder auf leuchtende Haare, die der Sommerwind um lachende Gesichter flattern ließ. Wie hübsch sie doch waren, diese Gesichter! Auch auf den schönen Dingen, die sich unter manchem Badetrikot wölbten, ruhte sein Blick jetzt viel öfter und länger als vorher. Hochinteressant war die Feststellung, dass sie ja auch Beine hatten, die Weiberleut. Und zwar ganz andere als der Max und der Reiner oder gar der magere Karlo.

Zwangsläufig begann nun etwas, was auch aus dem Tierreich allgemein bekannt ist. Zoologen bezeichnen es als Imponiergehabe. Ein besonders geeignetes Objekt zur Ausübung desselben war zum Beispiel das Geländer am großen Badesteg. Man konnte darauf Seiltänzer spielen, ausrutschen und sich im seichten Wasser irgendwas verstauchen, man konnte sich mit einem gewagten Handstand - Überschlag in den See plumpsen lassen oder in kühnem Sprung darüberhechten. Der Reiner gar, der stellte sich auf das Geländer und machte einen Salto rückwärts. Auf normale Weise, nämlich über die Holztreppe, ging von den Angebern keiner mehr ins Wasser, wenn Mädchen in der Nähe waren.

Das Viermeterbrett auf der schwimmenden Insel eignete sich natürlich besonders gut, um Eindruck zu schinden. Der Karlo - der mit dem "O" am Ende - sprang am schönsten. Er ließ sich von dem federnden Brett hoch in die Luft schnellen, machte ein Hohlkreuz und tauchte ins Wasser, fast ohne zu spritzen. Der Maxl sprang am meisten, ein dutzendmal hintereinander, der Reiner aber hupfte am verwegensten. Er probierte alles aus: Salto vor- und rückwärts, Doppelsalto und Schraube. Der Mut war größer als das Talent, es gab manche knallende Bauchlandung, und der Künstler stieg mit krebsroter Vorderseite aus den Fluten. Aber es hat ihm nichts ausgemacht.

Der Karli probierte es seiner Veranlagung entsprechend mit der komischen Masche. Mit Bademantel, Strohhut und Sonnenbrille spielte er einen zerstreuten Professor und spazierte, geistesabwesend in eine Zeitung vertieft, über das Sprungbrett hinaus, um kopfüber mit wilden Verrenkungen in die Tiefe zu stürzen. Das muß ziemlich lustig ausgesehen haben, denn manchmal haben sogar ein paar Leute Beifall geklatscht.

Ja mei, was tut man nicht alles!

Die Toilette im alten Strandbad bestand nur aus Brettern und war schlicht, aber zweckmäßig gestaltet.

Karlis Freund, der Karlo, sah einmal zufällig, wie sich der Herr Hauptlehrer gemessenen Schrittes dorthin begab. An dem Herrn Hauptlehrer war alles nur Würde, auch wenn er bloß mit einer Badehose bekleidet war. Im Schulunterricht hat er diese Würde durch häufigen Gebrauch seines Tatzensteckerls sehr spürbar unterstrichen. Der Karlo war schon in der Lehre und hatte daher eigentlich keinen hautnahen Kontakt mehr zu ihm, aber er war der Meinung, dass noch irgendeine Rechnung offen sei mit dem guten Schulmeister. Und kaum hatte dieser hoheitsvoll, wie es seine Art war, das Kabinett betreten und die Tür verriegelt, da holte sich der Karlo aus dem Verschlag des Bademeisters das Werkzeugkistl und nagelte mit etlichen langen Nägeln das Abtritt - Türl zu. Natürlich ertönte von drinnen sofort die scharfe Stimme des Herrn Hauptlehrers und begehrte zu wissen, was, verdammt nochmal, das denn zu bedeuten habe, aber seine Würde ließ es nicht zu, das gerade begonnene Geschäft spontan zu unterbrechen. Darum hat der Karlo nur einmal was von "Reparaturarbeiten" gemurmelt und ruhig weitergenagelt.

Der Bademeister hat lang nichts gemerkt, weil er am anderen Ende vom Strandbad den Kiesweg gerichtet hat. Als das dumpfe Rufen des Eingenagelten endlich zu ihm gedrungen war und er diesem mit einem Stemmeisen wieder zu

Licht, Luft und Freiheit verholfen hatte, lag der Karlo schon längst zwischen seinen Spezln auf dem Badesteg und sah zwischen halbgeschlossenen Lidern zum Klohäusl hinüber, das der Herr Hauptlehrer nun nicht mehr ganz so würdevoll verließ, wie er es betreten hatte.

Dem Hitler sein Tausendjähriges Reich war jetzt immerhin drei Jahre alt. Der Karli und seine Freunde wußten es bald nicht mehr anders, und sie glaubten natürlich, daß alles so, wie es war, vollkommen in Ordnung sei.

Vor dem Maria-Hilf-Kircherl standen schon lange keine Arbeitslosen mehr, und die Anzahl der Jackenrevers, an denen ein rundes Abzeichen mit rotem Rand und einem schwarzen Hakenkreuz auf weißem Grund befestigt war, nahm langsam aber stetig zu. An den Ladentüren gab es jetzt Schilder mit der Aufschrift: "Juden unerwünscht" und "Deutsche grüßen mit Heil Hitler!"
Der Karli kannte zwar keinen Juden, aber er dachte sich: "Irgendwo müssen die doch auch einkaufen!" An den Hitlergruß hat man sich hierorts nie recht gewöhnt, und das althergebrachte "Grüßgott", das "Servus" und das "Habedieehre" sind trotz aller Reklame nicht aus der Mode gekommen.

Alle Buben und Mädchen zwischen elf und achtzehn gehörten automatisch zur Hitlerjugend, ob sie das wollten oder nicht. Aber das Geld war immer noch knapp, und sicher haben manche Eltern nur dumpf grollend eine Uniform für ihre Kinder gekauft, denn wenn damals überhaupt gegrollt wurde, dann nur dumpf und so, daß es kein anderer gehört hat.
Die Kinder auf den kleinen Dörfern und den entlegenen Höfen haben bei der Hitlerjugend nie so richtig mitmachen müssen, wie die in den größeren Orten, denn sie hatten ja einen weiten Weg zum "Appell" und die gute Ausrede, daß sie daheim am Hof gebraucht wurden zum Schafhüten, zur Heuarbeit, zum Kartoffelklauben oder zum Zaunrichten. Bauernarbeit ist vielfältig, zudem "volkspolitisch wichtig" und notwendig, und das wurde auch vom ärgsten braunen Gschaftlhuber respektiert.

Der Karli aber tat noch immer recht gern mit, denn er war ein Romantiker. Dem Zauber, der für ihn vom Dröhnen einer Landsknechtstrommel oder von den Flammen eines Lagerfeuers ausging, das prasselnd die Funken in den schwarzen Himmel jagte, konnte er sich nie ganz entziehen. Es war halt ein unbeschreibliches Gefühl, wenn man im Kreis um die Glut saß und die erhebenden Lieder sang, von Kampf und Sieg und den morschen Knochen, die da vor dem großen Krieg zittern.

Allein war der Karli ja nur ein mäßig guter Gymnasiast von vierzehn Jahren, der gerne las und träumte und der manchmal sogar vor irgendetwas Angst hatte. - Ganz besonders natürlich davor, dass diese Tatsache einmal jemand merken könnte. - Ein ziemlich gutmütiger Kerl, der seine Eltern liebte und den Opa und die alte Tante Emmi.

Aber hier, Schulter an Schulter mit den anderen um das Feuer sitzend, da war er Starker unter Starken, ein Tapferer unter Tapferen, ein Unbesiegbarer unter lauter Unbesiegbaren.

"Ihr sollt sein zäh wie Leder, hart wie Kruppstahl und flink wie die Windhunde!" hatte der Führer erst kürzlich gefordert und dabei die Fäuste geballt und das Kinn vorgereckt. Warum nicht? Das konnte er schon haben, der Adolf. An ihnen sollte es nicht liegen!

Die grauen Zeltpyramiden standen locker verteilt unter Bäumen oder neben Buschgruppen, zwischen kleinen Hügeln, in flachen Mulden und auf den Wiesen am Flußufer. Im Süden sah man die Kette der Berge, und wenn man ein wenig suchte, konnte man auch die Gipfel der engeren Heimat ausmachen, den Heimgarten, die Zugspitz und das Ettaler Mandl.

Ohne die Zelte, Fahnen, Sportplätze, Feldküchen und Latrinen wäre es eine wunderschöne Voralpenlandschaft gewesen. Doch dem Karl Grob, der in dem Zeltlager drei Wochen seiner Ferien verbringen wollte, gefiel es trotzdem. Außer ihm wohnten noch etwa siebentausend Mann in der Zeltstadt. Weil aber alle Gruppen weitläufig über ein großes Gebiet verteilt waren, fiel das gar nicht so auf. Sie hatten Platz genug, um sich auszutoben.

Dieses Austoben war natürlich geregelt und in Dienstpläne gefaßt. Schließlich war man ja in Deutschland.

Doch von den zwölf Mann in Karlis Zelt waren zum Glück sechs aus Murnau, und davon wiederum gehörten zwei zu seinen engeren Freunden. Da konnte man es schon aushalten und dafür sorgen, dass die Disziplin nicht gar zu sehr ins Kraut schoss. Von Vorteil war auch, dass der Fähnleinführer aus der Umgebung stammte und darum recht gut wusste, dass er es mit bayerischen Buben zu tun hatte und nicht mit einem Kadettenkorps.

Dem Karli war alles recht, und es hat ihm nichts ausgemacht, aus einem mäßig gereinigten Kochgeschirrdeckel einen Stampf zu löffeln, den er daheim nicht einmal angeschaut hätte, einen dürftig gezuckerten Lindenblütentee dabei zu schlürfen oder mit Blasen an den Füßen noch viele Kilometer weiterzumarschieren, ohne den geringsten Jammerlaut hören zu lassen.

Wie schön war es, nach einem heißen Tag mit den andern im Zelt zu hocken, den gesparten Rest Vierfruchtmarmelade auf einem Trumm Kommißbrot genüßlich zu verspeisen und verrückte Geschichten zu erzählen, während ein Gewittersturm an den Schnüren zerrte und der Regen hart auf die Planen trommelte!
Freilich kam es auch vor, dass auf einmal der Zeltgraben die Wassermassen nicht mehr verdauen konnte und kleine Wildbäche Stroh und Decken durchnässten.
Das waren dann die Momente, wo sich so etwas wie Heimweh in den rauhen Landsknechtsseelen bemerkbar machte und eine leise Sehnsucht nach mütterlich bereiteten Betten wach wurde.

Aber dem Karli gefiel es, in aller Frühe mit hechelndem Hals einen Geländelauf zu machen und in der eiskalten Isar zu schwimmen, denn es war dem Selbstbewußtsein sehr förderlich, wenn man nicht zu denen gehörte, die hinten nachzockelten und die vom Badespaß schon genug hatten, bevor noch die Knie nass wurden.
Denn solche gab es zum Glück auch, aber nicht viele. Ganz im Stillen war der Karli jenen Schwächeren dankbar, denn wenn es n u r Gute gegeben hätte, dann hätte man ja nie das schöne Gefühl gehabt, dass man zu den Besseren zählt.

In den drei Wochen Lagerleben ist auch einmal einer ertrunken. Aber der war von einem anderen Fähnlein.


Eines Tages mußten sie alle am Thingplatz antreten. Das war eine große Wiese, auf der man in der Mitte eine Art Altar aufgebaut hatte. Einen schwarzen, liegenden Block, auf den strahlenförmig einige Dutzend Fahnen gesteckt waren. Weil es an diesem Tag fast windstill war und kein Tuch flatterte, sah das aus wie ein riesiger schwarzweißroter Fächer mit Hakenkreuzmuster. Auf der Längsseite dieses Altars aber stand in mächtigen weißen Buchstaben: "Wir sind zum Sterben für Deutschland geboren!"
Als er das gelesen hatte, keimte in dem Karli Grob - sicher zum erstenmal - ein Widerstand gegen die vorgegebene Ideologie auf und er sagte leise zum Max, der neben ihm stand: "Des is doch a Schmarrn!"
Sein kleiner Bubenverstand sagte ihm, dass man eigentlich nicht geboren wird, um zu sterben, sondern um vor allen Dingen erst einmal zu leben. Und er dachte, dass das liebe Deutschland ja auch nicht viel davon hat, wenn alle hin sind.
Sie standen in einem gewaltigen Viereck um den Schmarrn herum. In drei Gliedern; siebentausend schlanke, braungebrannte Buben in schwarzen Leder-

hosen, weißen Kniestrümpfen und in den Uniformhemden, deren Farbe der Garmischer Mathelehrer nicht leiden konnte.

Da fing auf einmal der Spielmannszug zu lärmen an. Trommeln dröhnten, und die Fanfaren, an denen die schwarzen Tücher mit den weißen Siegrunen hingen, schmetterten den Finnländischen Reitermarsch in den blauen Sommerhimmel hinauf.

Drei große Mercedes kamen angerollt, hielten am Wiesenrand, und von einem Mast herunter brüllten die Lautsprecher: "Stillgestanden!"

Den Autos entstiegen der Reichsjugendführer und andere betagte, aber hochrangige Hitlerjungen. Irgendwer machte eine zackige Meldung, und dann begannen sie, die Front abzuschreiten.

Der Baldur von Schirach war kein hässlicher Mensch, und er wirkte durchaus nicht unsympathisch. Er lächelte freundlich, während er an den vielen Pimpfen vorbeiging, aber er war sich nicht bewusst, dass er ein starkes Handikap mitgebracht hatte. Er trug nämlich eine feine, graugelbe Hirschlederhose, und die Knie, die aus der vornehmen Kurzen herausschauten, waren ziemlich weiß und ein wenig zu rundlich.

Nach Kruppstahl und zähem Leder sah er jedenfalls nicht aus.

Und wie der oberste Hitlerjunge mit seinem Gefolge vorbei war, drehte sich einer, der vor dem Karli in der ersten Reihe stand, um und sagte leise und grinsend: "Habts as g`sehgn, Sulzknia hat er, der Baldrian, Sulzknia!"

Das Flüstern und Lachen über diesen Schönheitsfehler liefen dem Schirach nach, so lange er die Front abschritt, aber vermutlich hat er nichts davon gemerkt.

Auf solch einfache Weise werden manchmal höchste Persönlichkeiten von ganz gewöhnlichen Buben auf ein ganz gewöhnliches Maß zurückgeschraubt.

Ein Teil von dem, was der Schirach anschließend in einer langen, wohlklingenden Rede sagte, ist dem Karli bis heute im Gedächtnis geblieben:

Die Deutschen seien ein Volk ohne Raum, hallte es aus den Blechtrichtern weit über den Thingplatz hin. Und weil das Deutsche Volk Platz brauche, um all seine Größe, seine schöpferischen Kräfte, seinen Fleiß und seinen Aufbauwillen und überhaupt die ganze, gewaltige Überlegenheit der germanischen Rasse voll entfalten zu können, darum sei es unumgänglich notwendig, eines Tages neuen Lebensraum zu erobern. Und der könne nur im Osten liegen. Der fruchtbare Boden der Ukraine und das weite Land zwischen Don und Wolga, das sei das Siedlungsgebiet der Zukunft und warte auf die deutschen Menschen, die deutschen Pflugscharen und den deutschen Geist. Wir, die Deutschen, seien eben von der Vorsehung dazu bestimmt, in einem Großdeutschen Reich, das sich einmal vom Rhein bis an die Ufer der Wolga erstrecken werde, die Herren zu sein. Die slawisch - bolschewistischen Halbmenschen hingegen müssten zufrieden sein, wenn sie uns als Knechte dienen dürften. - Nach entsprechender Umerziehung natürlich. -

Darum: Nach Ostland woll`n wir reiten!

So klang es zum Abschluß pathetisch aus den Lautsprechern. Durch Karlis Gehirn aber zuckte wie ein kleiner Blitz der Gedanke: "Der spinnt!"

Denn im Gegensatz zu manchen großen Führern hatte er schon ein paarmal in seinem Schulatlas geblättert, und er wusste daher recht gut, dass es bis zur Wolga ein verdammt weiter Weg ist.

Sechs Jahre später hat der Karli Grob die Gegend allerdings wirklich und wahrhaftig erreicht, die der Schirach damals im Jugendlager als Fernziel deutschen Eroberungswillens genannt hat. Eines aber war ganz anders: Die Erde dort wurde nicht von deutschen Pflugscharen umgewendet, sondern von russischen Granaten!

Also, Heut hab i ums Verrecken koa Lust net" sagte der Karli und schaute todtraurig durchs Abteilfenster hinaus. Es war ein strahlender Oktobermorgen. Über dem Murnauer Moos lag eine zarte, dünne Nebelschicht, auf der alles zu schwimmen schien: Die Bäume, die Streudrieschen und die Torfhütten. An den Berghängen leuchteten Ahorn und Buchen gelb und rot aus den dunklen Fichtenwäldern heraus, und auf den Gipfeln des Wettersteins lag schon zart und leicht der Puderzucker des ersten Schnees. Das stand vor dem blauen Herbsthimmel wie ein Märchenschloss, eine Gralsburg. Neuschwanstein ist nichts dagegen. Ach, es gibt einfach keinen Vergleich mehr, wenn Alpspitz und Hochblassen, die Waxensteine und die Zugspitz solcherart jungfräulich geschmückt in einen seidenen Oktobertag ragen. Das ist beinah schon so herrlich wie auf den Ansichtskarten, die es am Bahnhofskiosk zu kaufen gibt.

Der Ludwig runzelte die Stirn:

"Heut ist d`erste Stund Mathe, und i hab d`Hausaufgab net fertig. Mit dene Gleichunga kimm i einfach net klar! Danach ham mir zwoa Stund Französisch und der Ingerl hat g`sagt, daß er a Kurzarbeit schreim laßt."

Eigentlich hieß der Französischlehrer Hingerl, aber sie nannten ihn Ingerl, weil die Franzosen ja bekanntlich kein H sprechen.

"Danach ham mir Geo und Religion."

"Schad um so an schöna Tag!"

"Mhm, die Steigeisen am Höhenstein nauf, die wollt ma doch scho lang amal geh!"

"Woaßt was," sagte der Ludwig mit freudig blitzenden Augen, "der Maxl soll zum Ingerl sag`n, dass dir auf oamal so schlecht worn is dass d` fast bewusstlos warst, und i bin mit dir wieder hoamg`fahrn, weil ma an Todkranken doch net im Stich lassen ko!"

Gesagt, getan. Der Maxl war ein guter Freund und hat nicht gezögert, seine Seele mit dieser Lüge zu beflecken.

Der Karli und der Ludwig stiegen in Eschenlohe aus und marschierten frohen Herzens den leuchtenden Bergen zu. Rechterhand gleich neben der Landstraße gehen die Wände des Höhensteins fast senkrecht empor, und halbwegs vor Oberau führt eine lange Reihe von einzementierten Eisenklammern über die Felsen hinauf.

Der Karli wollte schon lange wissen, wie hoch man da kommt und wo das endet. Ein paar der Steighilfen wackelten bedenklich, aber sonst gewann man damit natürlich spielend an Höhe. Gute hundert Meter über der Straße endeten die Klammern bei einer kleinen Plattform, die mit einem Drahtseilgeländer abgesichert war.

Ein herrliches Platzerl! Nein, das war kein Rastplatz, das war ein Götterthron! Die zwei saßen und schauten und schwiegen. Die Loisach glitzerte im Morgenlicht, und am Himmel über dem Hohen Fricken kreisten zwei Bussarde geruhsam und ohne Flügelschlag. Tief unten auf dem hellgrauen Band der Straße fuhr manchmal ein Spielzeugauto dahin, und um neun Uhr fünfzehn kam eine Märklin-Eisenbahn. Der Schnellzug München - Innsbruck.

Der Karli sagte: "Jetz wern s` grad schwitzen beim Ingerl."

"Vom Tartarin de Tarascon werd er halt was übersetzen lassen, da is er grad ganz versessen drauf," meinte der Ludwig. "Bin i froh, daß mir da heroben hokken!"

"Ja," lachte der Karli, "des war a guate Idee!"

"Übrigens g`fallt mir die G`schicht von dem Tartarin ganz guat. I find den alten Angeber recht lustig. So ähnliche Typen gibts doch bei uns aa a paar."

Der Ludwig sagte: "Schad is bloß, daß der 'Tartarin de Tarascon´ auf Französisch g`schriebn is, da tuat ma si allwei so hart mitn Lesen."

Sie aßen ihr Pausebrot mit einem Genuß, der in keiner Weise mit der eiligen Mahlzeit im Schulhof zu vergleichen war, und danach versuchte der Karli, mit einem Apfelbutzen einen Radfahrer zu treffen, der hundert Meter tiefer eilig dahinstrampelte.

In der warmen Oktobersonne dösten sie und träumten, redeten wenig und waren glücklich. Denn es schien ihnen, als befänden sie sich auf einem anderen Stern, völlig frei und Herren über Zeit und Raum. Von den Dörfern herauf hörte man das Zwölfuhrläuten, und damit war die schöne Illusion auch schon wieder beendet, denn sie mussten ja in Eschenlohe den Zug erreichen, um rechtzeitig nach Hause zu kommen.

Sie zogen ihre Janker an, die vom langen Draufsitzen ganz verknittert waren, rieben sich die pelzig gewordenen Hintern und machten sich geruhsam an den Abstieg.

Als sie wie zwei Handwerksburschen auf der Landstraße dahintrabten, hielt auf einmal kurz vor ihnen ein Auto. Der Oberstudienrat Dr. Hingerl kurbelte das Fenster herunter und sagte freundlich lächelnd:

"Aha, der schwerkranke Herr Grob und sein barmherziger Samariter! Ich sehe mit Freuden, daß es nichts Ernstes ist. - Übrigens werdet ihr beiden am Donnerstag zwischen vierzehn und sechzehn Uhr Gelegenheit haben, die Klassenarbeit nachzuholen!"

Sprach´s und fuhr von dannen.

Der Hingerl war der einzige Lehrer, der damals ein Auto hatte und eine Kusine in Murnau. Und ausgerechnet an diesem Tag war er bei der zum Essen eingeladen.

Das ist schon ein Pech!


Im Februar sechsunddreißig rückte Garmisch-Partenkirchen sozusagen in den Blickpunkt der Weltöffentlichkeit, denn da ist die Winterolympiade gewesen, und man hat auf einmal gemerkt, dass es außer Bayern und Preußen auch noch andere Leute auf der Welt gibt.

Freilich ist man im Werdenfelser Land auch früher schon ab und zu auf ein paar Ausländer getroffen. Vor allem im Winter oder wenn in Oberammergau die Passionsspiele waren. Aber so zahlreich, wie die fremden Völker in diesen olympischen Tagen auf den Straßen und Plätzen und in den Eisenbahnzügen auftauchten, hatte man es vorher natürlich noch nie erlebt. Und wo kamen bloß die Autos alle her, die jetzt auf der prächtig ausgebauten Straße Richtung Zugspitze rollten!

Was den Karl Grob an diesem Ausländergewimmel am meisten beeindruckte, war die Tatsache, daß die vielen Menschen, die da in allen Sprachen der Welt durcheinanderredeten, sich ganz ausgezeichnet zu verstehen schienen.

So sehr viel anders waren die ja garnicht!

Freundlich waren sie, und lustig waren sie und ordentlich angezogen auch.

Der Karli spürte, wie ein Vorurteil, das er bis dahin fleißig gehegt hatte, zu kränkeln anfing, und die Erkenntnis überfiel ihn wie ein Rausch, daß anscheinend die meisten Menschen ganz nette Leute sind, auch wenn sie nicht Deutsch sprechen. Und er fing vor Eifer beinahe zu stottern an, wenn er mit seinen Sprachkenntnissen angeben konnte, um in Hochdeutsch, Englisch, Französisch oder mit Hilfe seiner beiden Hände einem Fremden den Weg zu weisen oder irgendeine Auskunft zu erteilen.

Mit etwas Latein hätte er notfalls auch dienen können. Aber das hat anscheinend niemanden interessiert.

Bei so einer Gelegenheit lernte er auch eine Errungenschaft des Wilden Westens kennen, in deren Genuss die meisten jungen Deutschen erst nach dem Krieg gekommen sind. Ein freundlicher junger Mann, der behauptete, von Colorado, USA, zu kommen, obwohl er weder Cowboyhut noch Sporen trug, sondern eine Wollmütze und einen Norwegerpullover, fragte ihn nach dem Weg zur Wankbahn. Natürlich sagte er "Wänk" zum Wank. Als der Karli ihn eifrig und umständlich eingewiesen hatte, bedankte er sich lachend: "Thank you, boy, have a fine day!" und drückte ihm ein kleines Päckchen in die Hand.

Auf dem Päckchen stand: "Wrigley´s chewing gum".

Nachdem der Pfefferminzgeschmack herausgelutscht war, hat der Karli den ersten Kaugummi seines Lebens glatt hinuntergeschluckt.


In dieser olympischen Zeit fiel für drei Wochen der Unterricht aus, weil das Schulgebäude mit Luftwaffensoldaten belegt war, die nachts mit ihren Flakscheinwerfern einen herrlichen Lichtdom über das Schistadion zaubern mussten. Hoch am dunklen Himmel überschnitten sich die Strahlen der Scheinwerfer. Sie standen wie ein gewaltiges Zelt über den Sprungschanzen und dem olympischen Feuer. Alle fanden das schön, und sicher gab es niemanden, der sich vorstellen konnte, dass wenige Jahre später ganz ähnliche Lichtdome über Städten stehen würden, die in Brand und Trümmer versanken.

Aber in diesen Februartagen schienen alle Menschen Freunde zu sein. Die Freude am Sport ließ sie fast zu einer Familie werden, und die Politik interessierte keinen. Sie war einfach nicht mehr vorhanden.

Bis zum Beginn der Wettkämpfe fehlte allerdings eine Kleinigkeit: Der Schnee. Die Schihänge am Kreuzeck hatten die trostlose Farbe stark gebrauchter Putzlumpen, und nasse Wolken hingen melancholisch zwischen den Bergen herum.

Lange Lastwagenkolonnen standen schon bereit, um das weiße Gold von irgendwoher zu holen. Und wenn es nicht anders ging, wollte man die alpinen Wettbewerbe gar auf das Zugspitzplatt verlegen. Im Organisieren waren sie ja nicht schlecht damals.

Auch am Eröffnungstag lag der Himmel grau über einem schneelosen Loisachtal. Im Auslauf der großen Sprungschanze stand der Karli Grob mit einer sidolglänzenden Fanfare in der Hand in Reih und Glied mit den anderen Künstlern vom Spielmannszug Murnau. Sie hatten für diesen Tag nagelneue, dunkelblaue Pimpfenuniformen bekommen, dazu Schimützen und Überfallhosen, und waren sich ihrer Wichtigkeit durchaus bewußt.

Da ging plötzlich eine Aufregung durch die Massen, und kurz darauf erschienen auf dem Balkon des Olympiahauses der Hitler, der Goebbels, der massige Göring mit einem dicken Pelzkragen um den Hals und andere hohe Tiere, teils mit, teils ohne Uniform.
"Die Spitzen von Partei, Staat und Wehrmacht" hieß dieser Auftrieb damals in den Zeitungen.
Mit der üblichen Begeisterung brüllte alles "Heil! Heil! Heil!", und der Hitler grüßte lässig mit abgewinkeltem Arm umher.
Als wieder Ruhe herrschte, hob der Reiner seinen Tambourstecken, und die Querpfeifer spielten die "Locke". Darauf rasselten die Trommler den "ersten Feldschritt" herunter, und dann schmetterten die Fanfaren den "Fehrbelliner Marsch" in den schiefergrauen Himmel.

Und dann schneite es! Die Flocken fielen dicht und ruhig, und ein internationales Spektakel wurde von kleinen, zarten Kristallsternchen sozusagen in letzter Stunde gerettet.

Als die Sportler der Nationen an Hitler vorbei ins Stadion einmarschierten, lagen auf Hüten, Mützen und Schultern hübsche weiße Polster, die den vielen Menschen eine gewisse Einheitlichkeit verliehen. Ein olympischer Bilderbuchwinter hatte begonnen!
Die zahlreichen, tiefgläubigen Hitler-Verehrer, die es dazumal gegeben hat, lächelten sich verständnisinnig zu, denn sie zweifelten natürlich keinen Augenblick daran, dass der allmächtige Führer den Schnee mitgebracht hatte, so wie einstens der alte Wilhelm Zwo sein berühmtes Kaiserwetter. Der Hitler selber hat das sicher auch geglaubt, weil er doch mit der "Vorsehung" immer auf besonders gutem Fuß gestanden ist.
Der Karli Grob aber teilte diese Meinung seines Führers nicht. Er war vielmehr der festen Überzeugung, dass es die gewaltigen Fanfarenklänge des

Murnauer Spielmannszuges waren, die den Flockensegen bescherten, denn man weiß ja, dass starke akustische Schwingungen die Atmosphäre manchmal zu Niederschlägen animieren können.

Nachdem das olympische Feuer brannte, die riesige weiße Fahne mit den fünf Ringen gehisst war und der Hitler mit sonorer Stimme die Vierten Olympischen Winterspiele neunzehnhundertsechsunddreißig für eröffnet erklärt hatte, sanken die mächtigen Herren, die da oben auf dem Balkon des Olympiahauses standen, in eine gewisse Bedeutungslosigkeit zurück, denn was waren sie schon gegen eine Christl Cranz, einen Birger Ruud, einen Franz Pfnür, eine Sonja Henie, einen Emile Allais, einen Ballangrud oder eine Grasegger Kathi!

Der Karli stellte sich im Geiste den Göring auf Schlittschuhen vor und den Adolf und den Goebbels auf Schi. Und er musste herzlich lachen.

Die fünf Ringe hatten das Hakenkreuz in den Hintergrund gedrängt. Für acht Tage wenigstens.

Als nach den Olympiaferien die Schule wieder anging und beim Paule die erste Mathematikstunde war, sagte dieser:

"Bretter habts ihr noch immer vorm Hirn, aber jetzt sind sie halt aus Hickory und vorne aufgebogen!"

Die Mutter sagte auch eines Tages zum Karli:

"Hast du überhaupt nichts mehr anderes im Kopf als den blöden Sport? Du könntest dich zur Abwechslung ruhig wieder einmal etwas mehr um die Schule kümmern. Dein Weihnachtszeugnis war hundsmiserabel!"

Der Karli dachte, daß die Mutter mit dem "hundsmiserabel" stark übertrieb, von der Drei bis Vier in Mathe einmal abgesehen. Er war sich aber ziemlich sicher, dass diese mäßige Note weniger auf seine mangelhafte Intelligenz als vielmehr auf die starke gegenseitige Abneigung zwischen ihm und dem Paule zurückzuführen sei.

Die Mutter hatte halt leider überhaupt kein Interesse am Sport, weil sie außer ein bisserl Schwimmen und gelegentlichen Einkaufs-Radlfahrten selber keinen betrieb.

Aber vielleicht war dem nicht immer so gewesen? Der Karli konnte sich an ein Foto erinnern, das er einmal in einem alten Album in Großvaters Bücherschrank entdeckt hatte. "Hilde, 13" stand darunter. Auf dem Bild trug die Mutter züchtige schwarze Pumphosen und ein Trikot mit halblangen Ärmeln und Matrosenkragen, hatte die Füße anmutig gespreizt, und mit der rechten Hand hielt sie einen Gymnastikstab wie Pallas Athene ihren Speer. Sonst sah sie aber bildsauber aus mit ihren dunklen Haaren und ihren großen Augen.

Der Karli selbst war ja auch kein überdurchschnittliches Sporttalent. Zu einem Einser in diesem Fach hat es nie gereicht. Er musste sich in seiner ganzen Schulzeit stets mit einem Zweier zufrieden geben.

Aber durch die Olympischen Spiele hatte der Sport für den Karli und seine Freunde einen Stellenwert erhalten wie nie zuvor. Vor allem sind die Olympiasieger zu Idolen geworden, neben denen jeder Filmstar und die gesamten Nazigrößen, wie schon gesagt, stark verblassten. Ein Autogramm von der Christl Cranz zum Beispiel war entschieden mehr wert als eins vom Joseph Goebbels, und die Unterschrift vom Birger Ruud in einem alten Schulheft wog sogar die vom Hitler leicht auf.

Der Karl Grob war jedenfalls dieser Meinung.

Ein Mensch, der so vogelgleich durch die Luft fliegen konnte, achtzig, neunzig Meter weit, der war mehr als nur ein Sportler, der war ein Künstler, ein Bewegungsgenie, ein gottnahes Wesen!

Eine Zeitlang arbeitete das gottnahe Wesen in einem Partenkirchner Sportgeschäft, und der Karli und seine Freunde legten manchmal ein paar Zehnerl zusammen, um dort gemeinsam ein Schiwachs oder einen Zehenriemen zu kaufen. Wenn sie dann zu sechst mit großen Augen und verlegenem Grinsen im Laden standen, lachte der Birger und fragte:

"Na, Jungs, wollt ihr ein´ schön´ Abfahrt machen heute?"

Dem Hitlerstaat sind die Olympischen Spiele natürlich recht gelegen gekommen, denn sie waren gut organisiert und somit eine wirksame Reklame, vor allem im Ausland. Die Leute haben gedacht, dass d i e ja garnicht so schlimm sind, wie immer geredet wird. Sogar ein Jude durfte bei der deutschen Eishokkeymannschaft mitspielen. Na, was wollts denn!

Und im lieben alten Marktflecken haben sich die meisten Leute auch ganz gut damit abgefunden, das muß man zugeben. Die Zahl der offenen Gegner war hier schon vor der Hitlerzeit nicht besonders groß, und jetzt tat man halt mit bei dem Spiel, teils aus Phlegma, teils aus Überzeugung. Und wenn ein nationaler Feiertag war, der dreißigste Januar zum Beispiel oder der erste Mai, der neunte November oder Adolfs Geburtstag, dann hängte man seine Fahne in den Wind, weil man ein guter Deutscher war und weil man keinen Ärger haben wollte.

Das hatte sich so eingespielt. Die weißblauen, grünweißen oder schwarzweißroten Tücher, die anfangs noch vereinzelt und etwas schüchtern an Festtagen aus einigen Häusern hingen, waren ganz verschwunden. Die lauten, aggressiven, die knallroten mit dem schwarzen Hakenkreuz im weißen Kreis, die duldeten nichts anderes mehr neben sich.

Der Karli hat es damals natürlich nur ganz unterschwellig, im allerhintersten Gemütskammerl sozusagen, gespürt, dass die weißblauen, gemütlichen, besser zu den alten Häusern und dem Estergebirge gepasst hätten als die neuen, lauten.

Ja freilich, ein bisserl konservativ ist man in Karlis Heimatort immer noch geblieben, auch im Dritten Reich. Es gab zum Glück weitaus mehr Lederhosen als Breeches, und die Zahl der Wadlstrümpfe überwog die der Schaftstiefel bei weitem. Auch etliche Individualisten liefen noch herum, die sich ums Verrecken nicht so ohne weiteres eingliedern oder gleichschalten ließen.

Und aus dem nahrhaften Boden dieser Individualität sind auch ein paar ganz seltene und unverwechselbare Pflanzen herausgewachsen, Menschen, die heutzutage kaum noch vorkommen und die man etwas abfällig lächelnd als Originale bezeichnet.

Damals war man aber fast ein wenig stolz auf sie und lachte herzlich über ihre nicht immer ganz astreinen Sprüche und Taten. Man liebte sie mehr als die braunen Gschaftlhuber.

Da war zum Beispiel der Bäcker Feichtl, dessen Stammlokal der untere Wirt war. Wenn der Feichtl zu später Stunde aus der Wirtschaft kam, ließ er das genossene Bier mitten auf der Straße wieder hinaus, während er breitbeinig und schwankend heimzu tappte. Wenn dann andere Zecher, die kurze Zeit danach ihrer Heimstatt zustrebten, die feuchte Schlangenlinie auf dem Straßenpflaster sahen, nickten sie sich verständnisvoll zu:

"Aha, der Feichtl is aa scho hoam."

Die alte Bötin von Eschenlohe hat der Karli besonders gut leiden können, obwohl sie außer einem freundlichen "Grüaß Good!" nie viel miteinander geredet haben. Die Bötin hatte als junge Frau ihre rechte Hand verloren. Beim Gsodschneiden. Über den Armstumpf hatte sie so eine Art grobgestrickten Wollsokken gezogen, und über diesen grauwollenen Armstumpen schob sie den Henkel ihres mächtigen Einkaufskorbes. Sie hatte eine Stimme wie ein altgedienter Feldwebel kurz vor der Pensionierung, aber als junge Frau muss sie einmal bildsauber gewesen sein, denn sie war auch jetzt im Alter noch immer stramm beieinander.

"Naa, an Mo hab i koan kriagt" sagte sie ohne eine Spur von Resignation. "Die hoakligen Tröpf mögn koane, wo grad oa Pratzn hat. Aber wer woaß, für was des guat war, vielleicht is mir viel Ärger erspart bliebn."

Im Geschäft von Karlis Onkel, an dessen Ladentür "glasweiser Ausschank von Spirituosen an Stehgäste" stand, kippte die Bötin ein Stamperl Enzian und betete dann mit ihrer Feldwebelstimme herunter:
"An Liter Weinessig für d´Huaberin, a Flaschn Dürkheimer fürn Pfarrer, a große Flaschn Obstler fürn Förster März und a halbe Flaschn Schoaßtreiber für d´Wimmerin".

Im Laden von Karlis Mutter das gleiche:
"Fünf Zihgarrn a dreißge fürn Schreiner, zwoa Packl Landtabak fürn Mangold und zwoa Schachtl Salem fürn Lehrer Rössler."

In den anderen Geschäften ging`s genau so, bis ihr Henkelkorb ein Gewicht hatte wie ein volles Biertragl. Nie hat jemand gesehen, dass die alte Bötin auch nur einen Auftrag von einem Zettel abgelesen hat; sie hatte alles unter ihrer selbstgestrickten Haube im Kopf gespeichert.


Der Daxbichler Anderl war ein Kleinbauer aus dem Nachbardorf. Der hatte keine Probleme mit der Mode. Im Sommer und im Winter trug er eine Kurze, deren Leder tausend Farbtöne zwischen lichtem Ocker und Elfenbeinschwarz hatte; und es war sicher nicht n u r die Sonne daran schuld, daß die nackten Knie, die daraus hervorsahen, sich im Ton garnicht so sehr von dem der Lederhose unterschieden.
Die mageren Wadl steckten in grüngemusterten, grauen Wollröhren, den sogenannten "Stutzen". Sein Leinenjanker hatte das undefinierbare Grün von Wirsinggemüse, und am spitzen Hütl steckte eine struppige Habichtfeder.
Das wesentlichste Merkmal aber war die Tabakspfeife mit dem langen Weichselbaumröhrl. Nie ist der Anderl ohne Pfeife gesehen worden! Als die Zähne vom Anderl im Alter nicht mehr ganz komplett waren, hat er sich zur Sicherheit einen Bierflaschlgummi auf das Mundstück seiner Pfeife geschoben. Es ging auch die Sage, dass der Anderl immer mit der Pfeife im Mund ins Bett stieg und dass er die Wadlstutzen garnicht mehr ausziehen konnte, weil längst die Beinhaare durch die Wolle gewachsen waren.

Im Laden von Karlis Mutter ist der Anderl ein alter Stammkunde gewesen. Aber es war beileibe nicht so, dass ihm die Mutter ein x-beliebiges Päckchen auf

den Ladentisch legen konnte, wenn der Anderl seinen geliebten österreichischen Landtabak begehrte. Nein, fünf oder sechs der quadratischen braunen Packerl musste sie schon vor ihm ausbreiten. Es wog zwar jedes exakt hundert Gramm, aber der Daxbichler nahm sie alle in die Hand und wog und prüfte sorgfältig, bis er sich endlich für eines entschieden hatte und sagte:
"I moan, des sell nimm i, des is des greaßer."

Der Anzinger Michl wohnte im Untermarkt. Und weil in seinem Haus einmal eine Seifensiederei gewesen ist, hieß er allgemein "Der Soaferer". Er war groß und derbknochig und zog den rechten Fuß etwas nach. Man sagte, daß er in jungen Jahren einmal von einer Leiter gefallen sei.

Der Michl war ein angesehener, alteingesessener Bürger, der im eigenen Haus und drumherum gern auf Ordnung und Anstand sah. Freilich konnte er manchmal recht cholerisch werden, und mit der Zunge stieß er auch an, besonders dann, wenn er ein paar Halbe getrunken hatte. Beim Soaferer war eine Hausmagd im Dienst, die Burgl. Ein sauberes, strammes Madl. Grund genug, daß der Soaferer ihr stark mißtraute, was die Moral anbetraf.

Einmal zu später Stunde, als der Michl gerade eine schöne Bettschwere beieinander hatte und kurz vor dem Einschlafen war, glaubte er behutsame Schritte auf der Treppe zu hören, die zur Magdkammer hinaufführte. Wenig später knarzte die Bettstatt der Burgl laut. Zuerst ein paarmal einfach so und dann in einem Rhythmus, der dem Soaferer von früher her noch geläufig war. "Des Luader!"
Er schloff in seine Pantoffeln und tappte nun seinerseits vorsichtig zur Dienstbotenkammer hinauf. Vor der Tür horchte er noch ein wenig, bevor er sie blitzartig aufriss. Die Burgl, voll Schreck, zog mit einem Ruck die Bettdecke hoch, und unten schauten vier Füße heraus: Zwei große von der Burgl und zwei noch größere vom Sagschneider Pauli. Der Soaferer Michl aber, voll sittlicher Entrüstung, brüllte: "Zschackramentschmentsch, miserabligsch, wiavui Haxschn hoschtn heit wieda!"
Der Sagschneider Pauli war eine mitteilsame Natur, und darum hat ein paar Tage später der halbe Ort die Geschichte gewußt.

Der Karli Grob ist auch manchmal an einem uralten Haus im Burggraben gestanden und hat durch ein kleines Fenster in die Werkstatt vom Rambold Heini hineingelurt, denn der Heini war ein Hinterglasmaler. Der letzte, der dieses Gewerbe noch hauptberuflich ausübte.

Die Wände der Stube waren bedeckt von bunten Bildern, welche dort Rahmen an Rahmen hingen, in allen möglichen Formaten durcheinander.

Und der Rambold saß an seinem Arbeitstisch vorm Fenster, den unvermeidlichen grünen Hut mit dem Auerhahnstoß auf dem runden Kopf und die noch unvermeidlichere Pfeife im Mundwinkel. Nur an manchen, glücklichen Tagen wurde das Pfeifenröhrl durch eine lange, krumme Virginia ersetzt, etwa dann, wenn ein kleiner Bilderverkauf stattgefunden hatte.

Er war umgeben von Tuben und Farbhaferln, von seitenverkehrten Zeichnungen, den sogenannten "Rissen", nach denen dann die Hinterglasbilder gefertigt wurden, und etlichen halbfertigen Werken. In einem Topf steckten seine vielen Pinsel wie ein seltsamer, vertrockneter Blumenstrauß.

Den Karli und seinen Freund, den Karlo, hat der Rambold auch einmal in seine Werkstatt hereingelassen, und sie haben zuschauen dürfen, wie eine Heilige Katharina entstanden ist. Man möcht`s ja nicht glauben, wieviele Heilige es im bayerischen Himmel gibt!

Die meisten davon hatte der Heini in seiner Stube an der Wand hängen. Dazwischen waren aber auch einige irdische Persönlichkeiten: Bürger und Bauern in der Tracht, prächtige Leonhardiwägen, der König Ludwig, der boarische Hiasl, der Schmied von Kochel oder der Wirtssepperl z`Garching.

Was aber den Künstler für die Buben besonders interessant machte, ihn fast mit der Aura eines Sagenhelden umgab, das war die Tatsache, daß der Heini zu den allerältesten Schifahrern in der ganzen Gegend gehörte. Schon neunzehnhundertfünf hat er bei den ersten Deutschen Schimeisterschaften mitgemacht. Ein paar Urkunden, die zwischen seinen Bildern hingen, bestätigten diese sportliche Vergangenheit. Und weil es in Bayern beinahe für jedes Wehweh und jeden Beruf einen eigenen Heiligen gibt, sagte sich der Heini eines Tages, dass es doch für eine so herrliche Sache wie das Schifahren a u c h einen himmlischen Protektor geben müsse.

Und er setzte sich hin, nahm eine Glasplatte und einen Pinsel und erschuf den Sankt Scius. Das war nun freilich ein seltsamer Heiliger!

Er hatte eine braune Mönchskutte an, über seinem Kopf schwebte ein goldener Heiligenschein, und in der linken Hand hielt er einen langen Bischofsstab, der unten wie ein Schistock aussah, mit Schneeteller und Eisenspitz dran, während die Rechte feierlich zum Segnen erhoben war, so, als wollte er sagen:

"Möge euch immer Sonne und Pulverschnee beschieden sein und nie ein Schi- oder Haxenbruch!"

Kerzengrade stand er auf einem Paar wunderschön altmodisch geschwungener Brettl und zog eine hellblaue Spur hinter sich her. Und weil er ja ein asketischer Heiliger war, steckte er barfuß in den Bindungen. Die Zehenriemen dieser Bindungen aber überspannten nie zehn Zehen wie bei unsereinem, sondern immer neun oder elf.

Der Sankt Scius, wie gesagt, war eben ein ganz besonderer Heiliger, genau wie sein Schöpfer, der Rambold Heini, selbst. Der hat den Schipatron wohl dutzendfach gemalt und für ein paar Markl verkauft.

Der Karli und sein Freund aber schreckten nicht vor üblen Plagiaten zurück, denn beim Rambold haben sie ja gesehen, wie schön das Hinterglasmalen geht.

Übrigens weiß man ja, daß auch weltberühmte Künstler wie die Gabriele Münter, der Wassily Kandinski, der Franz Marc oder der Alexej von Jawlensky dem Heini öfter über die Schulter geschaut haben. Den internationalen Bekanntheitsgrad der Genannten hat der Heini freilich nie erreicht, aber in seinem Heimatort kannte ihn jeder. Er gehörte dazu, wie das alte Schloß und die Mariensäule. Er war ein Lebenskünstler, der keine großen Ansprüche stellte, ein Mensch, der es genoss, dass er ein bisserl anders war als die anderen, und der es ganz gern hatte, wenn er von den Fremden wie ein kleines Naturwunder bestaunt wurde.

Oft hat er seine bunten Taferl für eine gute Brotzeit und einen Schoppen Rotwein an Sommergäste verkauft.

Wie aber später einmal die Rede auf die "Blauen Reiter" gekommen ist, da hat der Heinrich Rambold in schönem Selbstbewußtsein gesagt:

"Ohne mi waarn die nix worn, des ham′s all′s bei mir g′lernt!"


Einmal hat der Karli seinem Vater erzählt, dass der Paule, der Mathelehrer, nach einer fehlerhaften Kurzarbeit zu einem in der Klasse gesagt hat:

"Ihre Intelligenz langt höchstens für eine Parteikarriere, zu mehr nicht."

Und dass er noch immer nicht "Heil Hitler!" sagt, sondern bloß mit der Hand wedelt.

Der Karli hat natürlich gewußt, daß es keine Denunziation ist, wenn er das seinem Vater erzählt, denn der hätte sowas nie weitergetratscht. Und so sagte dieser auch schmunzelnd zu seinem Sohn, daß ihm der Paule recht sympathisch sei, trotz der vielen schlechten Noten, die er dem Karli im Lauf der Zeit schon verpasst hatte. Und er meinte brummend, daß dieses "Heil Hitler!" doch eigentlich furchtbar anmaßend und geschmacklos sei.

"Da stellt er sich doch pfeilgrad auf eine Stufe mit dem lieben Gott, der Herr Führer. Ob ich Grüß Gott oder Heil Hitler sage, beide Grußformen bedeuten doch nichts anderes, als die Verehrung eines Übermächtigen, eines göttlichen Wesens. Da mein´ ich aber, dass der liebe Gott weitaus ältere Rechte hat als der Adolf."

Der Hitlerjunge Karli Grob machte große Augen und dachte ein wenig erschrocken, dass es wohl sehr gefährlich wäre, wenn dem Vater sowas am Stammtisch herausrutschen würde. Aber - Hitlerjunge hin, Hitlerjunge her - wenn man`s nüchtern betrachtete, hatte er natürlich recht, der Papa. Sonderbar war nur, dass er früher dem Hitler gegenüber lange nicht so kritisch war. Warum wohl? Wahrscheinlich hatte sich inzwischen manches begeben, was dem Vater mißfiel. Denn der, das wußte der Karli schon lange, benützte meistens seinen eigenen Kopf zum Denken.

Schon bei einer so simplen Sache wie dem Grüßen schieden sich damals Charaktere, Temperamente und Weltanschauungen. Natürlich waren da viele "aufrechte Deutsche", Angepasste, Zackige, die den Hitlergruß vorschriftsmäßig ausführten, mit lauter Stimme und kerzengerade erhobenem Arm. Einige knallten dabei auch noch hörbar die Hacken zusammen. Aber die waren meistens nicht vom Ort.

Da gab es Vorsichtig - Konservative, die sagten beide Grußarten in einem Atemzug her: "Grüaßgodheilhitler!" Und die Gemütlich - Angepaßten sagten: "Heil Hitler beinand!" Und die Ironisch - Aufmüpfigen, die begrüßten sich - nicht ohne einen raschen Rundumblick getan zu haben - mit "Heil Hitler! - Und Grüaß God für die Andersgläubigen."

Der Vater sagte zum Karli:

"Heil Hitler! Das ist doch schon sowas Saublödes, dass es höher nimmer geht. Stell dir vor, der würde tatsächlich Schicklgruber heißen. - Heil Schicklgruber! Oder Bimslechner. - Heil Bimslechner! Oder Samm. - Heil Samm!" Der Karli aber meinte: "Und der Peter Kreuder, wenn der unser Führer wär, dann täten wir jedesmal "Heil Kreuder" sagen. Loser wär auch gut: "Heil Loser!" Und sie lachten beide herzlich zusammen, der Karli und sein Vater.

Das Dritte Reich war zur Gewohnheit geworden, und deswegen war der Karli längst nicht mehr so Feuer und Flamme wie am Anfang. Er war halt überhaupt eine etwas unstete Natur und hatte kein großes Beharrungsvermögen. Wenn eine Sache zu lange dauerte, wenn sich gewisse Rituale zu oft wiederholten oder sich irgendwo so etwas wie Monotonie abzuzeichnen begann, dann kamen dem Karli Lust und Interesse bald abhanden. Das war halt so eine Veranlagung, gegen die konnte - oder wollte - er nichts machen. Und das war auch der Grund, warum ihm zum Beispiel alle Mannschaftssportarten herzlich zuwider waren. Immer nach denselben Regeln Fußball oder Handball zu spielen, blitzartig und willenlos auf Zurufe der Kameraden oder Pfiffe des Schiedsrichters reagieren zu müssen, dazu noch zweimal in der Woche Training und am Sonntag ein Wettspiel um irgendeinen Platz auf irgendeiner Tabelle, das war nichts für ihn. Schon der Gedanke daran war ihm unangenehm.

Weit besser war`s, auf einen Berg zu steigen, allein oder mit ein paar guten Spezln, einen Sonnenaufgang zu erleben oder ein Gewitter, irgendwo hoch oben zu hocken und in ein glühendes Abendrot hineinzuträumen, während tief unten die Nebel in die Täler schlichen, in einer Hütte zu sitzen, die Hände am Teehaferl zu wärmen, mit den Freunden Sprüche zu klopfen, Geschichten zu erzählen, wahre und erfundene und Witze, zu lachen und frei zu sein und glücklich. Das war`s, was dem Karli behagte und in ihm das Gefühl erzeugte, dass das Leben im allgemeinen und seines im besonderen ein ganz und gar wunderbarer Zustand sei.

Freilich zog damals auch schon der Rauch preiswerter Glimmstengel um die Petroleumfunzel, und einmal hat der Reiner sogar eine Flasche Steinhäger aus dem Rucksack geholt. Warum nicht? Sie waren ja schließlich keine fünfzehn mehr!

Als Folge dieser Entwicklung hatten mit der Zeit HJ - Appelle und Parteiveranstaltungen für den Karli jeglichen Reiz verloren. Er drückte sich drumherum, wann immer es möglich war, schützte dringende Schularbeiten vor oder eine Krankheit, oder er war einfach nicht auffindbar. Immer konnte er den "Dienst" natürlich nicht schwänzen, aber es gab da eine gewisse Toleranz, die er weitgehend ausnützte, denn mit dem Blumberger Sepp, dem Gefolgschaftsführer, verstand er sich recht gut. Der drückte oft beide Augen zu. Höchstens dass er, wenn der Karli wieder einmal dabei war, ironisch grinsend sagte:
"Is guat, dass uns die besseren Herrschaften auch ab und zu die Ehr` geben!"

Das stark abgekühlte Verhältnis zu Uniformen und Fahnen, ewig gleichen Liedern und markigen Sprüchen hatte natürlich beileibe nichts mit einer grundsätzlichen Änderung seiner politischen Einstellung zu tun. Nein, nein, so weit war der Karl Grob noch lange nicht! Er glaubte einfach, dass er eh schon alles wisse, und dass es eigentlich immer das Gleiche war, dieses Stillgestanden, im Gleichschritt marsch, die Fahne hoch, es zittern die morschen Knochen, die Reden und das Pathos. Es wiederholte sich einfach zu oft, und die Begeisterung nützte sich dabei ab, wie der Absatz eines alten SA - Stiefels.
 Auch wie man sich nach einer Marschrichtungszahl im Gelände bewegte, das war schon lange ein alter Hut. Für die Gegenden, in denen sich der Karli am liebsten aufhielt, brauchte er keine Marschrichtungszahl. Die meisten seiner

Freunde empfanden ganz ähnlich, das wußte er. Deswegen waren es ja auch seine Freunde.

Mit ernsthafter Opposition hatte das überhaupt nichts zu tun, dafür waren sie alle noch viel zu jung. Die schlechten Erfahrungen reichten auch noch nicht, und der Verstand, der gleichgeschaltete, der reichte schon zweimal nicht.

Es war eher etwas Gefühlsmäßiges, Instinkthaftes, was den Karli und seine Freunde dazu trieb, öfter einmal eigene Wege, nicht durch Dienstplan geregelte, zu gehen und einfach das Stück Freiheit zu beanspruchen, das jedem Menschen zusteht. Auch einem jungen, einem deutschen.

Seit einiger Zeit nahm man auch die würdigen Herren in ihren braunen SA - oder Amtswalteruniformen nicht mehr besonders ernst. Allesamt waren sie irgendwelche -Warte, -Walter, -Leiter oder -Führer. Aber unter den goldbeknöpften Uniformjacken mit Orden und Abzeichen steckte oft nichts anderes als ein dickbäuchiger Spießer, und unter mancher goldbetreßten Schirmmütze befand sich ein Gehirn, dessen Funktionen weitgehend durch die NS - Schulungsbriefe geregelt waren.

Der Karli konnte sich noch gut an die Rede erinnern, die der Reichsjugendführer damals im Hochlandlager gehalten und in der er so prophetisch vom Großdeutschen Reich gesprochen hatte. Anscheinend war das jetzt tatsächlich im Entstehen, denn eines Tages rollten Truppen durch den Markt, Richtung Süden. Der Anschluß Österreichs wurde vollzogen. Und die Angeschlossenen skandierten lang und laut: "Ein Volk, ein Reich, ein Führer!"

Und in Wien und Braunau riefen sie auch: "Lieber Führer, Ostmarks Sohn, zeige dich auf dem Balkon!"
Der ließ sich nicht lange bitten, hakte den linken Daumen hinter dem Koppelriemen ein und segnete seine begeisterten Landsleute mit dem "Deutschen Gruß".

Der Karli Grob freute sich auch, dass jetzt Deutschland und Österreich zusammengehörten, denn er konnte die Österreicher gut leiden. Vor allem natürlich die Tiroler, weil die noch höhere Berge hatten mit noch weit herrlicheren Schihängen, und weil sie einen bayerischen Dialekt sprachen, der ihm noch besser gefiel als der hiesige.

Der Karli verstand es nicht, dass sie vor knapp hundertdreißig Jahren wegen dem überspannten Napoleon aufeinander geschossen hatten, die Bayern und die Tiroler. Da war dem Adolf seine Idee, sie heim ins Reich zu holen, schon besser.

Etliche Wochen später fuhren sie zu dritt mit den Radln Richtung Innsbruck, um den Anschluss Tirols ganz privat zu besiegeln. Der Max, der Reiner und der Karli. Allein die Fahrt den Zirler Berg hinunter war ein Abenteuer. Die Fahrräder waren damals nicht sehr komfortabel und sie mussten oft absteigen, damit die Rücktrittbremsen nicht zu glühen anfingen.

In Innsbruck hingen aus manchen Fenstern noch immer die Hakenkreuzfahnen. Aber die Mariensäule und das Goldene Dachl, der runde Buckel des Patscherkofel und die Nordkette, in deren Karen noch immer hell der Schnee leuchtete, die waren davon gänzlich unberührt.

In der Hofkirche bestaunten sie das Grabmal des Kaisers Maximilian, das von den berühmten "eisernen Manndern" bewacht wurde - achtundzwanzig waren`s -, die ehern und streng auf die jungen Besucher aus dem "Oidreich" blickten.

Als sie wieder draußen in der Sonne saßen, hat der Karli seinen Freunden erzählt, dass sich einst der Kaiser Maximilian bei der Gamsjagd in der Martinswand so verstiegen hat, dass er nicht mehr vor oder zurück konnte. Seine Hilferufe wurden bald gehört, aber es dauerte lange, bis man endlich die kaiserliche Majestät auf einem schmalen Felsband hocken sah, und es fand sich anfangs auch niemand, der Mut und Geschicklichkeit genug besaß, um einen Rettungsversuch zu wagen.
Der Kaiser konnte zwar seinen Durst stillen, denn dicht neben ihm hüpfte in einer Felsspalte ein kleines Wässerlein zu Tal, aber er litt furchtbaren Hunger. Ein Kaiser ist halt auch mehr an regelmäßige Mahlzeiten gewöhnt als irgendein ordinärer Untertan.

Da hatten seine getreuen Innsbrucker einen klugen Einfall: Sie holten zwei kleine Kanonen, die man damals Feldschlangen nannte, aus dem Zeughaus, und damit schoss man dem Maximilian echte, vom Zirler Wirt eilends zubereitete Speckknödel in die Wand hinauf. So war der Fürst fürs erste vor einem schrecklichen Hungertod bewahrt.
Wenige Stunden später fand dann ein junger Schafhirt einen kletterbaren Steig, der von oben her zu des Kaisers Standplatz führte, und holte ihn aus der wilden Martinswand heraus.
Seit dieser Begebenheit hatte Kaiser Maximilian der Erste eine große Vorliebe für Kanonen. Die Geschützgießer haben sich während seiner Regierungszeit goldene Nasen verdient, weil sich der Habsburger einen Artilleriepark anschaffte, wie ihn damals kein anderer Fürst besaß.

Als der Karli diese Geschichte erzählt hatte, stellte er zufrieden fest, dass sie von seinen Freunden anscheinend geglaubt wurde, weil sie keine Miene verzogen. Und der Reiner sagte:
"Jetz hab i an richtigen Appetit auf Speckknödel kriagt!"

Am nächsten Tag sind die drei - meistens die Räder schiebend - die steile Brennerstraße hinauf ins Stubaital. In Schönberg ist der Karli schon einmal gut zehn Jahre zuvor mit seinem Vater gewesen. Gewohnt haben sie damals beim Larcherbauern, auf einem kleinen, uralten Hof etwas oberhalb des Dorfes. Dort wollte der Karli unbedingt Grüßgott sagen.

Als sie am kleinen Krautgarten vorbei auf den Hof kamen, glaubte der Karli, es wären nicht zehn Jahre, sondern höchstens zehn Tage vergangen, und er schluckte vor Glück und Rührung. Da saß die Larcherin genau wie damals auf der Hausbank an der Sonnenseite. Breit und geruhsam saß sie da, im blaugrauen, gestreiften Werktagsgewand. Die Brille mit dem dünnen Drahtgestell war ihr auf die Nase gerutscht, und sie schälte Kartoffeln.

"Grüaß Gott, Frau Larcher!"
Die Bäuerin schaute auf, blinzelte ein wenig ungläubig, legte den Kartoffelschäler auf die Bank und sagte mit komisch gerundeten Lippen:
"Ja, gibt´s denn dös aa, bischt du eppan gar der Karli? - Groß bischt worden, Bua! - Kumm her, und laß di anschaugn! - Wia geahts dem Vatta?"
Da schlurfte auch der alte Larcher aus der niederen Stalltür, wischte sich die Hände am blauen Schaber ab und blinzelte ebenfalls. Er war in den zehn Jahren noch magerer geworden und noch ein wenig krummer.
"Lois, der Karli is kemmen, - kennst ihn no?" fragte die Larcherin.
"Ja freili, dös war doch der Lausbua, der selm die vielen Kracher dabeig`habt hat. `S ganze Viech hat er mir narrisch g`macht mit seine Knallstopseln! - Hascht di woll wieder hertraut, weil mir jetz aa Deutsche sein - was werd denn der no alles anfangen, euer Hitler?"
"Is immer noch mehr der eure." lachte der Karli.
Und der Larcher brummte: "Hascht woll recht!"

Die Bäuerin aber stemmte die Blechschüssel mit den Kartoffeln an ihre runde Hüfte und winkte mit dem Kopf:
"Kemmts lei eini und esst`s mit!"
Und das kam freilich den drei Burschen recht gelegen, denn sie hatten einen rechtschaffenen Hunger bekommen auf dem langen Weg die Brennerstraße herauf.

Der Karli freute sich, dass die Stube noch genauso aussah wie damals. Die vielen dunklen Astaugen der alten Zirbelholzdecke schauten still auf den Tisch herunter, der zuverlässig und breitbeinig wie immer dastand. Hinter dem Kreuz im Herrgottswinkel steckten die Rohrkolben und Palmkatzlzweige, und drumherum hingen etliche farbenfrohe Heilige, leidend oder lächelnd, wie sie das vor zehn Jahren auch schon getan hatten.

Die Sonnenstrahlen zeichneten die Schattenrisse der Geranien, die rot vor den kleinen Fenstern leuchteten, auf den hellgescheuerten Boden.

Das Schönste in der Stube aber war der große Kachelofen, der die Ecke gegenüber dem Tisch ausfüllte. Die grünen Kacheln wurden von einer halbrunden Kuppel überwölbt, die weißgekalkt war und fast ein wenig an eine orientalische Moschee erinnerte. Auch die Holzstangen fehlten nicht, an denen nach der Arbeit das nasse Gewand zum Trocknen aufgehängt wurde.

Über dem Ofen, knapp einen Meter unter der Zirbeldecke, befand sich die "Flack", ein Bretterboden mit einer schrägen Kopfstütze, der oft heiß umkämpfte Lieblingsplatz aller jüngeren Hausbewohner.

Der Karli erinnerte sich an wunderbar gruslige Abendstunden, die er dort oben auf dem Bauch liegend zwischen dem Gidi und dem Naz verbracht hatte. Der Gidi war der älteste - so ungefähr zwanzig - und der Naz der jüngste der Larcher - Söhne.

Der Naz war Karlis Freund. Er war gut fünf Jahre älter, hatte lustige Augen, eine rotblonde Igelfrisur, und war für jede Gaudi zu haben. Ein ganz und gar bewundernswerter Mensch, weil er eine unglaubliche Kraft hatte und Pratzen, die schon fast genau so groß, rauh und zerschunden waren wie die vom alten Larcher. Mit den Ochsen ging er um, als wären`s kleine Hunde, und wenn er mit der Goaßl schnalzte, das war die reine Musik! Das konnte man sicher drüben in Fulpmes noch hören.

Ja, und wenn sie dann zu dritt da oben über dem Ofen lagen, von animalischer Wärme, dem Dunst trocknender Socken und dem Qualm aus Gidis Tabakspfeife umwabert, dann konnte es nirgendwo auf der Welt gemütlicher sein.

Die Larcherin saß unten am Tisch, hatte ihr Markenzeichen, die Drahtbrille, auf der Nasenspitze und klapperte leise mit den Stricknadeln, während ihr Mann und Karlis Vater schweigend die Zeitung studierten. Meist unterbrach dann der Gidi nach einiger Zeit die Stille, die gleichermaßen von Tabakrauch und geheimem Erwarten durchwoben war, und rief zum Tisch hinunter:

"Clemens!" - so hieß Karlis Vater - "Clemens, verzähl a G`schicht!"

Und nach kurzem Sinnieren klopfte der Vater die Pfeife aus und begann mit seiner tiefen, ruhigen Stimme zu erzählen. Erfundenes und Gelesenes. Vaters Geschichten waren mit Mystik angereichert, wie ein Tiroler Knödel mit Speck, und natürlich kamen viele Spukgestalten und manchmal sogar Tod und Teufel drin vor.

Jeder Tiroler Bergbauer wusste damals, daß es diese Wesen wahr- und leibhaftig gab, und die meisten hatten auch schon ihre ganz persönlichen Erfahrungen damit gemacht. Angst? - Nein, Angst hatte natürlich kein richtiges Mannsbild davor, aber schlecht war es nicht, wenn man für alle Fälle etwas G'weichtes dabeihatte.

Einmal war eine Geschichte von Karlis Vater so grauslig und so dramatisch vorgetragen, daß dem Gidi, dem bärenstarken Lackl, vor Entsetzen der Mund offenblieb und die Pfeife polternd auf die Ofenbank hinunterfiel.
"Dolm, dappiger!" sagte der alte Larcher. Er war der einzige, dem keinerlei Seelenregung anzumerken war. Vor was sollte auch einer, der in Galizien dabei war und am Col di Lana, schon noch Angst haben?

Der Karli Grob wunderte sich, wie viele Erinnerungen er noch an diese längst vergangenen Ferientage hatte.

Neben der Küchentür, durch die jetzt ein wunderbarer Duft von geschmalzenem Sterz zog, stand die wohlbekannte Kommode mit dem kleinen Wandschrank darüber, in dem die Larcherin immer die Tarockkarten, ein paar Gläser, die Obstlerflasche und drei oder vier fromme Bücher aufbewahrte.

Rechts und links davon hingen zwei alte Fotos in dunkel polierten Rahmen. Das eine zeigte den Larcher Lois als feschen Kaiserjäger mit Schnurrbart und Schützenschnur. "Galizien 1915" stand darunter. Das andere war ein Hochzeitsbild. Der Lois lang und hager im dunklen Anzug, ein Sträußerl am Revers und ein Samtmascherl am weißen Hemd. Sie, die Larcherin, auch damals schon ein wenig mollig, sah ernst und gefasst aus, aber sie tat es mit einem unsagbar lieben und pausbäckigen Gesicht, das umrahmt war von Schleier und Myrtenkranz. Datum stand keines unter dem Foto, aber dem Karli fiel ein, dass die Larchers damals, vor zehn Jahren, Silberne Hochzeit hatten, und dass der Vater in der Früh zur Bäurin sagte:
"Aber heut zur Feier des Tages derfst eam scho a Bussl gebn, deim Alten!"
Sie aber wehrte entrüstet ab:
"Ja was fallt denn dir ei! Hat er no nia a Bussl kriagt, der Loder, der speckig, na braucht er jetzt aa koans!"

Fünf Kinder hat die Larcherin dem Lois geboren.

"Langts zua, Buam!" sagte die Bäuerin, als sie den dampfenden Sterz auf den Tisch stellte. Extra viel Butterschmalz hatte sie diesmal dazu genommen, und als Beilage gab`s eine mächtige Schüssel Feldsalat.
Hingelangt haben die drei Burschen, daß der alte Larcher gutmütig lächelnd sagte:
"Kriagts wohl z`weni zum Essen im Altreich draußen, ha?"
"Naa," meinte der Max mit vollem Mund, z`Essen gibts gnua. Aber so was guats kriagn halt mir aa net alle Tag!"
"Ja, und vo Innsbruck zu euch nauf geht ma aa net alle Tag," sagte der Karli. "Da kriagt ma an guatn Appetit davo!"
Die Larcherin freute sich, daß ihr Sterz so gelobt wurde, und schenkte noch jedem ein Haferl voll Milch ein. Eine Milch war das! Wenn die ein paar Minuten dastand, schwamm gleich eine schöne hellgelbe Rahmschicht obendrauf.
Der Karli fragte, wie es dem Gidi und dem Naz gehe und den drei Madeln.
"Der Gidi ischt seit zwoa Tag auf der Alm zum Zaunflicken Im Herbscht will er heiraten. Aus dem Ötztal ischt sie, vo Längenfeld, a feschtes Madl, gottseidank.
Die Leni ischt scho verheirat, seit vier Jahr, mit an Schreiner in Steinach. An kloan Buam ham sie aa schon, an ganz an liaben. Die Afra arbeitet in Schwaz in an Hotel und die Jünger, die Traudl, die is in Innsbruck in der Lehr, in an Frisiersalon."

"Und der Naz?"
"Der Naz is aa grad in Innsbruck, der möcht` zum Militär als Berufssoldat. Er moant, dass er da a guate Existenz hat und a Sicherheit."
"Der Dolm, der dappige" sagte der Larcher und wischte sich den Mund mit dem Schneuztuch ab.
"Mei, i kann ihn scho verstehn, den Naz, dahoam is er halt lei der Knecht vo seim Bruader" warf die Larcherin ein.
"Freili, und beim Militär, da is er der Depp von jedem, der a Stückl Silberlitzen oder a Sterndl mehr hat! - I hab den vierzehner Kriag mitgmacht, vom Anfang bis zum End, a Schrapnellkugel hab i naufkriagt und zwoa Streifschüss`, und Korporal bin i aa no wordn. Aber Soldat is ma lei, wenn`s gar nit anders geaht. Beruf is des koaner!"

Der Larcher hatte viel mehr geredet, als es sonst seine Art war. Jetzt schwieg er grantig, setzte seine Pfeife neu in Brand und machte einen Qualm wie der Andreas Hofer und seine Rebellen anno neun auf dem Berg Isel.

Eigentlich wollte der Karli den alten Larcher ein wenig ausfragen, wie das damals so war im Krieg in Galizien und in den Dolomiten. Das ließ er jetzt aber lieber bleiben, denn der Lois war kein Militarist, das war nicht zu überhören.

Die Larcherin fragte: "Was habt's denn no all's vor, Buam?"
Und der Reiner sagte, dass sie noch ein Stück ins Stubaital hineinwollten, soweit das mit den Radln halt möglich wäre.
"Für heut ischt es schon zu spaat", brummte der Larcher, "wenn's wollt's, könnt's dableibn und oben im Heu schlafen. - Aber geraucht wird mir nit, des laßt's enk sagen!" -
Natürlich ließen sie sich das sagen. Wer denkt denn schon ans Rauchen, wenn man so saumüd ist und das Bergheu so wunderbar duftet!
Am nächsten Morgen waren sich die drei einig in der Meinung, noch nie im Leben besser geschlafen zu haben.


Der Himmel war klar und versprach einen schönen Tag. Die Berge standen kalt und dunkelblau in der Runde und im Tal der Ruetz lag noch der Nebel wie ausgeschüttete Milch, als die drei Freunde Abschied nahmen von der lieben Larcherin und ihrem Lois; und der Karli dachte, dass es wohl viele Leute gibt, die gepflegtere Hände haben als diese beiden, ohne deswegen auch nur einen Deut vornehmer zu sein.


Die Räder liefen fast von allein nach Fulpmes hinüber, den Stubaier Bergen entgegen. Es war alles so, wie es sein sollte. Es war, kurz gesagt, wie in einem Trenkerfilm. Der Wildbach rauschte neben der Straße, Nebel, der sich mehr und mehr auflockerte, hing im Ufergesträuch und zwischen den Lärchen und Tannen an den Berghängen.
Und dann strich der erste Sonnenstrahl über die Gipfel. Der Wilde Freiger fing an zu leuchten, dann das Zuckerhütl, der Pfaff und der Schrankogel. Und zum Schluss bekam auch noch der Habicht einen roten Kopf. Die Gletscher waren noch in einem kalten, blaugrünen Schatten, aber die Gipfel darüber schienen immer größer zu werden in dem warmen Altrosa des Morgenlichtes.

Der Karli musste an seinen manchmal etwas ironischen Vater denken. Der hätte jetzt wahrscheinlich gesagt: "Der reine Kitsch!"

Durch das Rauschen des Ruetzbaches klangen dann auch noch die Kirchenglocken von Neustift herüber. Tirol war perfekt!

Der Karli war so eingefangen von dem Zauber dieser Stunde, daß er beinahe aufs Radfahren vergessen hätte. Auf einer steinigen Bergstraße kann das sehr ungesund sein.

Bis Ranalt haben die drei ihre Radl noch hinaufgeschoben, dann war Schluß. Die Ferner des Stubai lagen jetzt im vollen Sonnenlicht da und eine eindrucksvolle Versammlung von Dreitausendern stand drumherum.
   Der Karli spürte, wie sich eine große Sehnsucht in sein Herz schlich. Ein paar Tage sollte man jetzt noch haben und Bergschuhe und Steigeisen und Seil und Pickel. - Verdammte Schule!
   Das Zuckerhütl lockte wie ein schönes Mädchen, und der Karli beschloss, bald, - ganz bald! - wieder herzukommen, um es zu erobern.
   Vorerst aber wars damit nichts.
   Es sollten weit mehr als dreißig Jahre vergehen, bis sich der Karl Grob - nun schon etwas schwer atmend - an das Gipfelkreuz der schönen Dame Zuckerhütl lehnen konnte, denn es ist ihm einiges dazwischengekommen.


Als die kurzen aber herrlichen Pfingstferien vorbei waren, zog der Alltag wieder einen grauen Vorhang zwischen den Karli und die hellen Tiroler Berge. Der Alltag, der bestand hauptsächlich aus fünf oder sechs Stunden Schule und den dazugehörigen Hausaufgaben.

Verständlicherweise wurde ein Teil dieser Hausaufgaben während der Bahnfahrt erledigt beziehungsweise abgeschrieben. Die fünfunddreißig Minuten waren somit sinnvoller ausgefüllt, als durch das kindische Fangermanndl- und Blindekuhspielen der früheren Jahre.
   Zu Hause machte jeder die Aufgaben, die er am besten konnte: Mathe, Aufsatz oder Sprachen, je nachdem, und der andere schrieb ab, wozu er selber weniger Begabung besaß. Diese praktische Nächstenliebe funktionierte meistens ganz gut, und somit ging wenigstens nicht der ganze Nachmittag für die lästigen Hausaufgaben drauf.
   In der Eisenbahn geschriebene Arbeiten wiesen natürlich einen ganz typischen Schriftcharakter auf, den jedes geschulte Pädagogenauge erkennen konnte, denn die Stoßfugen der Gleise, Bremsvorgänge und Kurven wurden durch die Schrift registriert, wie ferne Erdbebenstöße auf einem Seismogramm.
   Karlis Leben war jetzt nicht mehr ganz so sorgenfrei wie ehedem, denn der Weg zur geistigen Reife wurde spürbar steiler und dorniger, und die guten Noten fielen einem nicht mehr einfach so in den Schoß wie dem kleinen Märchen-

mädchen die Sterntaler. Der Karli, der bisher von sich recht überzeugt gewesen war, - wenigstens, was seinen Kopf betraf - merkte jetzt, dass man schon ein wenig dazutun musste, wenn man dem Trimesterzeugnis ein erträgliches Aussehen geben wollte.

Ein gutes Zeugnis war leider ziemlich wichtig, denn die Gemeinde zahlte für - wie es so schön hieß - "würdige" Schüler einen Teil des Schulgeldes. Für den Karli galt es, diese Würde unbedingt zu wahren, denn seine Eltern waren nicht sehr betucht.

Ob aber nun ein Gymnasiast den gemeindlichen Zuschuss wert war oder nicht, darüber hatte der Bürgermeister zu befinden, nachdem er sich das Zeugnis angeschaut hatte.

Dem Karli war so ein amtlicher Einblick in seine Intimsphäre ziemlich unangenehm, denn es kam manchmal vor, daß jenes Dokument kleine Schönheitsfehler aufwies. Und er, dem sonst jede Bauernschläue mangelte, zeigte sich bei dieser Gelegenheit als hemmungsloser Opportunist.

Wenn er nämlich mit so einem nicht ganz astreinen Zeugnis zum Bürgermeister musste, zog er zuerst seine HJ - Uniform an, befestigte am Braunhemd die Plaketten von den Hochlandlagern, an denen er teilgenommen hatte, dazu das Sportabzeichen und die Medaille für erfolgreiches Kleinkaliberschießen und meldete sich, solchermaßen geschmückt, beim Gemeindeoberhaupt.

Dort grüßte er, zackig die Hacken zusammenschlagend, mit einem lauten "Heil Hitler, Herr Bürgermeister!" während er mit einem treuherzigen Blick das fragwürdige Papier überreichte.

Der Bürgermeister, welcher ein aufrechter Nazi und ein altgedienter Soldat war, schaute vom Karli auf das Zeugnis und vom Zeugnis auf den Karli, übersah geflissentlich die Dreibisvier in Mathematik, sagte: "Na, ja!" und genehmigte das nächste Stipendium.

Auch der Karli Grob war eben ein Kind seiner Zeit.

Einer Zeit, in welcher der Zweck sehr oft die Mittel heiligen musste. Die Alten machten es ja auch nicht anders, und das war sicher mit ein Grund, warum die Zahl der Parteimitglieder ständig anwuchs.

Ein Parteiausweis war mindestens ebenso wichtig wie eine fachliche Befähigung, wenn man im Beruf weiterkommen wollte. Natürlich war nicht j e d e Mitgliedschaft mit einer starken weltanschaulichen Überzeugung verbunden, sondern eher mit der ganz nüchternen - und richtigen - Annahme, dass sie dem Fortkommen dienlich sei.

Das argwöhnte auch der Karli schon, trotz seiner jungen Jahre. Aber im Grunde war es ihm ziemlich wurscht.

Er selbst war noch immer davon überzeugt, dass es ein großes Glück war, zum elitärsten Volk dieser Erde zu gehören, denn so im allgemeinen war doch alles recht gut gelaufen bisher. Großartige Autobahnen durchzogen das Land, die besten Wagen der Welt rollten aus deutschen Fabriken, und wo immer Rennfahrer über irgendwelche Pisten rasten, da siegten Mercedes oder Auto-Union.

Und wer hatte so viele Medaillen gewonnen bei den Olympischen Spielen in Berlin, und wer brachte so viele Menschen auf die Beine?

Und zwar auf Beine, die exakt im gleichen Schritt marschierten, tausend, zehntausend, hunderttausend. Gewaltige Marschblöcke, endlose Marschkolonnen, bei Aufmärschen, Gedenkmärschen, Parademärschen. Sie marschierten, als seien sie e i n Organismus, im dröhnenden Gleichschritt, präzise wie Maschinen - wie Marschmaschinen. Und wenn die Soldaten marschierten oder gar die Waffen-SS, wenn die Buckel der Stahlhelme und die Spitzen der Bajonette sich im Takt auf und nieder bewegten, dann ergriff ein vaterländisches Gefühl selbst von der zartesten Zivilistenseele Besitz.

Ein ganzes Volk marschierte! - Wohin? - In eine große, sonnige, glückliche Zukunft natürlich.


"In den Krieg", sagte Karlis Vater einmal ganz beiläufig. - Ach, der!

Wenn diese Bemerkung irgendein anderer gemacht hätte, dann hätte der Karli vielleicht nur gelacht und gesagt, dass ein Krieg doch nicht so schlimm sei, weil wir ihn eh gewinnen würden. Das stand für ihn ganz außer Frage.

Wer hatte denn die besten Kanonen, Flugzeuge und Panzer und - wahrscheinlich - auch den besten Führer auf der Welt?

Andererseits - andererseits konnte sich der Karli nicht erinnern, dass sein Vater zu einem ernsten Thema jemals einen unüberlegten Satz gesagt hätte. Und er wußte natürlich auch, dass der Papa im Krieg gewesen war, obwohl der eigentlich nie davon gesprochen hat.

Aber in diesen Tagen ist der Vater einmal an sein Bücherregal gegangen, hat ein paar Bücher weggenommen und hat nach einigem Suchen aus der hinteren Reihe ein Buch herausgezogen und dem Karli gegeben. Dieses Buch war in graues Leinen gebunden und hieß: "Im Westen nichts Neues". Der Vater sagte: "Jetzt bist alt genug, jetzt kannst das lesen. Der Krieg ist nicht so heroisch, wie sie es euch gerne weismachen möchten. Der Remarque schreibt, wie es wirklich war, und das passt halt nicht in das Weltbild von Hitler, Goebbels und Genossen, und darum haben sie den Remarque verboten. Ein Verbot ersetzt jedes Argument vollkommen, drum steht das Buch bei mir auch in der hinteren

Reihe, und da tust du`s auch wieder hin, wenn du es gelesen hast."

Auf einmal aber war das für den Karli alles nicht mehr so wichtig. Der Glaube an Deutschland, trotz Remarque noch in Fragmenten vorhanden, verschwand im Unterbewusstsein, Lesen, Zeichnen, mit den Freunden zusammenhocken und überlegen, womit man andere Leute ärgern könne, auf einen Berg steigen, mit Reiners Motorrad fahren oder einfach am See liegen und faulenzen, all diese schönen Dinge wurden plötzlich sekundär und traten sozusagen ins zweite Glied zurück, um sich dort mit den schon lange vernachlässigten Schulpflichten zu treffen.

Der Grund war blond, über alle Maßen schön und hieß Elisabeth.

Immer wenn der Karli morgens durch die Hindenburgstraße zum Bahnhof trabte oder am Nachmittag in der entgegengesetzten Richtung nach Hause eilte, kam er an einem Schaukasten vorbei, in dem ein Porträtfotograf seine Werke ausstellte. So alle zwei, drei Monate wurden die Bilder gewechselt, und der Karli registrierte sie, wie man das im Vorbeigehen eben macht, gewohnheitsmäßig und ohne besonderes Interesse.

Die Leute, die da etwas verklemmt oder sehr würdig, mitunter auch sehr künstlich lächelnd aus den Rahmen schauten, kannte er fast alle: Den Brennauer Schorsch als Schützenkönig (stolz), den Braumeister Kratz mit Bauch und Uhrkette (würdig), die Tochter vom Zahnarzt Merck (mager und blasiert), den Gabler Toni als Bräutigam (ernst und mutig) mit Braut Therese (süßsauer), den Ortsgruppenleiter Kröger (mit Blutorden), sowie ein unbekanntes Kleinkind (nackt und erstaunt). So oder ähnlich boten sich die verschiedenen Persönlichkeiten in dem Schaukasten dar.

Aber eines Nachmittags, als der Karli hungrig im Geschwindschritt an der kleinen Galerie vorbeimarschierte, da veranlasste ihn etwas, ruckartig anzuhalten.
Der Fotograf hatte die Bilder gewechselt, und rechts unten in einem hellen Naturholzrahmen hing die Elisabeth!

Sie hatte einen breitrandigen Trachtenhut auf, an dem seitlich ein kleines weißes Flaumfederl leuchtete. Der Hut war weit nach hinten geschoben, sodass eine Welle blonder Haare unter der Krempe hervorquoll. Ein dicker Zopf hing über ihre rechte Schulter herunter und auf den Wölbungen der Haarsträhne schimmerte das Licht wie auf Seide. Um den Hals schlang sich ein schwarzes Samtband, an dem, gerade noch sichtbar, ein kleines Kreuzchen hing, welches der Karli - er konnte wirklich nichts dafür - sofort um diesen schönen Platz beneidete.

Und die Elisabeth, die den Kopf etwas nach unten geneigt und leicht nach rechts gedreht hatte, die lachte mit ihren hellen Augen nur ihn an, ihn, den Karli Grob, ganz allein!

Von nun an konnte der Karli nicht mehr an dem Schaukasten vorbeigehen, ohne in diese hellen Augen zu blicken. Es war fast wie eine kleine Andacht.

Kein Zweifel, es hatte ihn stark erwischt!

Eines Nachmittags, als er, die Schulmappe unter dem Arm, vor dem Foto seine Kurz-Meditation verrichtete, sagte eine Stimme hinter ihm: "Gell, des is a saublöds Buidl! Findst net, daß i da furchtbar gezwungen drauf lach` und der Huat steht mir aa net b`sonders!"

Und der Karli, der ja sonst nicht aufs Maul gefallen war, der hatte mit einem Schlag einen Knödel im Hals und spürte, wie er einen roten Kopf bekam.

"Ja grüaß di, Elisabeth, wo kimmst denn du her!"
Das war vorerst alles, was er an Konversation zustande brachte.

Dann gingen sie nebeneinander durch die Hindenburgstraße, den Burggraben hinunter. Es war natürlich nicht der Weg, den der Karli normalerweise ging, um nach Hause zu kommen, aber das war ihm völlig gleichgültig, weil er ja eh einige Zentimeter über dem Katzenkopfpflaster schwebte.
Und die Elisabeth neben ihm, die erzählte sprudelnd wie ein Bergbach, was sie alles erlebt hatte im Landjahr auf dem kleinen Bauernhof in der Oberpfalz. Und als sie kurz und ganz nebenbei erwähnte, dass der Bauer - natürlich vergeblich - versucht hatte, mit ihr anzubandeln, da hasste der Karli jenen Unbekannten von der selben Sekunde an.

Dann endlich hatte sich seine erregte Seele so weit beruhigt, dass er dem Mädchen an seiner Seite sagen konnte, wie sehr ihm das Bild gefiel, und er gestand, Verlegenheitsröte im Gesicht, dass er nie daran vorbeigehen konnte, ohne es anzuschauen.

Nun war es an der Elisabeth, ein wenig rot zu werden.

"Geh," sagte sie, "des is doch bloß a Foto!"
"Des is logisch", versicherte der Karli aufrichtig, "im Original g'fallst mir scho noch besser - aber wennst halt nia da bist!"

"Jetzt bin i ja da" sagte die Elisabeth ganz leise.
Und der Karli hatte das Gefühl, dass ihn ein rosaroter Ballon zwischen freundlichen, weißen Wolken hindurch hinauf in einen strahlend blauen Himmel hob. In dem Korb des Ballons aber waren nur er und die Elisabeth.

Und der Karli konkretisierte dieses überirdische Gefühl, indem er trockenen Mundes fragte:
"Gehst morgn abend mit ins Kino? 'Bel Ami' lauft grad, mit dem Willi Forst."
"Ja" sagte die Elisabeth.


Es war ein glücklicher Umstand, daß der Karli zwei Mark sechzig auf der hohen Kante hatte. Da brauchte er nur noch die gute alte Tante Emmi um fünfzig Pfennige anzuschnorren und der Kinoabend mit der Elisabeth war gerettet.
Die Eltern bat er nur selten um Geld, und ganz besonders in diesem Fall wollte er nicht nach dem Verwendungszweck solcher Finanzhilfe gefragt werden.

Der lieben Tante sei Dank! Nun konnte er sich zwei mittlere Plätze leisten und eine Rolle Pfefferminz dazu.
Als sie nach Hause gingen, regnete es.
Der Karli hat seine Trachtenjoppe ausgezogen, und sie sind beide darunter geschlupft. So blieben Köpfe, Schultern und Rücken trocken, und es ergab sich zwangsläufig ein wonnevolles Beieinander, mit eingehängten Armen und ineinander verflochtenen Fingern. Die blonden Haare der Elisabeth streichelten Karlis rechte Wange, und er, der noch am Nachmittag ganz genau gewusst hatte, was er mit seinem Schatz alles reden würde, schwieg nun bedeutungsvoll. Wie immer, wenn ihn starke Gefühle am Kragen hatten.
Die Elisabeth hingegen, die hatte sich Melodie und Text des eben gehörten Kinoschlagers gemerkt und sang leise, aber wunderschön:
"Du hast Glück bei den Frau'n, Bel Ami,
so viel Glück bei den Frau'n, Bel Ami!"
Und der Karli, der eingebildete Narr, der bezog das doch glatt auf sich. Solchermaßen stark motiviert, ein Willi Forst in Lederhosen, nahm er beim Abschied am Gartentürl die Elisabeth in den Arm und küsste sie. Lang und innig war dieser Kuss, voller Leidenschaft und mit einem leichten Nachgeschmack von Pfefferminz.

Dann ging er langsam, wie betrunken, nach Hause. Er streifte völlig abwesend mit der Hand über die Latten der Gartenzäune und wäre um ein Haar mit dem Hafner Zwerger zusammengestoßen. Der war auch betrunken, aber nicht von der Liebe.

Von allen Sommern des Karli Grob war dieser der größte. Nie spannte sich der Himmel blauer über See und Bergen. Nie zuvor hatten die Blumen fröhlichere Farben, nie zuvor dufteten sie lieblicher. Und nie vorher in allen Sommernächten haben Mond und Sterne so hell gestrahlt.

Auch ein Vanilleeis schmeckte niemals besser, als wenn auf der anderen Seite der Waffeltüte eine flinke, rosige Zunge mitschleckte, die, mit gelbem Eis beschichtet, blitzschnell hinter lachenden Lippen verschwand, um ebenso flink wieder hervorzuschnellen, wie bei einer Schlange.

Und als sich bei diesem umständlichen, aber höchst lustvollen Eisgenuß die beiden Zungenspitzl einmal - ganz zufällig - berührten, da war es, als spränge knisternd ein Funke über, fast wie an den Elektroden der alten Influenzmaschine in der Physikstunde vom Professor Paule.

Karli und Elisabeth wiederholten das schöne Experiment noch einige Male, wodurch das Vanilleeis selbst ganz bedeutungslos wurde und sich in flüssiger Form davonmachte.

Die Großen Ferien hatten begonnen. An einem Tag, der so war, als hätte man ihn aus den schönsten Bildern eines Werbeprospekts zusammengesetzt, lag der Karli mit seinen Freunden im Strandbad auf dem Steg. Sie waren alle angestrengt damit beschäftigt, braun zu werden. Das leise Gluckern der Wellen, die an die Pfosten des Steges schlugen, wirkte einschläfernd. Irgendwo plantschten Kinder im seichten Wasser und kreischten.

Der Karli blinzelte träge zur Dusche hinüber, unter der eine etwas beleibte Dame mit einer pilzförmigen, lilafarbenen Badehaube und arg melancholischen Hinterbacken stand, und er ärgerte sich, daß er heute mit der Elisabeth nichts Festes ausgemacht hatte.

"Vielleicht muaß i morgn der Mama beim Erdbeer-Einmachen helfen", sagte sie gestern beiläufig zu ihm, und das war für Karli, den zurückhaltenden Anfänger, schon Grund genug, keine Verabredung mit der Angebeteten zu treffen.

Da rief auf einmal der Max:
"Karli, du kriagst an B`suach!"

Und wie der den Blick von der duschenden Dame weg in die andere Richtung wandte, da jubelte sein Herz auf, denn über den Rasenplatz schritt - nein, schwebte - die Elisabeth.

Sie hatte ein schwarzes Badetrikot an, das saß wie eine zweite Haut und machte die blonden Zöpfe noch blonder. Und über der Schulter hatte sie eine Basttasche hängen, auf die rote Blumen gestickt waren.

Es war das erste Mal, dass der Karli die Elisabeth im Badeanzug gesehen hat, und er war sich sofort klar, daß seine Augen nie zuvor etwas Schöneres erblickt hatten.

Der Reiner, der nicht nur Besitzer eines Klepper-Faltbootes, sondern auch der beste Freund war, den man sich denken konnte, sagte:
"Wennst magst, kannst`s Boot ham."
Der Karli, von Glück und Dankbarkeit erfüllt, sagte nur:
"Merci!"

Und ging gemessenen Schrittes und klopfenden Herzens der Elisabeth entgegen.

"Grüaß di! - Bist fertig worn mit deine Erdbeeren?"
"Naa, aber d`Mama hat g`sagt, sie macht alloa weiter."
"Dees is a schöner Zug von deiner Mama!" sagte der Karli.
"I kriag`s Boot vom Reiner, - fahrn ma a weni naus?"
"Ja, gern, aber um fünfe muaß i wieder dahoam sei."
Als die beiden das Boot zum Wasser trugen, spottete der Max vom Steg herab:
"Teats fei Obacht gebn, dass`snet kentert, wenn`s recht stürmisch werd!"
Das war die reine Ironie, denn es stand kein Wölkchen am Himmel. Laß ihn bleggen, den Neidhammel. Er, der Karli Grob, fuhr jetzt mit der schönsten aller Frauen im Paddelboot - bis ans Ende der Welt!

Der Karli hängte die vordere Rückenstütze aus, damit die Elisabeth sich bequem auf seine Beine zurücklehnen konnte. Ihre goldenen Haare kitzelten seinen nackten Bauch, und ab und zu schenkte die Geliebte ihm einen blaustrahlenden Blick und eine getrocknete Aprikose, die sie aus der Basttasche holte.

Anfangs glaubte der Karli, keine süßere Last habe jemals auf seinem Untergestell geruht, aber nach einiger Zeit schliefen seine Beine ein und der Hintern tat ihm weh. Als harter Sportsmann konnte er dies zwar ertragen, das weitaus größere Problem aber war: Was redet man mit einem Mädchen, mit dem man auf einem weiten See allein ist und das man liebt? Es wurde ihm schmerzhaft bewußt, dass er einer solchen Situation nicht gewachsen war und dass seine verdammte Schüchternheit ihn daran hinderte, das zu sagen, was er eigentlich sagen wollte.

Er dachte an seinen Freund Max. Der hätte sich an seiner Stelle bestimmt nicht so blöd angestellt, denn der Max entwickelte bei Frauen einen gewaltigen Charme und hatte ein Mundwerk wie ein Scherenschleifer.

Der Karli, der wohl ahnte, dass Blödsinn quatschen bei einem Mädchen immer noch gescheiter ist, als garnichts zu reden, flüchtete auf eine geistige Ebene, auf der er sich sicher wähnte: Er erzählte der Elisabeth Witze. Die schien sich zuerst wirklich gut zu amüsieren und lachte einige Male hell und herzlich.

Mein Gott, wie die lachen konnte! - Es hörte sich an wie silberne Glocken oder wie klingendes Kristall. Erna Sacks perlende Koloraturen waren nichts dagegen.

Der Karli war glücklich; doch als er endlich so richtig in Fahrt war, da sagte die Elisabeth unvermittelt ganz trocken:
"Jetz g`langts, die letzten zwoa hab i eh scho kennt!"
Da bekam der Witzbold einen feuerroten Kopf, und er war froh, daß "das Ende der Welt" nahe war.

Nicht weit von der Stelle, wo die Ach in den Staffelsee mündet, lenkte der Karli das Boot durch eine schmale Schilfgasse, hinter der sich eine kleine Bucht auftat. Die war fast ganz mit Seerosen bedeckt, herrlich anzusehen zwischen dem dunklen Grün der Blätter und dem noch dunkleren Wasser des Sees. Und die Elisabeth sagte:
"Mei, is des schön!"

Karlis Verlegenheit schwand und sein Kopf bekam wieder eine natürliche Farbe.
Die Seerosenblätter rauschten leise an der Bootswand, und ein braungrüner Frosch hechtete erschreckt ins Wasser.
Dann zogen sie das Boot halb den Strand hinauf, und die Elisabeth breitete ihr Badetuch auf der Wiese aus.
Lila Knabenkräuter standen ringsherum, und Wollgräser nickten mit ihren Greisenhäuptern. Libellen mit schönen, grünweißen Leibern schwebten zwischen den Halmen oder blieben fast reglos in der Luft stehen. Es war so still, daß die beiden das Schwirren der kleinen Flügel und das Klopfen ihrer Herzen hören konnten.

Sie lagen nebeneinander auf dem blauen Badetuch, im Halbschatten einer Erle, die schräg in den See hinauswuchs.

Der Karli drehte sich zur Elisabeth um und sagte:
"Gell, des is a feins Platzerl? I habs erst vor zehn Tag ganz zufällig entdeckt."
Die Elisabeth blickte schräg.
"So, und wen hast dann da dabeighabt, vor zehn Tag?"
"Neamad," sagte der Karli ganz entrüstet, "da war i ganz alloa! Aber wie i da so auf dera Wiesn g'hockt bin, da hab i mir denkt: Jetz müassat d'Elisabeth da sei. Und i hab mir fest vorg'nomma, daß i mit dir amal herkimm, - weil, ja mei, weil - Elisabeth, i muaß dir sagn: So gern wia di hab i no nia wen g'habt!"
"I mag di aa, Karli," sagte sie und wandte ihm ihr lächelndes Gesicht zu.

Dies war das Ende der Welt, denn nur am Ende der Welt kann das Paradies beginnen.

Die Blätter der Erle bewegten sich in einem ganz leichten Windhauch, und Licht und Schatten huschten über ihre Gesichter und Körper. Man hörte die kleinen Wellen an die Uferkiesel schlagen und das leise Rascheln der Schilfblätter.
Was die Elisabeth doch für eine makellose Haut hatte, und wie wundervoll die kleinen hellen Haare darauf leuchteten! Das goldene Kreuzchen, das der Karli immer so um seinen Platz beneidet hat, war auch da und ruhte still im schönsten aller Täler.

Seine Finger spielten wie eigenständige Lebewesen - ohne daß er etwas dagegen tun konnte - mit einem Knopf aus grau-violettem Perlmutt, der den Träger von Elisabeths Badeanzug über der Schulter zusammenhielt. Dieser Knopf sah den Karli an wie ein Auge, wie ein Basiliskenauge, geheimnisvoll und drohend zugleich.
Und seine Finger spielten mit diesem Knopf, drehten ihn sacht hin und her und strichen ganz zart darüber. Als ob nichts anderes zum Spielen da wäre als dieser verdammte Knopf!
Da sagte auf einmal die Elisabeth leise und ernst:
"Der geht ganz leicht auf."

Sie hatte recht: - er ging ganz leicht auf, der Knopf.


In einer alten Villa an der Kohlgruber Straße wohnte die Regina. Sie vermiete-

te Zimmer an Dauergäste und Sommerfrischler. Diese Villa war ein ziemlich großer Kasten aus der Gründerzeit mit einem
Walmdach, etlichen Balkonen und einer Art Wintergarten vor dem Hauseingang. Im leicht verwilderten Garten standen mächtige alte Bäume: Buchen, Linden und eine Kastanie.

Die Regina stammte selbst aus dieser Zeit vor der Jahrhundertwende, einer Zeit, die für den Karli so weit weg war und so versunken wie die, in der die Märchen spielten, welche ihm die Tante Emmi einst so geduldig erzählt hatte. Leibhaftige Kaiser und Könige wandelten damals noch herum, beziehungsweise fuhren in goldenen Kutschen oder ritten auf edlen Pferden. Schöne Prinzen und Prinzessinnen gab es und goldbetreßte Hofmarschälle.

Aus dieser unsagbar fernen Zeit also stammte die Regina. Immerhin war sie schon beinahe fünfzig Jahre alt.

Sie liebte den Karli und seine Freunde von Herzen und wurde von Herzen wiedergeliebt. Das kam nicht von ungefähr, denn das Verständnis, das sie den nachpubertären Burschen und deren zahllosen Marotten und Streichen entgegenbrachte, war schier grenzenlos. Es ist weit über das hinausgegangen, was leibliche Eltern normalerweise an Toleranz aufbringen können.

Ihr Herz war weit und romantisch wie das Murnauer Moos und ihre Zunge war spitz wie ein Degen aus Toledo.

Sie hatte überhaupt viel von einer Spanierin, die Regina. Im Hausgang hing ein Foto von ihr, auf dem sie wie eine Senorita aussah. Große Augen blickten aus einem scharfgeschnittenen Gesicht, nicht lieb, aber unheimlich ausdrucksvoll. Und die Hände hatte sie herausfordernd in die Hüften gestemmt, wie eine Flamencotänzerin.

Nur ihre Murnauer Sonntagstracht passte nicht zu der spanischen Illusion.

Trotz ihres reiferen Alters hatte die Regina mehr Temperament als die meisten Jungen. Sie hatte schon im ersten Weltkrieg als junge Frau ihren Mann verloren und musste sich seitdem allein durchs Leben schlagen. Ihr Selbstbewusstsein hatte sich dadurch hervorragend entwickelt.

Ihr war immer wichtig, w i e einer war; das W a s war ihr vollkommen wurscht. Auch bei Amts- und Würdenträgern, selbst wenn sie noch so braun waren, hat sie nie ein Blatt vor den Mund genommen. Gegen ihre Schlagfertigkeit und ihren Witz waren die meisten Leute ohnehin machtlos.

Einmal ist sie mit dem Ortsgruppenleiter Kröger zusammengeraten. Der Kröger war etwas kleinwüchsig und ein fürchterlicher Gschaftlhuber. Er hatte ihr Vorhaltungen gemacht, weil sie an sogenannten Nationalen Feiertagen entweder überhaupt keine Fahne hinausgehängt hat, oder die gute alte weißblaue.

Die Regina hat gesagt, daß sie die weißblaue Fahne nur wegen der optischen Harmonie hinaushängt, weil sie halt zu der hellen Ockerfarbe ihrer Hauswand viel besser paßt. Der Kröger aber hat gemeint, dass das sicher nicht der wahre Grund ist, und dass er sie vielmehr für eine sehr reaktionäre Dame hält, der man es eines Tages schon zeigen werde.

Da hat ihn die Regina mit ihren spanischen Augen ganz wild angefunkelt und gesagt, dass sie, die Regina, niemanden braucht, der ihr was zeigt, weil sie eh schon alles weiß, daß sie auch keine Dame ist und Aktionärin auch nicht, schon gar nicht "re"!

Und weil die Regina bei dieser Unterhaltung auf dem Trottoir gestanden ist und der ohnedies recht kurz geratene Kröger etwas tiefer, auf der Straße, sagte sie noch mit sanftem Lächeln: "Sowas wia di raacht mei Vatta ja in der Pfeif!"

Der Kröger hat vor Wut keinen Ton mehr herausgebracht, und die Regina rauschte ab.

Seltsamerweise hatten solche Direktheiten nie Folgen für die Regina. Das kam wohl daher, daß sie von den Hiesigen jeder gut leiden konnte undselbst die von der Partei einen Respekt vor ihr hatten.

Die Küche der Regina ist im Lauf der Zeit ein beliebter Treffpunkt für den Karli und seine Freunde geworden. Auf der Eckbank am wachstuchbespannten Tisch ließ es sich gut hocken, ratschen, blödeln und lachen. Manchmal haben sie aber auch ganz ernsthaft miteinander diskutiert und über Gott und die Welt geredet.

Der Karli hat sich oft darüber gewundert, was die Regina alles wusste. Der konnte man nichts vormachen.

Auf dem mächtigen Küchenherd stand immer eine große, blau emaillierte Kaffeekanne, und im Mundwinkel der Regina klebte stets eine Memphis. Denn zwei Dinge brauchte sie zum Leben, und die gingen ihr auch nie aus: ein Haferl Kaffee und eine Zigarette. Das Essen war ihr weniger wichtig, und sie erledigte es so nebenbei.

Dabei konnte die Regina wirklich gut kochen, denn sie war vor dem ersten Weltkrieg und bis in die zwanziger Jahre hinein Wirtin auf der Neureuth gewesen. Die Neureuth ist auch heute noch eine beliebte Almwirtschaft und liegt hoch über dem Tegernsee.

Da hatte sie nun zwangsläufig viele berühmte Leute kennengelernt, denn die Gegend um den Tegernsee war schon immer ein bevorzugtes Wohngebiet für Prominente und Betuchte.

Später, in der Hitlerzeit, haben sich natürlich auch zahlreiche Nazigrößen dort angesiedelt, und bei der Regina, die sich darüber geärgert hat, hieß dieses malerische Alpengewässer seitdem nur der "Lago di Bonzo".

Es wird sicher nicht viele Berggasthäuser geben, die interessantere Gäste hatten, als damals die Neureuth, und die Leute, welche die Regina da oben mit Speis und Trank versorgte, waren oft von besonderer Qualität. Da hockten nicht nur Holzknechte und Jäger neben dirndlgewandeten Sommerfrischlerinnen und frohgestimmten Salontirolern, auch der Ludwig Thoma und sein Freund, der Ganghofer, sind oft zu einer Brotzeit eingekehrt.

Der trinkfrohe norwegische Simplizissimuszeichner Olaf Gulbransson hat sich von der Regina manche Maß und manchen Obstler kredenzen lassen. Wenn der so viel geladen hatte, dass er den Abstieg zum Schererhof nicht mehr wagen konnte, dann hat sie ihn ins Bett gepackt und ihm einen Eisbeutel auf sein mächtiges kahles Haupt gelegt. Für diese Samariterdienste hat sich der Olaf mit etlichen lustigen Zeichnungen bedankt.

Der schwergewichtige Kammersänger Leo Slezak aber hat der Regina ganz privat ein Wiener Fiakerlied gesungen, weil ihm das Essen bei ihr so gut geschmeckt hat.

Selbst die Töchter vom König Ludwig III. von Bayern sind während des ersten Weltkrieges manchmal auf der Neureuth in der Küche gesessen und heißhungrig über einen Teller Bratkartoffeln hergefallen, denn die königlich bayerischen Prinzessinnen hatten damals einen ganz plebejischen Kohldampf, weil ihr Vater, der König, streng darauf achtete, dass alle Mitglieder seiner Familie und seines Hofes von den gleichen Rationen lebten wie jeder gewöhnliche Bürger. Und das war anno 1917 nicht viel.

Jedenfalls war der gute alte König Ludwig eine sehr rühmliche Ausnahme, denn das Mit - Leiden war damals bei hohen und höchsten Herrschaften so wenig der Brauch wie heutigentags.

Die Regina war voll von Anekdoten und Geschichten, die den großen Vorzug hatten, wahr zu sein. Der Karli fragte sich manchmal, ob es auf dieser Welt überhaupt jemanden gab, den sie n i c h t gekannt hat.

Ihr Vater, der Oberförster Landthaler, war mit über Achtzig noch ein Mannsbild wie ein Eichbaum. Er trug seine fast Einsneunzig dreimal in der Woche kerzengerade und ohne Zuhilfenahme eines Hacklsteckens zum Angerbräu und wieder nach Hause. Er konnte viel vertragen und hatte für Leute, die wegen ein paar Maß ihre Haxen durcheinanderbrachten, nur Hohn und blanke Verachtung übrig.

Wenn der Prinzregent Luitpold in Linderhof zur Jagd war, hat ihn der Landthaler auf manchem Pirschgang begleitet. Die Regina war in dieser Zeit sieben oder acht Jahre alt und lief immer in kurzen Lederhosen herum wie ein Bub. Das war damals um die Jahrhundertwende für ein kleines Dirndl ganz und gar unüblich, aber dem Prinzregenten gefiel es, und er sagte immer "Sepperl" zu der Regina.

Eines Tages aber fragte er sie - wie im Märchen - ob sie einen Wunsch hätte. Die Regina, das Förstertöchterl in der Lederhose, hatte schon einen:

"Dei Zimmer taat i halt gern amal sehgn, Herr Prinzregent!"

Der alte Herr nickte, nahm sie bei der Hand und ging mit ihr ins Jagdhaus hinüber. Im ersten Stock öffnete er eine Tür und sagte:

"Schau, Sepperl, da wohn i."

Ein Schrank stand da, eine einfache Bettstatt ganz ohne Baldachin, ein Tisch mit ein paar Stühlen und ein kleiner Schreibsekretär. An der Wand hingen etliche Bilder und drei Jagdgewehre. Kein Gold, kein Silber, kein Damast und keine dicken Teppiche!

Arg enttäuscht patschte die Regina auf ihre Lederhose und rief:

"O mei, da hat ja unser Forstg'hilf a schöner`s Zimmer!"

Der alte Prinzregent schmunzelte und sagte:

"No ja, der werd nacha scho mehra verdeana wia i."

Solcherart waren die Beziehungen der Regina zum bayerischen Hochadel. Sie fühlte sich in allen Etagen der Gesellschaft absolut sicher. Ob sie dem Dr. Ludwig Thoma einen Schoppen Roten vorsetzte oder dem Waldarbeiter Lechner seine Maß, ob sie der Prinzessin Pilar von Bayern einen Teller Bratkartoffeln hinstellte oder dem Knecht vom Bergerbauern einen Holzerschmarrn, am Tisch der Regina galten sie alle gleichviel, und ihre Küche war eine Insel absoluter Menschlichkeit.

Und so war es auch noch in späterer Zeit, wenn der Karli und seine Freunde, manchmal lachend und lärmend, in die alte Villa an der Kohlgruber Straße einfielen.

Der Karli konnte sich noch gut an einen Abend im November erinnern, an dem sie zu viert in der Küche bei der Regina hockten. Der Karlo, der Max, der Ludwig und er.

Die Regina stand am Herd, rührte in einer mächtigen Pfanne mit Kartoffelschmarrn und hatte die unvermeidliche Zigarette im Mundwinkel kleben, wie ein Pariser Apache.

Da ging die Tür auf , und der Bergmeier Franz kam herein. Der Franz war Obertruppführer bei der SA und ein allseits bekannter Raufbold. Er brüllte "Heil Hitler!" und verlangte ein Bier.
Die Regina sagte, ohne mit dem Rühren aufzuhören:
"Erstens bin i koa Wirtschaft, zwoatens bist eh scho b`suffen und drittens laß i wega dir mein Schmarrn net obrenna!"
Der Franz rülpste laut, setzte sich an den Tisch und sagte relativ friedlich:
"I ko wartn, und zahln tua i dir des Bier aa. Ein SA-Mann laßt si da nix nachsagn, verstehst!"

Er fingerte mit der rechten Hand eine Zigarette aus der Brusttasche und legte die Linke vorsichtig auf die Tischplatte. Und jetzt sah man, dass er einen dicken Verband daran hatte.

"Is dir a B`suffner drauftretn, wias d`gestern vom Appell hoam bist?" fragte die Regina freundlich lächelnd.
Der Bergmeier Franz überhörte das und sagte mit schwerer Zunge: "Ein SA-Mann hat eine Ehre, verstehst, - und lasst si durchaus nix schenka. Er zahlt sei Bier, weil, des SA-Mannes Höchstes ist die Ehre, - verstehst! - Und jetz tuast a Bier her, sonst wer i grantig!"

"Max, hol eam in Gottsnam a Halbe. Du woaßt ja, wo`s Tragl steht" sagte die Regina, ohne mit dem Umrühren aufzuhören.
Als der Franz sein Bier hatte, trank er gleich aus der Flasche und stieß noch einmal laut und vernehmlich auf. Es hörte sich an wie ein Brunfthirsch im Oktober, und der Karli schaute ihn mit einer Mischung von Neugier und Abscheu an. Ein wenig Angst war wohl auch dabei.
Dann stierte der brave SA-Mann Franz lange auf seine eingebundene Pratze und sagte mühsam:
"S-Saujuden, verreckte! - Da san bloß diese S-Saujuden dro schuld!"
Und weil die Regina zu bohren anfing und mit dem Fragen nicht aufhörte, hat der Bergmeier holperig aber haarklein erzählt, was in der Nacht vorher in München los war.

Es war die Nacht vom neunten auf den zehnten November neunzehnhundertachtunddreißig.

In Murnau war diese Nacht ruhig wie jede andere, denn es gab keine Juden mehr im Ort.

Als der Obertruppführer Bergmeier nichts mehr zu reden wußte und lallend noch ein Bier verlangte, öffnete die Regina ihre Küchentür und sagte:
"Schleich di und laß di bei mir nie wieder sehgn!"

Der Karli hielt den Schnaufer an, denn er dachte, daß der Franz der Regina gleich das Flaschl auf den Kopf haut. Aber der Franz ist mit großen, glasigen Augen langsam aufgestanden, hat irgend etwas von "Saubande, Judenbagasch" und "Ehre und Treue" gemurmelt und ist aus der Tür gestolpert.

Zum Glück hatte auch dieses kleine Nachspiel zur "Reichskristallnacht" keine Folgen für die Regina. Vielleicht hat der Obertruppführer Franz Bergmeier das Ganze in seinem Suff vergessen.

Der älteste Lehrer am Gymnasium hieß Anton Nüßlein. Er gab Zeichnen und Kunstgeschichte. Ein gemütlicher alter Herr mit weißen Haaren und einem runden, rotbackigen Gesicht. Er war auch der einzige von allen Paukern, der wirklich ein echter Professor war. Ein Studienprofessor. Bei den Schülern hieß er nur der "Onkel Toni".

Aber deutschnational war er bis in die Knochen. Er erzählte manchmal vom Krieg und zeigte den Buben, wie man militärische Geländeskizzen und Krokis anfertigt.
"Des könnt ihr vielleicht amal brauchen, wenn`s ernst werd" meinte er mit wichtiger Miene und erhobenem Finger.
Er stammte aus Franken.
Beim Freihandzeichnen stellte er meistens irgendetwas auf ein kleines Tischchen, eine Suppenschüssel, eine Petroleumlampe, eine Kaffeemühle oder ein Spielzeugpferdchen. Diese Dinge sollte man dann möglichst genau mit Bleistift und Farbkasten zu Papier bringen.
Der Karli fand zwar diese Art von Modellen nicht besonders anregend, aber er musste zugeben, daß es garnicht so leicht war, eine alte Petroleumlampe gut zu zeichnen.
Während der Arbeit wanderte der Onkel Toni zwischen den Tischen herum, und wenn er sah, dass einer Schwierigkeiten mit den Proportionen und Schattierungen hatte, dann scheuchte er den Unbegabten von seinem Platz, forderte

einen Radiergummi und entfernte damit das mühsam Geschaffene vom Blatt. Sodann begann er seinerseits hingebungsvoll zu messen und zu stricheln. War die Bleistiftskizze fertig, rief er: "Tuschkasten her!" und war in seinem Schaffensdrang nicht mehr zu bremsen, bis die Glocke schrillte und die zwei Zeichenstunden vorbei waren.

Dann hielt er sein Werk zufrieden am ausgestreckten Arm von sich und sagte: "So macht ma des, du Banause!"

Die Zeichnungen wurden eingesammelt und in der nächsten Woche mit Noten versehen wieder zurückgegeben. Da konnte es passieren, daß ein Schüler, der selbst keinen Strich von dem ganzen Kunstwerk gemacht hatte, plötzlich einen Dreibisvierer auf seinem Blatt prangen sah. Wenn der solchermaßen ungerecht Abgewertete darob entrüstet protestierte, dann besah sich der Professor das Blatt noch einmal ganz genau über den Rand seiner Brille hinweg und sagte:

"Tatsächlich, gar so schlecht is des wirkli net."--

Und benotete die Arbeit mit einem Zweier. Einen Einser hat sich der Onkel Toni selbst nie gegeben.

Unter den Zeichnungen, die der Karli gemacht hat, ist aber oft ein Einser gestanden, und drum kann man es wohl nachfühlen, wenn er heute noch mit einer gewissen Liebe an den alten Professor denkt.

In den oberen Klassen sagte der auch manchmal zu Beginn der Zeichenstunde: "Dunkelmachen, heut is Kunstg`schicht!"

Ein mächtiges altmodisches Episkop wurde in die Mitte des Saales gestellt, die Tafel beiseitegeschoben und die Rollos vor die Fenster gezogen. Der Toni hat dann Postkarten oder Bilder von Kunstwerken aus Büchern und Zeitschriften an die Wand projiziert und dabei erzählt, wer das wann und wo gemacht hatte. Dem Karli Grob hat dieser Teil des Unterrichts besser gefallen als das Abzeichnen von Suppenschüsseln und Kaffeemühlen. Auch den meisten seiner Mitschüler war die "Kunstg`schicht" lieber, denn da konnten sie in Ruhe den Rest ihres Pausebrotes aufessen oder ein wenig schlummern.

Wenn es um die Kunst der Antike ging, dann geriet der gute Professor schier in Verzückung und rief enthusiastisch:

"Schaut euch bloß diese herrlichen Brobortionen an! - Wie die damals die Brobortionen beherrscht ham, - vor zwatausendfünfhundert Jahr! Des is halt schön, gell".

So rief er immer wieder, ob nun das ofenheiße Episkop die Pallas Athene, die ganze Akropolis, den Diskuswerfer von Myron oder das Giebelfeld des Parthenon an die Wand warf.

Aber auch die anderen Kunstepochen der Menschheit versuchte der Onkel Toni seinen Schülern mit viel Begeisterung nahezubringen. Und weil halt Künstler zu allen Zeiten ein weit unbefangeneres Verhältnis zum Körper und zur Erotik hatten, als die jeweiligen geistlichen oder weltlichen Würdenträger, war es unvermeidlich, daß auf der Wand des Zeichensaales auch unbekleidete Gestalten erschienen. Von der Venus von Milo über Michelangelos David bis zu den Kolossalfiguren des Joseph Thorak und von Lukas Cranachs Adam und Eva über die Nackte Maja des Francesco Goya bis zu Sepp Hilz` Bäuerlicher Venus.

Und einmal, als der Professor die reizende Tänzerin von Georg Kolbe und die ebenso wunderschöne Karyatide in seinem Episkop aufwärmte, da sagte er:
"Einiche Herren vom Lehrerkollechium sin zwar der Meinung, dass ihr für Akte noch zu jung seid, aber erschtens is des Kunst, und zweitens seid ihr jetz in an Alter, wo ihr ganz von allaans draufkommt, dass a nackerts Madl von vorn schöner is, wie a o`zochner Kapuziner von hint`."
Wie recht er doch hatte, der Onkel Toni!

Der Reiner war als Freund ein besonderer Glücksfall, denn er stammte aus einer Brauerei. Freilich ist man noch lange kein guter Freund, bloß weil man aus einer Brauerei stammt, aber beim Reiner war die bessere finanzielle Lage mit einer echten Großzügigkeit verbunden, und wer sein Freund war, der durfte nicht nur sein Faltboot und sein Motorrad benützen, nein, mit dem hätte er auch sein letztes Hemd und sein letztes Stück Brot geteilt, wenn es die Not verlangt hätte.

Im Hausgang der alten Brauerei, in dem es so schön nach Schweinsbraten, Sauerkraut und Maische roch, ist auch immer dem Reiner sein Motorrad gestanden. Eine zweihundertfünfziger Zündapp. Und für diese Traummaschine hat der Karli oft den Zündschlüssel bekommen. Das war eine Großzügigkeit, wie sie eben nur ein richtiger Freund aufbrachte.

Der Karli war ernsthaft bestrebt, diese Generosität nicht über Gebühr auszunützen, aber so ein Motorrad war schon eine ganz und gar herrliche Sache, besonders wenn hintendrauf mit fliegenden blonden Zöpfen ein Mädel wie die Elisabeth saß!
Einmal ist ihnen zwischen der Eschelsbacher Brücke und Steingaden das Benzin ausgegangen, und wie sie in der Sommerhitze die Maschine nach Steingaden schieben mußten, da hat die Elisabeth nur gelacht, und sie haben zusammen das schöne Lied der Wolgaschiffer gesungen:
"Unrasiert und fern der Heimat, fern der Heimat, unrasiert".

Da ist das Motorradschieben gleich viel leichter gegangen. Das Dumme war nur, dass der Karli keinen Pfennig Geld dabeihatte und die Elisabeth auch nicht. Aber es kam kein Wort des Vorwurfs oder der Klage über ihre Lippen, nur die bange Frage:

"Ja, was tean mir denn jetz?"

"Bei uns im Hochlandlager war oaner aus Steingaden", sagte der Karli.

"Leider woaß i bloß no, daß er Peter g'hoaßen hat und ganz semmiblonde Haare hat er g'habt, - und Roßmucken."

"Aber i kenn oane, die war mit mir im Landjahr!" jubelte plötzlich die Elisabeth. Und weil sie den ganzen Namen des Mädchens wusste und weil Steingaden ja gottseidank keine Großstadt ist, war es nicht schwer, die Bekannte zu finden und sie um zwei Mark anzupumpen. Damit war das Benzin für die Rückfahrt leicht zu finanzieren.

Außer dem Motorrad und dem Faltboot, an welchen der Reiner seine Freunde so großherzig teilhaben ließ, hat er praktisch auch sein Zimmer zum Allgemeingut erklärt. Er bewohnte nämlich eine herrliche, sturmfreie Bude im dritten Stock der alten Brauerei, ziemlich geräumig und ausreichend möbliert. Und dieses Zimmer ist im Laufe der Zeit so eine Art Clublokal geworden. Ein konspirativer Raum, würde man heutzutage wohl dazu sagen. Da ist es oft recht lustig zugegangen, und der arme Reiner ist manchmal in der Frühe in einem Gemach erwacht, das stark nach kalten Zigarettenkippen roch und in dem der große altdeutsche Tisch von verschüttetem Bier und Pfefferminzlikör klebte wie ein Fliegenfänger.

Ein ganz wichtiges Inventar in dieser Vereinsbude waren ein dunkelblaues Koffergrammophon und ein Dutzend Schellackplatten. Weil der Max sehr gut Geige spielte und überhaupt voller Melodien steckte, die er meist laut pfeifend von sich gab, darum galt er bei seinen Freunden mit Recht als Musikexperte. Er war es auch, der meistens die blaue Lärmmaschine in Betrieb setzte und dafür sorgte, daß ab und zu eine neue Nadel in den Tonarm geschraubt wurde. Die Kompetenz vom Max in musikalischen Fragen war unbestritten. Und so sagte er eines Abends, als er das Grammophon aufzog:

"Also, jetz waar's Zeit, daß mir endli 's Tanzen lerna taatn. Der Holzinger Willi und sei Schwester, die tanzen hervorragend, ham sogar scho amal an Preis kriagt. I hab den Willi g'fragt, ob er's uns net lerna möcht. Er waar net abgeneigt, und sei Schwester, moant er, machert sicher aa gern mit. - Is doch a Schand, wenn man in unserem Alter net tanzen ko!"

So ist es in der sturmfreien Bude vom Reiner zu ein paar "wilden" Tanzstunden gekommen.

Die Schwester vom Holzinger war keine Schönheit. Sie hatte Wimmerl und trug eine Brille, aber tanzen konnte sie ausgezeichnet.

Einmal hat der Reiner auch das Zimmermädchen Rosi und eine magere Küchenhilfe namens Waltraud mit hinaufgenommen.

"Zum lerna tean sie`s scho", sagte er entschuldigend.

Die Melodien, nach denen der Fußboden im Zimmer vom Reiner strapaziert wurde, waren weit weg vom Jazz oder ähnlicher "artfremder Negermusik". Sie hießen zum Beispiel: "Am Abend auf der Heide", "Tango Notturno", "Heidewitzka, Herr Kapitän!", "Tölzer Schützenmarsch" und "Ich tanze mit dir in den Himmel hinein". Für die Walzerseligkeit mussten dann noch die "Rosamunde" und die "Lustige Witwe" herhalten.


Der Karli konnte überhaupt nicht verstehen, warum Tanzen ein Vergnügen sein sollte. Das krampfhafte Bemühen, im Takt zu bleiben und der Partnerin nicht auf die Füße zu treten, erstickte die Entwicklung jeglicher Grazie im Keim. Und als die Holzinger Leni einmal zu ihm sagte:

"Du stellst di aber wirkli selten dappig o!"

da wirkte das natürlich auch nicht besonders motivierend, und er empfand von diesem Moment an die vielen Wimmerl auf dem Gesicht der Leni noch viel störender als vorher.

Aber auch mit dem Zimmermädchen Rosi und der Küchenhilfe Waltraud machte es keinen großen Spaß, denn die konnten es selber noch nicht besonders gut, das Tanzen.

Trotzdem hat der Holzinger Willi eines Tages gemeint, dass sie es jetzt einmal in der Öffentlichkeit probieren könnten. Und er gab ihnen noch ein paar gute Ratschläge mit:

"Also, d`Partnerin locker führen, net vergewaltigen, höflich sein, auch a bissl nette Konversation machen (er sagte tatsächlich ′Konversation′, der Willi) und immer dran denken, dass d`Füß am Boden schleifen müssen, vor allem beim Foxtrott und beim Tango. Tanzen hat mitn Marschiern nix zum toa!"

Ja, freilich, aber im Marschieren hatten sie halt damals viel mehr Übung als im Tanzen.


Und so sind sie dann an einem schwülen Sommerabend in der Tanzdiele der "Post" hinter ihrer Halben Bier gesessen, der Karli und seine Freunde. Sie waren recht schweigsam, haben die Köpfe eingezogen und sich gedacht, dass es jetzt bestimmt schöner wäre, bei der Regina in der Küche zu hocken oder in einer anderen Wirtschaft, wo keine Tanzkapelle spielt.

Vier Mann in roten Westen erzeugten redliche deutsche Melodien, nach denen sich die Paare, Sommergäste und Einheimische, auf der gerammelt vollen Fläche herumschoben. Auch ein paar auffällige Stadtfräcke waren dabei, die mit besonders genialischen Figuren zeigen wollten, was sie für tolle Burschen waren. Die vier Debütanten in ihren Lederhosen faßten sofort eine tiefe Abneigung gegen diese Stenze. Schließlich fragte der Reiner:
"Also, wer fangt o?"
"Allerweil der, der wo fragt", sagte der Karli.

Aber seltsam, ausgerechnet der Reiner, für den Angst normalerweise ein völlig unbekanntes Gefühl war, der Reiner, der mit den größten Brauburschen raufte, der stehend freihändig auf seiner Zündapp über den zugefrorenen Staffelsee fuhr, der vom Sprungbrett immer wieder den dreifach verdrehten Doppelsalto mit abschließendem Bauchklatscherer übte und der Schihänge grundsätzlich in der Fallinie hinabsauste, auch wenn es ihn unten noch so zerriß, ausgerechnet der zeigte jetzt Nerven und schlug vor, die Sache mit Zündhölzern auszulosen.

Da wusste der Karli, daß er derjenige sein würde, der bestimmt war, das erste Tänzchen zu wagen, denn bei solchen Sachen hatte er nie Glück.

So war es denn auch.

Er nahm einen großen Schluck aus seinem Halbekrügl, fuhr sich mit allen zehn Fingern noch einmal durch die Haare, wünschte sich, jetzt auf dem Gipfel der Krottenkopfs zu hocken, und steuerte einen Tisch auf der anderen Seite der Tanzfläche an. An dem Tisch saß ein Ehepaar mit zwei Töchtern. Die Jüngere kam noch nicht in Frage, sie war vielleicht vierzehn. Aber die Ältere war bildsauber und ungefähr so alt wie er selber.

Als der Karli sich mit leicht gerötetem Kopf artig verbeugte und - viel zu laut - fragte, ob er bitten dürfe, da erhob sich die Schöne mit einem etwas spöttischen Lächeln. Sie war, wie gesagt, beeindruckend hübsch, hatte eine helle Bluse mit einem rüschenbesetzten Ausschnitt an, und ihre riesigen Ohrclips leuchteten genau so rot wie ihre Fingernägel. Anscheinend war sie nicht beim BDM. Aber jetzt, wie sie so dastand, stellte sich heraus, daß sie ein gutes Stück größer war als der Karli, und das raubte diesem den letzten schäbigen Rest seines Selbstbewusstseins.

Noch spielten die Musiker einen langsamen Walzer. Und den hat der Karli mit hochkonzentrierter Beflissenheit einigermaßen anständig hingelegt. Aber dann intonierten sie das "Spatzenkonzert", und das war ein Foxtrott. - Leider, denn Tango und Walzer lagen dem Karli mehr.

Seinen eigenwilligen Vorstellungen von einem Foxtrott konnte die Maid mit den Ohrclips nur schwer folgen, und sie rief auch einige Male sehr laut und deutlich: "Au!"

So beschränkte sich die vom Holzinger Willi so warm empfohlene Konversation darauf, daß der Karli mit Schweißperlen auf der Stirn sagte:

"Entschuldigens, aber i tanz heut das erste Mal."

Da sah das Mädchen mit bösen Augen an ihm vorbei und zischte:

"Recht herzlichen Dank, daß Sie sich ausgerechnet mich als Versuchskarnikkel dazu ausgesucht haben!"

So verlief die Premiere des Karli Grob auf dem gesellschaftlichen Parkett ziemlich blamabel.

Ein paar Tage später hat er es aber trotz allem noch einmal gewagt, den Kampf mit Rhythmus und Schwerkraft aufzunehmen.

Die Umstände waren bedeutend günstiger als beim ersten Mal, denn er ist mit der Elisabeth auf die Fürstalm gegangen. Dort war im Garten ein Tanzboden aufgebaut und der Krötz Anderl spielte Akkordeon. Einen Ländler und einen Walzer nach dem anderen spielte er, und dann, ganz am Schluss, als der kühle Bergwind die älteren Jahrgänge nach Hause geschickt hatte, da erklang noch zu Karlis großer Freude ein argentinischer Tango: "Adios muchachos, amigos, caballeros!"

Was war das nur an diesem Abend? - Er ist der Elisabeth kein einziges Mal auf die Füße getreten, denn die wußte offenbar schon immer Sekundenbruchteile vorher, wo der Karli seine Haferlschuhe hinsetzen wollte. Und obwohl sie doch warm und voller Leben war, schien sie völlig gewichtslos zu sein, leicht wie eine Flaumfeder.

Als der Murnauer Nachthimmel die letzten Takte des Tango Argentino verschluckt und der Krötz Anderl laut "aus is und gar is!" gerufen hatte, sagte die Elisabeth auf einmal ganz ernsthaft:

"I hab gar net g`wußt, dass du so guat tanzen kannst, Karli."

Der war ganz genau derselben Meinung und hat die schwache Premiere in der Post-Diele umgehend vergessen. Aber so ist das halt: Wenn zwei Seelen gut harmonieren, dann funktioniert das auch mit allen übrigen Körperteilen ganz von selber.

Ohne dass er sich dessen richtig bewußt geworden wäre, gingen in diesen Tagen drei Dinge für den Karli Grob unwiderruflich zu Ende:

Die Ferien, die erste echte Liebe und der Frieden. Das Ferienende war ja eine feste Größe, zwar ärgerlich, aber mit Fassung erwartet. Das andere war schlimmer.

Eines Abends, als er sich wie verabredet mit der Elisabeth am Ludwigsdenkmal traf, da sagte die leise und mit einem ganz ungewohnten Ausdruck in ihren blauen Augen:

"I taat gern a weni spaziern geh, weil i dir was sagn muaß - und unterm Geh` redt sich`s leichter."

Der Karli ist sehr erschrocken gewesen, denn das war nicht die lustige Kristallglockenstimme, die ihm an der Elisabeth immer so gefallen hat. Sie schluckte auch unterm Reden ein paarmal ganz komisch, und er selbst spürte, wie sich plötzlich ein Steinbrocken auf sein Gemüt legte. Er hatte ein Gefühl, als ob gleich irgend etwas zusammenfallen würde, und er schaute sich nach dem König Ludwig um. Der lächelte aber leutselig wie immer von seinem Sockel herab, und die beiden Bronzelöwen, die den Monarchen Tag und Nacht bewachen, schauten gutmütig aber unbeteiligt in die Weite.

Sie gingen Hand in Hand durch die schmale Allee mit den uralten Eichbäumen und redeten lange Zeit kein Wort miteinander, bis es der Karli nicht mehr aushielt und er mit rauher Kehle fragte:

"Was is los, Elisabeth, was willst mir denn sagn - jetz red scho!"

Und die Elisabeth erzählte langsam und sich manchmal selbst mit einem tiefen Schnaufer unterbrechend, dass gestern die Tante - die ältere Schwester ihrer Mutter - mit ihrem Mann zu Besuch da war, und dass die beiden ein Geschäft für Uhren und Schmuck in Stuttgart haben. Der Onkel sei Goldschmiedemeister und würde sie gerne als Lehrling annehmen. Der Onkel und die Tante, das wären beide furchtbar nette Leute, und wohnen könne sie bei denen auch und Goldschmiedin zu werden, das sei halt schon immer ihr Traum gewesen. Ihre Eltern hätten ihr auch zugeredet, und Stuttgart sei ja schließlich nicht aus der Welt, und Urlaub bekäme sie ja auch irgendwann, wahrscheinlich ziemlich bald, und in Murnau wäre doch niemand, der einen Goldschmiedlehrling nimmt. Lehrzeit hätte sie eh nur zwei Jahre, weil sie doch die Mittlere Reife hat, und so eine Gelegenheit könne sie wirklich nicht auslassen.

"Des muasst doch ei`sehgn, Karli!"

Die Elisabeth bemühte sich, treuherzig zu lächeln.

"Und für dich is vielleicht aa besser, wenn i die nächste Zeit net da bin, weilst dich doch jetz voll aufs Abitur konzentriern muasst. - Oder? - Geh, sag halt was, Karli!"

Der Karli war zur Hälfte maßlos traurig und zur Hälfte maßlos erleichtert.

Traurig, weil er sich ein Leben ohne das Mädchen mit den blonden Zöpfen schon fast nicht mehr vorstellen konnte, und erleichtert, weil es nicht das war, was er anfangs befürchtet hatte, als sie vorhin so geheimnisvoll zu reden anfing. Etwas, wofür er sich selbst noch viel zu jung und unvermögend einschätzte.

Sie setzten sich auf die Bank, die am Ende der Eichenallee stand, und schauten über das weite Moos auf die dunklen Berge. Zwischen Herzogstand und Jochberg hingen schwarze Wetterwolken, die ab und zu schwefelgelb aufleuchteten. Aber man hörte keinen Donner, das Gewitter war noch zu weit weg.

Der Karli sagte:

"Wahrscheinli fliag i sowieso durchs Abs, weil, wenn du nimmer da bist, hab i aa koa Motivation mehr.

Mei Vatta sagt, dass`s bald an Kriag gibt. Wenn`s wirkli so weit kimmt, dann meld i mi freiwillig, weil nacha is eh alles wurscht, dann samma halt alle zwoa nimmer dahoam, und nach an Abitur fragt mi aa koa Sau nimmer."

"Karli, du spinnst!", rief die Elisabeth in einem Ton, als ob sie schon jahrelang miteinander verheiratet gewesen wären.

"Wennst mit der Schul no net fertig bist, werst beim Militär eh net g`nomma. Die ham Soldaten grad gnua, die san doch net auf dich o`gwiesen. Sei g`scheit, Karli! Schau, Stuttgart is ja net so weit weg, und an Weihnachten kriag i bestimmt scho Urlaub, aber von die Soldaten hat ma oft g`hört, dass` überhaupt nimmer hoamkemma san!"

Ein Wind fuhr in die alten Eichbäume hinter dem Bankerl, unter dem schwarzen Schattenriß des Heimgarten blinzelten die Lichter von Ohlstadt herüber, und jetzt folgte dem schwefelgelben Wetterleuchten auch ein erster, dumpf und lang hinrollender Donner.

"Mi friert`s" sagte die Elisabeth.

Je nach Temperament oder Weltanschauung waren die Menschen in dem kleinen Ort erregt, besorgt, gleichgültig oder zuversichtlich. Das Großdeutsche Reich jedoch schien Wirklichkeit zu werden, denn was hatte sich nicht alles ereignet seit dem Anschluss Österreichs!

Das Egerland war wieder deutsch, die Tschechoslowakei wurde dem Reich einverleibt und hieß von nun an "Protektorat Böhmen und Mähren", ins Memelgebiet waren deutsche Truppen einmarschiert, und nun war eben Polen dran. Das war bald dem Dümmsten klar, denn aus den Lautsprechern hörte man zu jeder Tages- und Nachtzeit den "Marsch der Deutschen in Polen" erklingen, und dazwischen kamen immer wieder Berichte von Greueltaten, welche die Polen an ihren deutschen Mitbürgern begangen hatten. Der Karli bekam einen richtigen Hass. Auf die Polen natürlich.

Ein Volk wurden auf den Krieg eingestimmt.

Aber außer bei jenen, die von Amts wegen großdeutsches Gedankengut zu verbreiten hatten, war von einer allgemeinen Begeisterung wenig zu spüren. Es lebten damals noch zu viele Menschen, die den ersten Weltkrieg nicht vergessen hatten, und diese Erinnerung ließ keinen lautstarken Patriotismus aufkommen. Viele hatten wohl auch bis zuletzt noch die Hoffnung, dass es schon wieder gutgehen werde, weil es ja bis jetzt immer gutgegangen ist, wenn er was angefangen hat, der Adolf.

Den Zeitungslesern und Radiohörern dieser Tage fiel außerdem auf, dass es plötzlich kein böses Wort mehr gegen den Erzfeind Sowjetrußland gab. Wo waren denn die zahllosen bolschewistischen Untermenschen hingekommen, die bisher in dem Ländchen zwischen Bug und Kamtschatka zuhause waren? Ende August haben die Deutschen und die übrige Welt den Grund für diesen Wandel erfahren: In Moskau wurde vom deutschen Außenminister Ribbentrop und seinem russischen Kollegen Molotow ein Nichtangriffspakt unterzeichnet, und der schnauzbärtige Josef Stalin hatte ihnen dabei wohlwollend über die Schulter geschaut. Auch in der großen Diplomatie war er eben schlichtweg genial, der Führer!

Dem Karli fiel ein, dass es ja nun mit dem Land zwischen Don und Wolga, von dem der Reichsjugendführer damals im Hochlandlager gesprochen hatte, wohl nichts werden würde, aber er dachte sich, dass im Bedarfsfall Polen sicher genügt, weil es ja auch ziemlich groß ist.

Und eines Tages hörte man dem Hitler seine kehlige Stimme aus den Lautsprechern schallen, und die verkündete:
"Seit heute vieruhrfünfundvierzig wird zurückgeschossen!"
Es war der erste September neunzehnhundertneununddreißig, und der zweite Weltkrieg hatte begonnen.
Die Mutter legte eine Hand an die Wange und sagte:
"Mein Gott, ist das furchtbar!"
Sie war im ersten Krieg zwei Jahre beim Roten Kreuz.
Und der Vater sagte etwas, das sich nicht niederschreiben läßt. Er war bei der Feldartillerie gewesen.
Für den Karli aber waren diese Tage angefüllt mit einer Erregung, wie er sie noch nie erlebt hatte. Es war Krieg! Man hatte sie in sechs Jahren Hitlerjugendzeit nicht dazu erzogen, Angst zu haben. Sie hatten auch nie gelernt, an der absoluten Überlegenheit des Dritten Reiches irgend einen Zweifel zu hegen, und

alle, die seines Alters waren, wussten, dass am Ende dieses Krieges nur der Sieg stehen konnte. Freilich, in Karlis Kopf - allerdings ziemlich weit hinten - gab es noch eine Erinnerung an einen Roman, der "Im Westen nichts Neues" hieß, aber was da so düster-realistisch geschildert wurde, hatte sich vor über zwanzig Jahren zugetragen, und der Hitler war schließlich ein anderer Kerl als der Kaiser Wilhelm. Einen November 1918 würde es nie mehr geben.

Krieg! - Was zählten jetzt noch unregelmäßige Verben, was brauchte man jetzt noch Integralrechnungen, chemische Formeln und physikalische Gesetze, was nützte es zu wissen, wodurch sich eine Rokokoplastik von einer klassizistischen unterscheidet? Ja, von der ganzen Kunsterziehung könnten jetzt die Geländeskizzen vom Onkel Toni, dem alten Zeichenlehrer, am ehesten gefragt sein.

Krieg! - Das war eine Umkehrung aller Werte. Was gestern wichtig war, schien heute bedeutungslos. Die Stunde der Soldaten war gekommen! Und man hatte ihnen doch immer gesagt, dass sie des Führers junge Soldaten seien.


Der erste Feldzug des Krieges war in achtzehn Tagen zuende. Polen war besiegt, und irgendwo, an einer Demarkationslinie am Ufer des Bug, schüttelten sich deutsche und russische Soldaten die Hände und tauschten Zigaretten aus. Der Schritt vom Todfeind zum Waffenbruder war schnell und problemlos getan.

Der Max sagte:
"Werds as scho sehgn, der Kriag geht z'End und mir warn net dabei!"
Das war nun freilich ein schrecklicher Gedanke, denn dann wären sie um ein Abenteuer gekommen, wie es das Leben wahrscheinlich nur einmal zu bieten hat.
Ein Klassenkamerad, der in Weilheim wohnte, lief jeden Tag auf das Wehrkreiskommando um anzufragen, ob man keine Freiwilligen brauche. Es gab immer die gleiche Antwort:
"Machts erst euer Schul fertig, ihr erfahrt es schon noch früh genug, wenn ihr gebraucht werdet."
Der Karli Grob und seine Freunde versuchten darum, sich auf alle mögliche andere Art nützlich zu machen. In ihrem kindischen Patriotismus verfielen sie in eine regelrechte Kriegs-Gschaftlhuberei, verbrachten einige Nächte auf Strohsäcken im Rathaus, um jederzeit bei der Hand zu sein, und fuhren abwechselnd mit Reiners Motorrad Einberufungsbescheide für die wehrpflichtigen Männer auf die Dörfer und die abgelegenen Bauernhöfe hinaus.

Bei diesen Gelegenheiten mußte der Karli feststellen, dass sich die Begeisterung der Glücklichen, die zum Dienst fürs Vaterland gerufen wurden, in engen Grenzen hielt, und er konnte es nicht begreifen, dass die meisten von denen ein stocksaures Gesicht machten, wenn sie ihren Gestellungsbefehl lasen. Er und viele seiner Altersgenossen versuchten doch alles, um Soldaten werden zu dürfen, aber jene, die es werden mussten, schauten höchst unfroh und ließen manchmal sogar Bemerkungen fallen, die wenig mit nationaler Begeisterung zu tun hatten. Wenn Frauen dabeistanden, kam es auch vor, dass sich die mit der Hand oder mit dem Schneuztüchl über die Augen fuhren. Frauentränen paßten aber durchaus zu der romantischen Vorstellung, welche der Karli Grob damals vom Krieg hatte, denn zu allen Zeiten haben Frauen geweint, wenn Helden in den Kampf zogen.

Einmal hat er zwei jungen Steinbrucharbeitern vom Hartsteinwerk die Einberufungsbescheide bringen müssen. Es war gerade Mittagspause, und die beiden saßen mit ein paar älteren Kollegen in der Kantinenbaracke und tranken ihr Bier aus der Flasche. Als der eine das amtliche Schreiben in der Hand hielt, haute er es auf den Tisch wie die Schellensau beim Kartenspielen und rief:

"So is recht, von oaner Dreckarbat in die andere!"

Und sein Kollege sagte, indem er den Umschlag ungeöffnet in die Tasche schob:

"Der Wisch kimmt mir grad recht, i muaß eh aufs Häusl!"

Die Arbeiter lachten, und einer meinte, tiefernst den Zeigefinger hebend:

"Der Führer und der liebe Gott, die zwoa ham immer recht. Brauchts koa Angst net ham, den vierzehner Kriag ham mir verlorn, und den gwinna mir aa wieder!"

Der Karli schaute ganz entgeistert und brachte den Mund nicht mehr zu. Einer der Gestellungspflichtigen machte eine Handbewegung Richtung Türe und rief:

"Also nacha, Heil Hitler, Kamerad! - Und sag eahm an schön Gruß, der Oberschütze Anton Bernrieder eilt sofort zu die Fahnen, weil er`s gar nimmer derwarten ko!"

Als der Karli schon auf der Zündapp saß, hörte er noch das Lachen der Steinbrucharbeiter aus der Kantine, und er dachte, daß der Blumberger Sepp, ihr Gefolgschaftsführer, schon recht hatte, als er einmal bei einem Schulungsabend sagte, die Führung wisse wohl, daß auch heute noch ein Teil der Arbeiterschaft - vor allem die Bergleute und die in den Steinbrüchen - innerlich Sozi seien. Oder gar noch Schlimmeres.

Die Aufregung der ersten Kriegswochen war bald vorbei, zivile Kradmelder wurden auch nicht mehr gebraucht, und die Schule kam langsam wieder zu ihrem Recht. Der Karli riss sich zusammen, denn er hatte sich entschlossen, *nicht* durchs Abitur zu fallen. Erstens, weil er seine Eltern nicht enttäuschen wollte, zweitens, weil er fürchtete, dass es dann wieder nichts mit der Einberufung werden würde und drittens, weil er sich nicht vor der Elisabeth blamieren wollte. Wenn die zum Beispiel "du Flasche!" zu ihm gesagt hätte, dann wäre seine Seele wohl lange Zeit am Stock gegangen.

Also, arbeiten, kämpfen! Wenn schon nicht mit der Waffe, dann doch wenigstens mit dem Kopf!

Karlis Kopf hatte aber weit mehr Streuung als der älteste Schießprügel, darum fiel es seinem Besitzer meist sehr schwer, sich auf wenige, wichtige Dinge zu konzentrieren.

Der Paule, Oberstudienrat für Physik und Mathematik, äußerte sich in diesen Tagen folgendermaßen:
"Glaubts ja net, daß ihr jetzt dünne Bretter bohren könnt, bloß weil Krieg ist! Denn wenn ihr Pech habt, dann könnt` es ja vielleicht durchaus irgendwann sein, dass in ferner Zukunft einmal wieder Zeiten kommen, in denen man seinen Kopf auch für was anderes braucht als zum Stahlhelm-Tragen!"
Dem Paule seinem Zynismus konnte auch der Krieg nichts anhaben.


Seit sieben Wochen war die Elisabeth nun schon in Stuttgart. Einen ganz lieben Brief hatte sie in der Zeit geschrieben - und zwei Ansichtskarten.
Auf der einen Karte stand: "Gruß aus Stuttgart", sie zeigte einen Blick über die Stadt, von irgendeinem Turm aus fotografiert. Ein Bleistiftpfeil wies auf eine Stelle in dem Häusermeer, und darüber hatte die Elisabeth geschrieben: "Da wohne ich". Das war zwar hochinteressant, bewirkte aber nur, dass der Karli ganz geistesabwesend und sehnsüchtig-verträumt auf die Pfeilspitze starrte.

Endlich war Weihnachten da, und die Elisabeth hatte tatsächlich ein paar Tage Urlaub bekommen. Es blieb ihnen aber nicht viel Zeit füreinander, denn Weihnachten ist das Fest der Familien. Nur ein Tag vor Sylvester gehörte ihnen allein, da machten sie eine Schitour aufs Hörndle.
Die Wolken hingen tief und es schneite. Sie schnallten die Felle an ihre Brettl und der Karli spurte in gemächlichen Serpentinen bergan. Es war fast windstill, und der Neuschnee setzte sich auf ihre Schultern und Köpfe. Als der Karli ein-

mal umschaute, musste er lachen. Die Elisabeth trug über ihrer blauen Wollmütze eine zweite, spitze Kappe aus Neuschnee, und in ihren langen Augenwimpern hatten sich die Flocken gefangen und kleine weiße Polster gebildet.

"Ausschaugn tuast wia a Kaschperl", bemerkte grinsend der Karli.

"Und du schaugst aus, wia a alter Greis, mit deine weißen Haar!" lachte die Elisabeth.

"I werd dir`s nacha scho beweisen, daß i no a ganz junger Greis bin!" sagte der Karli und schlug eine etwas zügigere Gangart an. Aber die Elisabeth hielt gut mit. Als sie oben über den Stockhang querten, sah man die Sonne wie eine große, mattgelbe Scheibe hinter den hellgrauen Wolkenschleiern stehen. Man konnte ihr ins Gesicht schauen, ohne daß die Augen wehtaten. Auch ein leichter Wind hatte sich aufgemacht und wehte ihnen Schnee entgegen, der auf ihren heißen Gesichtern schmolz. Es sah aus wie Tränen.

Oben auf der Hütte war kein Mensch. Sie setzten sich im Windschatten auf eine Bank und packten ihre Brotzeit aus. Der Karli hatte ein Streichwurstbrot dabei und ein paar Rippen Schokolade von der Schweizer Tante, und die Elisabeth holte eine Tüte getrocknete Aprikosen aus ihrem Anorak. Da mußte der Karli an jenen Sommertag denken, als sie beide mit dem Paddelboot ans Ende der Welt fuhren. Fünf Monate war das jetzt her. Ihm kam`s vor, als wären fünf Jahre vergangen.

Es schneite fast nicht mehr. Nur ganz vereinzelt tanzten noch ein paar Flocken vorbei, wie Eintagsfliegen. Die Wolken waren höhergestiegen und man konnte ins Ammergauer Tal hinunterschauen. Auch die Berge lösten sich aus den Schleiern und boten sich frischbeschneit in winterlicher Pracht dar. Die Elisabeth brach sich ein Stück von der Schokolade ab, die der Karli ihr hinhielt, und fragte:

"Hast dich jetz eigentlich scho freiwillig g`meldt, bei die Soldaten?"

"Ja, aber die brauchen uns tatsächlich no net. Mir solln uns erst wieder melden, wenn mir mit der Schul ferti san, hat der Bürokrat in Weilheim g`sagt. Jetz wer i halt doch schaugn, daß i`s pack, des Abitur. Des kann i meine Eltern net otoa, daß i durchfall, und dann muass aa endli a Ruah sei mit dera Schul. Aber aufn Hintern muass i mi scho setzen, - i bin ganz schö z`ruckblieben, weil i `s letzte Jahr praktisch überhaupts nix to hab."

"Die Elisabeth schaute ihn von der Seite an und sagte:

"Und i hab a ganz schlechts G`wissen, weil ohne mi hättst bestimmt mehra Zeit zum Lerna g`habt."

Der Karli lachte:

"Da brachst dir nix denka, denn erstens bin i von Natur aus a fauler Hund und

zwoatens, wenn i des Abs vielleicht doch besteh, dann hab i des dir zu verdanken, weil i halt grad vor d i r net wia a Depp dasteh möcht!"Die Elisabeth gab ihm einen schnellen Kuß und sagte:
"Für an Deppen taat i di nia halten, Karli!"

Es war inzwischen bitterkalt geworden, aber die Sonne ließ diesen kurzen Wintertag noch einmal aufleuchten und überzog den Schnee mit einem ganz zarten Rotgold. Sie banden sich die Seehundfelle um die Hüften und fuhren in einem herrlichen, lockeren Neuschnee den Stockhang hinunter.
Wunderschöne, gleichmäßige Bilderbuch-Bögerl machten sie, jeder seine eigenen. Unten am Zaungatter hielten sie an und blickten zurück auf die Schlangenlinien, die sie in den weiten, weißen Hang geschrieben hatten.
"Buidsauber!"sagte der Karli, und es blieb offen, ob er die Spuren der Elisabeth meinte, oder seine eigenen, oder alle beide.


Der Christbaum fing schon an, seine Nadeln zu verlieren, die Elisabeth war längst wieder in Stuttgart, und in Karlis Gemüt hatte sich eine sanfte Traurigkeit ausgebreitet wie der Rauch aus Vaters Pfeife in der abendlichen Stube. Dieser Zustand war dem Karli völlig neu. Es war keine wirkliche Trauer, denn die kannte er wohl. Traurig war er, als einmal die Mutter sehr krank war oder als der Großvater starb, aber dieser leichte, melancholische Schleier, der jetzt manchmal über seinen Gedanken hing, das war eine Empfindung, die es vordem im Leben des Karl Grob nicht gegeben hatte.
Die Freunde haben es auch gemerkt, und sie fragten ihn, warum er denn in letzter Zeit so fad wäre. Natürlich ahnten sie den Grund, und der Max, der spottsüchtige Kerl, der ironische, der breitete die Arme aus und sang wie ein schmalziger Heldentenor:
"Nur wer die Sehnsucht kennt, weuß, was ich leuiiide!"
Da sagte der Karli: "Blöder Hund!" und tat so, als sei er beleidigt. Das war er aber in Wirklichkeit nicht. Im Gegenteil, er kam sich in diesem Zustand sanfter Wehmut sogar ganz interessant vor. Hatte es denn nicht in längst vergangenen Zeiten auch schon so traurige Helden gegeben, denen ihr Liebesschmerz zur literarischen Unsterblichkeit verholfen hat? Tristan, Romeo und Werther zum Beispiel. Aber er hatte nicht den geringsten Ehrgeiz, die Berühmtheit dieser klassischen Trauerklöße zu erreichen.
Die Trennung von der Elisabeth war es nicht allein, was jene sanfte Melancholie im Karli erzeugte. Irgend etwas, eine winzige Kleinigkeit, war anders geworden seit den Weihnachtstagen. Er kam oft ins Grübeln und suchte selbst nach einer Erklärung.

Vielleicht lagen ihm wirklich nur zwei grauwollene Schisocken im Magen? - Das war nämlich so:

Am Nachmittag des Heiligen Abends haben sich der Karli und die Elisabeth zu einem heimlichen Beieinander und zum Austausch ihrer Weihnachtsgeschenke für eine kurze Stunde getroffen, und sie hockten in der kleinen Blockhütte, die auf halbem Wege zum Nachbardorf, ein paar Meter abseits, unter hohen Tannen steht. Es war nicht so richtig weihnachtlich, wie es sich für diesen Tag eigentlich gehört hätte, denn es taute. Von der hölzernen Dachrinne lief ein dünner Wasserfaden herunter, und ab und zu polterte nasser Schnee von den Bäumen auf das Hüttendach.

Die Elisabeth holte ein Päckchen unter ihrer Windjacke hervor, gab es dem Karli und sagte:

Frohe Weihnachten! - Hoffentlich passen`s."

Das Päckchen war weich, und der Karli spürte mit einem wohligen Gefühl, daß es von der Elisabeth mollig aufgewärmt worden war, und er legte genießerisch sein Gesicht darauf, bevor er betont langsam die Schleife des roten Bandes aufzog, von dem das Päckchen umschlungen war. Und als er das Papier mit den aufgedruckten kleinen Tannenbäumchen entfernt hatte, kam da ein Paar Schisocken zum Vorschein, tadellos gestrickt, aus weicher, hellgrauer Wolle. Der Karli hielt sie lachend in die Höhe und fuhr dann mit den Händen hinein wie in Handschuhe. Und obwohl ihn die gute alte Tante Emmi bis jetzt immer liebevoll und meisterhaft bestrickt hatte, behauptete er, noch nie im Leben schönere Socken besessen zu haben. Er gab der Elisabeth einen Dankeskuss und fragte, ob sie diese herrlichen Socken tatsächlich selber gestrickt habe.

"Ja freilich," sagte die Elisabeth.

"Fast hätt mir d`Woll nimmer g`langt. I glaub, des war koa Meter mehr, was mir da übrigbliebn is, weil i doch vorher no so a Paar g`strickt hab."

Der Karli schalt sich insgeheim selbst einen mißtrauischen, überempfindlichen Hanswursten, aber genau dieses zuerst gestrickte Paar Schisocken lag ihm jetzt im Magen wie ein schlecht durchgebackener Weihnachtsstollen. Für Onkel und Tante konnten sie nicht sein, das waren keine Schifahrer - und die ältere Schwester? Die war verheiratet und hatte auch kein Interesse am Wintersport. Für wen also - verdammt nochmal!- war das erste Paar Socken?

Der Karli verkniff sich aber jede Frage, denn schließlich war ja Weihnachten, und ein wenig feig war er auch.

Er hat dann sein Geschenk aus der Jackentasche geholt und mit einem tiefernsten Blick der Elisabeth überreicht. Es war ein Buch, "Pallieter" von Felix Timmermans, und der Karli sagte:

"Frohe Weihnachten! Und hoffentlich g'fallts dir a weni. -I find den Pallieter ausgsprochen sympathisch, und wenn er net aus Flandern waar, dann kunnt er fast a Vorfahr von mir sei, oder a Bruader."

In das Buch hatte der Karli eine kleine aquarellierte Federzeichnung gelegt, darauf war ein Paddelboot zu sehen, zwei Menschlein saßen darin, und das vordere hatte Zöpfe. Das Boot fuhr gerade in eine kleine Schilfbucht hinein, Seerosen standen ringsherum, und eine alte Erle wuchs schräg in den See hinaus. Darunter war in schöner Blockschrift geschrieben: "Zur Erinnerung an unsere erste gemeinsame Seereise. Dein Karli".

Die Elisabeth war ein wenig rot geworden, als sie sagte:

"Mei, is des Buidl nett! Und auf den Pallieter bin i jetzt scho g'spannt. I dank dir halt schö, Karli!"

Und er bekam einen Weihnachtskuss. Der war feierlich und keusch. Auf jeden Fall anders als seine sommerlichen Brüder.

Von den Tannen fielen die letzten Schneereste auf die kleine Hütte, und sie beeilten sich, nach Hause zu kommen, denn es begann schon, dunkel zu werden.

Was seit dieser intimen Weihnachtsbescherung im Blockhütterl manchmal wie ein kleiner Blitz oder wie ein Nadelstich in Karlis Kopf aufzuckte, war der Gedanke:

"Für wen sind die verdammten Socken?"


Die Prüfungsarbeiten für das Abitur hatten begonnen, und im Großen und Ganzen lief es sogar besser, als es der Schüler Grob befürchtet hatte. Der Hans aus Weilheim, sein Banknachbar, war ein begabter Mathematiker und ein guter Kamerad, und der hat entscheidend mit dazu beigetragen, daß die "Mathematik für die Oberstufe" nicht zum Cannae für Karlis Reifeprüfung wurde.

Ja der Paule, der alte Zyniker, bekam am Ende sogar richtig menschliche Anwandlungen, als er sagte:

"Ich bring's einfach nicht fertig, zukünftige Helden durchfallen zu lassen, vor allem wenn ich merk', daß sie sich zum Schluß doch noch etwas angestrengt haben."

Das fast schon havarierte Schul-Schiff des Karli Grob war gerettet, denn wenn er erstmal der mathematischen Charybdis entronnen war, dann konnte ihm die Skylla der übrigen Prüfungsfächer auch nichts mehr anhaben.

Anfang April haben sich der Karli und sein Freund Max noch einmal eine Extratour erlaubt. Es ging nicht anders, es mußte einfach sein. Die schriftlichen Arbeiten in Geschichte und Englisch waren an diesem Tag recht anständig über die Bühne gegangen, und als sie beim Heimfahren entspannt und zufrieden in die herrliche Frühlingslandschaft hinausblickten, sagte der Max zum Karli:

"Morgn werds bestimmt wieder so schö` wia heut, prüfungsmäßig liegt nix o, - was hältst von an weißblauen Tag?"

Blaumachen und Schifahren meinte er damit, und der Karli hielt viel davon. Am nächsten Morgen spannte sich ein wolkenloser Himmel über einer Landschaft, deren obere Hälfte aus Winter bestand, während sich in der unteren Etage schon der Frühling etabliert hatte. Im März war noch einmal ausgiebig Schnee gefallen, und am Kreuzeck zogen sich die Schiabfahrten bis auf die halbe Höhe hinunter, um sich dann in einzelne weiße Flecken aufzulösen. Die Alpspitze aber, die reckte ihren mächtigen Zinken in einen stahlblauen Himmel hinein, und der Nordostgrat leuchtete in der Morgensonne. Schnurgerade, wie ein Lineal aus Gold. Das Dreieck des Kars am unteren Ende dieser goldenen Linie lag noch halb im Schatten. Dem Karli kam es vor wie eine riesige leuchtende Hand, die mit der Fläche nach oben einladend winkte: "Kemmts doch rauf!" Und er sagte zum Max:

"Werst as sehgn, wenns am Mittag warm werd, macht des da oben an bärigen Firn her!"

Mit der ersten Gondel der Kreuzeckbahn ließen sie ihre Brettln hinauffahren, was damals fünfzig Pfennige kostete - und so, ohne Gepäck, nur mit den Schistöcken in den Händen, brauchten sie zu Fuß nur eine gute Stunde länger als die Seilbahn. Die hätten sie nämlich eh nicht bezahlen können. Dann liefen sie im Eiltempo zur Hochalm hinüber und auf den Sattel hinauf. Die kurze Abfahrt unter den Bernardeinwänden warkein reiner Genuß, denn es lag ein Prügelharsch auf den Hängen, und bei jedem Schwung gab es ein Geräusch wie Trommelwirbel.

Ein dreifach Hoch dem Erfinder der Stahlkanten!

Als sie aber später ihre Spur hinauf zum Stuibensee legten, da machte sich der Frühling bemerkbar, und es wurde so warm, dass sie ihre Pullover auszogen und um den Bauch wickelten. Sie dampften wie Bauerngäule bei der Holzarbeit.

Oben über dem Kar setzten sie sich auf einen sonnenwarmen Felsen. Die Steine waren bedeckt von Klumpen schmelzenden Schnees, und es stiegen Dampfsäulen in die Luft wie kleine Fumarolen oder wie von vielen Tassen mit heißem Tee, denn es ging kein Wind.

Was für ein Tag! Der Gaif und der Hochblassen schienen zum Greifen nahe, die Dreitorspitze im Osten hob sich wie eine Burg in den Himmel, und dahinter schimmerte das Gipfelgewirr des Karwendel. Der Karli saugte das alles in sich hinein. Er wünschte sich, dass die Zeit stehenbleiben möge, und er sagte - mehr zu sich selbst als zu seinem Freund - :

"Wer woaß, wann mir da wieder amal naufkemma."

"Ja, wer woaß" - sagte der Max.

D e r ist nie wieder da hinaufgekommen.

Sie schmierten zähen Klister auf ihre Schi und schwangen in einem großkörnigen, griffigen Firn das Kar hinunter.

Jeder Schifahrer weiß, daß Frühjahrsfirn ein sicheres Mittel ist, um ohne einen Tropfen Alkohol in einen wunderbaren Rauschzustand zu geraten. Dieser Rausch hielt für die zwei Freunde auch noch an, als sie in der Nachmittagssonne über halb ausgeaperte Wiesen hinunter und in den Frühling hinein fuhren. Manchmal tappten sie fünfzig Meter oder mehr über nasses Gras, nur um einen kleinen Firnfleck mitnehmen zu können, auf dem sich noch ein schönes Bögerl machen ließ.

Man läßt ja auch keinen edlen Tropfen im Glas verkommen, schon weil man nicht weiß, ob man jemals wieder an so etwas Herrliches gerät.

Im Zug redeten die Leute vom Krieg. Deutsche Truppen waren in Dänemark einmarschiert und in Norwegen gelandet. Siegreich natürlich. Aber dem Karli ging es auf einmal durch den Kopf, daß Menschen, die erst vor vier Jahren auf diesen Schihängen und an diesem Ort als faire Sportkameraden um Meter und Zehntelsekunden gekämpft hatten, von einem Tag auf den anderen Feinde waren und vielleicht aufeinander schossen. Und daß es doch - zumindest theoretisch - möglich wäre, daß morgen der Franz Pfnür den Birger Ruud umbringt und der Ivar Ballangrud den Guzzi Lantschner totschießt. - Totaler Wahnsinn!


Die letzten Schultage gingen schnell dahin, und dann stand der Karli inmitten seiner Klassenkameraden vor dem kleinen, weißbärtigen Direktor, der ihnen die Abiturzeugnisse aushändigte. Es war eine formlose Angelegenheit. Einige hatten die H.J.-Uniform angezogen, andere wenigstens ein sogenanntes Sonntagsg`wand. Sogar ein paar Krawattenträger waren dabei.

Der Rex hielt eine kurze Stegreifrede und enthielt sich dabei aller in solchen Zeiten üblichen patriotischen Sprüche. Seine Worte waren nicht ohne Wärme und voller Klugheit. Jeder wußte ja, daß auch der Direktor kein Freund des Führers war, aber alle konnten ihn gut leiden. Feind hatte er unter den Schülern keinen einzigen, auch nicht unter den leidenschaftlichen Uniformträgern. Am Schluss seiner unpathetischen Rede sagte er nur:
"I wünsch euch Glück, Buam!"
Dann drehte er sich rasch um und ging weg. Das war für ihn der erste Jahrgang, der in den Krieg hinein entlassen wurde. Und sie gaben sich alle die Hand

und sagten "servus, mach`s guat!" zueinander. Das hatten sie in den acht Jahren zuvor noch nie getan.

Die Fahrschüler hockten sich nachher noch in der Bahnhofswirtschaft zusammen, um mit einer Halben aufs bestandene Abitur anzustoßen. Das Bier schmeckte dünn und fad. Es wollte auch keine lustige Stimmung aufkommen, obwohl sich der Karli redlich Mühe gab, mit lockeren Sprüchen und Witzen eine solche zu erzeugen. Anscheinend war aber sein Repertoire bei den Kameraden nicht mehr ganz unbekannt.

Natürlich freuten sie sich, dass sie es geschafft hatten, und dass die Schule, die verdammte, miserablige, für immer vorbei war, und dass sie ab heute - wie sie glaubten - richtige, fertige Mannsbilder waren, befreit von diesem kindischen schlechten Gewissen, das immer eine Folge ungenügender Vorbereitung, nicht gemachter Hausarbeiten und unerfreulicher Noten war.

Aber auf einmal - oh Wunder - fiel den Freunden, die da in der miefigen Bahnhofswirtschaft zusammensaßen, kein einziges böses Wort mehr ein über die alte Schule und über die Jahre, die nun hinter ihnen lagen. Viele Sätze, die jetzt gesprochen wurden, begannen mit den Worten: "Woaßt as no?" und es zeigte sich, daß es in dieser Zeit auch viel Freude gab und viel Freundschaft und so manches Erfolgserlebnis. Die Lehrer, das waren freilich oft etwas schrullige Typen mit seltsamen Angewohnheiten, aber im Grunde waren`s doch recht gute Kerle. Und ihre Klasse selber, die war auch total in Ordnung. Wenn man`s bedachte, war eigentlich kein einziger wirklicher Außenseiter dabei, keiner, über den man nicht auch etwas Gutes sagen konnte, kein einziger mieser, egozentrischer Streber, auch keiner, der jemals einen anderen denunziert hat. Es waren noch nicht drei Stunden vergangen, seit sie die Schulpforte zum letzten Mal hinter sich gelassen hatten, und schon urteilten sie bemerkenswert milde und positiv über die vergangenen Zeiten.

Sie schluckten den Rest des abgestandenen Bahnhofswirtschaftsplempels hinunter, drückten die Kippen ihrer Zigaretten in die Aschenbecher und gingen auf den Bahnsteig hinaus, wo sie sich noch einmal brüderlich auf die Schultern klopften: Die von Mittenwald und Murnau, der Schorsch aus Klais, der Wolfi aus Oberau und der Hubert von Ehrwald.

"Pfüat enk, servus, - und hoffentlich sehgn mir uns amal wieder!"


Das Wichtigste an dem ganzen Abiturkrampf war für den Karli, daß er seine Eltern nicht enttäuscht hat. Die Mutter sagte denn auch mit einem abgrundtiefen, erleichterten Seufzer: "Gottseidank!" , und der Vater, der holte nach dem Abendessen eine Flasche aus irgendeiner finsteren Kellerecke, und während er den Stopsel herauszog sagte er:

"So ein erstklassiger Wein ist eigentlich viel zu schad für so ein zweitklassiges Zeugnis."

Aber er lachte dabei.

Als sie miteinander angestoßen hatten und er den raren Tropfen genießerisch langsam an den Zungenrändern vorbeilaufen ließ, überfiel den Karli Grob eine ganz gerührte Stimmung. Er dachte bei sich, daß er doch bisher viel Glück gehabt hat im Leben: Es waren ihm gute Eltern und Verwandte beschieden, eine schöne Heimat, ein warmes Zuhause, gute Freunde und ein bestandenes Abitur, und seit zwei Monaten war er auch noch der große Bruder einer kleinen Schwester, einem rundköpfigen Buzerl, das ihn vor wenigen Tagen zum erstenmal richtig angelacht hat, als er morgens in ihr Körberl schaute. Mehr als achtzehn Jahre lagen zwischen ihm und der kleinen Nachzüglerin. Und obwohl der Karli vor nichts mehr Angst hatte, als vor einer Sentimentalität, hob er sein Glas zu den Eltern hin und sagte:

"I möcht euch dankschön sagn - für alles!"

Die Mutter, die wohl bemerkt hatte, daß die Augen ihres Sohnes einen wässerigen Glanz bekommen hatten, war natürlich selbst so gerührt, daß sie kurz schlucken mußte, aber der Vater sagte lächelnd:

"So kenn i dich ja gar net."

Da ärgerte sich der Karli, brummte unwirsch: "Schmarrn!" - und fischte sich eine Zigarette aus Vaters Schachtel.


Der Krieg hatte gerade wieder eine kleine Atempause eingelegt, -oberflächlich betrachtet jedenfalls - . Die meisten Leute haben gedacht, daß es wohl ein Atemholen sein wird für den nächsten Schlag, weil die Hauptfeinde England und Frankreich ja noch darauf warteten, besiegt zu werden. In den Zeitungen sah man Fotos, auf denen der Führer, der Rastlose, mit seinen Generalen am Kartentisch stand, die Lupe am Auge, um die genialen Feldzugspläne zu entwerfen, die dem Reich den unabänderlichen Endsieg bringen würden.

Für viele Leute war er auch schon zur Gewohnheit geworden, der Krieg. Denn es liegt wohl in der Natur des Menschen, dass er sich mit guten und schlechten Tagen gottergeben - oder führerergeben - abfindet, sofern diese Tage nur lange genug währen. Nimm alles, wie`s kommt, und mach das Beste daraus! Diese Einstellung ist zwar nicht ganz ungefährlich, wie man weiß, aber sie erleichtert das Leben bedeutend.

Im September, als der Krieg ausbrach, da gab es für den Karli nichts Wichtigeres, als möglichst bald Soldat zu werden, bevor dieses faszinierende Abenteuer zu Ende war. Jetzt, nach kaum einem halben Jahr, war die Angst, zu spät zu kommen, nicht mehr ganz so groß, und er fühlte, daß ihm die Geschichte wahrscheinlich doch noch eine Chance zum Mitspielen ließ.

Eines Tages war der ersehnte Einberufungsbescheid da. Das löste zwar beim Karli stolze Gefühle aus, aber vor fünf Monaten, da wäre die Freude sicher überschwenglicher gewesen.

Eine Woche hatte er noch Zeit, bis er in Wien-Stammersdorf beim Fliegerausbildungsregiment 43 den Dienst fürs Vaterland antreten musste. Die Mutter war traurig und der Vater auch. Aber der gab sich große Mühe, daß man ihm das nicht anmerkte, und er sagte zu seinem Sohn:

"G'spannt bin i, wie lang 's dauern wird, bis du die Schnauze voll hast und dir denkst, wieviel schöner es jetzt wäre, beim alten Paule in der Mathestunde zu sitzen. Ich mach jede Wette, daß das ziemlich bald sein wird. Aber ich geb dir einen guten Rat: Wenn dir einer krumm kommt von den Lamettaträgern, ob Korporal oder General, und wenn so einer dann recht brüllt und dich fertigmachen will, mußt du dir einfach ganz intensiv vorstellen, er tät jetzt dastehen in einer alten, langen Unterhose, die ihm zwei Nummern zu groß ist und die ganz ausgebeulte Knie hat. Wirst sehen, dann kommt dir der Bursche auf einmal recht menschlich und nicht mehr so furchtbar respektabel vor. Mir hat das vor fünfundzwanzig Jahren auch schon geholfen, und ich hab nie Schiss vor so einem Herrn gehabt."

Einmal sind die Freunde auch noch bei der Regina in der Küche gesessen. Zum Abschiednehmen. Der Max war stocksauer; er hatte sich zu den Gebirgsjägern gemeldet, aber das Heer brauchte noch immer keine Freiwilligen. Dieses Abschiednehmen galt also vorerst nur für den Karli und den Reiner, denn die hatten sich bei Hermann Görings Truppe beworben, und da war anscheinend eher Bedarf an frohgemutem Nachwuchs.

Der Karlo, der war noch ein gutes Jahr zu jung, und trotzdem war er der einzige unter den Freunden, der die ganze Sache kühl, nüchtern und unpathetisch sah.

Und wie sie da bei der geliebten Regina in der Küchenecke um den Tisch saßen, ging die Tür auf und ein Fliegermajor kam herein. Der hatte für einige Urlaubstage bei der Regina Quartier genommen, weil Verwandte von ihm in der Nähe wohnten. Er war ein stattliches Mannsbild und die Freunde starrten bewundernd auf ihn, denn an seiner Uniformjacke glänzten das Flugzeugführerabzeichen und das Spanienkreuz. Auch das Bändchen vom EK II hatte er schon im Knopfloch.

Als die Regina ihm sagte, daß der Karli und der Reiner in den nächsten Tagen zur Luftwaffe einrücken würden, da war der Major ganz freundlich und jovial und erzählte vom Fliegen und von Flugzeugen und wie er in Spanien drei Ratas vom Himmel geholt hat. Im Lauf der Unterhaltung fragte er beiläufig den Karlo, zu welcher Waffengattung er denn einmal möchte. Und der Karlo sagte ohne die geringste Verlegenheit:
"I geh auf jeden Fall da hi, wo`s die längsten Röhrl ham."
Der Major, höchst erstaunt, fragte, was das denn zu bedeuten habe, und der Karlo sagte völlig unbefangen:
"Des bedeut`, daß die mit die längsten Röhrl am weitesten hint` san."
Da bekam der Offizier einen roten Kopf und sagte wütend, daß sich ein deutscher Junge über so eine Antwort schämen müsse. Der Karlo aber, der schämte sich keineswegs, und was seine Freunde betraf, die wußten, dass er alles andere als ein Feigling war.

Und dann war ganz schnell der Tag da, an dem der Karl Grob zwischen der Mutter, die das Kinderwagerl mit der kleinen Schwester darin beruhigend schaukelte, und einem billigen schwarzen Pappkoffer auf dem Bahnsteig stand und auf den Zug wartete, der ihn aus der Geborgenheit eines Murnauer Schulbubenlebens in die abenteuerliche Welt der Soldaten bringen sollte.

Die Mutter, die redete und sparte nicht mit gutgemeinten Ratschlägen. Sie redete, um nicht zu weinen.

"Wenns kalt ist, ziehst dir eins von den Unterhemden an. Ich hab dir zwei eingepackt. Und nimm dir öfter ein frisches Taschentuch. Und sag deinem Hauptmann, dass du eine Fischallergie hast, vielleicht, dass sie dir dann eine Mehlspeis` kochen. -Schreib, wenn du was brauchst, - schreib bald!"

Der Zug fuhr ein. Nun weinte die Mutter doch.

Als der Karli die kleine Schwester aus dem Wagerl hob, um ihr einen Kuß auf das runde Gesichterl zu geben, und er danach seine Mutter umarmte, da hatte er plötzlich einen ganz dicken Knödel im Hals, und er war froh, dass aus einem Waggonfenster heraus zwei seiner Garmischer Schulkameraden mit den Armen ruderten, lachten und riefen:

"Karli, da kimm eina, da samma!"

Er blieb auf der Plattform stehen und winkte der Mutter, die ihr feuchtes Taschentuch schwenkte und ganz mechanisch den Kinderwagen schaukelte. Er winkte, bis sich ein Signalmast vor die klein gewordene Gestalt schob und das Ortsschild "Murnau" vorbei war. Dann wischte er sich mit dem Handrücken über die Augen und würgte die Rührung hinunter, die gewaltig in ihm aufgestiegen war. - Aber als er ins Abteil zu seinen Kameraden ging, da lachte er.

Schon in München trennten sich ihre Wege. Die zwei Freunde mußten in nördliche Garnisonen einrücken. Er, der Glückspilz, durfte nach Wien.

Von Wien hat der Karli zuerst nicht viel gesehen. Es war schon dunkel, als der Zug in den Nordbahnhof einlief. Am Bahnsteig rannten zwei Unteroffiziere und ein Gefreiter aufgeregt herum und brüllten:
"Fliegerausbildungsregiment dreiundvierzig!
Alle Neuzugänge am Bahnsteig antreten!
In Dreierreihe, wenn ich die Herrschaften bitten darf! -
In Dreierreihe!
Aber etwas plötzlich, meine Herren!"
Dem Karli gefiel die Höflichkeit der drei Gschaftlhuber nicht besonders. Die brüllten auch noch herum, als der Haufen schon lange in der gewünschten Dreierreihe angetreten war. Fünfzig bis sechzig waren es, wohl alle so zwischen achtzehn und einundzwanzig Jahre alt, die da, teils schüchtern und teils neugierig, hinter ihren Koffern und Persilschachteln standen. Einer hatte sogar einen Regenschirm dabei.

Dann begann ein mühevoller Marsch durch die verdunkelte Großstadt Wien zu den Baracken nach Stammersdorf hinaus. Die Rekruten hatten das Gefühl, dass ihre Arme immer länger wurden, und sie wechselten ihre Koffer und ihre Pappkartons von der rechten in die linke und von der linken in die rechte Hand. Dem Karli ist das bald zu dumm gewesen, und er hat seinen Koffer auf der Schulter getragen, das war viel bequemer. Da ist aber auch schon einer der Unteroffiziere neben ihm aufgetaucht und hat gebrüllt:
"Tragen Sie Ihr Gepäck gefälligst so, wie sich das gehört, wir sind hier nicht auf einer Safari bei den Negern!"

In diesen allerersten Stunden hat der Karli schon gemerkt, dass Brüllen ein ganz wesentlicher Bestandteil des militärischen Lebens ist.

Am nächsten Tag, nachdem sie mit ihren Laufzetteln in der Hand von der Schreibstube zur Wäschekammer, von der Wäschekammer zur Bekleidungskammer und von der Bekleidungskammer zur Waffenkammer gehetzt waren, da sind sie dann endlich das gewesen, was sich viele von ihnen schon lange gewünscht hatten: Richtige Soldaten der Großdeutschen Luftwaffe! Sie besaßen jetzt einen Dienstanzug, eine Ausgehuniform mit Schirmmütze, Drillichjacke und -Hose, Feldmütze, Stahlhelm und Gasmaske, Verbandpäckchen, Koppel und Patronentaschen, eine Erkennungsmarke und vor allem: Ein Bajonett und ein Gewehr. Und sie lernten, dass Letzteres die Braut des Soldaten sei, die er zu lieben, zu hegen und zu pflegen habe. - "Bis dass der Tod euch scheidet" - ging es dem Karli durch den Kopf. Und sie lernten ferner, dass diese Braut mit dem amtlichen Namen "Karabiner 98" hieß und dass sie eine Nummer trägt, die der Soldat auswendig zu lernen hat, dass ihr Kaliber 7,9 Millimeter beträgt, ihr Magazin fünf Schuß faßt, dass das Geschoß die Mündung mit siebenhundertneunzig Metersekunden verläßt, dass sie eine Schuss- Hieb- und (in Verbindung mit dem Seitengewehr vierundachtzig-achtundneunzig) auch eine Stichwaffe ist. Ferner, dass besagte Waffe - wie eine richtige Braut - auch eine Seele hat und eine Seelenachse dazu und dass man zum Gebrauch ihren Kolbenhals mit der rechten Hand "saugend und schraubend" so weit vorne umfassen muss, dass der ausgestreckte Zeigefinger an der inneren unteren Kante des Abzugsbügels zu liegen kommt, um dann beim Abkrümmen mit dem zweiten Glied den eigentlichen Abzug zu betätigen.

Nachdem der Schuß den Lauf verlassen hatte, hieß es: Augen auf, Finger lang, Kopf hoch, - absetzen!

Welch feine Erotik lag doch in dieser Anweisung für die Großdeutsche Schießausbildung!

Der Karli Grob hat früher, bevor er diesen Schmarrn auswendiglernen musste, auch schon recht gut schießen können. Aber das interessierte vorerst niemanden, denn seit sich die Tore des Stammersdorfer Barackenlagers hinter ihm geschlossen hatten, war er nicht mehr der Karli, sondern der "Flieger Grob". Diese Dienstgradbezeichnung war die reine Ironie, denn sie flogen nicht. Sie hetzten mit hechelndem Atem zwischen den grauen Baracken herum oder auf dem Exerzierplatz. Geflogen sind sie höchstens in den Dreck, wenn der Gefreite Mendler, ihr Korporalschaftsführer, im vollsten Galopp "hinlegen!" brüllte. Es war auch ein Irrtum zu glauben, dass ihre schönen Schießgewehre, auf die sie anfangs so stolz gewesen waren, hauptsächlich Waffen seien. Weit gefehlt! Die Schießprügel dienten in erster Linie dazu, exakte Gewehrgriffe zu üben. Der Gefreite Mendler war ein Fanatiker des Gewehrgriffs, ein Furtwängler des Kasernenhofes. An einem gut gelungenen "Dasgewehrüber!", bei dem sechzehn linke Hände auf den Gewehrkolben patschten, daß es sich anhörte, wie e i n Knall, konnte er sich förmlich berauschen, wie andere Leute an einem schönen Violinsolo. Wenn es aber nicht so exakt klappte, dann verglich er das entstandene Geräusch mit dem, welches von Ziegenkot auf einem Trommelfell erzeugt wird. Und hämisch grinsend drehte er den rechten Daumen nach unten. Das bedeutete, dass das Befördern des Karabiners auf die linke Schulter aus der Kniebeuge heraus geübt werden mußte. Dutzendemale! Und er sagte:

"Wir üben das so lange, bis es klappt, meine Herren, und wenn euch das Wasser in der Hose kocht."

Diese Art des Soldatenspielens war nicht gerade das, was den Flieger Grob besonders begeisterte, und manchmal hockte er des Abends an der Westseite der Baracke und schaute mit Wehmut im Herzen in die Richtung, in welcher er Murnau vermutete.

Von der Elisabeth hatte er schon nach einer Woche einen Brief bekommen und etwas später eine Karte, auf der stand: "Viele Grüße von einer herrlichen Tour aufs Nebelhorn. Elisabeth". Dazu hatte noch ein gewisser Wolfgang unterschrieben. Darunter aber war von der Elisabeth beruhigend vermerkt: "Ein Vetter von mir." - Ein Vetter! - Jetzt wusste der Karli, für wen das andere Paar Schisocken war.

Etwa drei Kilometer nördlich der Kaserne lag der Bisamberg, das ist ein runder Höhenrücken, auf dem sich damals eine Sendestation und ein Truppenübungsplatz befanden.

Da hinauf marschierte die Rekrutenkompanie jedesmal zum Geländedienst, um bei dieser Gelegenheit sowohl in den österreichischen Heimatboden, als auch in die tieferen Geheimnisse des Kriegshandwerks einzudringen. Der Flieger Grob merkte bald, dass er das meiste davon schon längst bei der H.J. gelernt hatte. Wie man sich tarnt und dem Gelände anpasst, wie man mit Kompaß und Marschrichtungszahl ein bestimmtes Ziel erreichen kann, oder wie man sich, wurmartig kriechend, durch den Dreck bewegt, das war für ihn ein alter Hut. Wesentlich interessanter war es, mit scharfer Munition auf sogenannte Pappkameraden zu schießen. Das waren graue, lebensgroße Silhouetten von stehenden, liegenden und knieenden Soldaten, die hundert bis dreihundert Meter entfernt im Gelände verteilt waren. Das machte richtig Spaß, denn es kam der Wirklichkeit schon sehr nahe. So glaubte wenigstens der Karli. Aber es stimmt nicht ganz, denn die Pappkameraden schossen nicht zurück. Auch rot gefärbte Übungshandgranaten, die zwar laut krachten, jedoch weiter keinen Schaden anrichteten, auf imaginäre Gegner zu werfen, das gehörte noch zu den Beschäftigungen, die einigermaßen unterhaltsam waren. Leider bestand aber der Geländedienst hauptsächlich im sprungweisen Vorarbeiten, im Hinschmeißen, im Kriechen, Robben und Rennen durch Gestrüpp, Sand und Morast, bis der Schweiß in kleinen Rinnsalen unter dem Stahlhelm heraus höllisch brennend in die Augen hineinlief. Nach einigen Stunden dieser kriegerischen Aktivitäten bekamen die Drillichanzüge der Rekruten eine Appretur wie eine Ritterrüstung und starrten von angetrocknetem Lehm. Das Fräulein Braut, das liebe Schießgewehr, mußte dabei tunlichst sauber bleiben. Es in den Dreck fallen zu lassen, war ein schlimmes Sakrileg.

Einmal, als die Gruppe Mendler nach einem erfolgreichen Sturmangriff auf den Bisamberg verschwitzt und dreckig in einem weiten Halbkreis beisammenstand, um den kritischen Bemerkungen des Gruppenführers zu lauschen, geschah es, daß einer der Rekruten die Hand hob und sagte:
"Bitte Herrn Gefreiten, pinkeln zu dürfen!"
Worauf dieser befahl:
"Alles pinkeln!"
Die meisten konnten den Befehl prompt ausführen, denn sie hatten ja den ganzen Tag noch keine Gelegenheit zu dieser Verrichtung gehabt.
Darauf erfolgte die weitere dienstlich Aufforderung:
Zwei Schritte zurücktreten! - Hinlegen und bis auf meine Höhe vorgleiten!"
Jeder hoffte innig, dass es hauptsächlich das eigene Wasser sei, durch das er dabei robben musste, und der Flieger Grob wünschte sich in diesem Moment sehr, daß sich bald einmal eine Gelegenheit ergeben würde, bei der er es dem Mendler, dem blöden Hund, heimzahlen könnte.
Aber was sollten diese pazifistischen Gedankengänge? Man hatte ihnen doch schon am Tag ihres Dienstantrittes gesagt, dass ein Befehl dazu da ist, ausgeführt zu werden, und dass der Soldat das Denken den Pferden überlassen soll, weil selbige die größeren Köpfe haben.

Neben der Straße, die von Stammersdorf zum Bisamberg hinaufführte, gab es viele Weinkeller, die schräg in den Hang hineingebaut und von massiven Toren aus Eisenblech oder Eichenholz verschlossen waren. Wenn die Rekruten der dritten Kompanie müde, verschwitzt und dreckig die Straße hinunter ins Lager marschierten, kam es manchmal vor, daß ein Tor offenstand, weil der Winzer in seinem Keller zu tun hatte. Aus der Höhle strich dann ein wunderbar kühler Luftzug, der das feine Aroma herben Weines trug. Der Karli sog diese Kühle und ihren Duft begierig ein, und er wünschte, er könnte jetzt in der Geborgenheit so eines Gewölbes sitzen, fernab von Hitze und Geplärr, und sich beim milden Licht einer Kerze ganz langsam und genüsslich voll Wein laufen lassen. Ein kurzer Wunschtraum war`s, denn statt dessen brüllte der Feldwebel Mönchroth, ihr Zugführer: "Ein Lied!" Und die Rekruten sangen zwar nicht aus froher Brust, aber aus rauhen Kehlen:
"In Stammersdorf am Bisamberg
da steht ein kleines Haus,
da schauen schon am Morgen früh
zwei schöne Mädel raus.
Die eine heißt Veronika,
die andre heißt Marie.
Zwei Mägdelein wie Milch und Blut,

der Stolz der Kompanie."

Der Flieger Grob hielt das Lied für einen Schmarrn, und damit hatte er sicher recht. Eigentlich stammte es aus Preußen, und das kleine Haus steht in Sanssouci am Mühlenberg. Doch Potsdam war weit und Stammersdorf nah. Aber ein Schmarrn war`s trotzdem. Er hat am frühen Morgen noch nie irgendwelche Mägdelein aus dem Fenster schauen sehen, denn die Stammersdorfer Schönen waren anscheinend mehr nachtaktiv.

Wenn nun aber der Herr Feldwebel mit dem dargebotenen Gesang nicht ganz zufrieden war, dann hieß es "Laufschritt - marsch - marsch!" Und das war nach sechs Stunden Geländedienst ein besonders erlesener Genuß. Der Stahlhelm rutschte auf die Nase, der Schweiß floß in Strömen, die Gasmaskenbüchse schlug in hartem Rhythmus auf den Hintern und der von vielen Soldatenstiefeln aufgewirbelte Straßenstaub lagerte sich in Hals und Nasenlöchern ab. Das Lied jedoch, das der Feldwebel Mönchroth anschließend voll feinen Humors zu singen befahl, begann mit den Worten: "Es ist so schön, Soldat zu sein, Roosemarie!"

Der Karli Grob hatte eine glückliche Natur, denn wenn er am Abend mit den Kameraden seiner Gruppe in der Barackenbude saß und fünfzig Gramm hochfeine Margarine auf zwei Kommissbrotscheiben verteilte, dazu einen Becher heißen, aber sonst undefinierbaren Tees schlürfte, dann waren alle Strapazen des Tages vergessen, und es überkam ihn jenes seltsame Gefühl von Geborgenheit und Stärke, das er von früher her noch gut kannte, und das er immer spürte, wenn er mit Freunden und Kameraden zusammen war. Denn ein kleines Stück Heimat kann man sich überall schaffen, wenn man sich Freunde schafft. Und er riss seine Sprüche, und er erzählte seine Geschichten, und er freute sich, wenn er die anderen zum Lachen brachte, denn die Kameraden in seiner Gruppe, die waren alle ganz in Ordnung. Freilich gab`s ein paar, denen die harte Ausbildung mehr zu schaffen machte und die von einem bestimmten Punkt an manchmal blaurote Köpfe bekamen und mehr torkelten als liefen. Aber es war dann immer einer da, der dem Angeschlagenen den Karabiner trug oder ihm sonstwie unter die Arme griff. Gute und gutmütige Gefährten waren sie alle. Kein Angeber war dabei und kein Radfahrer und auch kein Denunziant. Das war ein Umstand, der das militärische Dasein wesentlich erleichtete. Dass eine Rekrutenkompanie kein Töchterpensionat ist, das hat der Karli auch schon vorher gewusst, und schließlich hat er sich ja in voller Absicht und im vollen Bewusstsein etwa zu ertragender Unbill als Kriegsfreiwilliger gemeldet. ("Kriegsmutwilliger" hatte das der Professor Paule einmal in längst vergangener Zeit genannt.)

Was ihn aber ärgerte, war vor allem die Dummheit mancher Vorgesetzter und deren Befehle. Vieles, was als Erziehung zur Härte deklariert wurde, war nichts anderes als Freude am Schikanieren. Gestern hat der Feldwebel Dobranek, der den zweiten Zug führt, einen seiner Soldaten zehnmal um den Exerzierplatz gehetzt und ihn anschließend so lange Liegestütze machen lassen, bis er liegenblieb und sich nicht mehr rührte. Zufällig ist aber der Kompaniechef vorbeigekommen und hat den Dobranek vor seinem ganzen Zug fürchterlich zur Sau gemacht. Den Kompaniechef fand der Flieger Grob von Anfang an recht sympathisch. Er war Oberleutnant, stammte aus der Gegend von Wien, redete auch manchmal wie ein Mensch mit seinen Rekruten und - vor allem - er trug das Flugzeugführerabzeichen. Allein dadurch stand er für den Karli turmhoch über den anderen Lamettaträgern. Ernsthafte Probleme hatte er aber auch mit diesen nicht, weil er den Rat seines Vaters eifrig befolgte und im Geiste seine Herren Vorgesetzten oftmals in alten, langen, ausgebeulten Unterhosen dastehen ließ. Den Hauptfeldwebel Semmelmann zum Beispiel, den Feldwebel Mönchroth und den Unteroffiziersanwärter Mendler. So etwas wie Devotion ist deshalb beim Flieger Grob nie aufgekommen, und sein Untergebenenbewusstsein hielt sich in erträglichen Grenzen.

Wenn er nach dem Zapfenstreich steinmüde auf seinem Strohsack lag, dann zog manchmal sogar so etwas wie Stolz in sein Gemüt über die gute Form, in der er bisher mit alldem fertig wurde. Neulich beim Sport, da hat er die dreitausend Meter in Kompanie-Bestzeit gelaufen, und vorgestern beim Schießen, da hat er gar eine Schachtel Juno-Zigaretten gewonnen, die der Feldwebel Mönchroth als Preis ausgesetzt hatte. Drei Ringe war er besser als der Korporalschaftsführer Mendler, dieser ehrgeizige Kommißhengst! Dem hat das nicht schlecht gestunken, und er hat ganz bissig zum Karli gesagt:

"Glauben Sie ja nicht, Sie junger Spund, daß Sie jetzt einem alten Gefreiten etwas über das Schießen erzählen können!"

Und der Karli konnte sich nicht enthalten zu sagen:
"Nein, Herr Gefreiter, aber wenn ich den Anschlag benützt hätte, den Sie mir beigebracht haben, dann hätt' ich auch drei Ringe schlechter geschossen."
Dem Mendler hat die Antwort garnicht gefallen, und er hat den Flieger Grob zwanzig Kniebeugen mit Gewehr in Vorhalte machen lassen.

Der Krieg kümmerte sich weder um die militärischen Erfolgserlebnisse, noch um die Frustrationen des braven Soldaten Grob - er ging einfach weiter. Am zehnten Mai hatte der Westfeldzug begonnen, und schon am zweiundzwanzigsten Juni wurde im Wald von Compiègne , in einem alten D-Zug-Waggon, der Waffenstillstand unterzeichnet. Belgien, Holland und Frankreich waren besiegt.

Blitzkrieg nannte man so etwas. Und für den Karli war schon wieder eine Gelegenheit vertan, sich als Held zu bewähren.

Nach sechs Wochen gab es den ersten Ausgang. Raus kam aber nur, wer vor den Augen des Herrn Hauptfeldwebels Semmelmann gezeigt hatte, dass er "das Erweisen der Ehrenbezeugung durch Anlegen der rechten Hand an die Kopfbedeckung" hundertprozentig beherrschte. Man sollte es nicht glauben, welche Probleme so eine simple Sache wie das Berühren des Mützenrandes mit den ausgestreckten Fingern der rechten Hand aufwerfen konnte, man musste sie nur mit den unbestechlichen Augen eines echten alten Soldaten betrachten. Viele viele Stunden wurde diese sakrale Handlung geübt, einzeln und in Gruppen, bis der Spieß einigermaßen zufrieden war. Sechs Schritte vor dem Würdenträger - vom Unteroffizier aufwärts - hatte die Hand blitzartig hochzustechen und drei Schritte danach blitzartig wieder herunterzufahren. Gingen zwei oder mehr Rekruten zusammen, dann musste einer mit einem kurzen "Psst!" das Kommando geben, damit das Hinauf und Hinab der grüßenden Soldatenhände auf den Sekundenbruchteil genau gleichzeitig erfolgte.

Der Flieger Grob war sich zwar schon damals völlig klar darüber, dass das perfekte Erweisen der Ehrenbezeugung keinen entscheidenden Einfluß auf den Ausgang des Krieges haben würde, aber er gab sich trotzdem große Mühe, um nicht aufzufallen, denn er wollte keineswegs auf seinen ersten Ausgang in die schöne Wienerstadt verzichten.

Zu dritt machten sie sich auf den Weg, Wien zu erobern: Der Jakob aus Augsburg, der Sepp aus Landshut und der Karli. Diese drei waren inzwischen von Kameraden zu Freunden geworden. Es war ein sonniger Frühsommertag, ihr Ziel war die Gegend um das Riesenrad - was sonst? - und als Schlagbaum, Kasernentor und Posten außer Sicht waren, da ergriff sie ein Rausch von lange entbehrter Freiheit. Sie sangen, pfiffen und blödelten, und um ein Haar hätten sie einen Leutnant von der Infanterie übersehen. Der nahm das aber nicht krumm, legte einen Finger an den Mützenschirm und lachte.

Als sie einige Zeit später unter den mächtigen, schattigen Kastanien eines Gartenlokals im Prater saßen, da hatte sich zu dem Rausch der Freiheit sehr bald noch ein anderer Rausch gesellt. Der Johannisbeerwein nämlich, den sie durstig in sich hineinschütteten, der schmeckte zwar wie Limonade, wirkte aber ganz anders, und nachdem jeder drei Schoppen von dem zuckersüßen Ribisl ausgeschleckt hatte, da waren sie zu ihrer eigenen großen Überraschung ziemlich besoffen. Die Heimtücke dieser ostmärkischen Spezialität ist ihnen leider vorher nicht bekannt gewesen.

Die feschen Wiener Madln, von denen sie in der Kaserne öfter geträumt hatten und die sie nun weinselig enthemmt ansprachen, waren eine herbe Enttäu-

schung. Es waren eh nur wenige, die keine männliche - und meist uniformierte - Begleitung hatten, aber auch die reagierten auf so einfallsreiche Kontaktversuche wie:
"Trinkt`s a Glasl mit?"
"Mögt`s a Eis?"
"Tean ma karussellfahrn?"ausgesprochen unlieb und sagten, ohne auch nur die geringste Spur ihres weltberühmten Wiener Charmes zu zeigen:
"Seid`s eh scho b`suffen!"
"Zwurlt`s euch"
"Habt`s ja doch kaa Göid, ihr Fliegerl, ihr windigen!"
Das war besonders hart, weil es stimmte. Und die Wiener Mistviecher bogen sich vor Lachen.

Die gute Laune der drei Freunde war darum fürs erste etwas gedämpft, und sie spazierten mit vorsichtigen Schritten durch den Prater, krampfhaft bemüht, ihre Räusche zu verbergen. Vor der Geisterbahn blieben sie stehen und sahen den Leuten zu, wie sie teils lachend und teils ziemlich blaß aus den kleinen, zweisitzigen Wägen stiegen. Und sie hörten, wie der Ausrufer, ein käseweiß geschminkter, magerer Mensch, mit ausgeleierter Stimme schrie:
"Kommen`s herbei, meine Damen und Herren!
Erleben Sie die Geheimnisse des Übersinnlichen und der Unterwöid!
Wer hot a Schneid?
Grauen, Furcht und Todesangst! - Des mocht an Spaß!
Die nackerte Angst für a halbe Mark! So preiswert kriagn`s as nirgends!"

Der Karli hielt sich an der Holzbarriere fest und schwankte dabei leicht vor und zurück. Er starrte gebannt auf eine riesige, gelbgrüne Hexenfratze, die ihn mit hervorquellenden, rotgeränderten Augen vollkommen hypnotisierte und dabei ihr schreckliches, zahnlückiges Maul zu einem hämischen Grinsen verzog. Der Hexenkopf war an der Wand der Geisterbahn über dem Kassenhäuschen angebracht. Kein Zweifel, die Visage lebte! Der Karli mußte an ein Märchen von E.T.A. Hoffmann denken. Das hieß "Der goldene Topf" und hatte ihn in seinen Kinderjahren so beeindruckt, dass er oft davon geträumt hat. Da kam auch so eine dämonische Alte vor. Jetzt streckte ihm das hakennasige Scheusal auch noch die Zunge heraus! Ach hätte er doch nur nicht so viel von dem verdammten Ribislwein getrunken!

Seine zwei Freunde hatte er ganz vergessen, aber plötzlich sagte eine helle Stimme neben ihm:

"Wannst mit mir Geisterbahn fahrst, dann kriegst hernach a Busserl, weil allaanigs hab i Angst!"

Die Stimme gehörte zu einem zierlichen, aber außerordentlich vollbusigen Mädel, das ein rundes Gesicht mit roten Apfelbacken hatte und ihn völlig unbefangen anlachte. Die Kleine war zwar ein bißchen zu mollig für seinen Geschmack, aber sie hatte lustige Augen und eine atemberaubend gefüllte Bluse mit blauen Punkten. Welch ein Kontrast zu der schrecklichen Dame an der Geisterbahnwand! Und er fasste das Mädchen unterm Arm und lallte glücklich:

"Mit einem Flieger an der Hand brauchst du vor nix keine Angst nicht haben - vor garnix!

Da sah er auch den Jakob und den Sepp wieder. Die lehnten an der Holzbarriere, rauchten Zigaretten und grinsten. Sicher waren sie ihm jetzt ein wenig neidig, und der Jakob rief:

"Mit so eim stramme Mädle braugscht di fei net in d` Hosa macha, Karli, heb di no fescht an em ei, wenn dia Geischter kommet!"

Die Fahrt für zwei Personen kostete eine Mark, und das war das letzte Geld, das er in der Tasche hatte. Dieser Umstand war ihm aber zu diesem Zeitpunkt völlig egal, denn als das Wägelchen rumpelnd in einem aufgesperrten Teufelsrachen verschwand, da legte der Karli beschützend den Arm um seine Begleiterin und spürte mit wohligem Erschauern, dass die dasselbe mit ihm tat und dass sich dabei viel herrlich Weiches an seine Seite preßte. Mit jeder Spukgestalt, mit jeder Fratze und mit jedem Schreckensbild wurde dieser Kontakt inniger, und der Karli registrierte die Scheußlichkeiten der Geisterbahn ausnahmslos als sehr angenehme, sinnliche Reize. Aber plötzlich ist auch er furchtbar erschrocken. Der Wagen fuhr ruckartig um die Ecke, und aus einer Nische schoß mit infernalischem Gelächter ein Totengerippe heraus, das ihnen beide Arme entgegenstreckte und dabei ein fürchterliches Gebiß fletschte. In diesem Moment waren der Karli und die Mollige nur noch e i n Klumpen Angst! Als wenige Sekunden später der kleine Wagen aus dem Hades hinaus in die Nachmittagssonne rumpelte, da blinzelten sie, wie aus einem Traum erwacht. Sie hielten sich noch immer fest umschlungen, und das Mädel sagte:

"Mei, hab i mi jetz daschrocken! - i haaß Marion, - und du?"

"Karl" - sagte der Karli, und er spürte voll Beklommenheit, daß er nach dieser wollüstigen Schreckensfahrt noch besoffener war als vorher. Möglicherweise kam das aber auch von dem etwas aufdringlich-süßen Parfüm, das die Mollige benützte, und das fast wie Johannisbeerwein roch.

Die Marion hatte sich anscheinend von den ausgestandenen Ängsten schnell erholt, denn sie stieß dem Karli den Ellbogen sanft in die Rippen und fragte:

"Wos is, drahn ma no a Runde? - aber des zahl jetzt i!"

Dem Karli mußte das recht sein, denn er hatte keinen Pfennig Geld mehr. Allerdings grauste ihm auch ein wenig vor dem Schaukeln des Wagens, den engen Kurven und dem aggressiven Duftwasser der Molligen. Der Jakob und der Sepp

waren auch wieder da. Sie saßen zwei Plätze hinter ihnen, fuchtelten mit Bierflaschen in der Luft herum und sangen:
"Es wird a Wein sein, und mir wern nimmer sein...!"

Dann hatte sie das Teufelsmaul zum zweitenmal verschluckt, und als die Stelle kam, an welcher der Knochenmann aus der Nische schnellte, um nach ihnen zu greifen, da riß ihm der Karli den linken Arm aus. Er konnte nichts dafür, er mußte es einfach tun. Das Skelett bewegte sich nicht mehr zurück. Es hing in seiner Nische und hielt den rechten Arm schräg nach oben gereckt. - Der Tod machte "Heil Hitler!"

Eine Sekunde später war der Wagen um die Ecke und der Spuk vorbei. Der Karli bekam es mit der Angst, denn wohin sollte er mit dem makabren Trumm? Er schob es unter die Jacke seiner Ausgehuniform, soweit es ging, aber die Knochenfinger sahen ihm trotzdem oben am Hals heraus.

Da stellte er den Uniformkragen hoch. Das war zwar ganz gegen die Vorschrift, aber wenn ihm einer von den Geisterbahnleuten draufgekommen wäre, dann hätte ihm sein graublaues Ehrenkleid auch nicht mehr viel genützt. Er wäre bestimmt sauber durch die Mangel gedreht und obendrein angezeigt worden.

Die Marion war vor Schreck vollkommen stumm geblieben, aber als sie dann auf der Straße standen, sagte sie giftig:
"Wannst maanst, dass d` mir mit so an Blödsinn imponieren kannst, dann hast di brennt, dappiger Deifl! - Und a`gsuffen bist aa wia a Häusl - Tschik! - Servus!"

Sie rauschte davon mit wippenden Rundungen, während der Sepp und der Jakob sich schadenfroh lachend auf die Schultern schlugen.

Der Karli aber stand da, wie wenn ihm einer einen Kübel kaltes Wasser über den Kopf gekippt hätte. Er schaukelte irritiert und betrunken mit dem Oberkörper vor und zurück, die weißen Knochenfinger, die ihm aus der Jacke ragten, kratzten ihn am Kinn, und er starrte der kleinen Molligen nach, bis sie zwischen den anderen Leuten verschwunden war. Als Held fühlte er sich keineswegs.

In ihrer Stammersdorfer Barackenbude hängten sie den Knochenarm als geschmackvollen Zimmerschmuck unter die Lampe, und der Sepp band noch ein rotes Schießbuden-Herzerl an den ausgestreckten Zeigefinger.

Ein paar Tage später machte allerdings der Hauptfeldwebel Semmelmann einen Mordskrach, als er bei einem Stubendurchgang die sinnige Dekoration gesehen hat, denn ihm mißfiel alles, was nicht in einer Dienstvorschrift festgehalten war. Er befahl, dieses Sinnbild der Vergänglichkeit sofort zu entfernen.

Dafür hing die Extremität am nächsten Tag an einem Lichtmast im Kasernenbereich, und die bleiche Knochenhand wies auf den Eingang der nahegelegenen

Revierbaracke. Darunter war ein Pappschild angebracht, auf dem stand: "Zum Stabsarzt".

Auch jener schöne Wegweiser ist bald wieder verschwunden. Humor war nicht gefragt in diesem Club.


Eines Tages war die Ausbildungszeit zu Ende, und es gab keinen in der Rekrutenkompanie, der nicht von Herzen froh darüber gewesen wäre. Der Karl Grob und seine Kameraden waren sich aber auch der Tatsache bewusst, dass sich der Horizont ihres Wissens in dieser Zeit erheblich vergrößert hatte und dass sie da eine Menge unheimlich nützlicher Dinge gelernt hatten, die für die baldige Erringung des Endsieges einerseits und für das ganze praktische Leben andererseits von unschätzbarem Wert waren.

Sie wussten jetzt, wie man Schaftstiefel auf appellfähigen Hochglanz bringt und wie man einen Koppelriemen mittels Wachs zum Spiegel werden lässt. Sie wussten, wie man zusammengelegene Strohsäcke auffrischt und architektonisch exakte Betten damit baut.

Sie beherrschten den Parademarsch virtuos und konnten die Haxen synchroner in die Höhe schmeißen, als das je eine Revuetruppe fertiggebracht hätte, und ihre Gewehrgriffe waren ein ästhetischer Genuß für jeden gelernten Feldwebel. Sie wussten, wie man einen Karabiner auseinandernimmt und so perfekt reinigt, dass selbst ein Sherlock Holmes kein Stäubchen mehr daran entdeckt hätte. Sie konnten in einem mit Tränengas vollgepumpten Raum den Gasmaskenfilter wechseln, ohne allzuviel von dem giftigen Zeug dabei abzubekommen. Sie konnten elf Marschlieder singen (darunter zwei unsittliche). Sie kannten hundert Dienstgrade, vom Admiral bis zum Zahlmeister, und sie hatten gelernt, diese Leute unheimlich zackig zu grüßen. Sie hatten gelernt, ihre Kleidung so ordentlich in einem Spind zu verstauen, daß jede brave Mutti ihre helle Freude daran gehabt hätte, und sie wussten, daß man ein Präservativ benutzt, wenn man mit einer unbekannten Frau schläft. Auch "Die Pflichten des deutschen Soldaten" und den Notwehrparagraphen hatten sie auswendig gelernt. Sie hatten ferner gelernt, dass ein Vorgesetzter immer recht hat, auch wenn er noch so schlichten Verstandes ist. Kurz, sie hatten sich während dieser Rekrutenzeit von Zivilisten zu vollkommenen Menschen gewandelt.


Nur wie man ein Flugzeug in die Luft und heil wieder auf den Boden bringt, das wussten sie noch nicht.

Und gerade d a s hätte den Flieger Grob am meisten interessiert.

Vorerst jedoch war es damit nichts, denn er wurde nach Frankreich versetzt. Diese Versetzung empfand er aber nicht als Unglück, im Gegenteil, denn da wollte er schon immer einmal hin. Und als der Zug durch die ersten Bahnhöfe mit französischen Namen rollte, da erfasste ihn eine seltsame, freudige Erregung.

Das war also jetzt sogenanntes Feindesland!

Spuren des Krieges sah man in dieser Gegend noch nicht viel. Ab und zu eine Hausruine, ein paar Bombentrichter oder eine Fassade mit Schußlöchern wie Pockennarben.

Als der Transport im Bahnhof von Nancy einen längeren Aufenthalt hatte, kaufte sich der Karli an einem Kiosk gleich zwei Ansichtskarten. Eine schickte er an die Eltern und eine an die Elisabeth nach Stuttgart. "Mit vielen Grüßen aus dem schönen Frankreich!" Das war natürlich etwas voreilig, denn alles in allem war er noch keine drei Stunden im Land.

Die Einheit, zu welcher der Flieger Grob versetzt war, lag in einem kleinen, ruhigen Dorf in der Nähe von Versailles. Und somit auch nicht weit weg von Paris. Dieser Umstand freute ihn besonders, und er war mit seinem Schicksal wieder einmal sehr zufrieden.

Ihre Unterkunft befand sich in einem Wirtschaftsgebäude, das zu einem ziemlich prächtigen Schloss gehörte. Es lag in einem wunderschönen Park mit uralten Bäumen und vielen Rhododendronbüschen.

Im Schloss selbst war der Stab des Fliegerkorps untergebracht. Herren mit breiten weißen Längsstreifen an den Hosen und mit schrecklich vielen Orden an den Jacken gingen dort ein und aus, und der Flieger Grob hielt sich nach Möglichkeit in angemessener Entfernung von dem Gebäude auf. Seine Aufgabe bestand hauptsächlich darin, mit schwarzer Tusche Schattenrisse von so ziemlich allen Flugzeugen anzufertigen, die es bei Freund und Feind im Jahr neunzehnhundertvierzig gab. Genau im Maßstab eins zu hundert. Diese Arbeit führte der Karli auch mit der größten ihm zur Verfügung stehenden Gewissenhaftigkeit aus, denn schließlich war das ja ein relativ gemütlicher Dienst, und es hätte beim Militär wesentlich unangenehmere Tätigkeiten gegeben.

So saß er tagsüber in einem hellen Dachzimmer an seinem Zeichentisch. Niemand passte auf ihn auf, niemand redete ihm drein, und er hoffte, dass die Flugzeugfabrikanten aller Länder jeden Tag neue Typen herausbringen würden, damit ihm diese schöne Arbeit nicht ausginge.

Zu dem Wohlbefinden des Fliegers Grob trug nicht zuletzt auch der Marketender bei, der unten im Keller seinen kleinen Laden hatte. Es gab dort um wenig Geld Sachen zu kaufen, die der Karli vordem kaum vom Hörensagen kannte: Players Navy Cut-Zigaretten, Cadburyschokolade, Gläser mit wahnsinnig süßem Strawberry-Jam und schottischen Whisky. Letzteren auch in handlichen, kleinen Flaschen, sogenannten Flachmännern. All diese schönen Dinge hatten die lieben Engländer vor etlichen Wochen bei ihrer überhasteten Abreise aus Dünkirchen zurückgelassen.

An den Whisky konnte man sich rasch gewöhnen, aber der Navy Cut - Tabak verursachte anfangs Schwindelgefühle in Karlis Kopf, denn die gewohnten deutschen Glimmstengel waren wesentlich leichter.

Drüben im Dorf, in der Rue Pasteur, war auch ein netter kleiner Kaufladen, in dem es noch weit geheimnisvoller roch als beim Kramer Besendorfer in Murnau. Es gab dort nicht nur Petroleum, Kaffee, Heringe und Käse, sondern auch viele Gewürze, Krawatten, Ansichtskarten und Parfums. Der Besitzer war ein zierlicher, grauhaariger Mann, der stark hinkte. Wahrscheinlich trug er sogar eine Prothese. Er hieß Perrault, Monsieur Perrault. Einmal ging der Karli in den Laden, um zwei Fläschchen Parfum zu kaufen. Eines für die Mutter und eines für die Elisabeth. Von Parfums verstand er ja rein garnichts, aber er war der Meinung, daß man in Frankreich überhaupt kein schlechtes Duftwasser bekommen könne. Schließlich war "Parfum" ja ein französisches Wort, und die meisten dieser Wässerchen hatten französische Namen.

Eine schrecklich magere Dame mittleren Alters wollte einige Strohhüte anprobieren, die zu Türmen gestapelt ganz oben auf dem Regal lagen. Der kleine Monsieur Perrault holte mit Mühe eine große, altmodische Holzstaffelei aus der Ecke, schob sie vor das Regal und schickte sich schwerfällig-vorsichtig an, hinaufzusteigen. Da ist aber der Karli wie der Blitz hinter die Ladentheke, hat mit einem höflichen "Si vous permettez, monsieur!" und mit sanfter Gewalt den Herrn Perrault beiseitegeschoben und ist zu den Strohhüten hinaufgeklettert. Der Einfachheit halber hat er sich dann gleich einen ganzen Stapel dieser blümchengeschmückten Chapeaus aufgesetzt und ist damit die Leiter wieder hinuntergestiegen. Das muß ziemlich komisch ausgesehen haben, denn die Magere kreischte vor Vergnügen. Der Karli sagte recht artig "S´il vous plaît, madame!" und legte den Hutstapel vor sie hin.

Als er ein paar Tage später an dem Laden vorüberging, hat der Monsieur Perrault den Karli hereingewinkt und ihn in ein kleines Zimmer, das sich hinter dem Laden befand, komplimentiert. Es war halb Büro und halb Wohnraum und war vollgepfropft mit tausend Sachen. Als der Karli auf einem uralten, gelbgrünen Plüschsofa Platz genommen hatte, holte der Grauhaarige mit feierlicher Miene eine Flasche Chartreuse aus einem Wandschrank und schenkte zwei Gläser ein. Der Kräuterlikör hatte die gleiche Farbe wie das Sofa. Der Monsieur Perrault und der Flieger Grob lächelten sich freundlich zu und hoben die Gläser zueinander: "À votre santé!"

Und der Karli dachte, wie einfach und tröstlich das doch ist: Da hilft man einem wildfremden Menschen mit einer winzigen Kleinigkeit, setzt sich ein paar komische Hüte auf und bringt ihn dadurch ein wenig zum Lachen, und schon zerbröselt eine unsichtbare Mauer, die vordem hinderlich dazwischen stand.

Sie unterhielten sich, so gut das eben bei Karlis mäßigem Schulfranzösisch möglich war. Natürlich sprachen sie auch vom Krieg und von der Politik, und der Monsieur Perrault meinte, dass auch der große Kaiser Napoleon sein Ziel nicht erreicht und seinem Land viel Unglück gebracht hat. "Und Euer Hitler, der ist noch viel größer!" setzte er vieldeutig lächelnd hinzu. Dann klopfte er mit dem leeren Schnapsglas an seinen rechten Unterschenkel, und es klang, als wenn jemand an eine Zimmertüre pocht. Der Monsieur hatte also tatsächlich ein Holzbein.

"Souvenir de la guerre" bemerkte er brummend und erzählte, daß ihm dies neunzehnhundertsechzehn bei Verdun passiert sei. Als er zwischen Fort Vaux und Fort Tavannes eine Telefonleitung flicken wollte, habe ihm ein deutscher Granatsplitter den rechten Fuß kurz unterm Knie abgerissen.

"Das tut mir sehr leid", sagte der Karli, und er meinte es ehrlich.

"Du kannst ja nichts dafür", beruhigte ihn der Grauhaarige lächelnd, und schenkte noch einmal von dem Chartreuse nach.

"Denen, die wirklich schuld an den Kriegen sind, den hohen Herren auf jeder Seite, wird ja leider selten ein Bein dabei abgerissen. Parbleu! - Ich mag die Deutschen nicht besonders, aber jeden Einzelnen von euch zu hassen, das bring ich auch nicht fertig. Santé, mon petit!"

Der Flieger Grob hatte jedenfalls nicht das Gefühl, bei einem Todfeind auf dem Sofa zu sitzen.

Auch bei Madame Bastien, der das Estaminet an der Place de l'Eglise gehörte, kam kein Gefühl der Feindschaft auf. Die Madame war um die Fünfzig und von hübschen, barocken Formen. Mit ihrem freundlich-runden Gesicht, der Nickelbrille und dem mütterlichen Haarknoten erinnerte sie den Karli ein wenig an die Larcherbäuerin aus dem Stubaital. Natürlich nicht im Detail, sondern mehr von der ganzen Persönlichkeit her. Die Larcherin wußte freilich nichts von geschminkten Lippen und lackierten Fingernägeln, auch Zigaretten hat sie wahrscheinlich nie geraucht, aber in der warmherzigen Mütterlichkeit, die beide Frauen ausstrahlten, da waren sie sich ganz ähnlich, daran änderte eben auch die Gauloise im Mundwinkel der Französin nichts und auch nicht die Tatsache, daß sie zehn Jahre jünger war als die Tirolerin. Gefallen hat sie dem Karli vom ersten Augenblick an wegen ihrer unkomplizierten Art und ihrer lustigen braunen Augen.Kennengelernt haben sie sich, als der Karli an einem warmen Abend an einem der drei runden Eisentischchen Platz nahm, die vor dem Estaminet standen. Er bestellte sich ein Bier, und die Madame Bastien servierte ihm das in einem dieser lächerlich kleinen Gläser, wie man sie in Karlis Heimat höchstens zum Weintrinken benützt.

Sie setzte sich ohne Umschweife zu ihm und fragte ihn, wo er zuhause sei. Als ihr der Karli die ungefähre Lage seines Heimatortes erklärt hatte, sagte sie: "Très bien, - und heißen Sie auch Sepp?"

Der Karli erwiderte, daß es in seinem Land außer Sepp schon noch ein par andere Vornamen gäbe, worauf ihm die Madame lachend eine ihrer schwarzen Gauloises anbot und sagte:

"Ich weiß, Monsieur, es war nur ein Spaß!"

Und dann erzählte sie - langsam und nach einfachen Worten suchend - daß sie mit ihrem Mann vor Jahren einmal in Bayern gewesen sei. Südlich von München hätten sie eine Woche lang in einer kleinen Stadt gewohnt, die "Weil`eim" oder so ähnlich geheißen habe. Ihr Mann sei neunzehnhundertfünfzehn in deutsche Kriegsgefangenschaft geraten und habe drei Jahre in der Nähe dieser kleinen Stadt auf einem Bauernhof gearbeitet. Weil es ihm dort gutgegangen ist und die Leute freundlich zu ihm waren, habe er sich eines Tages entschlossen, nach Bayern zu reisen, um sie wiederzusehen. Neunzehnhundertdreißig sei das gewesen, im Herbst, und sie hätten damals auch ein paar besonders gute Flaschen Rotwein mitgenommen.

"Oh, Monsieur, es waren wunderschöne, lustige Tage in Bayern, und wir haben viel gelacht. Die Leute waren unsere Freunde. - Sie leben in einem herrlichen Land, Monsieur!"

Der Karli war so richtig stolz, und er fand die Madame ganz reizend.

Ihr Mann sei leider vor drei Jahren gestorben, erzählte sie weiter.

"Ganz plötzlich, - das Herz, Monsieur!"

Sie machte große, traurige Augen und griff nach ihrer Gauloise-Packung, aber der Karli hielt ihr schnell seine Juno-Schachtel hin, denn sonst hätte er wieder einen dieser schwarzen französischen Glimmstengel rauchen müssen, und die waren ihm einfach zu stark. Nachdem sie den ersten Zug inhaliert hatte, meinte Madame lächelnd:

"Mon dieu, die schaden auch einem Baby nichts."

Und dann redete sie weiter, unfranzösisch langsam, manchmal einenZug aus der deutschen Babyzigarette nehmend oder einen vorübergehenden Dorfbewohner grüßend. Und sie sagte, dass das Geschäft schlecht gehe, weil man so viele gute Dinge nicht mehr bekomme und weil so viele Männer nicht mehr daseien, wegen dem Krieg, dem verdammten. Ihr Sohn, der Claude, sei nun schon über zwei Jahre bei den Soldaten, als Kraftfahrer, und als der Krieg angefangen habe, da habe sie immer gebetet, dass ihm nichts passiere und dass er nach Bayern komme, wenn er in Gefangenschaft gerate. Es sei aber alles gutgegangen mit ihrem Claude, und er sei jetzt irgendwo in der Nähe von Avignon, im unbesetzten Teil Frankreichs.

Als der Karli - der Objektivität wegen - bemerkte, dass es auch in Bayern nicht nur Engel gebe, da sagte die Madame Bastien mit einem tiefen Seufzer: "Das weiß Gott, - aber in Frankreich auch nicht!"

Einmal ging der Karli an einem regnerischen Abend mit zwei Freunden auf ein Bier in das kleine Lokal. Sie setzten sich in den Nebenraum, um den wenigen Einheimischen, die an der Theke die Weltlage diskutierten, die Laune nicht zu verderben. Da stellte die gute Madame Bastien plötzlich jedem der drei Soldaten einen Teller mit herrlich duftenden, lockeren Omelettes neben das Bierglas. Das war nun wirklich eine freudige Überraschung! Der Karli aber sagte mit bescheidenem Stolz zu seinen Kameraden:
"Des habts mir zum verdanken, weil ich halt ein liebenswürdiger Bayer bin, der wo noch dazu exzellent Französisch ko."

Im Krieg können Situationen entstehen, die völlig unrealistisch sind.

So fand sich der Flieger Grob eines Samstagabends in einer prächtigen Loge der Pariser Oper wieder. Er saß, sehr bequem, aber etwas einsam, auf einem Sessel, der ganz aus Gold und rotem Samt bestand - sicher war es Samt, was sonst! - Ganz vorne an der Brüstung saß er, und drei Stockwerke unter ihm drängte sich das gewöhnliche Volk im Parkett. Auch die Logenbrüstung war mit rotem Samt gepolstert, und dem Karli schien es, als ob ein zarter, unbestimmbar reizvoller Duft von diesem kostbaren Textil ausgehe. Ein Duft von teuersten Parfums, von edler Transpiration und von kultivierter Erotik. Kurz, ein vornehmer Geruch! Wieviele perlenbedeckte Dekolletés mochten wohl schon hinter dieser Brüstung geleuchtet, wieviele manikürte, seidenbehandschuhte Frauenhände mochten schon auf ihr geruht oder nervös mit einem Spitzentüchlein gespielt haben?

Karlis Phantasie kam auf Touren, und er dachte an die Elisabeth. Wenn die jetzt da neben ihm sitzen würde! Ihre langen, blonden Haare müsste sie offen tragen. Welch herrlicher Kontrast wäre das wohl zu einem dunkelblauen oder schwarzen Abendkleid. Auch ohne meterlange Perlenkette und ohne Brillantbrosche, nur mit ihrem kleinen goldenen Kreuzchen um den Hals, könnte sie es gewiss mit all den feinen Damen aufnehmen, die je die Loge bevölkerten. - Ach, Elisabeth!

Der Karli starrte träumend in den riesigen Kronleuchter, der wie eine Wolke aus tausendfach gebrochenem Licht im Raum schwebte. Es war nicht zu fassen: Er, der Karl Grob aus Murnau, saß da, in einer rot-goldenen Loge der Pariser

Oper, und wartete voll mühsam unterdrückter Neugierde darauf, dass sich der Vorhang zum ersten Akt von "Tosca" hob. Es kam niemand mehr in sein Kabinett. Die Loge gehörte ihm allein. Das war ein ganz besonderer Glücksfall, denn nun brauchte er sich keine Gedanken mehr zu machen wegen der Papiertüte, die er mitgebracht hatte, und in der sich ein halbes Dutzend schräg geschnittener Baguettes befand, die mit Sardellenleberwurst bestrichen waren. Diese Köstlichkeit hat es im Foyer zu kaufen gegeben, und der Karli hat nicht widerstehen können. Noch bevor die Ouvertüre zu Ende war, hatte er das erste dieser delikaten Brote verdrückt. Meister Puccini wird ihm das inzwischen verziehen haben!

Oh, was war er doch für ein kulturloser Banause, was für ein Hunne und Vandale! Fehlte bloß noch, daß er seine Kommissstiefel auf den Nachbarsessel gelegt hätte - aber das tat er dann doch nicht.

Der echte, reine Kunstgenuß hat für den Karl Grob unter dieser Stillosigkeit nicht gelitten. Im Gegenteil, noch viele Jahre danach mußte er an Sardellenleberwurst denken, wenn er Musik aus "Tosca" hörte.

Zu der exklusiven Logenkarte für die Pariser Oper ist er gekommen, weil ihm sein direkter Vorgesetzter, ein alter, gemütlicher Reservemajor, wohlgesonnen war. Der stammte nämlich aus Freising und kannte alle Schiabfahrten in Karlis engerer Heimat.

Die gleiche Sprache und die gleiche Freude am Schifahren waren zweifellos die Hauptgründe, warum der Major dem Flieger Grob mehr guter Onkel denn strenger Vorgesetzter war.

So trat er eines Morgens an Karlis Zeichentisch und fragte:

"Hätten`s heut abend Lust auf d`Pariser Oper, Grob? Tosca spieln`s, vom Puccini."

Und als der Karli freudig "jawoll, Herr Major!" brüllte, drückte ihm dieser die Eintrittskarte in die Hand.

Eine überraschend einberufene Stabsbesprechung war der Grund, warum Karlis Chef und einige andere hohe Herren auf die "Tosca" verzichten mußten. Die schöne Loge wäre an diesem Abend völlig verwaist gewesen, denn andere Interessenten fanden sich in der Eile nicht. So kam es, daß ausgerechnet der Krieg dem Flieger Grob den ersten Opernabend seines Lebens beschert hat.

Es ist auch der beeindruckendste gewesen, denn wann widerfährt es schon einem neunzehnjährigen Soldaten, daß ihm Augen, Ohren, Herz und Magen in solch vollkommener Weise gleichzeitig verwöhnt werden.

Ohne Sondergenehmigung durfte damals kein deutscher Soldat die Bannmeile von Paris überschreiten. Der Freisinger Major hat dem Karli aber oft so einen Wisch verschafft, und der ließ keine Gelegenheit aus, um die Stadt an der Seine ganz privat zu erobern.

Eigentlich war es aber genau umgekehrt: Er hat Paris nicht erobert, Paris nahm i h n gefangen!

Der Karli wanderte wie auf einem anderen Stern über breite Boulevards, die berühmte Namen hatten, er schlenderte durch kleine Seitenstraßen, die weniger berühmte Namen hatten, er hockte am Seineufer auf einer Kaimauer und schaute zu, wie baskenbemützte Angler mit unendlicher Gelassenheit ihre Schnürl ins Wasser hängten und sich gelegentlich mit taschenspielerhafter Geschicklichkeit eine Zigarette drehten. Er saß vor einem Straßenrestaurant an einem runden Tischchen bei einem kleinen Roten und betrachtete die Leute, die vorbeigingen. Es waren Menschen, wie sie auch in München, Berlin oder Wien durch die Straßen liefen. Warum aber kamen sie dem Karli trotzdem ein wenig anders vor? - Weil sie sich anders bewegten, anders gekleidet waren, weil sie Franzosen waren, - Feinde? Er hätte es nicht sagen können. Er schaute den Kindern zu, die um die alten Ahornbäume herum "Fangermanndl" spielten, und er beneidete sie, weil sie so wunderbar gut Französisch sprachen, obwohl sie noch so klein waren. Und er fragte sich, wie wohl "Fangermanndl" auf Französisch heißt.

Während dieser Streifzüge durch Paris verstieß der Flieger Grob meist gegen einige Dienstvorschriften. Er hatte nämlich beim Gehen oft beide Hände in den Hosentaschen, oder es hing ihm eine Zigarette im Mundwinkel, oder er nahm ab und zu einen Schluck "White Horse" aus dem mitgeführten Flachmann. Paris wirkte auf den Karli halt sehr stimulierend, und er empfand es als großes Glück, daß man damals selten einem deutschen Soldaten begegnete, wenn man sich etwas abseits der üblichen Pfade bewegte.

Eigentlich war es ihnen überhaupt verboten, solo durch die Straßen zu laufen. Man befürchtete Übergriffe. Der Karli dachte aber nicht im Traum daran, daß ihm irgendeine Gefahr drohen könnte. Ihm gefiel Paris, und außerdem war Waffenstillstand.

Einmal ist er allerdings ziemlich erschrocken gewesen. Da stellte ihm nämlich irgendwer aus einem dunklen Hausgang heraus ein Bein, und er wäre um ein Haar hingeflogen, wenn er sich nicht gerade noch an einer Dachrinne hätte fangen können. Er hörte, wie hinter ihm einige Leute laut lachten und eine sehr unsympathische Stimme rief:

"`eil `itler, sale boche!"

Als er sich umschaute, stellte er mit einer gewissen Erleichterung fest, daß niemand mehr zu sehen war. Er war wirklich erleichtert, denn er verspürte absolut keine Lust, mutterseelenallein in der Rue Nicolet die Ehre des Deutschen Reichesverteidigen zu müssen.

Dies blieb für ihn aber vorerst das einzige Erlebnis der unfreundlichen Art.

Als er das erste Mal vor den riesigen Bögen stand, die sich zwischen den Schenkeln des Eiffelturmes spannen, da war der Karli wie hypnotisiert. Seine Augen wanderten über das Filigranwerk der Bogenkonstruktion und folgten dem grandiosen Schwung der Eckstreben bis hinauf zur Spitze, wo die Nadel eines Sendemastes den seidigen Spätsommerhimmel zu durchstoßen schien. Was war dieser Eiffelturm doch für ein gewaltiges Trumm! Gewaltig u n d elegant stand er da, wie ein Symbol der Zeitenwende. Der Zierat an den Bögen schien wie ein Kompliment des neuen Jahrhunderts an das verspielte Fin de Siècle. Aber die schlanke Spitze mit dem Sendemast, die ragte schon pfeilgrad ins dritte Jahrtausend hinein.

Vom Eiffelturm hatte er schon als kleiner Junge geträumt, und jetzt stand er leibhaftig vor diesem Traum! Der Lift war nicht in Betrieb, aber das focht den Karli nicht an, denn eine Fußbesteigung schien ihm ohnedies weit interessanter.

Vor dem Eingang, hinter dem die Eisentreppen begannen, stand ein Posten mit Gewehr. Als der Flieger Grob arglos an ihm vorbeiwollte, rief der Stahlhelmträger:

"He, gehörst du zu den Luftwaffenheinis da oben?"

"Ja, ich muß einen Kumpel ablösen", sagte der Karli geistesgegenwärtig, worauf der Posten mit einer gnädigen Handbewegung den Weg freigab. Und der Karli begann, sich über unzählige Eisenstufen in die Höhe zu schrauben. Die Nägel seiner Stiefel verursachten ein monotones Trapp-Trapp auf den rautenförmig gemusterten Platten. Unter ihm lag das Marsfeld mit seinen breiten Straßenbändern, der Trocadero und die Seine, über die ein immer kleiner werdender Steg führte: der Pont d`Jena. Die Menschen wurden winzig und die große Stadt Paris immer übersichtlicher, und plötzlich kam es ihm vor, als würde er sich auf der Stelle bewegen, und Stadt und Fluss und Himmel, vom Gitternetz unzähliger Stahlträger kreuz und quer durchschnitten, würden sich um ihn herumdrehen. Ein paarmal hat der Karli doch glatt verschnaufen müssen, denn dieser Turm war wie ein Berg, bloß steiler. Als er die oberste Plattform erreicht hatte, auf der sich die Funkstation wie eine Käseglocke erhob, da war das erste, was sich in sein Blickfeld schob, ein ziemlich lang geratener Oberleutnant der Luftnachrichtentruppe, der ihn sehr laut und unfreundlich fragte, was er - verdammt nochmal! - hier oben zu suchen habe und wieso ihn der Posten habe passieren lassen. Als der Karli, noch stark schnaufend und die Hände an die Hosennaht gepreßt, antwortete, daß er nur ein wenig hinunterschauen wolle, wo er doch jetzt schon mal da heroben wäre, da sagte der Oberleutnant in etwas gemäßigtem Ton:

"Aber in fünf Minuten will ich Sie hier nicht mehr sehen!"

Und er verschwand in der Funkerbude.

Die Sonne des späten Nachmittags stand über dem Palais Chaillot und dem Trocadero und ließ alles ganz plastisch werden. Eine riesige Spielzeugstadt, von winzigen, trägen Ameisen bevölkert, breitete sich dort unten aus. Der Schatten des Turmes lag schräg über dem Marsfeld und wies wie ein dunkler Pfeil auf die Kathedrale von Notre Dame. Da, im Südosten, wo sich die Kuppel des Pantheon aus einem seidigen Dunst hob, das etwa war die Richtung, in die man fliegen müsste, um nach Murnau zu kommen. Mit einer Me Hundertzehn zum Beispiel würde das keine zwei Stunden dauern.

Ob man bei starkem Föhn von hier aus die Zugspitze - ?

"Karli, du spinnst!" sagte er laut zu sich selber.

Erstens hat es hier keinen Föhn, zweitens ist die Zugspitze mindestens siebenhundert Kilometer weit weg und drittens: - wohl noch nie was von der Erdkrümmung gehört?

Natürlich hatte er jedes Zeitgefühl verloren und schon erheblich länger als fünf Minuten in die Weite geträumt, und der Oberleutnant kam aus der Funkstation und brüllte:

"Jetzt verschwinden Sie, - aber etwas plötzlich!"

Der Flieger Grob erschrak, grüßte zackig und machte sich auf - trapp, trapp, trapp - über eintausendsiebenhundertzweiundneunzig Eisenstufen hinunter in die Welt der trägen Ameisen.

Den Eiffelturm aber konnte ihm niemand mehr nehmen.

So hat sich der Krieg für den Karli am Anfang in durchaus angenehmer Weise abgespielt. Aber in der Zeit, in der er, der Glückspilz, buchstäblich wie der Herrgott in Frankreich lebte, spielten sich am Himmel über England und dem Atlantik fünf Wochen lang dramatische Luftkämpfe ab, die später als "Schlacht um England" in die Geschichte eingingen. Hermann Görings Luftwaffe sollte die Royal Air Force ausschalten und den Weg freimachen für eine Invasion.

Man weiß, daß die Rechnung für den Hitler und seinen prächtigen Reichsmarschall nicht aufgegangen ist. Fehlender Mut der deutschen Flieger war bestimmt nicht schuld daran, wohl aber grobe Fehler und Fehleinschätzungen bei den ganz Oberen.

Die deutsche Führung hatte den Gegner ziemlich falsch eingeschätzt. Es erwies sich, daß auch die Engländer gute Flugzeuge besaßen und gute Piloten, die besonders verbissen kämpften, weil sie ihr eigenes Land verteidigten. Sie arbeiteten auch schon mit den neuartigen Radargeräten und konnten die deutschen Maschinen bereits beim Anflug orten. Mancher brave Flugzeugmechaniker wartete in diesen Tagen vergeblich auf die Rückkehr seiner "Mühle" und ihrer Besatzung. Auf dem Rollfeld sah der Karli mit Ehrfurcht Kampfflugzeuge stehen, deren Rümpfe, Tragflächen und Leitwerke voller Einschusslöcher waren. Ein Stuka stand da, der hatte den linken Flügel derart aufgerissen, daß man das Gefüge der Rippen und Holme sehen konnte. Er bewunderte die Flugzeugführer, die diese grausam beschädigten Kisten noch über den Kanal und heil auf den Boden gebracht hatten. Er erinnerte sich an eine HE 111, die am Platzrand abgestellt war. Der hintere Rumpfteil war von einer Geschoßgarbe durchsiebt, und in der Bodenwanne, in welcher bei Feindnähe der Bordschütze liegt, war alles voller Blut. Das Maschinengewehr hing schräg nach unten und an dem Plexiglas klebte eine blutverschmierte FT-Haube. Den Karli grauste es, und gleichzeitig bekam er ein schlechtes Gewissen, und er schämte sich seines schönen Lebens beim Generalkommando.

Doch dazu bestand nun bald kein Grund mehr, denn kurz darauf erhielt er einen Marschbefehl. Er wurde nach Thüringen auf eine Flugzeugführerschule versetzt.
Ein Vierteljahr zuvor hätte der Flieger Grob "na endlich!" gesagt, jetzt aber waren seine Gefühle gemischter Natur, denn so schön - das wußte er - würde er es beim Militär nie wieder kriegen. Der alte Major beförderte ihn, als Abschiedsgeschenk sozusagen, vorzeitig zum Gefreiten, wünschte ihm herzlich "Hals- und Beinbruch!" und sagte:
"Machen Sie`s gut, Grob, vielleicht sehn wir uns nachm Kriag amal beim Schifahrn wieder, - am Kreuzeck oder aufm Pürschling!"
"Des taat mi narrisch g`freun, Herr Major!" antwortete der Karli ehrlich begeistert, haute die Hacken zusammen, grüßte zackig und war ganz gerührt.
Kurz vor seiner Abreise kaufte er sich beim Marketender einen Whisky-Flachmann, eine Blechschachtel Navy Cut - Pfeifentabak und sechs Bananen. - Bananen! - Im Herbst neunzehnhundertvierzig! Er hat das halbe Dutzend dieser krummen Früchte in eine Schachtel gepackt und in seinem Rucksack verstaut, weil er die Rarität von Deutschland aus nach Hause schicken wollte für die kleine Schwester. Wer wußte, wann die wieder Gelegenheit haben würde, in eine weiche, süße Banane zu beißen!

Während der langen Bahnfahrt vertrieb er sich die Zeit damit, die Post, die er in den letzten Wochen erhalten hatte, noch einmal in Ruhe durchzulesen. Er hatte den kleinen Stapel Briefe und Karten vor sich auf den Knien liegen, und er las und träumte, und er spürte, wie sich eine Sehnsucht in ihm breitmachte, eine

Sehnsucht nach den Menschen, die ihm diese Briefe und Karten geschickt hatten.

Die Mutter schrieb, dass sie Zeitlang nach ihm habe, dass es der Tante Emmi gut gehe und dass die kleine Schwester wachse, gedeihe und auch schon ziemlich frech sei. Der Vater hatte noch ein Notabene druntergesetzt und gemeint, dass er jetzt vielleicht auch bald einrücken müsse, weil er doch im letzten Krieg Korporal gewesen sei und man bei der hohen Führung glaube, daß man auf solche erfahrenen Experten nicht verzichten könne, auch wenn sie schon ein wenig betagt seien. Allerdings habe der Kreisleiter kürzlich bei einer Versammlung erklärt, dass der Krieg spätestens im nächsten Frühjahr beendet sein werde, siegreich natürlich. Das wisse der Kreisleiter aus erster Hand, weil es ihm der Gauleiter vor wenigen Tagen bei einem Amtswaltertreffen selbst gesagt habe. Der Vater meinte, daß er unter diesen Umständen eh zu spät dran sei, um noch entscheidend in das Geschehen eingreifen zu können.

Ironisch war er ja immer schon, sein Alter.

Der Reiner hatte ihm aus Stendal geschrieben, dass er seit einigen Wochen mit der Springerausbildung fertig sei und dass er zur Zeit neue Fallschirmtypen teste. Dreiundzwanzig Absprünge habe er jetzt schon.

Das passte genau zum Reiner.

Vom Max hat er einen Brief aus Mittenwald bekommen. Dem sein Wunsch ist endlich in Erfüllung gegangen, und er ist zu den Gebirgsjägern eingezogen worden. Er sei zwar soweit ganz zufrieden, schrieb er, aber froh sei er schon, dass er die Grundausbildung bald hinter sich habe und dass er vielleicht zur Artillerie komme. Er habe aber keine Angst, dass er den Krieg deswegen in der Etappe verbringen müsse, weil die Gebirgsartillerie bekanntlich ganz kurze Röhrl habe.

Von der Elisabeth war ein Brief dabei und eine Ansichtskarte. In dem Brief stand, dass sie oft an ihn denkt und an die schönen Stunden, die sie zusammen verlebt haben. Unter anderem schrieb sie auch, dass ihr die Arbeit Spaß mache, weil sie bei dem Goldschmiede-Onkel schon ihre eigenen Entwürfe ausführen dürfe, dass sie aber inzwischen auf Messing, Kupfer oder andere Legierungen habe ausweichen müssen, weil Gold und Silber zu rar geworden seien.

Auf der Karte war eine schöne Schwarzwaldlandschaft abgebildet und hintendrauf stand: "Liebe Grüße vom Feldberg. Bin mit einer Kollegin einige Tage im Schwarzwald. Sehr schön. Leider etwas Regen. Elisabeth." Die Kollegin hatte nicht mitunterschrieben. War ja auch egal, er kannte sie eh nicht. - Sicher war es eine Kollegin. Warum auch sollte die Elisabeth nicht mit einer Kollegin auf den Feldberg gehen? Er war gewiß nicht so kleinkariert, ihr das zu mißgönnen. - Hauptsache, es war wirklich eine Kollegin.

Auch eine Karte von der Regina sah er sich noch einmal an, weil ihn die besonders gefreut hat, denn es war das Murnauer Moos drauf und das Ramsachkircherl und die Berge, Krottenkopf und Ettaler Mandl samt Wetterstein. In der Regina ihrer selbstbewußten Mannsbilderschrift stand da: "Weil der Klaus und der Rudi grad in Urlaub hier sind und wir von Dir geredet haben, schicken wir Dir viele Grüße! Regina, Klaus, Rudi." Und darunter war zu lesen: "Warum, teurer Spezl, bist Du nicht bei uns, um das herrliche Weizenbier mitzugenießen, das wo der Anderl uns gestiftet hat! - Dein lieber Freind Karlo."

Und das war wieder typisch für den, denn der hatte schon immer eine Vorliebe für Ludwig Thomas Filserbriefe.

Etliche Tage später saß der Gefreite Grob, von breiten Sicherheitsgurten um Brust und Bauch festgehalten, auf einem gesäßfreundlich gekrümmten Sperrholzbrett. Seine Augen blickten kühn und entschlossen unter einem äußerst unkleidsamen, topfartig geformten Aluminiumsturzhelm hervor, der in der Fliegersprache "Trudelbecher" hieß. Zwischen seinen Beinen ragte ein Leichtmetallrohr, welches oben in einem Gummigriff endete. Diesen Gummigriff umklammerte der Karli mit nerviger Fliegerfaust, während sein rechtes Ohr den belehrenden Worten des Feldwebels Büttner lauschte. Das war der Fluglehrer - die Güte in Person - , und er brüllte:

"Mann, wie oft soll ich`s Ihnen noch sagen, Sie haben keinen Mistgabelstiel in der Hand, sondern einen Steuerknüppel, und den nehmen Sie gefälligst so in die Pfote, wie ich es Ihnen gezeigt habe! Fliegen tut man mit dem Arsch und mit den Fingerspitzen! Wann kapieren Sie das endlich, Sie Waldheini! - Also, Flugzeug wagrecht halten, -Schleppseil nicht aus den Augen lassen, muß immer gestrafft sein, -dabei ständig Winde und Außenwinker beobachten, - bei Winkzeichen Knüppel nach vorn, aber mit Gefühl! - Und ausklinken. - Auf Luftgeräusche achten! - Und der Teufel soll Sie holen, wenn Sie einen Tiefangriff auf die Winde fliegen! - Landeanflug zwischen Winde und Außenwinker. -Nach dem Aufsetzen Flugzeug möglichst lange halten - und dann Knüppel an den Bauch! -Start frei!" -

Hiermit beendete der Feldwebel Büttner seinen Monolog, der Startwinker senkte sein rotes Banner, die Winde zog an, das Schleppseil hob sich aus dem Gras, die Maschine holperte auf ihrer Kufe etliche Meter über den Boden, der Kamerad, der das Tragflächenende gehalten hatte, ließ los, die Luft fing an zu rauschen und zu pfeifen, und das urtümliche Fluggerät, welches amtlich "Schulgleiter achtunddreißig" hieß, hob sich wie ein Drache steil in den Himmel. Der Karli peilte krampfhaft an seinem rechten Fuß vorbei auf den Winker, der winzig klein rechts neben der rotweißen Winde stand. -

Hatten sie ihn vergessen? Er war doch mindestens schon fünfhundert Meter hoch! - Da, endlich! - Eine kleine rote Blume, vom Wind bewegt: Das Flaggenzeichen. - Nachdrücken, ausklinken! - Endlich ungefesselt und frei! Die Luft pfiff vorschriftsmäßig in den Spanndrähten und Streben des Aeroplans, und in diesen wenigen Sekunden wurde der Gefreite Grob vom Rausch des Fliegens voll erfaßt.

Die ersten kleinen Sprünge an der Winde, fünf, zehn oder fünfzehn Meter hoch, das war ja noch nichts Besonderes, aber jetzt, höher als die Münchner Frauenkirche auf einem Sperrholzbrett sitzend, vom Fahrtwind umbraust, das war wirkliches Fliegen. Keine Spur von Angst war mehr da, nur Freude, reine Freude! Am Horizont stand dunkel bewaldet der Höhenrücken des Kyffhäuser mit seinem Denkmal, schräg unten wie ein Kinderspielzeug die rotweiße Winde und ein gutes Stück rechts daneben ein kleiner rosa Fleck auf der grünbraunen Fläche, das Gesicht des Fliegers Kraushaar, der seine rote Flagge gesenkt hielt und zu ihm heraufschaute. Und um ihn Stille. - Stille? - Verdammt, er hatte ganz vergessen, auf das Pfeifen der Luft zu achten! Die Kiste machte fast keine Fahrt mehr, und der Karli beeilte sich, den Steuerknüppel nach vorn zu drücken. Der Schulgleiter wackelte ein wenig, dann kippte er die Nase nach unten, und die Luft wurde wieder zu einem hör- und spürbaren Element. Der Boden kam ziemlich rasch näher, aber jetzt war der Karli voll konzentriert. Er hielt den Gleiter schnurgerade auf Kurs, fing ihn gefühlvoll ab und setzte butterweich auf. Er befreite sich von den Gurten und verließ seinen luftigen Sitz mit dem sicheren Gefühl, einen beispielhaften Flug hingelegt zu haben. Der Oberfeldwebel Büttner war aber nicht der gleichen Meinung und brüllte:

Sie sind wohl eingepennt da oben, Sie Uhrmacher! - Außerdem kann ich mich nicht erinnern, Ihnen befohlen zu haben, daß Sie Stuka spielen sollen. Erst hungern Sie das Ding aus und dann drücken Sie wie ein Idiot! - Ihr Glück, dass Sie wenigstens eine anständige Landung gemacht haben, denn eigentlich müsste ich Sie jetzt sofort eine Platzrunde drehen lassen."

Eine Platzrunde, das wäre in diesem Fall ein Trab um den Flugplatz herum mit dem Sturzhelm auf dem Kopf und einem zehn Pfund schweren Trimmgewicht in jeder Hand gewesen. Bei den Flugschülern war diese pädagogische Maßnahme sehr unbeliebt.

Es regnete viel in jenen Herbstwochen, und die Regenstunden wurden für den Unterricht benützt. Navigation, Wetterkunde, Funken, Technik und Geographie standen auf dem Lehrplan. Der Karli empfand eine gewisse Dankbarkeit für sein altes Gymnasium, denn es fiel ihm nicht besonders schwer, die fliegerische Theorie zu kapieren. Er und seine Kameraden waren aber doch erstaunt darüber, was man, außer dem Fliegen selbst, noch alles lernen muss, bevor man als Pilot auf die arme Menschheit losgelassen wird.

An den regenfreien Tagen wurde intensiv geflogen. Jeder in Karlis Gruppe hatte jetzt vier Starts im Flugzeugschlepp hinter sich, und den meisten begann die Fliegerei nun richtig Spaß zu machen.

An einem Novembernachmittag, an dem sich ausnahmsweise ein blauer Himmel mit kleinen weißen Wölkchen über dem Flugplatz wölbte, einem Tag, an dem es so warm war, dass der Karli an einen ausgewachsenen Föhn im Werdenfelser Land erinnert wurde, saß er in einem "Grunau Baby" und wartete darauf, daß der Doppeldecker vor ihm Gas geben und anrollen würde. Als Ausklinkhöhe hatte der Fluglehrer achthundert Meter befohlen. Anschließend waren bis auf dreihundert Meter herab Kreise und Achter zu fliegen, eine Platzrunde zu drehen und am Landekreuz exakt aufzusetzen.

Endlich röhrte der Sternmotor des "Stieglitz" auf, der rote Lappen am Seilende schnellte aus dem Gras, das "Baby" ruckte an und dann folgte der Gefreite Grob wie ein Hündchen an der Leine dem stolz brummenden Schleppflugzeug. Sie schraubten sich gemächlich bis auf achthundert Meter, und genau über dem Dorf Esperstedt wackelte der Stieglitz mit den Tragflächen. Der Karli klinkte das Schleppseil aus, und jetzt gehörte ihm die Welt allein. - Was für ein Tag!

Zwar blendete die schräge Sonne manchmal so, dass er fast nichts mehr sehen konnte, aber unten breitete sich das Thüringer Land in wunderbaren, spätherbstlichen Farben. Die Dächer des Dorfes leuchteten rot herauf, und die Felder, Wiesen und Straßen bildeten ein freundliches Muster. Der Waldrücken des Kyffhäuser lag dort drüben im Westen, aber als Berg war er nun nicht mehr erkennbar, denn der Karli flog gut vierhundert Meter höher.

"He, Barbarossa, alter Kaiser! Wenn dir der Bart nicht durch die Tischplatte gewachsen wäre, dann könntest du jetzt aus Deiner Höhle kriechen und mich hier oben fliegen sehen, mich, den Karli Grob aus Murnau! Und Deine beiden Freunde, die Raben, die würden sich gegen mein stolzes Segelflugzeug vorkommen wie zwei alte, lahme Krähen!"

Selbstvergessen flog der Karli Achter und Kreise, Kreise und Achter, wie es ihm befohlen war. Mit jeder Kurve merkte er, wie er sicherer wurde im gefühlvollen Gebrauch von Querruder und Seitensteuer. Es war fast wie beim Schifahren.

Jawoll, meine Herren, - so macht man das! er war ein Kondor, ein Adler, ein Ernst Udet! - Die Elisabeth müßte jetzt dabei sein, die tät` schauen. Aber ein wenig war sie ja mit dabei, denn ein kleines Foto von ihr hatte er in sein Soldbuch gelegt und trug es so immer mit sich herum.

Bei dieser genußvollen Kurbelei ist er allerdings nicht tiefer gekommen; die Dächer von Esperstedt waren inzwischen auf die halbe Größe geschrumpft, und plötzlich kam ihm zu Bewußtsein, dass er bis jetzt das Instrumentenbrett vor sich noch keines einzigen Blickes gewürdigt hatte. Es gab ja soviel anderes zum

Anschauen. Ja, sowas! Der Höhenmesser stand fast auf eintausendfünfhundert, und das Variometer zeigte zwei Meter Steigen pro Sekunde an.

Da ist es dem Gefreiten Grob mit Schrecken eingefallen, dass er ja einen eindeutigen militärischen Befehl nicht ausgeführt hat, weil er hinaufgestiegen statt hinabgesunken ist. Und er flog sofort schnurgeradeaus und drückte das Baby nach unten, dass es pfiff wie ein Teekessel, in dem das Wasser kocht. Der Büttner würde ihn auf jeden Fall zur Sau machen, aber er konnte schließlich nichts dafür, dass es über dem Dorf so einen starken Aufwindschlauch gegeben hat.

Der Fluglehrer stand beim Landekreuz, und den Karli grauste es vor dem Empfang. Aber der Büttner benahm sich - für seine Verhältnisse - ziemlich menschlich, und nach dem üblichen Ritual:
"Gefreiter Grob meldet sich vom fünften Flugzeugschleppstart zurück - keine besonderen Vorkommnisse!"
sagte er nur mit drohendem Unterton:
"Sie wissen, dass das eine Falschmeldung ist. Hab ich Ihnen vielleicht befohlen, daß Sie in die Stratosphäre fliegen sollen, Sie Pimpf? - Haben Sie noch nie etwas von einem Flugauftrag gehört? Wirklich sehr nett von Ihnen, dass Sie auch wieder einmal bei uns vorbeischauen!"
Dann schüttelte er den Kopf, klatschte sich mit der flachen Hand vor die Stirn und sagte:
"Da bekommt so ein junger Spund, der von nichts eine Ahnung hat, sofort die schönste Thermik, und unsereins kurvt monatelang hier herum, und nichts rührt sich."
Dann ließ er eilends den Kranich an den Start schieben, und der brave Stieglitz schleppte auch ihn auf achthundert Meter, aber die Sonne war inzwischen schon am Untergehen, und der schöne Aufwindbart über Esperstedt hatte sich buchstäblich in Luft aufgelöst.


Für einen Flugschüler ist der erste Alleinflug mit einer Motormaschine eine höchst zwiespältige Angelegenheit. Einerseits wird er herbeigesehnt, andererseits hat man auch ein wenig Angst davor. Nachdem aber der Begriff "Angst" im Vokabular eines deutschen Soldaten damals nicht vorzukommen hatte, wollen wir es einfach als Lampenfieber bezeichnen, was den Gefreiten Grob ergriff, als ihm der Feldwebel Lautenbach an einem sonnig-klaren Februarvormittag die Mütze mit dem Schirm nach rechts drehte und mit den Worten "jetzt brausen Sie mal alleine los!" das Cockpit verließ.

Zuerst hat der Karli das Gefühl gehabt, als ob er sofort austreten müsse, denn er kannte seine große Schwäche, die darin bestand, daß er nie mehr als ein Bordinstrument auf einmal im Auge behalten konnte. Blickte er auf den Geschwindigkeitsanzeiger, dann übersah er den Höhenmesser und den Tourenzähler, konzentrierte er sich auf diese, dann vergaß er den Wendezeiger, und wenn ihn die Freude am Fliegen ganz und gar gepackt hatte, dann vergaß er überhaupt alles. Der Fluglehrer schien von dieser Konzentrationsschwäche nichts geahnt zu haben, und der Karli Grob hat den Gashebel der Bücker 181 langsam nach vorn geschoben und ist gestartet.

Der als Richtungsmarkierung ins Auge gefaßte Fabrikschornstein rutschte einmal nach links und einmal nach rechts weg. Wenn der Lehrer danebensaß, hatte er die Linie immer ganz gut halten können, aber jetzt reagierte er viel zu hastig, und es entstand ein Kurs, der dem Rückenmuster einer Kreuzotter glich. "Bleib ruhig, Karli, ganz ruhig!" sagte er zu sich selber, und endlich bekam die gutmütige Bücker genug Wind an die Tragflächen und hob ab. Verwundert und erleichtert stellte der Gefreite Grob fest, dass er tatsächlich flog, und das Unbehagen, allein hinter einem mit zweitausendvierhundert Touren drehenden Propeller und einem Motor mit hundertsechzig PS zu hocken, machte dem schönen Gefühl Platz: "Das funktioniert ja alles ganz wunderbar - und d a s kann ich jetzt also auch noch!"

Unter ihm lagen die langgestreckten Mietskasernen und die Schrebergärten von Erfurt-Nord. Dahinter breitete sich die Stadt mit der großen Kirche im Dunst dieses Februarmorgens. Herrlich, herrlich! - Höchste Zeit, das Gas wegzunehmen! - Erste Linkskurve - fünfzig Meter zu hoch - zweite Linkskurve - aha, die Flugzeugschuppen! Verdammt, wo ist das Landekreuz, - wo ist das Landekreuz? - - aha, dort drüben! - bisserl mehr Gas geben - halbe Platzrunde beendet. - Höhe stimmt. - Viel zu wenig Fahrt! - Letzte Kurve - drücken, drücken! - Gas weg - Landeanflug. Zehn, fünfzehn Meter hinter der Markierung Kontakt mit der Mutter Erde. Zwei, drei lahme Hupfer, und dann rollte die brave Hunderteinundachtzig mit tuckerndem Motor aus.

Der Feldwebel Lautenbach sagte: "Na ja." Und somit fiel das Urteil weit besser aus, als es der Karli erwartet hatte.

Der Gruppenfluglehrer Lautenbach war überhaupt ein ganz umgänglicher Mensch und mehr Sportsmann als Kommißhengst.

Anschließend bekam der frischgebackene Alleinflieger von jedem seiner Gruppenkameraden einen Schlag auf den Hintern. So wollte es der Brauch damals. Unter den Flugschülern waren zwei oder drei, die das Zeug für einen guten Holzfäller hatten, sodaß sich der Karli den Rest des Tages nur noch humpelnd fortbewegen konnte.

Die fliegerische Laufbahn des Gefreiten Grob, die so hoffnungsvoll begonnen hatte, war nach einigen Wochen ganz plötzlich zu Ende.

So plötzlich, wie eben auch ein Flug zu Ende ist, wenn der Luftstrom an den Tragflächen abreißt, weil die Maschine zu wenig Geschwindigkeit hat. Und genau das ist ihm passiert.

Nach einer längeren Luftreise über dem Thüringer Land, bei welcher er den Auftrag hatte, nach Kompass, Uhr, Geschwindigkeitsanzeige und Wendezeiger zu fliegen, hat er sich zum Schluss ein wenig verfranzt, und das machte ihn erst einmal furchtbar nervös. Als er dann endlich mit Hilfe der Karte und einer gut sichtbaren Eisenbahnlinie die Stadt Erfurt und den dazugehörigen Flugplatz wiedergefunden hatte, da hat er sich beim Landeanflug so verkrampft auf die verdammten Zeiger und Zahlen hinter den vielen runden Glasscheiben des Armaturenbrettes konzentriert, dass die abschließende Landung schon in etwa acht Metern Höhe beendet war. Das Flugzeug sackte ab wie ein Klavier und war dann ziemlich kaputt. Dem Gefreiten Grob ist nichts passiert, aber die Deutsche Luftwaffe hat einen derartigen Schnitzer nicht verziehen.

Der Karli erinnerte sich auch später nur noch mit großem Unbehagen an die Verhöre und Vorwürfe, die er über sich ergehen lassen mußte. Beinahe wäre er auch noch eingesperrt worden, und sein Selbstbewußtsein, das ohnedies ein wenig kränkelte, war plötzlich überhaupt nicht mehr vorhanden.

Der Fluglehrer Lautenbach aber blieb menschlich und sagte dem total Deprimierten zum Abschied:

"Kopp hoch, Junge! - Sie sind nicht der Erste, der uff die Schnauze gefallen ist, und der Letzte wern Se ooch nich sein. - Und'n Heldentod, den könn` Se heutzutage überall sterm!"

Als sich der Fallschirm mit einem dumpfen Knall öffnete und ein mächtiger Ruck ihn aus einer schräg abwärts gerichteten Körperlage wieder in eine vertikale Situation zurückgerissen hatte, da schien es dem Gefreiten Grob, als sei ihm in dieser Sekunde das Leben neu geschenkt worden.

Ein röhrendes Drachenweib aus Wellblech, das seine Flügel dreißig Meter weit auseinanderbreitete, hatte in wenigen Sekunden sechzehn weiße Blumenwesen geboren, die hell vor dem schiefergrauen Himmel schwebten wie Löwenzahnsamen im Sommerwind.

Nach ein paar Pendelbewegungen hing der Karli als grüne Marionette an vielen Fäden unter der hellen Seidenkuppel. Er hörte die Luft durch die Stabilisierungsöffnung rauschen und war restlos glücklich, denn er lebte.

Ein gutes Stück tiefer, gegen Osten, sah man die Männer der beiden anderen

Gruppen, die vor ihnen gesprungen waren, der grünbraunen Heide entgegensinken. Die erste Gruppe kam gerade auf den Boden, und man konnte sehen, wie die weißen Schirme in sich zusammenfielen. Es schienen Blüten zu sein, die in einer Sekunde dahinwelkten. Am Horizont glitzerte ein Fluss durch die flache Landschaft, und darüber kurvten die Transportflugzeuge in weitem Bogen zum Flugplatz ein.

Links unter dem Karli hing der Gefreite Henseler an seinem Schirm. Er machte ruckartige Bewegungen mit dem ausgestreckten rechten Bein, um sich in den Wind zu drehen. Aber das war reine Wichtigmacherei, denn kein Hauch bewegte auch nur ein Gräslein. Der Henseler war Hilfsausbilder und ein fürchterlicher Angeber. Nur weil er das Springerabzeichen schon hatte, hielt er die Anderen alle für Dorfdeppen und brüllte und schikanierte, wo er nur konnte.

Aber von rechts oben kam nun plötzlich eine jubelnde Stimme:

"Vakaffts mei G`wand, i fahr in Himmi!"

Die Stimme gehörte dem Gustl Amberger, einem lustigen Kerl, der irgendwo in Kärnten zuhause war. Und der Karli, den die Lebensfreude wieder ganz gepackt hatte, rief hinauf:

"Gustl, du Depp, mir fahrn ja net in Himmi, mir falln ja abi davo!"

Da hörte man aber auch schon von unten den Zugführer brüllen:

"Maul halten, Beine zusammen und Hände vors Gesicht!"

Die ganze Luftreise dauerte in Wirklichkeit keine zwei Minuten, und das Heidegras kam in beängstigendem Tempo herangeschossen. Die Landung mit diesen Schirmtypen war alles andere als sanft, und es erwies sich als überaus nützlich, daß man das blitzschnelle Abrollen über die Schulter vorher schon hundertemale geübt hatte.

Das war ein Morgen, den der Karli Grob nie vergessen würde, auch wenn er so alt werden sollte, wie die Zugspitze. Drei JU 52 warteten auf dem Flugplatz, um die Gruppen, die ihren ersten Sprung machen sollten, aufzunehmen. Als sie dann dicht nebeneinander in dem blechernen Rumpf hockten, als die Maschine über den Grasboden rumpelte und abhob, als sie die Reißleinen ihrer Fallschirme zwischen die Zähne nahmen, um sie griffbereit zu haben, wenn das Blöken des Boschhorns ertönen würde, und der Befehl zum Einklinken der Karabinerhaken kam, da war sich der Fallschirmjägergefreite Karl Grob absolut sicher, dass er nunmehr Teilnehmer an seiner eigenen Hinrichtung sein werde. Gewiss, mehr oder weniger Angst hatte wohl jeder in dem Haufen, aber s e i n e Angst war berechtigt.

Je zwei Mann mußten nämlich, sich gegenseitig helfend, die Schirme, mit denen sie springen sollten, selber packen. Dafür gab es eine eigene Halle, in der lange Tische standen. Auf denen konnte man die Seide vorschriftsmäßig auslegen und falten. Die Fangleinen mußten entwirrt und geordnet, sodann das Ganze zickzackförmig zusammengelegt und in dem Packsack verstaut werden. Dass diese Arbeit von allen mit großer Gewissenhaftigkeit getan wurde, war verständlich, denn es hing ja ein besonders wertvolles Leben daran: Das eigene.

Das Schicksal wollte es, dass der Karli zum Packen den größten Langweiler der ganzen Gruppe als Partner bekam. Einen Menschen, der nur aus Umständlichkeit zu bestehen schien und lauter Daumen an den Händen hatte.

Zuerst hat der Karli dem Langweiler beim Packen geholfen. Als aber dann endlich sein Schirm auf dem Tisch lag, da waren alle anderen längst fertig, und der Zugführer brüllte:

"In fünf Minuten steht der ganze Haufen mit Schirmen auf dem Buckel vor der Halle! - Aber dem Herrn Grob schicke ich natürlich eine Extraeinladung!"

Der Karli hat das Gefühl gehabt, dass er den bedächtigen Kumpel mit seinem umständlichen Gehabe erwürgen muss. Aber dann hatten sie die sechsundfünfzig Quadratmeter Seidenstoff endlich doch auf einem Ballen beisammen und versuchten, ihn in den Packsack zu stopfen. Die Lasche ging nicht zu, und man konnte den Splint, der das Ganze verschließen sollte, nicht hineinschieben. Da hieß der Karli den Kameraden, sich obendrauf zu setzen und dabei ein wenig zu wippen, wie man`s mit einem Reisekoffer macht, dessen Deckel sich nicht schließen lässt. Dies geschah in fürchterlicher Hast und Aufregung, aber endlich war das Fluggerät verstaut und der Splint ging hinein.

Vor der Halle kontrollierte der Oberfeldwebel noch einmal alles, und er sprach die bekannten, trostreichen Worte:

"Also, Leute, Hals- und Beinbruch! - Und denkt daran: Schirme, die sich morgen früh nicht öffnen, können am Nachmittag umgetauscht werden. Ha, ha, ha!"

In dieser Nacht hat der Karli Grob fast nicht geschlafen. Und als sie am nächsten Morgen zum Flugplatz hinausmarschierten, da hatte der Himmel eine ganz seltsame, schiefergraue Farbe, trostlos und melancholisch. Sie trugen ihre olivgrünen Kampfanzüge, die sinnigerweise "Knochensäcke" genannt wurden, darüber die breiten, hellen Gurte, an denen wie Tornister die braungrün verpackten Fallschirme hingen. Die runden, schaumgummigepolsterten Helme, die das Markenzeichen dieser elitären Truppe waren, bewegten sich im Rhythmus des Marsches auf und ab.

Und dann sangen sie das Fallschirmjägerlied:
"Rot scheint die Sonne, - fertiggemacht!
Wer weiß, ob sie morgen für uns auch noch lacht!"

Nein, sie sangen das Lied nicht, sie brüllten es in den grauen Himmel hinauf, denn Brüllen ist, wie jedermann weiß, ein probates Mittel gegen mancherlei Ängste.

Der Gefreite Grob aber war sich sicher, dass er mit seinem so brutal gepackten Schirm nicht die geringste Chance hatte, morgen die Sonne noch einmal lachen zu sehen.
Wie man schon weiß, hat er sich da glücklicherweise geirrt.

Die Ausbildung bei den Fallschirmjägern war von einer Art, dass dem Karli die Rekrutenzeit in Stammersdorf dagegen wie ein besserer Erholungsurlaub vorkam, beinahe wie ein Kindergarten.
Der Chef der Ausbildungskompanie, der in Holland dabei war und nur ein Auge hatte, sagte einmal zu ihnen:
"Vergesst alles, was ihr bisher vom Soldatenspielen gelernt habt. Wir brauchen in dieser Truppe keine Kasernenhofmehlsäcke, sondern Indianer. Wenn ihr im Rücken des Feindes abgesprungen seid, dann hilft euch kein Gewehrgriff und kein Parademarsch, dann muss einer von euch besser sein, als drei Dutzend von den anderen."
Da schlich sich Stolz in die Herzen von Karl Grob und seinen Kameraden, und das hatte der Oberleutnant mit seinen markigen Worten auch ganz gewiss beabsichtigt.
Und beim Morgenappell sagte der Einäugige eines Tages:
"Eben wurde gemeldet, dass deutsche Fallschirmjäger über Kreta abgesprungen sind. Es ist dies das bisher größte Luftlandeunternehmen in der Kriegsgeschichte, und den Engländern wird nun eine weitere Bastion im Mittelmeerraum entrissen werden, denn wo deutsche Fallschirmjäger zum Einsatz kommen, da siegen sie auch!"
Tatsächlich haben sie ja auch auf Kreta gesiegt, aber die Verluste waren sehr hoch.
Die Ausbildungszeit war nun bald zu Ende. Einen Sprung hatten sie noch zu machen, und nachdem sie ihre Schirme für diesen letzten Hupfer gepackt hatten, sagte der Chef zu ihnen:
"Auf Kreta hat es starke Verluste gegeben, die zum großen Teil vermeidbar gewesen wären. Hätte der Sprungeinsatz zum Beispiel nicht am hellichten Tage stattgefunden, sondern bei Dunkelheit und aus möglichst geringer Höhe, dann könnten viele Eurer Kameraden noch am Leben sein, weil man sie nicht schon in der Luft abgeschossen hätte, wo es bekanntlich keine Deckung gibt. Der letzte Sprung wird also morgen in der Dunkelheit gemacht, und die Absetzhöhe wird hundertzwanzig bis hundertfünfzig Meter betragen."
So geschah es denn auch. Es gehörte noch einmal viel Selbstüberwindung dazu, aus der Luke in das schwarze Nichts zu hechten. Man darf nicht viel denken dabei, außer vielleicht: "Sechzig andere tun`s auch!"

Zehn Sekunden nach dem Aussteigen knallte der Gefreite Grob auf den nur schemenhaft wahrgenommenen Boden, rollte ab und stellte erleichtert fest, daß alle Knochen heilgeblieben waren.

Als Belohnung gab es dafür zwei Tage später das schöne Fallschirmspringerabzeichen mit dem stürzenden Adler in einem Kranz aus Lorbeer- und Eichenblättern. Das hob einen doch ganz bedeutend aus der Masse der übrigen Menschen heraus, und der Gustl aus Kärnten sagte:
"Gottseidank, jetzt san mir doch nimmer gar so nackert um d` Brust rum!"
Und dem Hilfsausbilder Henseler, dem Angeber, dem konnte man den Ärger so richtig anmerken, weil es jetzt nichts mehr gab, wodurch er sich von den anderen unterschied. Als sie einmal nach dem Dienst, ziemlich geschafft, in der Bude beisammensaßen, forderte er den Karli mit Feldwebelmiene auf, eine Flasche Bier aus der Kantine zu holen, aber der sagte ganz ruhig zu ihm:
"Hol dir`s doch selber, du Kaschperl!"
Der Henseler ist vor Wut ganz blass geworden und hat leise und haßerfüllt zum Karli gesagt:
"Befehlsverweigerung! - Das werde ich dem Chef melden!"
Der Karli sagte: "Von mir aus!" Und die Kameraden haben beifällig gelacht. Die Sache hatte auch keine Folgen, denn vermutlich konnte der Einäugige den G`schaftlhuber auch nicht leiden, und außerdem war zwei Tage später die Ausbildung zu Ende, und sie wurden zur Truppe versetzt. Die Lücken, die Kreta in die Fallschirmregimenter gerissen hatte, mussten aufgefüllt werden.
Als am 21. Juni der größenwahnsinnige Schnurrbartträger den Befehl gab, Rußland anzugreifen, da begann auch für den Gefreiten Karl Grob der wirkliche Krieg. Das Spiel war vorbei.

Der Feldflugplatz, auf dem die JU 52 aufsetzte, war irgendwo südwestlich von Moskau. Der Flugzeugführer bewies großes Geschick, weil er es fertigbrachte, die Maschine zwischen zahlreichen Granattrichtern ausrollen zu lassen, ohne daß ein Fahrgestell hängenblieb. Der Platz lag zwischen langgestreckten, flachen Hügeln, die mit lichten Birkenwäldern bedeckt waren. Die Landschaft war von einer seltsamen, melancholischen Schönheit. Die Birken auf den Hügeln hatten sich mit einem ganz zarten Grün überzogen, aber das Gras der Wiesen war von gelbbrauner Farbe, es war flachgedrückt und hatte sich noch nicht zum Licht erhoben nach einem grausamen Winter, dem härtesten, den dieses Land seit langer Zeit erlebt hatte.
Zwei kleine Panjewagen mit mageren, armseligen Pferdchen davor kamen über den Platz geholpert. Der Karli sprang aus der Ladeluke der Junkers und war

ganz froh, dass er diesmal keinen Fallschirm dazu brauchte. Er hängte sich Rucksack und Karabiner um, während der Bordschütze und einige Infanteristen Munitionsbehälter aus dem Flugzeug auf die Leiterwägen verluden. Der Flugzeugführer kam nach hinten und sagte:
"Macht schnell, Leute, ich will nicht wieder in so einen Scheiß-Artilleriebeschuß kommen."

Das Dorf, das ganz in der Nähe des Flugplatzes lag, hieß Anisowo. Von einigen Häusern ragten nur noch die nackten, brandschwarzen Kamine anklagend in den Himmel, von anderen Wohnstätten waren allein Haufen von verkohltem Holz und Ziegeltrümmern übriggeblieben.

Der Karli hatte seit dem vergangenen Sommer zu viele solcher Dörfer gesehen, als dass ihn dieses noch besonders beeindruckt hätte.

Ein Schild, auf dem "Frontleitstelle" stand, wies auf zwei Häuser, die dicht beieinander standen, und die ziemlich unversehrt aussahen. Zwischen den Trümmern aber glänzte speckiger Schlamm. Man versank bis über die Knöchel darin, und der Karli war froh, dass schon im Herbst ihre Springerstiefel in die guten alten Knobelbecher umgetauscht worden waren, denn für russische Verhältnisse waren die weit praktischer, und schließlich waren sie ja jetzt auch nichts anderes mehr, als ganz gewöhnliche Infanteristen. An einem der beiden intakten Häuser war ein Schild "Frontleitstelle Schlemm" angebracht. Der Karli dachte, dass die Bezeichnung "Schlamm" in diesem Falle besser passen würde, und ging hinein.

Der Infanterie-Unteroffizier, der neben einem Feldtelefon saß und mit dem Zeigefinger auf einer Karte herumfuhr, blickte auf und fragte scharfsinnig:
"Sie wollen sicher zu den Fallschirmjägern?"
"Ja," sagte der Karli, "bin zum ersten Bataillon versetzt."
"Gefechtsstand erstes Bataillon ist in Gordischtsche. - Das ist eine alte Kirche oder ein Kloster oder sowas ähnliches."

Und er zeigte dem Karli auf der Karte den Weg.
"Fünf oder sechs Kilometer werden`s sein. Wenn Sie sich beeilen, können Sie noch die Muni-Wägen erreichen, die fahren auch in die Richtung. Und hier" - er trommelte mit dem Zeigefinger auf eine Stelle der Landkarte - "hier wo die Straße um den Hügel herum nach Süden abbiegt, da halten Sie sich am besten nicht zu lange auf, weder zum Pinkeln noch zu sonstwas, weil nämlich der Iwan seit neuestem dort jeden Tag ein Störfeuer hinlegt, ganz unregelmäßig, wie`s ihm gerade einfällt. Der Feuerzauber dauert auch nie lange, nach zehn, zwölf Schuss hört er meistens wieder auf."

Der Karli hat sich gedacht, daß es unter diesen Umständen besser ist, wenn er die paar Kilometer zu Fuß geht und nicht auf einem der komfortablen Munitionswägen reist.

Der Schlamm der Straße war ein zäher, ockerfarbener Brei. Ein Kradmelder schlingerte mit gespreizten Beinen durch die Brühe und verwandelte den Karli in Sekundenschnelle wieder in ein Frontschwein.
"Kannst net aufpassen, Saubär, dappiger!" brüllte er dem in einer Dreckfahne verschwindenden Meldefahrer nach. Er war voller Wut, denn er war dieses Dreckes vorübergehend entwöhnt worden, weil er gerade sechs ziemlich saubere Wochen hatte verleben dürfen: Drei im Lazarett, zwei im Heimaturlaub und eine beim Ersatzbataillon in Frankfurt/Oder. Nach ein paar Minuten melancholischen Weiterwanderns verstand er es selbst nicht mehr, dass er sich wegen einer solchen Lappalie aufgeregt hatte, denn er wusste schließlich recht gut, dass es nun wieder für unbestimmte Zeit mit der inneren und äußeren Reinlichkeit zu Ende war. Seit dem Sommer des vorigen Jahres hatte es der Gefreite Grob nämlich gelernt, was der Krieg in Wirklichkeit ist: Eine einzige, verdammte, dreckige Straße, die durch Not und Schrecken und Elend, durch Trümmer und Schmerz und Tod führt. Erich Maria Remarque hat das wirklich besser gewusst als Baldur von Schirach.

Es fing an zu regnen, und der Karli setzte seinen Stahlhelm auf. Dicht neben der Straße zwischen zerfetzten Baumresten stand ein russischer Panzer. Das Ungetüm hatte eine leichte Schräglage, und die Einstiegsklappen am Turm waren geöffnet. Im Gras verstreut lagen leere Kartuschhülsen, und eine der Raupenketten war abgesprengt und sah aus wie ein riesiger, plattgewalzter Tausendfüßler. Er kannte diesen Typ zur Genüge. Zwischen den Sonnenblumen und in den weiten Feldern der Ukraine standen sie zu Hunderten. Abgeschossen, qualmend, ausgebrannt. Er erinnerte sich, daß sie damals der hochmütigen Meinung waren, die Russen könnten gar nicht so viele Panzer bauen, wie ihnen von den Deutschen weggeschossen würden. Als aber dann ein Winter kam, den sich in dieser Härte niemand vorstellen konnte, am allerwenigsten die ganz hohen Herren in ihren geheizten Bunkern, da stellte sich erbarmungslos heraus, dass auch ein guter Panzer nicht viel wert ist, wenn bei minus fünfundvierzig Grad der Motor nicht anspringt oder wenn Sprit und Munition nicht mehr nach vorne kommen, und dass ein hochpräzises Maschinengewehr mit eingefrorenem Verschluss reine Makulatur ist.
Im Gras neben der Kette lag einer der unförmigen Lederhelme, wie sie die russischen Panzerbesatzungen trugen, und der Karli dachte, dass dem armen Teufel, der das einmal über seinem Kopf gehabt hatte, jetzt wahrscheinlich kein

Zahn mehr wehtat. Er hatte aber schon zuviel von dem Kriegsschrott gesehen, als dass er sich bei so etwas lange aufgehalten hätte, und er marschierte gemächlich weiter auf der dreckigen Straße des Ruhms.

Als nach einiger Zeit am Straßenrand ein ausgebrannter LKW auftauchte, setzte er sich in das Führerhaus, um einen halbwegs trockenen Platz für eine Zigarettenpause zu haben. Es war ein Opel-Blitz-Lastwagen. Der stand auf den nackten Felgen, und es roch noch immer nach verschmortem Gummi. Der Rauch von Karlis Juno konnte nicht dagegen anstinken. Und als er gedankenverloren in den grauen Nieselregen hinausstarrte, sah er, dass sich die Straße wenige Meter weiter vorne um einen kleinen Hügel herumwand, und der Korporal in Anisowo fiel ihm ein und dessen kameradschaftliche Warnung vor gelegentlichem Störfeuer. Da schmiss er seine Kippe weg und machte, dass er weiterkam, und seine Schritte waren jetzt raumgreifender als vorher.

Die vielen wassergefüllten Granattrichter, Bäume, die ihre besenartig zerfetzten Reste in den Regenhimmel hielten sowie ein Panjepferd, das nur noch aus einer undefinierbaren Masse und einem hochgereckten Hinterbein bestand, sagten ihm, dass der Unteroffizier nicht gelogen hatte. Nach einigen hundert Metern hörte er dann tatsächlich das wohlbekannte Fauchen durch die Luft fliegender Artilleriegranaten, und zurückblickend sah er an der Straßenbiegung die Einschläge hochgehen. Der Karli schätzte das Kaliber auf fünfzehn Zentimeter, sachkundig und ungerührt, denn auf die Entfernung konnten sie ihm nicht mehr wehtun.

Der dreckspritzende Kradmelder kam wieder zurück, aber diesmal hat ihn der Karli schon von weitem gesehen und ist ihm rechtzeitig ausgewichen.

Jener Fluss aus braunem, glänzendem Lehm, der auf der Karte als Straße ausgewiesen war, zog sich jetzt fast schnurgerade durch heideartiges Gelände, auf dem kleine Büsche und vereinzelte Birken standen, zu einem Waldstreifen hin. Aus dieser Richtung hörte man ab und zu Maschinengewehrfeuer, und es klang, als ob man rohe Erbsen in einen Blechhafen schütten würde. Auch ein paar dumpfe Granateinschläge waren zu vernehmen.

"Eigentlich will ich da garnicht hin," dachte der Karli.

"Ich will da wirklich nicht hin, denn ich weiß ja nun, wie das ist. Ich weiß, wie es ist, wenn Granaten neben oder vor oder hinter einem platzen, ich weiß, daß ihr Fauchen und ihr Detonieren Geräusche sind, wie sie nur die Hölle hervorbringen kann. Ich weiß, daß Granatsplitter manchmal brummen wie große Maikäfer und daß eine MG-Garbe, die dicht über einen hinwegstreicht, zwitschern kann, wie Schwalben auf einem Telefondraht. Ich weiß, daß eine Gewehrkugel, die nah vorbeifliegt, schnalzt wie eine Fuhrmannspeitsche. Und ich weiß, daß ein Mann, der getroffen ist, manchmal brüllt wie ein Stier, manchmal weint wie ein Kind und manchmal nur leise stöhnt. Manchmal stirbt einer auch stumm und ohne Laut.

Ja, ich wollte Soldat werden, weil ich neugierig war, auch neugierig auf mich selber und wie ich auf all das Unbekannte reagieren würde. Jetzt weiß ich, wie ich darauf reagiere: So wie wahrscheinlich alle normalen Menschen - mit Angst.

Verdammt, ich hab jetzt das Fallschirmspringerabzeichen, das Verwundetenabzeichen und den Gefrierfleischorden. Das langt mir. Ich brauch` nicht mehr, das bißchen Blech genügt mir als Beweis, daß ich dabei war, und das Herrlichste wäre, wenn jetzt ein Kradmelder daherkäme und brüllen würde: `Kehr um, Waffenstillstand ist, der Krieg ist aus!´ "

Das waren die Gedanken, die dem Gefreiten Karl Grob durch den Kopf zogen, während seine Stiefel in die eine Richtung marschierten und sein Herz in die andere.

Hundert Meter weiter vorne, wo die Straße schon fast das Wäldchen berührte, zockelten die beiden Munitionswägen durch den Schlamm. Flugzeuggeräusch, das rasch näherkam, ließ den Karli für einige Zeit unter dem Gezweig eines struppigen Busches erstarren. Es waren zwei deutsche Schlachtflugzeuge, Doppeldecker, die in geringer Höhe über ihn hinweg nach Südosten flogen. Aus dieser Richtung war dann bald ein stark anschwellendes Maschinengewehrfeuer zu vernehmen und der dumpfe Krach von Fliegerbomben. Anscheinend hatten die beiden Maschinen ihr Ziel erreicht.

Es regnete kaum noch, aber die Wolken hingen tief, und als ein wenig später wieder ein Brummen in der Luft zu hören war und der Karli nach oben schaute, da sah er nur noch einen der beiden Henschel-Doppeldecker dicht unter den Wolken dahinziehen, Richtung Westen.

Der Karli dachte an den anderen Piloten und dass einer kaum eine Chance hat, wenn er im Tiefflug abgeschossen wird.

Er ging betont langsam am Straßenrand dahin, denn er hatte keine Eile. Ein alter Landserspruch lautete:

"Wenn du dich eine Stunde drücken kannst, dann wird die Dienstzeit um sechzig Minuten kürzer."

Es hatte aufgehört zu regnen, und auch die fernen Geräusche des Krieges waren jetzt verstummt. Im braunen Gras lag weiß hingestreckt ein Birkenstamm und raunte:

"Komm her, Bruder, setz dich und rauch noch eine, der Krieg kann warten."

Der Karli folgte der freundlichen Aufforderung und holte mit der Zigarettenschachtel auch das Soldbuch aus der Innentasche seiner Jacke. Im Soldbuch lag die Elisabeth. Er schaute das kleine Bildchen lange an, aber das machte gerade nichts leichter.

Im März, als er seinen Genesungsurlaub hatte, war sie eigens von Stuttgart gekommen. Für ein Wochenende. Er war damals ganz verrückt vor Stolz und Freude, und die Mutter - so schien es ihm - die ist fast ein wenig eifersüchtig geworden. Der Karli hatte sich gewünscht, dass in diesen zwei kurzen Tagen wieder etwas von dem Zauber ihres letzten Friedenssommers aufleuchten würde, aber dieser Wunsch ging nicht in Erfüllung, denn es gab diesmal kein Badetuch unter einem alten Erlenbaum auf einer sonnenflimmernden Wiese am hintersten Ende des Staffelsees. Dieser Vorfrühling des gesegneten Jahres neunzehnhundertzweiundvierzig war nicht gemacht für eine junge Liebe; er war grimmig kalt und unfreundlich, und der einzige Platz, wo man damals ungestört in trauter Zweisamkeit - unter hundert anderen Leuten - ein wenig beisammenhocken konnte, war das Kino. Der Film hieß "In einer Nacht im Mai" mit der Marika Rökk.

Ja, und als sie dann in Dunkelheit und Kälte, so wie damals eng umschlungen, nachhause gingen, da sang die Elisabeth mit ihrer glockenhellen Stimme:

"In einer Nacht im Mai, da kann so viel passieren - "

Aber es war nicht Mai, es war März, es war saukalt, und es ist nichts passiert, rein garnichts. Und der Gutenachtkuß am Gartentürl, der schmeckte diesmal nicht nach Pfefferminz, sondern nach Himbeerdrops. -

Kurz bevor er sich die Finger verbrannte, schnippte der Karli seinen Zigarettenstummel in den Lehm der Straße und fühlte sich sehr traurig und einsam.

Er lud sich den Rucksack auf den Buckel, hängte den Riemen seines Karabiners ums Genick und latschte wie im Traum weiter.

Da hielt ein VW-Kübelwagen, dessen Herannahen er glatt überhört hatte, dicht neben ihm am Straßenrand. Zwei Fallschirmjäger saßen darin und einer fragte:

"He, - wo wollen Sie hin?"

"Zum ersten Bataillon", sagte der Karli.

Und der andere deutete mit abgewinkeltem Daumen nach hinten und rief:

"Na los, steigen Sie ein, aber machen Sie die Karre nicht voll Dreck!"

Das sollte natürlich ein Witz sein, denn der Kübel sah aus, als wäre er eben aus einer Lehmgrube gebaggert worden. Der Karli schmiß Rucksack und Gewehr hinten in den Wagen und setzte sich daneben. Der Mann vor ihm drehte sich um und fragte:

"Wo kommen Sie her?"

Der Karli sah, dass der andere nicht viel älter war als er selber, er hatte aber auch bemerkt, dass unter dessen Tarnjacke ein Uniformkragen mit einer silber-

nen Offizierskordel hervorschaute, und darum gab er brav Antwort auf dessen Fragerei.
"Springerausbildung?"
"Jawoll, Herr - Herr - "
"Leutnant Paulinck", stellte sich der beiläufig vor. "Wie Paul Lincke ohne e - und wie heißen Sie?"
"Gefreiter Grob, Herr Leutnant."
"Österreicher?"
"Nein, Oberbayer."
"Waren Sie in Stendal auf der Springerschule?"
"Nein, in Wittstock."
"Warum waren Sie im Lazarett - Verwundung?"
"Nein, Herr Leutnant, leichte Frostschäden."
"Und wo haben Sie Ihren erholsamen Winterurlaub verbracht?" fragte der Leutnant lachend.
"Am Mittelabschnitt, bei Juchnow. Ich glaub, das ist nicht weit von hier."
Waren Sie auf Kreta dabei?"
"Nein, Herr Leutnant."
"Na, macht nix, Russland ist auch nicht ohne."

Der Wald löste sich wieder in einzelne Bäume und Büsche auf, und kurz darauf sah man hinter einem Hügel eine halbzerstörte Kuppel herauswachsen. Eine Granate hatte sie zur Hälfte abgedeckt. Die gebogenen Balken wirkten wie die Rippen an einem skelettierten Brustkorb. Unter dem Rundbau kreuzten sich zwei kirchenschiffartige Gebäude mit hohen Bogenfenstern, und man konnte sehen, dass alles einmal in einem lichten, freundlichen Ockerton gehalten war. Nur die Fensterumrandungen und die Mauersimse waren mit rostroter Farbe abgesetzt. Das Bauwerk war in vergangenen Zeiten sicher einmal eine Kirche oder ein Kloster gewesen. Es sah trotz seiner vielen Kriegswunden immer noch sehr schön aus, und der Karli dachte, dass es auch vor die blauen Berge seiner Heimat sehr gut hingepasst hätte.
Der Leutnant sagte:
"Wir sind da. Das ist Gorodischtsche. In diesen heiligen Hallen ist der Bataillonsgefechtsstand. Am besten, Sie melden sich gleich beim Feldwebel Hartelt, das ist der zuständige Schreiberling."
Der Geländewagen hielt vor dem Portal. Ein Torflügel aus schweren, dunklen Eichenbrettern hing schief in einer Angel, der andere Flügel fehlte. Bis der Karli sein Zeug vom Rücksitz geholt hatte, waren der Leutnant und sein Fahrer schon in dem dunklen Tor verschwunden.
Der Feldwebel in der Schreibstube hob seine müden Augen langsam von eini-

gen Papieren, sah auf den Karli, als wäre der durchsichtig, und sagte:"
"Soldbuch, Papiere, Marschbefehl."
Nachdem er einige Zeit gelesen hatte, gab er dem Karli das Soldbuch zurück und bemerkte mit einem schrägen Lächeln:
"Hübsche Freundin hast du, und beim Kriegsspielen warst du auch schon dabei. Da bist du also ein großer Gewinn für die zwote Kompanie."
Er sprach genau so schläfrig, wie er schaute, holte eine Flasche aus einer grauen Kiste, auf der "I. Fallsch. Jg. Btl. z. b. V." stand, und nahm einen innigen Schluck. Nachdem er den Korken mit der flachen Hand zur Hälfte wieder in die Flasche getrieben hatte, versenkte er diese vorsichtig in die Bataillonskiste zurück und wandte sich mit seiner teilnahmslosen Miene dem Karli zu:
"Die zwote Kompanie ist zur Zeit froh um jeden Mann. - Die hatten vorgestern schon wieder sechs Totalausfälle. - Granatwerfervolltreffer in zwei Kampfstände. Der Russki hat halt viel zu viel von dem Zeug, viel zu viel - und treffen tut er damit viel zu gut - viel zu gut. Die Schreibstube von dem Haufen ist auf der anderen Straßenseite, fünfzig Meter schräg gegenüber, in der Bruchbude mit dem Strohdach, da meldest du dich, - und deine Empfehlungsschreiben kannst du dem Spieß auch gleich selber geben."
Er schob ihm den braunen Umschlag zu und entließ ihn mit einer gnädigen Handbewegung.

Der Hauptfeldwebel war nicht da, aber der Mann, der vor einem kleinen Eisenofen kauerte, um ein paar Holzscheite nachzulegen, der entsprach, als er sich erhoben hatte, in keiner Weise der Vorstellung, die man gemeinhin von einem Menschen hat, der als Schreiber bezeichnet wird. Der Karli ist fast erschrocken, denn so einen Berg von einem Mannsbild hatte er vordem noch nie gesehen. Der Berg war ein Obergefreiter, welcher behauptete, der Kompanieschreiber zu sein und sagte:
"Willkommen in unserem Tennisklub!"
Unter kurzen, hellblonden Haaren lachte ein gutmütiges, vertrauenerweckendes Gesicht. Der Kerl war auf Anhieb sympathisch. Er hatte ein braunes Band, auf dem "Kreta" stand, am linken Ärmel, und das EK hatte er auch. Als er die Personalien des Gefreiten Grob in eine Liste eingetragen hatte, zeigte er auf eine durchgepauste Kartenskizze und sagte:
"Unsere Stellungen sind auf der Höhe zwoachtunddreißigzwo, das ist hier, und der Kompanieabschnitt geht von hier - das waren mal zwei Kolchosgebäude oder sowas - bis rechts an den Wald. Da liegt die vierte Kompanie. Links von uns, ab den Kolchosruinen, da sind zwei Kompanien Spanier von der "Blauen Division". Das sind vielleicht verrückte Heinis! Feig sind sie nicht, aber total bekloppt. Die wollen es einfach nicht glauben, dass das hier kein Stierkampf ist

und auch kein spanischer Bürgerkrieg.

Unser Kompaniegefechtsstand ist etwas links von der Mitte, im Bunker "Immelmann". Der Alte, der Hauptmann Greiner, der ist übrigens in Ordnung. Der verlangt nichts, was er nicht selber auch tut. - Also mach's gut, Kumpel, - und laß dich nicht totschießen!"

Der Kleiderschrank gab ihm sogar seine Riesenpfote, und der Karli machte sich auf die letzte Etappe seines Weges, der ihn in jene schöne Gegend führte, die im militärischen Sprachgebrauch Hauptkampflinie heißt.

Von der Straße zweigte bald ein morastiger Pfad ab, den viele Soldatenstiefel in das Heideland getrampelt hatten.

Es war auffallend ruhig, als sich der Gefreite Grob an diesem Nachmittag der Front näherte. Nur aus südöstlicher Richtung hörte man ab und zu ein Maschinengewehr hämmern. Ein russisches. Das Stakkato der deutschen war ein wenig schneller.

Er träumte jetzt nicht mehr. Ohne daß er sich dessen bewußt war, stellten sich seine Sinne darauf ein, daß das Leben von hier ab mit jedem Schritt etwas gefährlicher wurde. Seine Ohren fingen an, besser zu hören, seine Augen begannen mehr zu sehen, und seine Nase gab sich Mühe, die Gefahren zu riechen.

Was seine Augen zuerst erblickten, war ein Wegweiser, der neben dem Trampelpfad stand. Dieser Wegweiser war sehr künstlerisch gestaltet. Ein deutscher Fallschirmjäger war darauf abgebildet, der mit geschwungener Handgranate und mit einem mächtigen Fußtritt zwei ausgesprochen entsetzt wirkende Russen in die Flucht schlägt. Darunter stand: "Zur Greiner-Linie".

"Ja", dachte der Karli, "So sind wir halt, wir Deutsche. Überall ein bisserl eine persönliche Note mit hineinbringen, wo wir auch sind. Sogar in diesen Scheißkrieg!"

Gute zweihundert Meter weiter konnte man jetzt die ersten Erdbunker ausmachen. Es waren flache, kleine Hügel, die mit Gras und Buschwerk bewachsen waren, und die sich nur ganz wenig aus dem Gelände hoben. Die schwarzen Eingangslöcher an den Rückseiten erinnerten irgendwie an Tierbehausungen, an Fuchsbau, Dachsbau, Maulwurfshügel. Es war unverkennbar: Je fortschrittlicher die Kriegführung wurde, desto mehr machte sie den Menschen wieder zur Kreatur, - zum Viech.

Der Karli fand den Kompaniebunker ohne Schwierigkeit. Über dem Eingang auf einem ovalen Brett, das von einem Birkenstamm schräg abgesägt worden war, stand "Immelmann". Tradition muß sein. Die Unterstände waren alle nach berühmten Fliegern des ersten Weltkrieges benannt. Sie waren solide gebaut. Gute Pionierarbeit. Drei überkreuzte Lagen von Rundhölzern, auf denen noch etwa ein halber Meter bepflanzte Erde lag. So waren diese Behausungen einigermaßen beschusssicher, wenigstens gegen kleinere Kaliber, Stalinorgeln und Granatwerfer.

Am Eingang war keine Tür, nur eine dreckige Zeltbahn hing herunter. Dahinter hörte man Stimmen. Der Karli schob das Tuch ein wenig zur Seite und rief durch den Spalt:

"Gefreiter Grob bittet eintreten zu dürfen!"

Drinnen rief jemand:

"Kommen Sie rein!"

Und als sich der Karli zwischen Eingangspfosten und Zeltbahn in den Bunker schieben wollte, merkte er, dass er sein Gewehr noch immer um den Hals hängen hatte. Das war beim Eintreten sehr hinderlich, und er beeilte sich, den Schießprügel herunterzunehmen, wobei er auch noch mit dem Lauf an ein Wandbrett stieß, von dem eine Gasmaskenbüchse laut scheppernd herunterfiel.

Am Tisch saßen zwei Offiziere, und der ältere sagte:

"Mensch, machen Sie mir meinen schönen Unterstand nicht kaputt."

Der jüngere aber meinte lachend:

"Wir haben uns schon heut vormittag kennengelernt, der ist aus Oberbayern!"

Der Karli, der sich sowohl über diese Bemerkung als auch über seine eigene Ungeschicklichkeit ärgerte, stellte die Gasmaske wieder auf ihren Platz und machte seine Meldung. Er war recht verlegen und fürchtete, dass dieser erste Eindruck, den er da gemacht hatte, nicht gerade der beste war. Der Hauptmann aber lächelte nur ein wenig spöttisch, gab dem Gefreiten Grob die Hand und sagte:

"Trotzdem, willkommen in der zwoten Kompanie! - Und nachdem Sie sich ja schon kennen, kommen Sie in den ersten Zug zu Leutnant Paulinck, denn dem fehlen einige Leute, der nimmt zur Zeit sogar Oberbayern, obwohl er aus Hamburg ist."

Die Verlegenheit vom Karli war schnell vorüber, denn der Leutnant, der war eigentlich garnicht so ohne. Er hat ihm ganz freundlich die Hand gegeben und dabei "na, denn man tau!" - oder so etwas ähnliches - gesagt. Er bedeutete ihm zu warten und sortierte einige Briefe aus, die auf dem Feldbett lagen. Er legte vier oder fünf beiseite und sagte, mehr zu sich selbst:

"Die lesen keine Briefe mehr."

Die übrige Post drückte er dem Karli in die Hand.

"Hier, damit Sie sich bei Ihren neuen Kollegen gleich ein wenig einschmeicheln können! - Melden Sie sich bei Oberjäger Klein im Bunker `Richthofen´. Das ist die dritte Gruppe."

Der Bunker `Richthofen´ sah genau so elegant aus wie der Kompanieunterstand. Er war nur etwas stärker bevölkert.

Ein paar Mann lagen auf einem erhöhten Bretterboden und schnarchten, einer saß an einem winzigen Tisch unter einem noch winzigeren Fensterloch und schrieb, einer hockte auf einer Munitionskiste und schob Patronen in einen MG-Gurt und zwei saßen beim Schein einer Karbidfunzel in der Mitte des Raumes an einem etwas größeren Tisch. Von denen hatte einer kein Hemd an und war offensichtlich mit der Jagd auf Läuse beschäftigt, der andere beugte sich dicht vor die Lampe, hatte eine Zigarette im Mundwinkel und stopfte hingebungsvoll an einem Socken herum.

"Ich soll mich beim Oberjäger Klein melden, und der Leutnant hat mir die Post mitgegeben," sagte der Karli.

Der mit dem MG-Gurt über den Knien deutete mit dem Daumen auf den Schreibenden. Der Karli übergab ihm die Briefe und betete zum viertenmal an diesem Tag die übliche Litanei her, indem er Namen, Dienstgrad, Ausbildung und Tag des Versetzungsbefehls nannte. Der Korporal, das war nun endlich die letzte Instanz, der reichte ihm auch die Pfote und sagte:

"Kannst dann gleich mit der nächsten Ablösung auf Stand sechs mitgehen, zum Eingewöhnen."

Der Karli war nicht besonders erfreut darüber, denn zum Eingewöhnen hätte ihm auch ein kleiner Schlummer auf dem Bretterboden des Unterstandes genügt. Der Oberjäger stellte ihn vor:

"Das ist der Karl Grob, er gehört ab heute zu unserer Gruppe - war schon ein halbes Jahr in Russland - seid gut zu ihm, er hat sich hier schon die Finger und die Zehen erfroren."

Der Karli brummte mürrisch: "Grüaß Gott, beinand", und der Lesende sagte, ohne den Kopf von seinem Schmöker zu nehmen: "Heil und Sieg, Towarisch!" Die anderen nickten nur ziemlich unbeteiligt. Das war schon in Ordnung so, der Karli wußte längst, daß man erst einige Kommissbrote miteinander gegessen haben muß, bis so etwas wie Freundschaft aufkeimen kann.

Der Korporal schaute auf seine Uhr und sagte:

"Ablösung fertigmachen für Stand sechs. - Der Neue geht gleich mit."

Er stieß einen der Schläfer mit dem Fuß an:

"He, Gert, wach auf, der Krieg geht weiter! - Und nehmt die zwei MG-Kästen mit!"

Der so unfein aus dem Schlaf Gescheuchte grunzte, fluchte und zog stöhnend seine Stiefel an. Der Strümpfestopfer am Tisch ließ eine Handgranate, die ihm als Stopfei gedient hatte, aus dem Socken gleiten und steckte sie in die breite Vordertasche seines Knochensackes. Der Karli aber setzte den Stahlhelm auf, hängte sich den Karabiner wieder um den Hals, packte einen der Blechkästen mit dem Futter für's Maschinengewehr und verfluchte den Krieg und alles, was damit zusammenhing, denn er war saumüde, und er wünschte sich weit weg, in einen duftenden Heuhaufen hinein. Er trank noch schnell einen Feldbecher mit schwach gesüßtem, undefinierbarem Tee aus und kroch hinter den zwei anderen durch den niederen Bunkerausgang über einige Bretterstufen nach oben.

Es war schon fast dunkel, nur im Westen lag ein heller, rötlich-grauer Himmelstreifen unter einer schwarzen Wolkendecke.

Etwa zweihundertfünfzig Meter waren es bis zum Stand sechs. Der hob sich als flacher Hügel gegen den hellen Horizont ab. Sogar die drei kleinen Helmbuckel der Besatzung konnte man über dem Hügelrand ausmachen. Links davon stieg jetzt eine Leuchtkugel in die Höhe und sank langsam und zitternd wieder nach unten. Es war eine russische, denn deren Licht war eine Spur gelblicher als die eigenen. Dann hörte man drei- oder viermal ein MG stottern, dann vereinzelte Gewehrschüsse, und dann war wieder Ruhe.

Zum Stand führte ein niedriger Laufgraben, der etwa sechzig Meter lang war.

"Den haben wir buddeln müssen", erklärte der Gerd.

"Das letzte Stück konnte der Iwan einsehen, - wir haben dadurch drei Ausfälle gehabt."

Als sie gebückt durch den Laufgraben gingen, quatschte unter ihren Stiefeln der Schlamm, und oben auf dem Erdaufwurf knallte es ein paarmal wie Feuerwerkskracher.

"Explosivgeschosse," sagte der Mann vor dem Karli, "da gibt es keine glatten Durchschüsse mehr, sondern nur noch Fetzen. Wenn ich einmal einen Iwan erwische, der das Zeug in seiner Flinte hat, dann lege ich ihn um!"

Die drei Leute im Stand sechs hatten anscheinend garnicht gemerkt, daß die Ablösung gekommen war. Einer schaute angestrengt durch ein Fernglas feindwärts, und die zwei anderen standen am Maschinengewehr. Sie bewegten sich nicht und wirkten wie ein Kriegerdenkmal. Aber als drüben wieder eine gelbliche Leuchtkugel hochfuhr, dröhnten zwei Feuerstöße aus dem MG, und der Buckel des Schützen vibrierte wie im Schüttelfrost.

Der Schütze zwo sagte: "Gurt durch!" und der mit dem Feldstecher drehte sich unvermittelt um und fragte:

"Hoffentlich habt ihr die Muni dabei?"

Der Karli und der Andere stellten ihre Kästen auf einem Brett neben einem halben Dutzend Stielhandgranaten ab, und der Gert lachte:

"Wenn ihr auf jede blöde Leuchtkugel ballert, dann kommt ihr unsern Führer ganz schön teuer. - War denn überhaupt was besonderes los?"

Der MG-Schütze sagte:

"Die buddeln wie die Maulwürfe an ihrem Graben. Der Sappenkopf ist jetzt keine hundert Meter weit weg. Aber ich hab die Brüder ein paarmal ganz schön erschreckt. Einem hab ich bestimmt den Spaten aus der Pfote geschossen."
"Blödmann!" brummte der Gert.
Der MG-Schütze grinste breit, deutete mit dem Daumen auf den Karli und fragte:
"Was habt ihr denn da für`n Greenhorn dabei?"
Der Karli bekam eine Wut und antwortete selbst:
"I hoaß Karl, und dir gib i nacha glei a Greenhorn, du Sprüchmacher, i bin scho länger in Rußland wia du - seit Juni oanavierzg, wennst as genau wissen willst, - Hanswurscht!"
"Mit der komischen Aussprache kannst du ja nur so`n Kraxelhuber aus Bayern sein. Na Junge, was ihr so als Sprache bezeichnet! Also denn, gepflegten Dienstagabend, die Herren."
Damit ging er schmatzenden Schrittes durch den Laufgraben zurück. Er gehörte nicht zu jenen, die dem Karli auf Anhieb sympathisch waren. Der mit dem Feldstecher wandte sich um und sagte:
"Den Heinz, den darfste nicht so ernst nehmen, Kumpel, der hat immer eine große Klappe, der kann nicht anders. - Hier, damit du dir noch ein wenig die schöne Gegend begucken kannst, bevor es ganz zappenduster ist."
Damit hängte er dem Karli das Fernglas um den Hals und machte sich hinter den beiden anderen her.

Die Kampfstände waren runde Löcher mit einem Durchmesser von drei Metern, etwa zwei Meter tief und mit Rundhölzern und Brettern ausgekleidet. Der Gefreite Grob stieg auf den Antritt, hob den Kopf vorsichtig über den Erdaufwurf und stellte das Prismenglas scharf ein. Es war inzwischen schon sehr dunkel geworden, aber die Optik hellte das Bild ein wenig auf. Man konnte das Ende des russischen Grabens gut erkennen, und man sah auch, dass dort geschaufelt wurde, denn ab und zu flog Erde über den Grabenrand. Die Entfernung betrug sicher weniger als hundert Meter. Dazwischen war das Gewirr eines stark lädierten Drahtverhaues. Weiter weg - in drei- bis vierhundert Metern vielleicht - lagen die Reste eines Dorfes. Das übliche Bild: Mauerreste, Balken, schwarze Kaminsäulen. In dieser späten Abenddämmerung, durch die zusammengeschobene Perspektive des Fernglases, sah diese Kulisse besonders trostlos und melancholisch aus.

Während der Gert einen neuen Gurt in das Maschinengewehr legte, sagte er zum Karli:
"Das Kaff da drüben heißt Posnjokowo. Das hat der Iwan ziemlich gut ausge-

baut. Der hockt da in Kellern und Erdbunkern und hat feste Stellungen für MGs und Granatwerfer. Man müßte das alles mal richtig mit Artillerie bepflastern, so zwei, drei Stunden lang, damit endlich eine Zeitlang Ruhe ist mit den verdammten Granatspuckern. Wie es aussieht, haben wir aber zur Zeit keine Ari an unserem Frontabschnitt. - Da, hinter dem Hügel ist noch ein Dorf, es heißt Militischi oder so ähnlich. Bei Tag kann man davon zwei Blechdächer und einen Kirchturm sehen. Wahrscheinlich hockt da oft ein Beobachter droben und schaut uns mit seinem Scherenfernrohr ins Kochgeschirr. Ich kann`s nicht verstehen, warum man das Zeug nicht einfach in Klump schießt."

Es war inzwischen völlig dunkel geworden, und da nahm sich die deutsche Leuchtkugel, die plötzlich in einem steilen Bogen grellweiß aufstieg, besonders festlich aus. Das blendende Magnesiumlicht ließ alles ganz unwirklich erscheinen. Die Dinge verloren ihre Farbe und sahen im Augenblick aus, als seien sie aus Kalk oder Gips. Nur die Eisenpfosten, zwischen denen der Stacheldraht gesponnen war, standen schwarz und wirr durcheinander. Und in den wenigen Sekunden dieser grellen Helligkeit sah der Karli zwei leblose Puppen zwischen den schwarzen Pfosten hängen. Vornübergebeugt waren sie beide, die eine mehr aufrecht, die andere mehr waagrecht, wie kurz über dem Boden schwebend. Zwei umgefallene Vogelscheuchen.
Als die Leuchtkugel verglühend den Boden erreicht hatte, war der Spuk von der Finsternis verschluckt.

Der Karli erzählte seinen Kameraden, was er gesehen hatte, und fragte, ob er sich etwa getäuscht habe, in diesen kurzen Sekunden.
"Nein, sagte der Gert, "du hast schon richtig gesehen, das sind zwei Kollegen von der anderen Feldpostnummer, die hängen schon fast zwei Wochen da im Stacheldraht, und in der Zeit ist jeder von ihnen schon hundertmal erschossen worden. Ich weiß nicht, ob sie zu einem Spähtrupp gehört haben, oder ob sie bloß die Schnauze voll hatten."
"Ich mache jede Wette, daß die stiften gehen wollten", sagte der andere Kamerad.
"Die haben bestimmt von ihren eigenen Genossen eine verpasst bekommen. Ich kann mich erinnern, dass die schon im Draht hingen, wie wir damals abgelöst haben, und von den anderen hat auch keiner gesagt, dass er was gesehen hat. Ist ja auch egal, die spüren nichts mehr. Seltsam ist nur, daß sie immer noch so ungefähr wie Menschen aussehen."
"Ja," sagte der Gert, "es ist die Uniform, die ihre Körper so lange zusammenhält."
Die vier Stunden Wache verliefen ziemlich ruhig. Ein paar Leuchtkugeln und

einige Schüsse, sonst war nichts.
Den Karli aber hatte die Müdigkeit so gepackt, dass er im Stehen eingeschlafen ist. Er schreckte erst wieder in die Wirklichkeit zurück, als seine verschränkten Arme mit dem daraufgelegten Kopf von der Brüstung rutschten und seine Nase dabei schmerzhaft an ein Schalbrett stieß. Seine beiden Kameraden lachten herzlich aber verständnisvoll. Er war jetzt seit fünf Uhr morgens auf den Beinen, und außer bei den zwei Zigarettenpausen und der kurzen Fahrt im Geländewagen ist er in über zwanzig Stunden nie zum Ausrasten gekommen.

Als dann endlich die Ablösung da war, torkelte er wie ein Betrunkener hinter den beiden anderen her. Im Bunker kam er garnicht mehr dazu, seine Stiefel auszuziehen, denn er war so erledigt, dass er wie ein Sack auf die harten Bretter seines Lagers und, beinahe übergangslos, in einen traumlosen Schlaf fiel.

Am anderen Tag sagte der Oberjäger Klein zu ihm:
"Falls du es nicht schon selbst gemerkt hast, in meiner Gruppe sind wir alle per Du. Es sei denn, es erweist sich einer als ausgesprochene Flasche. Kannst also bis auf weiteres Rudi zu mir sagen."
"Des is guat," antwortete der Gefreite Grob, "und wo i dahoam bin, sagns alle Karli zu mir."
Somit war eine weitere Formalität erledigt.


Der Kübelwagen und ein Beiwagenkrad waren in die Stellung gekommen, hatten warmes Essen und Tee mitgebracht und Post. Für den Karli war nichts dabei. Es würde wohl noch ein paar Tage dauern, bis ihm die Schreibstubenhengste vom Ersatzbataillon seine Briefe nachschickten.

Sie hockten im Bunker herum und löffelten den lauwarmen Eintopf aus ihren Kochgeschirren. Einer sagte:
"Etwa im Essen vorgefundene Fleischfasern sind nach Größe zu ordnen, zu bündeln und beim Bataillonsfourier abzuliefern."
Niemand lachte. Der Witz war einfach zu alt. Außerdem schmeckte das Zeug ganz passabel. Jeder von ihnen hatte schon weit Schlimmeres auf dem Löffel gehabt. Als Abendration gab es pro Mann ein halbes Kommissbrot und eine runde Konservenbüchse. Auf diesen Büchsen klebte ein knallbuntes Etikett, das einen deutschen und einen italienischen Soldaten zeigte, die einander die Hände reichten und sich dabei innig in die treuen Augen blickten. Der Inhalt roch wie die hinterste Hafenecke eines südlichen Fischerdorfes und bestand aus einem rotbraunen Brei, der vermutlich von Tomaten und allerlei unbestimmbaren Fischresten zusammengemantscht war. Irgendein kluger italienischer Konservenfabrikant hat sich damit gewiss mehrere goldene Nasen verdient. Bei den

Landsern war diese Delikatesse nicht besonders beliebt. Sie wurde Achsenschmiere genannt, und das war ein außerordentlich zutreffender Name, denn die Achse Rom-Berlin taugte ja bekanntlich auch nicht viel.

Die Essenholer hatten einen Stoß Zeitungen mitgebracht, die vorerst recht unbeachtet auf dem Tisch herumlagen. Man weiß ja, daß dem Propagandaminister Goebbels die geistige Betreuung der kämpfenden Truppe ganz besonders am Herzen lag und Hitlers famoser Reklamechef glaubte, dass die regelmäßige Versorgung der Soldaten mit seinen Leitartikeln, getürkten Nachrichten und NS-Ideologien weit wichtiger sei, als warme Kleidung, ausreichende Verpflegung und Munition. Der Karli musste an den vergangenen Winter denken, und er erinnerte sich mit einer gewissen Dankbarkeit an die großformatigen Zeitschriften, die "Das Reich" und "Völkischer Beobachter" hießen und die sie damals trotz aller Nachschubprobleme erhalten haben. Wenn man bei diesen Journalen nämlich an der Längsfalte ein halbkreisförmiges Stück herausriß, dann entstand ein Loch, durch das man seinen Kopf stecken konnte, und es ergab sich daraus eine Art Unterhemd, das, unter dem Pullover getragen, für einige Zeit ganz gut gegen die Kälte schützte. Einen ähnlichen Effekt hatten zerknüllte Zeitungsblätter, die zwischen Hose und Unterhose und in die Stiefel gestopft wurden. So half die gute Versorgung der Ostfront mit nationalsozialistischem Gedankengut manchem braven Soldaten, auch bei minus fünfundvierzig Grad noch zu überleben. Allerdings weniger durch den geistigen Gehalt des Gedruckten, als vielmehr durch die wärmedämmenden Eigenschaften des Zeitungspapiers.

Die Tatsache, dass er sich damals trotz dieser rührenden Betreuung durch die oberste Führung Hände und Füße angefroren hatte, wertete der Karli mehr als eine glückliche Fügung, denn er kam ins Lazarett, und wahrscheinlich sind ihm dadurch weit größere Unannehmlichkeiten erspart geblieben.

Wie er sich damals in der Sammelstelle Smolensk - seit Wochen zum erstenmal - seiner Klamotten entledigte, da fiel aus Hose und Hemd ein ganzer Haufen NS-Presse, die auf Briefmarkengröße zerfuselt war.

Das ist ihm wieder in den Sinn gekommen, als er die Zeitungen auf dem Tisch liegen sah. Jetzt war es Ende April, es gab keine Minusgrade mehr, und man konnte sie somit auch zum Lesen verwenden. Häufig wurde dieses Propagandamaterial aber noch einem weiteren vernünftigen Zweck zugeführt.

Ob der Dr. Goebbels wohl jemals ahnte, welch unrühmliches Ende die meisten seiner heroisch-glühenden Leitartikel auf den Latrinen der Ostfront fanden?

Um die Mittagszeit löste der Karli zusammen mit Gert und einem ganz jungen Spund, der noch nicht einmal Gefreiter war, die Besatzung von Stand fünf ab. Der Junge hieß Stefan und war ein auffallend lustiger Kerl mit einem netten

Lausbubengesicht und braunen, flinken Augen. Der konnte sich über jeden Witz, auch den ältesten und dümmsten, ehrlich freuen. Allein schon deswegen hat ihn der Karli von Anfang an ins Herz geschlossen.

Der Stand fünf sah genauso aus, wie der etwa achtzig Meter rechts davon liegende Stand sechs, aber es führte kein Laufgraben hin. Es genügte, wenn man sich etwas klein machte, dann konnten einen die Scharfschützen drüben in Posnjokowo nicht sehen.

Dies war ein sonniger Frühlingstag, an dem man den Krieg beinahe vergessen hat, wenn man nicht auf den Stacheldraht schaute oder auf das zerschossene Posnjokowo, sondern seinen Blick zum blauen Himmel richtete, in dem kleine, weiße, barocke Wolken schwammen.

"So schaut der Himmel bei mir zuhause auch oft aus, um diese Zeit", sagte der Karli zum Stefan und zündete sich eine Zigarette an, weil er ein wenig Heimweh verspürte.

Der Stefan lachte:

"Als kleiner Junge war ich mal mit meinen Eltern in eurer Gegend. Vater hatte Urlaub. Ich kann mich nur noch erinnern, daß ich furchtbare Angst vor den vielen Kühen hatte, weil sie so groß waren. Und dann bin ich von einem Bootssteg in einen See gefallen. Vater hat mich herausgezogen, aber Mama war so erschrocken, daß sie gleich wieder heimreisen wollte. Inzwischen habe ich aber Schwimmen gelernt. Und manches andere dazu."

In dem kurzen Gras vor dem Schützenloch hupften kleine flinke Vögel herum. Keiner wußte, was für Vögel das waren. Bachstelzen, Sperlinge, Grasmücken? - Auf jeden Fall waren es russische Vögel. Die drei Fallschirmjäger aber freuten sich, dass diese frechen kleinen Kerle überhaupt da waren und zwischen dem Stand fünf und dem Stacheldraht so unbefangen schwirrten und pickten, obwohl dort keine hundert Meter voneinander getrennt Menschen darauf lauerten, sich gegenseitig umbringen zu können.

Es tauchten aber plötzlich zwei russische Vögel ganz anderer Art auf. Von Westen her kamen sie, in geringer Höhe über dem Wald fliegend, in dem die erste Kompanie lag. Es waren zwei Iljuschin-Jagdbomber, und die ganze Front entlang brodelte das Abwehrfeuer. Der Karli hat blitzschnell das Maschinengewehr von der Brüstung gehoben und es dem Gert auf die Schulter gelegt. Der Stefan hat auch gut geschaltet, den Patronengurt waagrecht gehalten, damit es keine Ladehemmung gibt, und als das erste Flugzeug in einer leichten Linkskurve auf sie zuschwenkte, da sah man das Mündungsfeuer der Bordwaffen an den Tragflächen aufblitzen und die roten Sowjetsterne leuchteten wie bösartige Augen. Der Gert hielt das MG am Zweibein fest, und der Karli zog den Abzug

durch und schwenkte die Waffe mit dem raschen Flug der Iljuschin mit. Da war auch schon die zweite Maschine eingeschwenkt, und der Karli feuerte mit Grimm und Verbissenheit und dachte nur eines:
"Fall runter, du Mistvieh, fall runter!"
Die Iljuschin tat ihm diesen Gefallen nicht. Der Typ war von unten gepanzert und ziemlich immun gegen MG-Kugeln.

Sie hatten Glück. Das Ziel des Angriffs waren diesmal die Kampfstände eins bis drei am linken Kompanieabschnitt gewesen. Die hatten anscheinend ziemlich viel von dem Bordwaffenbeschuß mitbekommen, und als einige Zeit später der Leutnant Paulinck in ihren Stand kam, erzählte er, dass es beim dritten Zug einen Toten und vier Verwundete gegeben habe. Er sagte: "Hoffentlich bekommen wir die Zwozentimeter-Flak, die der Chef angefordert hat, sonst können die uns jeden Tag ein paarmal zur Sau machen."

Tatsächlich kamen die beiden Flugzeuge am nächsten Nachmittag fast um dieselbe Zeit wieder. Sie flogen dicht hintereinander, und der Karli kam diesmal nicht dazu, das MG 34 auf eine Kameradenschulter zu legen. Die Dreckfontänen der Bordwaffeneinschläge tanzten um ihr Schützenloch herum, und sie drückten sich voll Angst an die Balken und Schalbretter. Ein Kasten mit MG-Munition, der oben auf der Brüstung stand, flog zerfetzt durch die Luft, und in den Rundholzpfosten detonierten mit gemeinem Knall einige Explosivgeschosse.Es ging alles irrsinnig schnell, und man möchte es nicht glauben, wieviel man in wenigen Sekunden erleben kann.
Die drei hatten wiederum Glück gehabt. Doch dann sahen sie, wie die beiden Feindflugzeuge, schon sehr weit weg, eine steile Kurve flogen und zurückkamen.
"Desmal geht`s schlecht naus!"
Das war der einzige Gedanke, den der Karli noch hatte, und er zog den Kopf ein und presste sich an die Wand des Kampfstandes. Seine beiden Kameraden machten es genauso. Keiner dachte mehr an das gute Maschinengewehr, das oben auf der Brüstung lag.

Aber es geschah ihnen wieder nichts, denn plötzlich hörte man vom Waldrand und vom linken Kompanieabschnitt her das wohlbekannte Tock - Tock - Tock von Zweizentimeter-Kanonen, und man sah die Leuchtspur auf die silbergrauen Maschinen zufliegen. Die erste zog in einer Steilkurve hoch, dann glitzerten Metallteile in der Luft, dann verlor sie eine halbe Tragfläche, und das Ende war eine riesige schwarze Wolke, die zwischen Posnjokowo und Milititschi aufstieg.

Die andere Iljuschin strich in geringer Höhe nach Südosten ab. Ihr Motor qualmte und zeichnete eine weite dunkle Kurve an den blauen Himmel.

Der Gefreite Grob atmete tief durch, und er beschloss, über die Kameraden mit den roten Kragenspiegeln nie mehr ein spöttisches Wort zu verlieren.

In der Kompanie lief das Gerücht um, daß jeder, dem es gelingt, ein Feindflugzeug mit Infanteriewaffen abzuschießen, vierzehn Tage Urlaub und das Eiserne Kreuz bekommt. Dem Karli hätte beides wohl gefallen, doch er wusste jetzt, daß dies nicht so einfach ist. Im Stillen dachte er sich aber, daß vielleicht einmal eine alte Rata kommt, oder so ein langsamer Aufklärungs-Doppeldecker. Dann würde er es noch einmal probieren. Leider ist kein Flieger mehr gekommen, der gewillt war, dem Gefreiten Grob zu Urlaub und Orden zu verhelfen.

Als sie nach der Ablösung in den Unterstand stolperten, lag auf dem Tisch ein kleiner Stapel Briefe für den Karli. Sogar ein Päckchen von der Mutter war dabei. Einige Sachen sind über drei Wochen unterwegs gewesen, aber die Schreibstubenhengste vom Ersatzhaufen haben ihm alles gewissenhaft nachgeschickt. Er verzog sich mit seinem Postsegen nach draußen und hockte sich neben dem Bunkereingang auf eine leere Munitionskiste. Er wollte seine Ruhe haben beim Lesen, und Appetit hatte er auch keinen, schon garnicht auf den Graupenstampf, den die Essenholer gebracht hatten.

Ein Brief vom Vater war dabei, aus Litzmannstadt. Sein Alter war vor vier Monaten doch noch eingezogen worden. Er schrieb ganz beiläufig, dass man ihn zum Leutnant gemacht hat, dass es ihm ansonsten aber gut geht. Der Karli konnte es nicht fassen, daß sein Vater, dieser hundertfünfzigprozentige Zivilist, der nie ein Hehl daraus machte, dass für ihn das Militär eine höchst überflüssige und fragwürdige Einrichtung sei, dass nun ausgerechnet d e r eine so schnelle Karriere gemacht hat und in ein paar Monaten vom Unteroffizier zum Leutnant avanciert ist. Der alte Herr musste wohl irgendwelche verborgenen Begabungen haben, die er bislang selbst nicht gekannt hat.

Für die Mutter war damit natürlich alles ziemlich schwer geworden. Der Karli kannte sie zu gut, um nicht zu wissen, welche Sorgen sie sich jetzt machte. Sorgen machte sie sich allerdings immer, dazu hätte sie gar keinen Krieg gebraucht. In ihren Briefen ließ sie sich aber davon nichts anmerken und schrieb, daß sie ohne Probleme zurechtkommt, weil die Tante Emmi noch gut beim Zeug ist und ihr fleißig hilft, und daß außerdem das Schwesterchen viel Freude macht und prächtig gedeiht. In einem der Briefe ist auch ein Foto von der Kleinen gelegen. Sie sah aus wie eine Puppe, trug ein kariertes Dirndlkleid, hatte einen Strohhut auf und schaute ihren Bruder mit großen Augen ganz ernsthaft an. Der Karli legte das Bildchen behutsam ins Soldbuch, zur Elisabeth.

In dem Päckchen war Selbstgebackenes von der Mutter. Niemand auf der Welt konnte solche Platzerl backen! Als der Karli das erste davon auf der Zunge zergehen ließ, schloß er genießerisch die Augen, und obwohl es schon Ende Mai war, träumte er von längst vergangenen Weihnachtstagen. Damals, im Frieden, war es ganz selbstverständlich, dass für ihn am Heiligen Abend ein gehäufter Teller mit Mutters kleinen Kunstwerken dastand, aber jetzt, mitten im dritten Kriegsjahr, auf einer Munitionskiste hockend, ungewaschen und von Läusen benagt, ein paar hundert Meter entfernt von einem in Trümmer geschossenen Kaff, das Posnjokowo hieß und ihn eigentlich einen Dreck anging, da waren Mutters Kekse auf einmal etwas völlig Irreales, ein himmlisches Manna sozusagen. Der Karl Grob schwelgte und träumte und hatte völlig vergessen, daß noch keine drei Stunden vergangen waren, seit er sich im Kampfstand an die Wand presste mit dem fürchterlichen Gefühl, da nicht mehr lebend herauszukommen.

Um die Köstlichkeiten der mütterlichen Backkunst großzügig unter die Kameraden zu verteilen, dazu waren es der Plätzchen zu wenige und der Kameraden zu viele. Er war gewillt, das meiste davon selbst aufzuessen. Aber der Stefan bekam eines und der Gert, der Oberjäger Klein und der Martin. Warum er den Martin so gut leiden konnte, das wußte er selbst nicht genau. Der schmökerte oft in einem kleinen, abgegriffenen Buch und redete wenig. Wenn er aber den Mund aufmachte, dann hatte seine Rede Hand und Fuß. Jeder vertraute ihm, denn er strahlte eine unglaubliche Ruhe aus und verlor nie den Humor. Kurz, er war einer jener Typen, die im Krieg weit wichtiger sind, als es ihr Obergefreitengehalt vermuten läßt.

Als die Plätzchen gegessen und die Briefe und Karten gelesen waren, kam die übliche Reaktion beim Karli: Er bekam Heimweh und sehnte sich nach den Menschen, die er gern hatte. So war das eben damals mit der Feldpost. Bekam man keine, dann fühlte man sich von Gott und der Welt verlassen, und bekam man welche, dann weckte das Erinnerungen, Wünsche und Sehnsüchte - und man war auch traurig.

Die Elisabeth hatte geschrieben, dass sie ihre Gesellenprüfung als Goldschmiedin gemacht hat, zeitgemäß, mit Kupfer, Messing und Eisenblech, und dass sie oft an ihn denkt. Seine Freunde waren jetzt über die halbe Welt verteilt, um dem Führer zu Macht und Größe zu verhelfen. Der Max am Schwarzen Meer, der Hans in Jugoslawien, der Reiner in Afrika. Der Karlo ist auch eingezogen worden, aber sein Wunsch, zu der Truppe "mit den längsten Röhrln" zu kommen, ist nicht in Erfüllung gegangen, man hat ihn zu den Pionieren gesteckt. Einer war in Norwegen, einer in der Ukraine, und einer schwamm sogar im U-

Boot auf dem Atlantik herum.

Die Regina berichtete dem Karli immer getreulich von den Schicksalen seiner Freunde und was sich im alten Murnau sonst noch ereignete in dieser großen Zeit. Der Franz, mit dem er damals als Schulbub auf der kleinen Steinbruchlokomotive fahren durfte, der ist schon im Winter gefallen. Manchmal kamen auch Zeitungen aus der Heimat, und darin tauchten jetzt immer mehr Namen auf von Menschen, die man gekannt hatte und die jetzt tot waren. "Gefallen für Führer, Volk und Vaterland", wie es in den Todesanzeigen so pathetisch hieß. Manchmal stand da über den Namen der Angehörigen auch "In stolzer Trauer".

Der Karli aber dachte, dass er wohl nicht stolz wäre, wenn etwa sein Vater fallen würde, sondern nur traurig.

Der Krieg hatte aufgehört, ein spannendes Abenteuer zu sein. Er war ein Unglück, sonst nichts. Sein Vater hatte das ja schon immer gesagt.

Läuse hatte er natürlich auch wieder. Das war garnicht zu vermeiden. Jeder in der Kompanie hatte sie. Wahrscheinlich auch der Hauptmann und der Leutnant. Wenn der Karli jemals Lebewesen aus tiefster Seele hasste, dann waren es die Läuse. Die hatten nicht den geringsten Daseinszweck, dienten nicht einmal irgendeinem anderen Tier als Nahrung, sondern waren nur geschaffen, den Menschen zu peinigen und ihn, wenn möglich, mit Flecktyphus zu infizieren. Diese trägen, blassen Viecher mit dem leichenfarbigen Ringelleib und den sechs hässlichen Krebsbeinchen am Kopfende, die verkörperten alles, was hassenswert ist auf dieser Erde. Feige verkrochen sie sich in den Falten und Nähten der Kleidung, legten Legionen von Eiern unter die Knöpfe und gaben sich auffallend harmlos, wenn sie entdeckt wurden. Außerdem entwickelten sie immer dann ihre größte Aktivität, wenn dem strapazierten Leib einmal eine größere Ruhepause vergönnt gewesen wäre. Dann bohrten diese teigigen Bestien ihre Rüssel durch die Haut um sich freßgeil mit Blut, das ja eigentlich für weit heroischere Aufgaben bestimmt war, vollzusaugen. Da juckten dann die vielen Bohrstellen so teuflisch, daß keine Müdigkeit der Welt den ersehnten Schlaf bringen konnte.

Diese Mistviecher beim Schein einer Karbidlampe mit den beiden Daumennägeln zu knacken, das war die herkömmliche Methode. Hatte man dann einige Dutzend zerquetscht, so daß die Nägel bepappt waren mit Blut und plattgedrückten Läusebälgen, dann half das auch nur für kurze Zeit, und die Wirkung war mehr psychologisch. Karlis Wut auf die Läuse steigerte sich zum fanatischen Hass, fast bis zum Wahnsinn. Er bastelte aus Draht eine Art Dreibein, auf das er eine leere Konservenbüchse legte. Darunter stellte er eine brennende Kerze, und mit dieser Vorrichtung konnte er sich bei seiner nächtlichen Jagd das unappetit-

liche Zerquetschen ersparen. Er warf die aus der Wäsche geklaubten Läuse einfach in die glühheiße Konservenbüchse. Dort beendete dann jede ihr penetrantes Dasein mit einem "Pffft", was dem Karli eine satanische Freude bereitete. Es war ein Geräusch, wie wenn ein Tropfen Wasser auf eine heiße Herdplatte fällt. Freilich stank diese Methode der Ungezieferbekämpfung etwas, aber die Kameraden fanden sich damit ab, denn in einem kleinen Erdbunker, in dem sechzehn ungewaschene Soldaten hausen, wird die Sensibilität der Geruchsnerven zwangsläufig stark zurückgebildet. Der Stefan sagte sogar begeistert:
"Das musst du dir patentieren lassen, Karli!"

Manchmal hockten sie gleich zu dritt oder viert um das Läusekrematorium und ließen es zischen, und der Rudi, der Korporal, verstieg sich gar zu einer kühnen Theorie:
Wenn man diese Läuseasche pulverisieren und sich damit Körper und Klamotten einpudern würde, so meinte er, dann könnte es doch sein, dass die lieben Viecher davon so geschockt wären, dass sie sich ein anderes Revier suchen oder gar Vegetarier werden würden.
Der Karli sagte:
"Und wennst dir die Aschn glei hoaß unters Hemad reibst, Rudi, dann wirkts wahrscheinli am besten, weils da sofort an Nervenzusammenbruch kriagn, die Läus!"
Es war aber in Wirklichkeit garnicht lustig, und das Ungeziefer konnte einen an den Rand des Wahnsinns treiben. Der Karli dachte, wie ungerecht der Mensch doch handelt, wenn er die Namen von Hund, Schwein, Kamel, Esel und anderen liebenswerten Kreaturen als Schimpfworte mißbraucht, und er nahm sich vor, einen ganz und gar verabscheuungswürdigen Menschen künftig nur noch als Laus zu bezeichnen. Sie war das Böse schlechthin. Der Floh, der war ja auch lästig, aber wenigstens war er sportlich und nicht so furchtbar sesshaft.

Am Morgen kam der Kompaniemelder in den Unterstand gerumpelt und sagte, dass der Karli und der Gert sofort zum Hauptmann kommen sollten, mit Stahlhelm auf. Die Zwei schauten sich ein wenig erschrocken an, und der Karli fragte:
"Was is`n los?"
Der Melder sagte:
"Keine Ahnung, werdet schon selber wissen, was ihr ausgefressen habt."
Und verschwand wieder.
Beim Chef widerfuhr ihnen aber nichts Unangenehmes, denn sie wurden beide zu Obergefreiten befördert, weil sie nun über zwei Jahre Soldat waren und sich in diesen vierundzwanzig Monaten bei keinerlei Verstößen gegen die Dienstvor-

schriften hatten erwischen lassen. Der kleiderschrankartige Kompanieschreiber war auch da, drückte dem Karli die Hand, daß dem die Tränen in die Augen schossen, und sagte:

"Wenn nächste Woche, oder wann, der Krieg aus ist, dann spendiert ihr aber gefälligst 'ne Runde. - Schließlich seid ihr jetzt Gehaltsempfänger!"

Als die erste Granate vierzig Meter vor dem Stand sechs in den Drahtverhau fetzte, sagte der Martin:

"Ratschbumm! - Paßt auf, Leute, jetzt wird`s spannend!"

Der zweite Schuss saß dreißig Meter rechts, der dritte haute, nur noch halb so weit, dicht neben dem Laufgraben in den Boden, und Erdbrocken und Steine regneten auf sie herab.

"Ratschbumm" hieß eine Kanone, die meist zum direkten Beschuss verwendet wurde. Sie war bei den deutschen Soldaten sehr unbeliebt. Man hörte nie einen Abschussknall, der Einschlag war vorher da und erwischte einen völlig unvorbereitet. Das Geräusch, das die Granaten bei ihrer Ankunft machten, hatte dieser patenten Waffe den Namen gegeben.

Zwei Explosionen kurz hintereinander, nur wenige Meter links. Ein Schwall von Erde kam herein, wie ein Brecher in ein Rettungsboot. Der Heinz starrte mit weitaufgerissenen Augen wie ein Irrer seine Kameraden an. Es kam kein Wort über seine Lippen, und das wollte beim Heinz schon etwas heißen.

Die nächste Granate schlug genau vor ihnen ein. Waren es vier Meter, oder gar nur drei? Es roch nach TNT, und die Detonation hatte sie taub gemacht. Der Karli, den die Angst fast erwürgte, schrie laut und hysterisch:

"Scheiiiiße!"

Da drehte ihm der Martin sein dreckverschmiertes Gesicht zu und brüllte - ebenso laut:

"Halt`s Maul, du Idiot!"

Das war der ganze Dialog, während sie in ihrem Loch kauerten und auf den Tod warteten. Die nächste oder übernächste Granate, spätestens aber die darauffolgende würde mitten unter ihnen krepieren. Und der Karli wusste, wie so etwas aussieht. Die Wehrlosigkeit, dieses ohnmächtige Warten auf das Furchtbare, das war schon ein Stück Tod im Voraus. Es entstehen dann Gebete wie dieses:

"Lieber Gott, lass die danebenschießen, lieber Gott, mach`, daß ihnen ihre Scheißkanone um die Ohren fliegt, lieber Gott, lass mich am Leben!"

Als dicht neben ihnen noch einmal Dreck und Splitter auseinanderspritzten, ein Balken schräg nach innen geschoben wurde und der Karli für einen Sekundenbruchteil das Gefühl hatte, dass sein Kopf ebenfalls explodieren würde, da sah er, wie der Martin das Maschinengewehr, das nur noch mit dem Kolben aus der aufgewühlten Erde schaute, von der Brüstung herunterriß. Und dann hörte er ihn brüllen:

"Zurück in den Graben!"

Sie zogen die Köpfe zwischen die Schultern, preßten sich an die Erdwand, und der Karli wünschte sich, ein Vogel zu sein und einfach wegfliegen zu können - oder wenigstens ein Maulwurf. Der Martin aber hatte das MG im Arm und drückte es an sich wie eine Mutter, die ihr Kind beschützen will.

Die übernächste Ratschbumm-Granate krepierte genau im Stand sechs.

Keiner von ihnen hätte auch nur die geringste Chance gehabt.

Die Handgranaten sind natürlich auch noch mit hochgegangen.

Balken und Bretter standen wirr durcheinander, und der halbe Kampfstand war voll Erde.

Aber seltsam, nach diesem Volltreffer kam kein Schuss mehr. Es herrschte absolute Ruhe, und es schien so, als wäre der tüchtige Kanonier drüben nun restlos zufrieden, weil er den Stand sechs so gut getroffen hatte. Die Stille, die jetzt ebenso plötzlich da war, wie vorher die Granaten, erschien dem Obergefreiten Grob ganz unwirklich und machte ihn mißtrauisch. War er vielleicht doch schon tot? Er lugte vorsichtig über den Grabenrand und sah drüben fünf oder sechs Russen aus dem Sappenkopf springen. Da funktionierte er ganz automatisch wie ein guter Soldat und hat in wenigen Sekunden die fünf Schuss aus dem Magazin seines Karabiners herausgepumpt. Die olivbraunen Gestalten waren verschwunden, und er hätte nicht sagen können, ob er jemanden von ihnen erwischt hatte. Die Sache hatte ihn aber wieder ganz ruhig gemacht, und er sah, wie der Martin und der Heinz das Maschinengewehr auf die Brüstung legten und auf den russischen Graben feuerten. Kleine Erdfontänen tanzten auf dem Wall, aber es ließ sich kein Feind mehr sehen.

Da kam auf einmal eine Stimme vom Anfang des Laufgrabens her. Sie gehörte ihrem Hauptmann. Er rief:

"Na, lebt ihr noch alle? Dann wollen wir mal die kaputte Festung schnell wieder in Ordnung bringen! Hier im Graben könnt ihr nicht bleiben, da ist die Aussicht zu schlecht und das Schussfeld auch."

Sie versuchten, die Stützbalken und Bretter, die ziemlich wirr durcheinanderlagen, wenigstens behelfsmäßig wieder richtig anzubringen und mit den Klappspaten die hereingestürzte Erde hinauszuschaufeln. Der Hauptmann hat die ganze Zeit mitgeschuftet wie ein Kuli. Der Karli hätte nie gedacht, daß ein leibhaftiger Hauptmann so arbeiten kann. Und als er dann bei einer Verschnaufpause auch noch fragte:

"Hat einer von euch vielleicht eine Zigarette für seinen alten Häuptling übrig?"
Da war er dem Obergefreiten Grob ausgesprochen sympathisch geworden.

In dieser Nacht war zwischen den Stellungen der Fallschirmjäger und dem Bataillonsgefechtsstand eine Batterie Infanteriegeschütze aufgefahren, und der Leutnant hatte ihnen erzählt, dass jetzt auch bei den Spaniern nebenan deutsche Zehnkommafünf-Haubitzen stünden.

Am Morgen erschien ein Nahaufklärer über der HKL. Eine Henschel Hundertsechsundzwanzig. Kurz darauf fing die Artillerie an, die Reste von Posnjokowo und die Höhe von Milititschi unter Feuer zu nehmen. Es war wie im Kino. Der Karli schaute durchs Fernglas und sah mit tiefer Befriedigung die dunkelgrauen Wolken der Einschläge zwischen den Ruinen von Posnjokowo hochgehen. Die Trümmer wurden noch einmal zertrümmert, und der Karli dachte, dass den Kameraden mit dem Sowjetstern da drüben der Arsch jetzt genauso mit Grundeis geht, wie tags zuvor ihm. Es war höchste Zeit für diese ausgleichende Gerechtigkeit.

Die Haubitzen, die hinter der spanischen Stellung standen, hatten Milititschi unter Beschuss genommen. Man sah die Granaten auf den Blechdächern und auf dem Kamm des Hügels explodieren. Der Nahaufklärer flog noch immer mit stoischer Ruhe hin und her, aber gescheiterweise tat er das so hoch, dass ihm die russischen Maschinengewehre nicht mehr viel schaden konnten. Der Karli hoffte, einige glücklich gelenkte Schüsse würden vielleicht die verdammten Ratschbumm außer Gefecht setzen und, wenn möglich, auch noch den Kirchturm von Milititschi mitsamt dem Artilleriebeobachter.

Als der Feuerzauber vorbei war, herrschte wieder für geraume Zeit Stille in dieser absurden Kriegslandschaft, in der zwischen den braunen Granattrichtern Sommerblumen wuchsen, in der sich Kanonen hinter freundlichen Birkenbäumen und blühenden Holunderbüschen versteckten und manchmal kleine, lustige Vögel zwischen Freund und Feind herumhüpften. Das Leben und der Tod wohnten hier ganz nahe beieinander. Die zwei gefallenen Russen hingen nicht mehr im Drahtverhau. Nur einen länglichen, erdfarbenen Stoffetzen hatten die Stacheln nicht mehr hergegeben. Vermutlich war es der Ärmel eines Soldatenmantels, was sich da sacht und melancholisch im Wind bewegte. Das letzte, sichtbare Überbleibsel der beiden Burschen, die beinahe auch schon zu dieser Landschaft gehört hatten.

Der Obergefreite Karl Grob war - in militärischer Hinsicht - über das Alter hinaus, in dem man irgend etwas freiwillig tut, und so stellte er sich stumm und taub, als der Leutnant Paulinck in den Unterstand kam und sagte:

"Ich brauche noch vier Mann für einen Spähtrupp. Befehl vom Bataillon. Wir sollen erkunden, ob die Bunker, die gestern unsere Ari beackert hat, wieder besetzt sind. Der Oberjäger Klein geht natürlich mit. - Und wer noch?"

Da hob der Jäger Stefan die Hand und lachte sein Lausbubenlachen, und dabei schaute er den Karli an, mit schräg geneigtem Kopf. Er sagte nichts, aber es sah wie eine Aufforderung aus. Und der Karli versuchte, dem Blick vom Stefan auszuweichen. Er zog den Kopf ein und dachte:

"Ich hab ums Verrecken keine Lust zu sowas. - Herrgottsakrament, der junge Spund hat ja keine Ahnung, wie leicht man dabei draufgehen kann! - Der will halt unbedingt das EK haben, aber das hier ist kein Indianerspiel und keine Hitlerjugend. - I mag net!"

Doch dann schlich sich der unfrohe Gedanke in sein Hirn:

"Was wird der Stefan von mir denken? - Den netten Kerl kann ich doch net alleinlassen, Erfahrung hat er auch noch keine."

Und er sagte: "In Gottesnam`." - Und hob die Hand.

Der Gert hob nur den Daumen. Das hatte jedoch genau die gleiche Bedeutung.

Als der Leutnant wieder draußen war, sagte der Oberjäger Klein:

"Das ist wieder so ein typischer Bataillons-Schwachsinn. Was die wissen wollen, hätten wir von hier aus genau so gut sehen können. Mit weniger Risiko."

Dieses Spähtruppunternehmen wäre wirklich um ein Haar zur Katastrophe geworden, denn die Russen haben ihre Bunker - so zerstört sie auch waren - in der Nacht notdürftig repariert und wieder besetzt. Das wurde den elf Fallschirmjägern mit Schrecken bewusst, als sie zur Zeit der ersten Morgendämmerung im taunassen Gras auf das Dorf zukrochen, unsichtbar, unhörbar, in der Weise, die kaum eine Truppe der Welt so gut beherrschte, wie sie. Da passierte es, dass wenige Meter vor dem Leutnant ein Russe aus seinem getarnten Schützenloch heraussprang und in Panik "Germanskiii!" brüllte. Der Leutnant Paulinck hat ihn erschossen. Was sollte er sonst auch tun?

In derselben Sekunde brach die Hölle los.

Niemals sonst liebt man die Mutter Erde so inbrünstig, niemals sonst drückt man sein wild schlagendes Herz so innig an ihre gute alte Krume und niemals sonst wünscht man sich so sehr, mit Haut und Haaren in ihrem mütterlichen Leib zu versinken, wie in diesen langen Sekunden, in denen einem die Geschossbahnen von vier Dutzend Gewehren und Maschinenpistolen und von mindestens fünf MGs eine Handbreit über den Hintern hinweggehen. Nur die

Tatsache, dass die Gruppe an einem gegen das Dorf ansteigenden Hang in einem toten Winkel lag, hat allen das Leben gerettet. Dann - nach endlos scheinenden Minuten - fingen die Infanteriegeschütze und Haubitzen an, auf den Dorfrand und die Bunker zu feuern, und so konnte sich der Spähtrupp sprungweise zurückziehen. Einer hat noch einen Schuß in den Arm bekommen, und dann hat es den Stefan erwischt. Es war kurz vor der eigenen Stellung, Der Karli rannte geduckt auf den Drahtverhau zu. Er hatte es eilig, heimzukommen, sein Bedarf an Krieg war wieder einmal restlos gedeckt, und er versuchte hastig, die schmale Gasse im Drahtgewirr wiederzufinden, durch die sie heute vor Sonnenaufgang geschlichen waren. Rechts sah er den Stefan aufspringen und wie ein Wiesel auf die eigene Stellung zurennen. Als der Karli ihm zurief: "Stefan, da komm her, ich hab den Durchschlupf!" gab es eine Explosion wie von einem Granatwerfer. Und dann hörte er den Stefan schreien. Hell und angstvoll, beinahe wie ein Kind. Es war keine Werfergranate gewesen. Eine jener heimtückischen Holzkastenminen, die noch überall herumlagen, weil kein Suchgerät sie aufspüren konnte, hatte dem Stefan den rechten Unterschenkel zerfetzt. Der war nur noch ein grauenvolles Durcheinander von Fleisch, Blut, Knochen, Stoff und Leder. Der Karli wickelte eine Tarnjacke um das Fürchterliche, und kurz darauf kam der Korporal angekeucht, und sie schleppten den armen Kerl zum Sanitätsbunker. Das russische Infanteriefeuer pfiff und schnalzte noch immer um sie herum, und manchmal jaulten Querschläger durch die Luft wie verliebte Kater.

Im Bunker waren zwei Sanis und der Bataillonsarzt. Als der Stefan auf dem grob gezimmerten Tisch lag, über den eine Decke und eine Lage Kreppapier gebreitet waren, sagte der Karli zum Oberjäger Klein:
"Ich bleib da, bis er versorgt ist."
Der Korporal nickte und verschwand. Der Arzt und die beiden Sanitäter aber arbeiteten wie ein gut eingespieltes OP-Team. Eine Petromax-Lampe mit weißem Schirm hing von der Balkendecke herab, und ihr kaltes Licht ließ das Gesicht vom Stefan aussehen, als sei er schon tot.
Der Karli hielt die Hand des Freundes fest, und manchmal strich er ihm beruhigend über den Kopf. Mehr konnte er nicht tun.

"Was ist mit meinem Bein, Doktor? - Es ist bestimmt total hin - oder?" fragte der Stefan mit seiner hellen, fremden Stimme. Und jener sagte, ohne den Blick von seiner Arbeit zu wenden:
"Wird schon wieder werden, Junge, wird schon wieder werden."

Der Karli spürte, wie die Hand des Kameraden sich manchmal um die seine

krampfte und manchmal wieder locker ließ, je nachdem, wie die Wellen des Schmerzes ihn anfielen oder abklangen. Der Verwundete ließ keinen lauten Klageruf hören, höchstens ein schwaches Stöhnen, das sich manchmal aus ihm herauspresste. Der Karli wagte es nicht mehr, seinen Blick auf die blutige Arbeit des Bataillonsarztes zu werfen, und er brachte seinen Mund ganz nahe an Stefans Ohr und redete leise, aber so eindringlich er eben konnte:
"Wirst sehen, Stefan, die kriegen das schon wieder hin. Des glaubst ja net, was ma in der Chirurgie heutzutag alles machen kann, und durch den Krieg hams ja auch enorm viel dazuaglernt. Außerdem wirst automatisch zum Gefreiten befördert, und des Verwundetenabzeichen kriagst, und Genesungsurlaub kriagst, und des EK zwo kriagst auch."
"Doktor," fragte der Stefan da mit seiner hohen, ängstlichen Kinderstimme, "der Karl Grob sagt, daß ich das EK zwo bekomme. - Ist das wahr?"
"Klar," sagte der Arzt, "hast dir`s ja auch ehrlich verdient!"
Da wandte der Stefan den Kopf ein wenig zum Karli hin und sagte leise:
"Ich bin wahrscheinlich der Erste aus meiner Klasse, der das EK bekommt."

Als der Sanka wenige Meter hinter dem Bunker hielt und der Verwundete auf die Bahre gehoben wurde, war für einen Augenblick der weiß bandagierte Beinstumpf zu sehen. Er reichte bis zum halben Unterschenkel. Der mit dem Armschuss war auch noch schnell verarztet worden und konnte gleich mitgenommen werden.
Der Karli fuhr dem Stefan noch einmal über die Haare und sagte:
"I wünsch dir einen schönen Genesungsurlaub, Stefan. - Und schreib amal."
Der Stefan aber drehte den Kopf weg und sagte nur leise:
"Hals- und Beinbruch, Karli, - mach`s gut."

"Daher der Name Morgengrauen", sagte der Martin, als im Südosten rotgelbe Feuerfäden in den Himmel stiegen. Wenig später schlugen in kurzer Folge hintereinander zweiunddreißig Raketengeschosse zwischen den Kampfständen und den Erdbunkern ein. Sie heulten beim Herankommen wie eine Meute verrückter Hunde und erzeugten beim Detonieren Feuerblumen, die wie Lilien aussahen. Die Russen, die mehr Grund hatten, dieses Kriegsgerät zu lieben, nannten es zärtlich "Katjuscha" - Käthchen. Die Deutschen sagten Stalinorgel dazu.
Käthchens Feuerlilien waren die Ouvertüre, denn anschließend wurde die Höhe zwoachtunddreißigzwo eineinhalb Stunden lang mit Artillerie- und Granatwerferfeuer zugedeckt.
Der Obergefreite Karl Grob und seine beiden Kameraden, die pressten sich wieder in bewährter Weise an die Bretter und Pfosten im Stand sechs und beteten, dass sie der Tod - wenigstens diesmal noch - übersehen möge. Da kam

durch Feuer und Rauch und surrende Splitter der Hauptmann Greiner herangerobbt und sagte, dass er mit einem Angriff rechne und dass er noch zwei Mann mit einem MG herschicken werde, damit die rechte Flanke besser gesichert sei, und er brüllte:

"Steckt die Köpfe nicht in den Dreck, sonst könnt ihr nicht sehen, wenn sie kommen. In dem Fall: Zwei rote Leuchtkugeln! Dann gibt`s Sperrfeuer. Der dritte Zug macht im Notfall die Eingreifreserve. Und nur schießen, wenn ihr wirklich was seht!"

Nach diesen beruhigenden Worten verschwand der Hauptmann wieder hinter den Wolken der Granateinschläge. Bei dem hatte der Karli nie das Gefühl, dass ihm auch nur das Geringste passieren könnte.

Als sich die Konzentration des Artilleriefeuers mehr nach links zu verlagern schien, keuchten der Oberjäger Klein und der Gefreite Wilming mit dem zweiten Maschinengewehr und drei Munitionskästen durch den Laufgraben. Die kamen gerade zur rechten Zeit, denn der Gert, der mit dem Fernglas vor den Augen stur und unbeirrt feindwärts schaute, sagte auf einmal ganz ruhig:

"Sie kommen."

Und der Karli ließ kurz hintereinander zwei rote Leuchtkugeln in den Himmel zischen. Es war noch nicht sehr hell, und es war zu hoffen, dass man diese Radieschen ziemlich weit sehen würde. Es dauerte dann auch tatsächlich kaum eine Minute, bis die ersten Granaten der eigenen Haubitzen und Infanteriegeschütze über die Stellung der zweiten Kompanie hinwegrauschten.

Hundert Meter vor dem Drahtverhau zuckten die Blitze der Einschläge auf, und zwischen den dunklen Explosionswolken konnte man für kurze Sekunden Gestalten auftauchen und wieder verschwinden sehen.

Der Martin ließ den Patronengurt, den das Maschinengewehr gierig in sich hineinfraß, durch die Finger gleiten, und der Obergefreite Grob stemmte sich gegen den rüttelnden Kolben der Waffe und hielt auf die grauen Wolken und die grauen Schemen dazwischen. Er dachte dabei nicht an Deutschland, aber er verspürte die unheimlich beruhigende Wirkung, die ein feuerndes MG hat, sofern es sich um das eigene handelt.

Dieser russische Angriff ist vor den Stellungen der Fallschirmjäger liegengeblieben.

Als sie abgelöst waren und in ihrem Bunker hockten, sagte einer:

"Im Stand fünf haben sie einen Treffer oben auf die Brustwehr bekommen. Dem Steiner hat`s den halben Kopf weggerissen, und der Kowalek hat einen Splitter in der Lunge, aber der Sani meint, daß er durchkommt, der Kowalek."

Dann redete keiner mehr etwas, bis der Leutnant Paulinck hereinkam. Der war ziemlich blaß, hatte den Inhalt eines Verbandspäckchens um die Stirn gewickelt und sagte mit hochgezogenen Mundwinkeln:

"Das kommt davon, wenn man in der Aufregung vergißt, seinen knitterfreien Panama aufzusetzen. Ist leider nur ein Kratzer und reicht nicht für einen Heimatschuss.

Den Iwan haben wir zwar noch einmal sauber abgeschmiert, aber ohne die Ari hätte es wohl zappenduster ausgesehen für uns. Unser Zug hat einen Toten und vier Verwundete. Verluste der zwoten Kompanie insgesamt: Sieben Gefallene und dreizehn Verwundete - bis jetzt.

Bei den Spaniern ist der Iwan ein Stück eingebrochen. Das hätte für uns arg in die Hose gehen können. Die Senores machten aber einen Gegenstoß und warfen ihn wieder hinaus. Arriba Espagna! -Ihr kennt das ja. Und nun zur Abwechslung eine gute Nachricht: Wir werden morgen von Infanterie abgelöst. Die sind schon in Gorodischtsche. Wir kommen ein paar Tage in Ruhe und dann soll das Bataillon angeblich irgendwo in den Süden verlegt werden. - Alsdann, meine Herren, bis zur nächsten Vorstellung!"

Damit stieg der forsche Leutnant wieder nach oben.

Der Karli Grob aber legte sich auf seine Zeltbahn und versuchte, an nichts mehr zu denken, - möglichst an garnichts. Nicht an blonde Haare und lachende Lippen, nicht an ein rundbackiges Kindergesicht mit großen Augen und auch nicht an kleine, erdbraune Schemen, die zwischen grauen Sprengwolken auftauchten und wieder verschwanden. Er wollte auch nicht an den Stefan denken und an dessen grausam zerfetztes Bein. Ja, er träumte davon, in den Abgrund eines traumlosen Schlafes zu versinken, in dem es auch keine Läuse mehr gab.

Schon in dreieinhalb Stunden musste er ja wieder aus der Geborgenheit des Bunkers hinaus, in eines dieser verdammten Schützenlöcher hinein. Er wusste auch, was er dann bei einem vorsichtigen Blick über die Brustwehr sehen würde. Klägliche Reste einer Sommerwiese würde er sehen, von vielen dunklen Granattrichtern zerrissen, und dazwischen seltsame braungrüne Flecken, kleine Hügel, die gestern noch nicht da waren. Er wollte nicht an diese Hügel denken, er wollte schlafen - schlafen und alles vergessen!

Der Ort, in dem die zweite Kompanie ihre Ruhestellung bezogen hatte, war eine kleine Stadt - oder ein großes Dorf - etwa fünfundzwanzig Kilometer hinter der Front. Der Flecken war noch ziemlich gut erhalten, der brutale Stiefel des Krieges hatte ihn nicht zertreten, sondern war nur leicht daran vorbeigestreift. Es gab eine breite Hauptstraße mit vielen romantischen Holzhäusern, deren Fenster mit hübsch ausgesägten Brettern umrandet waren. Manche der Häuser hatten kleine Vorgärten, in denen Malven und Ginster blühten, und da und dort lugten sogar schon neugierige Sonnenblumen über die Zäune. Ein großes, modernes Steingebäude, wahrscheinlich eine ehemalige Schule, in der Ortsmitte gelegen, das war die mit Abstand wichtigste Baulichkeit, denn hier hatte die Division eine Entlausungsanstalt eingerichtet. Gleich am ersten Tag haben sie sich dort mit fanatischer Hingabe geduscht, gewaschen und gebürstet, während den bleichen, sechsbeinigen Schmarotzern in großen Kesselwagen mit Heißdampf der Garaus gemacht wurde. Der Tross hatte frische Unterwäsche gebracht, und danach war die Welt für den Obergefreiten Karl Grob wieder weitgehend in Ordnung.

Jetzt saß er mit den Kameraden seiner Gruppe auf der Holzterrasse eines alten Blockhauses, das für ein paar Tage ihr Quartier war. Der Karli hatte eine kleine Blechschachtel mit rostigen Grammophonnadeln vor sich, und er versuchte, ihnen mit Hilfe eines glatten Steines wieder eine brauchbare Spitze anzuschleifen. Er verwendete viel Sorgfalt und Mühe auf diese Arbeit, denn der Kompanieschreiber hatte ihnen heute mittag ein altes Koffergrammophon, eine Pappschachtel mit sechs Platten und diese kleine Blechdose mit den stumpfen, verrosteten Nadeln gebracht.

"Ein Gruß der Heimat an die kämpfende Front!" hatte er dabei gesagt und ironisch gegrinst. "Wehrbetreuung" hieß das damals. Die Platten waren alt und völlig abgespielt, und der darauf gespeicherte Gesang hörte sich an wie das Quaken von Fröschen.

Aber immerhin war es so etwas wie Musik, was dem dunkelblauen Kurbelkasten entströmte, nachdem der Karli eine seiner handgeschliffenen Nadeln in die Schalldose geschraubt hatte. Zu dem bescheidenen Plattenarchiv gehörten leicht antiquierte Schlager, die er sein Leben lang nicht mehr vergessen hat.

Ein Titel hieß: "Puppchen, du bist mein Augenstern!"

Auf der Rückseite stellte eine Sängerin mit Babystimme die Frage: "Was machst du mit dem Knie, lieber Hans, mit dem Knie, lieber Hans, beim Tanz?"

Auf einer Scheibe sang der Heinz Rühmann - auch mit ziemlich hoher Stimmlage: "Mir geht`s gut, ich bin froh, und ich sag dir auch, wieso: weil ich dein Freund sein kann!"

Die Landser sangen den Schlager freilich mit stark verändertem Text, und der lautete: "Wir sind stur, wie seid Ihr? / Seid Ihr auch so stur wie wir? / Wir ham die Schnauze voll!"

Eine böhmische Polka aber bekam den Vers unterlegt: "Gehn Se weiter, gehn Se weiter, Sie sind ja nur Gefreiter. / Für mich kommt nur in Frage / ein Offizier vom Stabe!"

Solcherart verfremdet erhielte die alten Schnulzen wieder einen gewissen Reiz, und jeder gröhlte sie gerne mit.

Eine der Schellack-Scheiben war aber lange nicht so abgenützt wie die anderen und im Ton noch völlig einwandfrei. Das freute den Karli sehr, denn da waren "Till Eulenspiegels lustige Streiche" vom Richard Strauß drauf.

Der Spieß unterbrach die Idylle. Er tauchte plötzlich vor der Veranda auf und rief:

"In zehn Minuten ist Waffenappell, meine Herren!"

Der Karli schaltete den Till Eulenspiegel ab und sagte:

"Der macht sich wieder stark bemerkbar, der Hanswurscht. - In der Stellung hat er sich nie blicken lassen."

Dann fiel ihm erst siedendheiß ein, daß er das Reinigen seines Schießprügels völlig vergessen hat, weil er so intensiv mit dem Zuschleifen alter Grammophonnadeln beschäftigt gewesen war, und er beeilte sich, in den verbleibenden acht Minuten seine Braut in einen halbwegs appellfähigen Zustand zu bringen.

Spieße sind sehr oft unbeliebt, das bringt die Hauptfeldwebelfunktion halt so mit sich. Der von der zwoten Kompanie aber war ein ausgesprochenes Ekel. Der Gert hatte dem Karli erzählt, dass das Ekel einmal von irgendeinem Wachbataillon angeliefert wurde, als sein Vorgänger wegen einer Lungenentzündung ausfiel. Er gehörte zu den wenigen in der Kompanie, die kein Springerabzeichen besaßen, und das führte bei ihm wohl zu Komplexen, die er durch besonders kommissiges Verhalten zu kompensieren suchte. Er lebte von Appellen und für Appelle.

Als sie vorgestern müde und verschwitzt in ihrem Etappenort eingetroffen waren, ließ er sie sofort antreten mit "Stillgestanden!" - "Richt` euch!" - "Gewehr ab!" - "Das Gewehr über!" - "Sie haben die Patronentasche offen, Sie Schlot!" Als ob sie die jüngsten Rekruten wären. Der Martin aber, der am linken Flügel in der ersten Reihe stand, der machte bei "Gewehr über!" einen sogenannten Reservistengriff: Er schlug den Gewehrkolben mit dem linken Fuß weg, wirbelte den Karabiner drei- oder viermal herum wie einen Propeller und legte ihn dann mit einem lauten Knall, den seine große Pratze auf dem Kolben verursachte, auf die Schulter. Der Hauptfeldwebel Strewitz schoss mit zornrotem Kopf auf den Martin zu und brüllte:

"Was erlauben Sie sich eigentlich, Sie Clown? - Ihnen sollte man rechts und links eine reinhauen - sollte man!"

Da machte der Martin einen Schritt auf den Spieß zu und sagte mit seiner tiefen Ostpreußenstimme:

"Das könn` Sie ja mal probieren, Herr Hauptfeldwebel."

Der geriet schlagartig und vollkommen außer Fassung und stotterte etwas von

Befehlsverweigerung, Meuterei und Kriegsgericht. Da näherte sich zum Glück der Hauptmann Greiner und beendete die peinliche Situation, indem er sagte: "Lassen Sie wegtreten, Strewitz."

Der Transportzug rollte nun schon einige Tage und Nächte Richtung Süden. Die Güterwagen stammten aus Frankreich. Auf jedem stand:" 8 cheveaux en long, - 40 hommes". Sie waren nur vierundzwanzig Mann in ihrem Wagen, aber es war trotzdem schon eng genug.

Der Karli genoss die Fahrt, denn es war schönes Wetter, der Zug fuhr meist ganz langsam, und Rußland zog wie ein Film an der offenen Schiebetüre vorbei. Was für ein großes, schönes Land!

Einmal hatten Partisanen die Gleise gesprengt, und einmal gab es auch eine Schießerei mit dieser Gespenstertruppe. Die erste Kompanie hatte zwei Tote. Aber sie hat auch sechs Gefangene gemacht, darunter zwei Frauen. Der Karli war froh, daß er nicht bei der ersten Kompanie war, und er hoffte auch, niemals Partisanen gefangennehmen zu müssen, denn es gab einen Befehl, dass sie nicht am Leben bleiben durften.

Hinter Kursk wurden sie ausgeladen, und nach einem staubigen Vierstundenmarsch kamen sie an einen Feldflugplatz irgendwo in der Ukraine. Da standen riesige Flugzeuge ohne Motoren herum, die waren aus Holz, Leichtmetall und Leinwand gemacht und sahen nicht sehr vertrauenerweckend aus. Es waren DFS-Lastensegler und die Fallschirmjäger übten stundenlang, diese Vögel zu besetzen und blitzartig wieder zu verlassen. Ein stupides Training! Und der Obergefreite Grob sagte zu seinem Freund Gert:

"Ob Fallschirm oder Lastensegler ist eigentlich scheißegal, mit beiden kommt man ziemlich schnell runter."

Und der Gert meinte:

"Wir sind eben eine elitäre Truppe mit besonderem Komfort. Welcher Haufen, außer uns, hat schon eigene Fahrstühle - direkt in die Hölle!"

Die Lastensegler blieben aber unbenützt am Platz stehen, und statt dessen landete eine Staffel Ju 52, und die brachte sie in die Nähe einer größeren Stadt, die in Trümmern lag und an allen Ecken brannte. Der Leutnant Paulinck, der mit Karlis Gruppe in einer Maschine saß, sagte ihnen, daß die Stadt, die da unten rauchte, Kalatsch hieß.

Als die Ju rumpelnd auf dem Flugplatz aufsetzte und sie aus dem stickigen Blechrumpf sprangen, da hatte der Obergefreite Grob das Gefühl, dass dieser lächerlich kleine Satz von der Ladeluke der Junkers, kaum einen Meter hinunter auf das trockene Steppengras, ein Sprung in eine andere Welt sei, in ein unbekanntes Schicksal, aus dem vielleicht nie mehr eine Straße zurückführen würde. Er hätte nicht sagen können, warum ihn dieses traurige Gefühl von Verlorenheit und Pessimismus so plötzlich überfallen hatte. Die anderen schienen aber Ähnliches zu spüren, denn es wurde nicht viel geredet, und selbst der Heinz hielt seine sonst so große Klappe. Es mochte wohl auch die Landschaft, die beinahe unwirkliche Weite und die Trostlosigkeit und Melancholie der Umgebung sein, die den Soldaten auf ihr Gemüt schlug und sie bedrückt und schweigsam machte.

Im Osten dehnte sich ein Ozean ohne Wasser, ein Meer aus dürrem Gras, und die Kulisse im Westen bestand aus dem, was der Krieg so übrigläßt, wenn er sich sattgefressen hat: Ruinen, schwelende Trümmer, zerstörte Wägen, Kriegsgerät und ausgebrannte Panzer. In den Überresten eines nahen Hauses suchten drei Frauen gebückt, wortlos, sinnlos herum, nahmen dies und jenes in die Hand, Steine, Bretter, Reste von Hausrat. Sie nahmen die Dinge in die Hände und legten sie wieder hin. Sie fanden nichts. Sie trugen Kopftücher, und man konnte nicht sehen, ob sie alt waren oder jung. Der Karli verspürte einen Augenblick lang den Wunsch, ihnen zu helfen.

Der Wind, der von Westen her kam, brachte einen Geruch von Brand und Verwesung mit, und unter den hellen Wolken des Spätsommerhimmels zog eine Staffel Stukas feindwärts. Als man die Flugzeuge schon fast nicht mehr sehen konnte, sprenkelten die Wölkchen der russischen Flak den Horizont. Es sah ganz harmlos aus.
Dann ließ der Hauptfeldwebel Strewitz die Kompanie antreten und machte Appell. Was sonst? Er sagte:
"Jetzt möchte ich mal sehen, wer von den Herrschaften inzwischen seine eiserne Ration aufgefressen hat."
Es konnte aber jeder seine zehn Scheiben Knäckebrot und seine Büchse Schmalzfleisch vorweisen, und der Spieß war ein wenig enttäuscht.
Später ließ der Hauptmann den Haufen im Halbkreis auf den Boden sitzen und hielt eine kleine Ansprache. Er sagte, dass das Bataillon zur besonderen Verwendung einer Panzerdivision zugeteilt sei, und er sagte, dass sich die deutschen Divisionen in einem schnellen, siegreichen Vormarsch zur Wolga befänden und dass es nur noch eine Frage von wenigen Tagen sei, bis man eine große Stadt erreicht habe, die Stalingrad heiße, und daß die zwote Fallschirmjägerkompanie nun die Ehre habe, zum östlichsten Teil der deutschen Front zu gehören.
Dann fügte er hinzu: "Ihr habt mir nie Schande gemacht, und ich weiß, dass das auch in Zukunft so bleiben wird."

Die deutschen Divisionen stießen weiter nach Osten vor, in die Steppe hinein. Die Soldaten stürmten und marschierten nicht mehr mit jenem Gefühl einer turmhohen Überlegenheit, das sie vor einem Jahr noch von Sieg zu Sieg getrieben hatte. Jeder, der den Winterfeldzug überstanden hatte, wusste jetzt, daß dieses Land und dieser Gegner anders waren als alles, was sich bisher unter ihren Stiefeln oder vor den Mündungen ihrer Waffen befunden hatte.

Der Karl Grob wachte erschrocken auf, als er mit dem Kopf an das Sturmgepäck seines Vordermannes rumpelte. Er war im Gehen eingeschlafen. Sie waren jetzt acht Stunden in der Steppe unterwegs. Auf schmalen, staubigen Straßen sind sie marschiert, jeder Zug für sich, immer in Schützenreihe, einer hinter dem anderen, den Panzern folgend, deren Staubfahnen man in östlicher Richtung sehen konnte. Die Septembersonne brannte noch sommerlich heiß von einem Himmel, der gewaltig groß war, weil kein Berg, kein Wald, kein Turm seinen Horizont durchbrach.

In den Morgenstunden hatten sie ein Dorf eingenommen. Genauer gesagt waren es natürlich die Panzer gewesen, die diese zwanzig ärmlichen Katen und das in der Nähe gelegene, häßliche Kolchosgebäude erobert hatten. Eine Handvoll russischer Soldaten hatte Widerstand geleistet, aber gegen die Panzer nichts ausrichten können. Die Fallschirmjäger nahmen noch ein paar Überlebende gefangen.

Als der Obergefreite Grob mit seinen Kameraden den Ort "durchkämmte", wie das im Soldatendeutsch so schön heißt, da lief der altbekannte Film ab: Brennende Häuser, rauchende Trümmer, Spuren von Panzerketten im Lehm der Straße und tote Menschen. Ein russischer Soldat lag neben seinem Maschinengewehr auf dem Rücken, mit ausgebreiteten Armen wie ein Gekreuzigter. Er lebte noch, und seine rechte Stiefelspitze bewegte sich von rechts nach links und zurück, hin und her, im Takt, wie ein Metronom. Der Karli versuchte, dem armen Kerl mit dem Blechbecher ein wenig von dem lauwarmen Tee, den er noch in seiner Feldflasche hatte, in den Mund zu schütten. Der Russe reagierte nicht, der Tee lief aus seinem Mundwinkel und tropfte in den Sand, aber seine rechte Fußspitze ging weiter ruhelos hin und her - hin und her. Ein Kradmelder kam vorbei, und der Karli rief ihm zu:

"He, schick einen Sani her, der lebt noch!"

Der auf dem Motorrad machte eine lässige Handbewegung, die gleichermaßen Zustimmung oder Ablehnung bedeuten konnte, und fuhr weiter. Vom Dorfausgang her brüllte der Korporal:

"Mach zu, Mensch, oder willst Du hier übernachten!"

Da rannte der Karli seinen Kameraden nach.

Im letzten Haus des Dorfes lag eine Frau in der offenen Türe. Ihre grauen Haare waren blutverklebt, ihr Oberkörper hing über Schwelle und Antritt, halb auf der Straße. Neben ihr, dicht an der Hauswand, ein barfüßiges Mädchen mit blonden Zöpfen, drei oder vier Jahre alt. Beide waren tot. Die Kleine sah aus wie eine ramponierte Puppe, die ein launisches Kind achtlos weggeworfen hat.

Der Karli dachte verzweifelt, daß kein noch so großer, verdammter Krieg, kein noch so großer, verdammter Führer oder Feldherr, kein noch so schönes Vaterland eine Rechtfertigung für den Tod auch nur dieses einen, kleinen, blonden Mädchens sind, und während er seinen Kameraden nachlief, fluchte er alle bösen Flüche, die er in seinem Leben gelernt hatte. Aber eigentlich war das in diesem Augenblick nichts anderes als ein hilfloses Beten.

Dies hatte sich in den Morgenstunden ereignet, und nun standen sie am Eingang einer Balka. Das waren riesige, bis zu dreißig Meter tiefe Lössschluchten, die wie gewaltige Adern das Land zwischen Don und Wolga durchzogen.

Der Hauptmann kam und sagte:

"Wir gehen durch diese Schlucht in unseren Bereitstellungsraum. Zwölf Kilometer werden das noch etwa sein. Sucht euch Deckung und haut euch hin, - in zwei Stunden geht`s weiter."

Die Soldaten, die sich alle auf gespenstische Weise ähnlich waren, weil sie keine Gesichter mehr hatten, sondern Masken aus Schweiß und Staub, die fielen um, wo sie gerade standen. Sie lagen auf dem Grund der Balka wie Tote und wünschten sich, daß nie mehr einer käme, um sie aufzuwecken.

Der nächtliche Marsch durch die riesige Schlucht war mühsam und furchtbar. Sie stießen immer wieder auf Tote, die unversehens hinter Steinen lagen oder in Spalten der Lösswände, einzeln oder in Gruppen und manchmal in bizarren Verrenkungen, wie die Druckwellen der Bomben sie hingeschleudert hatten. Das Grauen lauerte hinter jeder Biegung und jedem Erdwall. Es war eine schrecklich realistische Geisterbahn. Als es so dunkel wurde, daß man den Rand der Schlucht nicht mehr erkennen konnte, brummte am Himmel ein unsichtbares, ziemlich verhaßtes Flugzeug, das bei den Soldaten viele Namen hatte und Eiserner Gustav, Fleißiges Lieschen, Iwan vom Dienst oder Nähmaschine genannt wurde. Das waren alte, langsam fliegende und dunkel angestrichene Doppeldecker. Sie hatten Leuchtkugeln an Bord und Splitterbomben und einen Beobachter mit einem Maschinengewehr. Wenn eine Leuchtkugel an ihrem Fallschirm herunterkam, musste blitzartig jede Bewegung ersterben. Es war auch streng verboten, zu rauchen oder auf das Geisterflugzeug zu schießen. Wenn der Bursche da oben seinen Motor abstellte, dann wurde es spannend, denn dann rauschten meist zwei oder drei Bomben herab, und wenn das Maschinengewehr schoss, hörte sich das an, als würde jemand über Bord kotzen. Es war ein glücklicher Zufall, daß die Kompanie ohne Verluste durch diese elend lange Balka kam, weil die Bomben des unsichtbaren Aeroplans oben auf der Steppe krepierten und keinen Schaden anrichteten.

Als sie aus der Schlucht kletterten und die Kompanie sich zwischen den Mauerresten zweier langgestreckter Gebäude sammelte, da war der Himmel noch schwarz. Die rote Wand aber, die sich in östlicher Richtung ausbreitete, das war kein Morgenrot, sondern der Widerschein von tausend Bränden. In diesen Purpurvorhang, der sich nach oben in einen dunklen Nachthimmel verlor, kletterten die Perlenketten der Leuchtspurgeschosse in die Höhe, während in der Luft das stetige Brummen von Flugzeugmotoren zu hören war. Weit draußen in der Steppe aber sah man die Feuerlilien von einschlagenden Katjuscha-Raketen aufspringen.

Der Karli und der Martin saßen auf ihrem Sturmgepäck und hatten die schmerzenden Rücken an die Wand eines Schuppens gelehnt. Sie fühlten sich so schlapp wie nasse Putzlumpen, aber schlafen konnten sie trotzdem nicht, und sie starrten mit übernächtigen Augen auf dieses surrealistische Bild aus Feuer und Rauch. Ob hinter diesem phantastischen Vorhang wohl die Hölle lag?

Da kam der Leutnant Paulinck und sagte im Vorbeigehen:

"Das dort ist Stalingrad, meine Herren."

Als der Leutnant weg war, sagte der Karli zum Martin:

"Vor sechs Jahren bin ich einmal in einem Hitlerjugendlager gewesen. Da ist der Schirach gekommen und hat eine Rede gehalten. Er hat uns erzählt, dass wir Deutschen ein Volk ohne Raum sind, dass unser zukünftiger Lebensraum im Osten liegt und dass eines Tages deutsche Pflugscharen das Land zwischen Don und Wolga urbar machen werden, weil angeblich die Russen dazu nicht fähig sind. Ich weiß noch genau, wie er das gesagt hat, und ich hab mir gedacht, dass der Schirach hochgradig spinnt. - Aber jetzt sind wir tatsächlich da, und zur Wolga sind`s nur ein paar Kilometer. Was moanst, Martin, ob die Deutschen wirklich eines Tages das Land da umpflügn wern?"

"Nein", sagte der Martin.

"Pflügen werden wir hier wohl nicht, - aber düngen. Und wenn irgendwann einmal einem Kulaken in dieser Gegend sein Kapusta besonders gut gerät, dann könnte es vielleicht daran liegen, daß er ihn über etlichen deutschen Landsern angebaut hat."

Der aufsteigende Morgen verdrängte langsam das Rot im Osten, und es blieb nur eine grauschwarze Wolkenwand übrig, hinter der manchmal die todblasse Scheibe einer fremden Sonne zu sehen war.

Daß der russische Panzer ungefähr dreißig Meter vor dem Schützenloch des Obergefreiten Grob einen Volltreffer von der Achtacht-Flak bekommen hat, war wieder so ein spezieller Glücksfall und bedeutete für den Karli einen gänzlich unerwarteten Aufschub, denn sein Leben war nicht mehr viel wert gewesen, als der Haufen Stahl rasselnd auf ihn zurollte und die Kanone in seine Richtung schwenkte.

Der Flaktreffer hatte dem T 34 den Turm weggerissen, und der lag jetzt samt Kanone mit der Hohlseite nach oben ein paar Meter daneben im Gras. Von der Besatzung lebte niemand mehr. Auch von dem Stoßtrupp, der an diesem Morgen hinter dem Panzer hergeschlichen war, ist nichts mehr zu sehen gewesen.

Die Stellung der Kompanie war irgendwo im Nordwesten am Rande der Stadt. In Feindrichtung konnte man einen Bahndamm sehen und ein großes Industriewerk. Jemand hatte gestern gesagt, daß die Fabrik "Roter Oktober" heiße und daß dort angeblich noch immer gearbeitet und täglich Panzer und Kanonen montiert würden. Das konnte man sich zwar kaum vorstellen, aber die Schlacht um diese Stadt hatte andere Dimensionen als alles, was vordem gewesen war. Stalingrad war eine Stadt der tausend Festungen geworden. Um jedes Haus, jeden Keller wurde gekämpft. Die Deutschen krallten sich in der einen Ruine fest und die Russen in der gegenüber. Manchmal lief auch die Front durch ein und dasselbe Haus, und noch immer kamen Bomberstaffeln über die Stadt, stürzten sich Stukas mit heulenden Sirenen auf das Inferno hinunter, während aus den Ruinen Leuchtkugeln in den grauen Himmel stiegen, um den Fliegern zu sagen: Hier sind wir!

Zwei Stunden, nachdem eine liebenswürdige Granate vom Kaliber achtkommaacht dem Karli das Leben gerettet hatte, schaute dieser durch das Fernglas zu dem geköpften T 34 hinüber und sah, dass wenige Meter davor ein russischer Soldat lag. Der hatte sich im Sterben halb auf die Seite gedreht, sein rechter Arm war kerzengerade ausgestreckt, und seine Hand schloss sich um eine Maschinenpistole. Dieses perfekte Schießgerät mit dem Trommelmagazin stach dem Karli ins Auge. So eine wollte er schon lange haben, und er sagte zum Gefreiten Wilming:

"Ich hol mir dem seine MP."

Und der Wilming meinte:

"Du spinnst total, die knallen dich ab - das Gelumpe ist`s nicht wert, daß du dafür einen kalten Arsch bekommst!"

Aber der Karli war schon aus dem Loch und kroch zu dem Toten hin, und er hörte, wie der Wilming ihm nachbrüllte:

"Komm zurück, du Idiot!"

Der tote Russe war kaum älter als er. Der Stahlhelm war ihm nach hinten ins

Genick gerutscht, und er starrte den Karli mit weitgeöffneten Augen an. Er musste schnell gestorben sein, denn er hatte zwei Einschußlöcher in der Herzgegend. Der Karli machte ihm die Augen zu, und wie er dem Toten die Maschinenpistole aus der Hand zog, da sah er an dessen Gürtel auch noch die schwarze Ledertasche mit der Tokarew hängen. Die wollte der Karli natürlich auch noch haben, und er machte den Koppelriemen des Russen auf und zog die Pistolentasche herunter. Dann rannte er mit dieser Beute zurück in sein Schützenloch. Der T 34, vor kurzem noch eine furchtbare Bedrohung, hatte sich zum Freund gewandelt und bot eine gute Deckung gegen die russischen Schützen.

Der Karli schob die Pistolentasche an seinen Leibriemen, und dann probierte er die MP aus. Sie funktionierte tadellos, und auch das Magazin war noch ziemlich voll. Der Gefreite Wilming aber sagte gar nichts mehr, er tippte sich nur mit dem Finger an die Stirn.

In der späten Abenddämmerung - es war eine auffallend ruhige Stunde - ist der Karli noch einmal zu dem Russen hinausgekrochen. Er hat einen Spaten mitgenommen und ihn beerdigt. Das ging ziemlich leicht, denn der Boden war trocken und locker. In der Eile hat er die Grube auch nur sehr flach ausheben können, aber es genügte, um den Toten völlig mit Erde zu bedecken. Vorher hatte er ihm noch den Stahlhelm abgenommen, und den legte er nun auf den armseligen, flachen Hügel, dorthin, wo er das durchlöcherte Herz vermutete.

Warum der Karli das getan hat, wußte er selber nicht genau. Vielleicht als Dank für die beiden Waffen. Vielleicht, weil der Russe so alt war wie er selber oder weil er gar in diesem toten Gesicht eine gewisse Ähnlichkeit mit sich selber zu erkennen glaubte - er wußte es nicht. Er musste es einfach tun.

Inzwischen war es November geworden. Nachts strich ein eisiger Wind über das Land, und die ersten Schneeflocken stachen wie Nadeln in ihre Gesichter. Die hohe Führung hatte nichts dazugelernt. Sie waren für diesen Winter genau so schlecht ausgerüstet wie ein Jahr vorher, und sie froren erbärmlich. Nicht einmal den "Völkischen Beobachter" konnten sie mehr unter ihre Pullover und in ihre Stiefel stopfen; die sechste Armee war bereits zu weit weg, als daß sie nationalsozialistisches Gedankengut noch erreicht hätte.

Die zweite Kompanie bestand zu dieser Zeit noch aus achtundsechzig Mann. Das hatte ihnen gestern der Leutnant Paulinck erzählt, als er mit einer Literflasche Wodka die Stellung ablief und jeden einen Schluck trinken ließ. Er hatte die Flasche im Keller einer Hausruine gefunden, hinter einer alten Bücherkiste. Der Leutnant hätte den Schnaps ja auch allein oder mit seinem Zugmelder zusammen saufen können, aber er hat es nicht getan.

Am Morgen ist der Paulinck gefallen. Ein Schuss hat seinen Stahlhelm durchschlagen, ziemlich genau von vorn. Die Scharfschützen lauerten hinter Schutthaufen und Mauerresten, in Kellerlöchern und Fensterhöhlen. Sie hatten Zielfernrohrgewehre und waren überall und nirgends. Schade, dass er jetzt nicht mehr da war, der Paulinck, denn der war in Ordnung gewesen. Den dritten Zug führte ab jetzt der Oberjäger Klein, und niemand beneidete ihn darum.

Der Karl Grob dachte, wie seltsam sich doch der Mensch verändert, wenn ihm das Sterben ringsherum zur Gewohnheit geworden ist. Vor wenigen Wochen hätte ihn der Tod des Leutnants, der seinen Dienstgrad nie heraushängen ließ, mit ehrlicher Trauer erfüllt, genau so, wie ihm sein Freund Stefan aufs Gemüt schlug, als ihm die Mine das Bein zerfetzte. Den Leutnant hatte er gern, und er bewunderte ihn insgeheim, weil er Mut und Selbstvertrauen besaß, und das waren Eigenschaften, die der Karli bei sich selbst manchmal schmerzhaft vermisste. Aber schließlich war er ja auch kein Leutnant. Und wie gut, daß es nicht seine Aufgabe war, Vorbild zu sein, wie der Paulinck.

Für die Trauer war kaum noch ein Platz frei in ihren Herzen, die fast so kaputt waren wie diese große, sterbende Stadt, und es war so weit, daß man die Toten beneidete, weil sie es überstanden hatten. Über den Leutnant zum Beispiel redeten seine Soldaten so:

"Der hat ein Riesenschwein gehabt, der Paulinck, der hat nicht mehr viel gespürt."

Sie lagen noch immer am westlichen Stadtrand, und sie hatten sich mit der Zeit um einige Ruinen weiter nach Norden gekämpft, auf das Werk "Roter Oktober" zu. Aber was bedeuteten schon ein paar Ruinen? Sie bedeuteten ein paar Tote, ein paar Verwundete mehr, sie bedeuteten, daß morgen die Russen vielleicht einen Gegenstoß machten, und das gab halt wieder ein paar Tote und ein paar Verwundete. Was hatte das alles noch für einen Sinn?

In der Morgendämmerung kam langsam ein großer, stiller Schatten auf das Schützenloch zu, in dem der Karli und der Martin eng aneinander gedrückt hinter ihrem MG standen. Es war ein schwarzes Pferd, das zeitlupenartig und lautlos näherkam, den Kopf gesenkt, das Maul dicht über dem Boden, den einen oder anderen dürren Halm ausreißend, der aus einer dünnen, staubtrockenen Schneeschicht ragte. Der ewige Wind trieb diesen feinkörnigen Schnee, den die Kälte so trocken gemacht hatte wie Wüstensand, über den Boden und über das saftlose Gras, und das gab einen feinen melancholischen Gesang, einen dauernden, leisen Klagelaut. Das Pferd stand nun dicht vor dem Loch. Es war größer als die Panjegäule und hatte mächtige Hufe, wie Bärentatzen. Sein schwarzes Fell starrte von Blut und Sekret, das aus vielen Wunden sickerte, und es neigte

seinen mächtigen Schädel zu den beiden Soldaten und ihrem Maschinengewehr herab. In der Mähne und in den Wimpern hing Eis und Schnee, und aus den dunklen Augen des Tieres zogen sich gefrorene Tränenbäche über das Gesicht hinunter. In diesem traurigen Pferdegesicht und in dem geschundenen Körper offenbarte sich für den Karli das ganze Elend dieses Krieges. Er holte ein Stück Kommißbrot aus der Manteltasche und hielt es dem armen Vieh hin. Das war nicht viel Brot, aber gut die Hälfte von dem, was er noch besaß, war es gewiß. Ja, es war schlimm, wie weit es mit dem Karl Grob gekommen war: Ein halbtoter Gaul und ein kleines, totes, blondes Mädchen griffen ihm mehr ans Herz als hundert gefallene Soldaten. Er gab dem Pferd, das den Kommissbrotbrocken bedächtig mümmelte, als wüßte es um dessen Kostbarkeit, einen leichten Schlag auf die Nase und sagte:
"Dawai, Towarisch - dawai!"
Das Pferd verstand Karlis Russisch. Es wandte sich schwerfällig um und verschwand wie ein dunkler Schatten im Niemandsland.
Der Martin aber schüttelte den Kopf und sagte:
"Karrrli, du bist ein guter Mensch, aber ein Arrrschloch!"


Oben auf der Mauerkante saß einer, und seine Beine, die in langen Filzstiefeln steckten, hingen in den Kellerraum hinein. Die Decke des Kellers war zur Hälfte eingestürzt, und hinter der Gestalt stand der brandrote Nachthimmel. Man konnte sehen, dass der da keinen Helm aufhatte und keine Mütze. Ein kurzgeschorener Kugelkopf. - Ein Russe?
Der Obergefreite Grob, der sich zum Schlafen an die Kellerwand gedrückt hatte, erschrak und griff nach der Maschinenpistole, die er neben sich liegen hatte.
"Dobroe Utro, Drug", sagte der auf der Mauerkante, "du brauchst nicht zu schießen, ich bin schon tot."
Da legte der Karli die MP wieder hin, und der andere redete weiter:
"Du kennst mich, ich bin der, den du im Oktober beerdigt hast. Und deswegen sitze ich hier. Ich wollte wissen, wie einer ausschaut, der so etwas tut."
"Ach," sagte der Karli etwas verlegen, "ich habe es nicht allein wegen der Pietät gemacht, denn es war Oktober und noch ziemlich warm."
Der andere lachte leise:
"Ich weiß, du hast auch an den Geruch gedacht, aber immerhin hast du den Erdhaufen mit Deinem Spaten schön glatt gemacht und meinen Helm obenauf gelegt. Das tut nicht jeder, und die Augen hast du mir auch noch zugedrückt. - Übrigens, ich heiße Pavel. Pavel Koltschak."
Koltschak? - Hat nicht ein General der weißrussischen Armee so geheißen, der

173

hier neunzehnhundertsiebzehn gegen die Bolschewisten gekämpft hat?"

"Stimmt", sagte der Pavel, "aber ich bin nicht verwandt mit dem."

"Ich heiße Karl Grob und komme aus Bayern."

"Ich weiß," sagte der Russe, "das war für dich ein weiter Weg, bis hierher an die Wolga. Eure Führer haben euch ja immer erzählt, dass wir Todfeinde sind und dass ihr unser Land erobern müßt. Aber hier an der Wolga wird euer Weg zu Ende sein. Jetzt kämpfen die Menschen bei uns nicht mehr für Stalin oder für den Kommunismus, jetzt kämpfen sie für Rußland. - Mein Weg war nicht so weit wie deiner. Ich war in Kamyschin zuhause, das liegt nur zwei Bahnstunden von hier im Norden."

"Woher kannst du so gut Deutsch?" fragte der Karli.

"Da, wo ich jetzt bin, spricht man alle Sprachen."

"Wie ist es da, wo du jetzt bist? - Ist es das Paradies oder der Himmel oder sowas ähnliches?"

"Ich weiß nicht, ob man es Paradies nennen kann. Ich weiß auch nicht, ob ein Bolschewik wie ich überhaupt jemals in den Himmel kommt, aber ich finde es sehr schön so wie es jetzt ist. Ich kann hier sein oder auf der Spitze des Eiffelturms, ich kann an der Kremlmauer auf Lenins gläsernem Sarg hocken oder auf der Fackel der Freiheitsstatue. Auf dem Gipfel des Mount Everest kann ich stehen oder in der Küche neben meiner Mutter. Aber ich habe bis jetzt noch keinen Engel gesehen und keinen Heiligen, vom lieben Gott ganz zu schweigen."

"Pavel, wie ist es mit dem Sterben und dem Tod? - Ich habe nämlich Angst davor", fragte der Karli und schob die Hände in die Ärmel seines Mantels.

"Mit dem Sterben habe ich Glück gehabt. Zwei Herzschüsse. Das waren zwei Schläge auf die Brust, wie mit einem dicken Prügel, dann drehte sich die Erde um mich, dann wurde es dunkel, - aber nur einen Moment - und dann stand ich auf. Ich ging an dem T 34 vorbei und lief Sekunden später in Kamyschin durch die Straße, in der ich zuhause war. Ich ging in unser Haus, ich ging die Stiege hinauf und zur Mutter in die Küche hinein. Ich sagte: Mutter, da bin ich! - Aber sie hörte mich nicht, und ich strich ihr mit der Hand übers Haar, und sie spürte es nicht. Da wußte ich, daß ich tot war. Mit dem Sterben, da muß man Glück haben, es kann manchmal sehr lange dauern und sehr grausam sein, wie du weißt, aber der Tod, das ist etwas ganz anderes, der Tod, das ist die absolute Freiheit.

"Wie alt bist du, Pavel?"

"Im Februar wäre ich einundzwanzig geworden."

Der Karli sagte:

"Das habe ich irgendwie geahnt, und das ist der zweite Grund, warum ich nicht wollte, daß du neben dem Panzer verfaulst. Ich bin nämlich auch im Februar zweiundzwanzig geboren, und ich denke, daß es für uns beide noch eine Menge Leben gegeben hätte."

"Karl Grob, du redest, als müsstest du morgen sterben, aber ich habe das Gefühl, dass du diesen Krieg überleben wirst..

Versuche am Leben zu bleiben, Kamerad. Und wenn du am Leben bleibst, dann versuche mit aller Kraft und allem Fleiß, klug zu werden, denn das meiste Elend auf dieser Welt ist nur das Resultat von abgrundtiefer Dummheit. Viele Millionen Dummköpfe fallen übereinander her, weil ein paar Dutzend elitärer Dummköpfe es so wollen. Aus weltanschaulichen Gründen oder aus religiösen oder weil die anderen einer anderen Rasse angehören. Die gefährlichste Krankheit auf dieser Erde ist die Dummheit, und solange es das Serum Klugheit nicht in Ampullen gibt, wird man sie auch nicht so leicht ausrotten können wie Pest und Pocken."

"Du brauchst anscheinend dieses Serum nicht mehr, Pavel", sagte der Karli. Und der Geist des Pavel Koltschak antwortete:

"Nur die Toten sind wahrhaft klug! Und darum gebe ich dir auch noch einen klugen Rat zum Abschied: Wenn du in Gefahr gerätst, von meinen ehemaligen Kameraden gefangengenommen zu werden, dann wirf vorher die Tokarew weg, denn es wäre nicht gut für dich, wenn sie die bei dir finden würden. - Schiwi choroscho, Towarisch! - Leb wohl, Kamerad!"

"Servus, Pavel!" sagte der Karli und hob die Hand an die Mütze. Und auf einmal war da über der Mauerkante nur noch ein Fetzen grauer Himmel, durch den die schräge Bahn einer Leuchtkugel zog.


Der Martin hatte den Karli um die Schulter gefaßt, und sie rannten beide wie die Verrückten nach hinten. Der Kopf des Obergefreiten Grob war von einem hastig angelegten Verband umhüllt, und das aus der Nase rinnende Blut hatte seinen Mantel total versaut. Ein Ende der Mullbinde flatterte weiß und theatralisch hintennach.

Der Martin sagte keuchend:

"Männchen, Männchen, du hast`s aber eilig, nachhaus zu kommen! Hast wohl Angst, daß dir dein schöner Heimatschuss zuheilt, bevor du beim Doktor warst!"

Der Martin hatte ja recht. Karlis Schutzengel hatte wieder einmal rechtzeitig hingelangt, und seine Verwundung sah weit schlimmer aus, als sie tatsächlich war.

Sie hetzten wie im Traum Arm in Arm über die Steppe, den Schneefahnen nach, die ein eisiger Wind vor ihnen hertrieb. Es war ein Stolpern durch zugeschneite Granattrichter, über gefrorene Erdbrocken und eisstarre Leichen. Wenn der Sturm die Schleier des singenden Schnees aufriß, tauchten für Sekunden Körper auf, Hände, Maskengesichter. Karl und Martin erschraken nicht mehr darüber, denn Tote sind harmlos.

In der zweiten Novemberhälfte hatte die große russische Offensive begonnen. Die Deutschen waren von einem Tag auf den anderen von Angreifern zu Verteidigern geworden. Das Drama nahm jetzt seinen Anfang, und der Gefreite Grob hatte die reelle Chance, es nicht mehr miterleben zu müssen.

Als sie am Verbandplatz angekommen waren, sagte der Martin zum Abschied:
"Sei froh um die paar kleinen Löcher, die du abbekommen hast, Karli. Irgendwie spüre ich das im Urin, daß die ganze Sache hier in Arsch geht und daß die meisten von uns die teure Heimat nicht mehr sehen werden."
Sie klopften einander auf die eisbedeckten Rücken, und der Karli brachte nur ein gepresstes "Servus!" heraus, denn der breitschultrige Ostpreuße, der dort langsam im Schneetreiben verschwand, der war sein Freund.

Ein Hauptverbandplatz irgendwo in der Steppe. Ein Ort, an den der Krieg Menschen hinspuckt, die er nicht mehr brauchen kann: Defektes Menschenmaterial. Ein Zelt mit einem großen roten Kreuz auf dem Dach. Die Planen knattern im Schneesturm. Drinnen arbeiten zwei Ärzte und eine Handvoll Sanitäter. Sie operieren, amputieren, verbinden. Und sie trösten. Ja, sie trösten! - Auch das bringen die noch fertig, obwohl sie seit Tagen kaum eine Stunde Schlaf haben, obwohl sie seit Tagen ohne Unterbrechung Spritzen geben und Narkosen, obwohl sie Stunde für Stunde schneiden, sägen, nähen und verbinden und obwohl sie manchen Kampf um ein Leben verlieren und dabei manch einer unter ihren Händen stirbt - oder kurz danach. Da haben die trotzdem noch immer ein gutes Wort für die armen Teufel, die fast pausenlos aus den Ruinen und Schützenlöchern von Stalingrad angeliefert werden, und sie sagen zu ihnen:
"Kopf hoch, Junge, das kriegen wir schon wieder hin! -
Das ist nicht so schlimm, wie`s ausschaut! -
Du hast Glück gehabt, der Knochen ist noch heil! -
Da gibt`s heut Prothesen, da kannst du wieder Fußball spielen mit! -
Sei froh, der Kopf ist noch dran - und jetzt legst du dich mal ein paar Wochen gemütlich ins Bett! -
Ein warmes Lazarettbett ist doch besser als ein kaltes Schützenloch! -
Wenn alles andere in Ordnung ist, dann liebt dich dein Mädel auch noch mit einem Arm!"

Solcherart banal und unsentimental sind diese Tröstungen, aber meistens helfen sie ein wenig, und manchmal gibt`s sogar noch einen Schluck Tee oder eine Zigarette dazu. Der Stabsarzt und sein Assistent schauen selber aus wie Tote, und ständig kommen neue Verwundete, Sterbende, Blutende, Stöhnende. Sie liegen und kauern in zwei Reihen vor dem Zelt. Die Reihen werden immer länger. Auf Panjewagen kommen sie, auf Tragbahren werden sie angeschleppt oder am Arm von Kameraden. Irgendwo in der Nähe krepieren Granaten. Der Wind trägt den Laut von hundert Schmerzen in die graue Weite hinaus und weht Staubschnee über die Liegenden und die Kauernden und dann schreit einer gellend laut:

"Ich - will - hier - weg!"

Ein Sanitäter läuft zu ihm hin und gibt ihm irgendetwas.

So ungefähr ging es damals auf einem Hauptverbandsplatz zu in Zeiten, da sich große Führer, Feldherren und Generäle besonders um ihre eigene Unsterblichkeit bemühten. Aber so ein Verbandplatz, das war kein Ort für die Großen und Mächtigen. Hier kämpfte nur eine Handvoll Namenloser um das Leben von anderen Namenlosen.

Der Karli ist schnell verarztet gewesen. Ein neuer Verband, eine Tetanusspritze in den Hintern und eine Zigarette aus einer runden Blechbüchse, - fertig. Etliche Meter neben dem Sanitätszelt hielt ein Panzerspähwagen. Aus dem Turm winkte einer und rief herüber:

"Wir fahren zum Flugplatz, sechs Sitzende können noch mit!"

Ein Sanitäter gab dem Karli einen Schlag auf den Rücken und sagte:

"Hau ab Mensch, schau zu, daß du da rauf kommst."

Und der Karli mit seinem malerischen Kopfverband lief so schnell er konnte zu dem Panzer. Jemand half ihm hinauf, und dann hockte er mit fünf anderen Glücklichen auf den eiskalten Stahlplatten und klammerte sich irgendwo an.

Viele wollten noch mit, aber es war kein Platz mehr auf dem Fahrzeug, und die Zurückbleibenden starrten ihnen mit grauen, verzweifelten Gesichtern nach.

Auf dem Flugplatz standen vier JU Zweiundfünfzig. Weit draußen auf dem Feld setzte eine fünfte gerade auf und zog dabei einen mächtigen Schneeschleier hinter sich her. Der Fahrer des Panzerspähwagens war auf Draht; er fuhr direkt zu einer Transportmaschine hinüber, deren Motoren gerade mühsam und hustend ansprangen.

"Sechs Sitzende!" rief der Mann aus dem Turmluk einem Sanitätssoldaten zu, der in der Türe der Junkers stand. Der Sanitäter schüttelte den Kopf, hob eine

Hand, als ob er schwören wollte, und brüllte durch den Motorenlärm: "Nur noch drei!"

Der Karli war zwar steifgefroren wie eine Puppe, aber als er das hörte, kroch er so schnell es ging von dem Spähwagen hinunter und humpelte zu dem Flugzeug. Er geriet in Panik und hatte Angst, zu langsam zu sein, aber er kam gerade noch als Dritter an und wurde von hilfreichen Händen an Bord gezerrt. Und wieder blieben viele Wütende, Enttäuschte, Verzweifelte hinter den langen Schneefahnen zurück, die der Propellerwind der startenden Maschine aufwirbelte. Als die JU mühsam Höhe gewonnen hatte, zog sie in einem weiten Bogen nach Westen. Der Karli Grob drückte seinen weiß eingewickelten Kopf gegen das kleine Seitenfenster und schaute noch einmal hinüber zu der breiten, grauen Wolkenwand, unter der die Stadt Stalingrad lag, und er hatte dabei das sichere Gefühl, einem Schicksal entwischt zu sein, das grausam und unabwendbar über die vielen Soldaten hereinbrechen würde, die dort unten zwischen Brand und Trümmern kämpfen mussten. Natürlich war er glücklich, dass er diesem Schicksal jetzt davonflog; doch dann fiel ihm der Martin ein, der Gert und der Gefreite Wilming, der Oberjäger Klein und der Hauptmann, und auf einmal schlich sich ein Stück schlechtes Gewissen in seine Seele. Aber schließlich war er ja nicht davongelaufen. Er war sozusagen vorschriftsmäßig verwundet worden, und er konnte wirklich nichts dafür, daß ihn nur ein paar kleine Granatsplitter erwischt hatten.

Er dachte an seine Freunde, die er dort drüben in der großen, sterbenden Stadt zurückließ, die Freunde, die er gern hatte wie Brüder und denen er das gleiche Glück vergönnt hätte, das ihm beschieden war.

Die Luft in der Junkers roch nach allem, was menschlich ist. Sie war kaum zu ertragen, und der Karli, dem das Fliegen noch nie Beschwerden verursacht hatte, der merkte, daß ihm nun selbst langsam schlecht wurde. In der Wellblech-Enge des Rumpfes lagen oder saßen die Verwundeten dicht gedrängt, und einige hatten sich in der schaukelnden, überladenen, ab und zu durchsackenden Maschine schon übergeben müssen. Nur die feste Überzeugung des Obergefreiten Grob, daß es gegen die Ehre eines Fallschirmjägers ist, wenn er in einem Flugzeug kotzt, hinderte ihn daran, ein gleiches zu tun. Schließlich war es aber auch für ihn höchste Zeit, daß die JU auf dem Flugplatz von Charkow aufsetzte.

Auf der Krankensammelstelle begann der Karli, die Tage wieder als ein Geschenk zu betrachten. Er hatte geduscht und war entlaust worden, es gab dreimal am Tag zu essen, der Strohsack war weich, die Decken sauber und die Bude warm. Er durfte auch in der Stadt herumlaufen. Seine Wunden heilten schnell. Zu schnell für Karlis Geschmack, denn die letzten Wochen erschienen ihm wie ein fürchterlicher Traum, und er hatte Angst davor, bald wieder an die Front zu müssen.

Am Roten Platz in Charkow war ein Soldatenheim. Dort konnte man einmal am Tag eine große Tasse Malzkaffee und ein Stück staubtrockenen, schwach gezuckerten Gesundheitskuchen bekommen, dem ein erheblicher Teil Kartoffelmehl beigemengt war. Immerhin war es Kuchen! An einer langen Theke standen Rotkreuzschwestern, die diese Herrlichkeiten gegen einen Gutscheinzettel ausgaben, und der Karli hockte sich allein in eine Ecke hinter sein Haferl Malzkaffee. Er nahm einen Bissen von dem staubigen Kuchen und einen Schluck von dem sacharinsüßen Spitzbohnenmokka, und er lauschte den Schlagern, die aus einem großen Lautsprecherkasten ertönten, - und er vergaß den Krieg. Die Schnulzen gingen ihm ein wenig ans Gemüt, denn sie weckten in ihm Erinnerungen an eine andere, glückliche Welt, an eine längst vergangene Zeit. Wann war das gewesen, als er mit der Elisabeth auf der Fürstalm im Mondschein den Tango Argentino getanzt hatte: Addios muchachos, amigos, caballeros! War es zweieinhalb Jahre her oder drei? - Eine Ewigkeit jedenfalls.

Jetzt hockte er in diesem verräucherten Soldatenheim am Roten Platz in Charkow und hörte zu, wie die Rosita Serrano mit ihrer süßen Stimme "Roter Mohn, warum welkst du denn schon?" sang und wie die Zarah Leander in dröhnendem Alt die Frage aufwarf, ob denn Liebe Sünde sein könne. Und als aus dem Lautsprecher auf einmal das schöne Lied "Am Abend auf der Heide" zu hören war, da mußte er grinsen und sein Freund Max fiel ihm ein, denn der hatte damals den Titel prompt geändert und ihn "Am Abend auf der Heidi" genannt.

Der Max, -wie es dem wohl ging, und dem Reiner und dem Karlo und den anderen allen? - Er hörte das laute Reden und das Gelächter der vielen Soldaten nicht, er lauschte den Schlagern, und er dachte an die Menschen, die er gern hatte, denn jetzt war endlich einmal Zeit dazu. Dann glotzte er sehnsüchtig eine Schwester an, die hinter der Theke stand und Kuchenstücke auf Teller verteilte. Sie war bildschön und erinnerte ihn irgendwie an die Elisabeth, obwohl sie dunkelbraune Haare hatte und die Elisabeth blonde. Ob sie wohl noch manchmal an ihn dachte, die Elisabeth? Es war bestimmt schon zehn Wochen her, seit er den letzten Brief von ihr bekommen hatte. Das war aber nicht ihre Schuld, denn es hatte seit ewigen Zeiten keine Post mehr für die Soldaten an der Wolga gegeben. Nein, die Elisabeth konnte nichts dafür, und er selber war ja auch die ganze Zeit nicht zum Schreiben gekommen. Womit auch? Er besaß ja nicht einmal einen Bleistiftstummel.

Aber heute abend würde er mindestens zwei Briefe schreiben, das nahm sich der Karli fest vor. Einen an die Mutter und einen an die Elisabeth.

Zwei Tage später fragte ihn ein Gebirgsjäger, der zu seinen Stubengenossen gehörte, ob sein Vater ein Chinese gewesen sei. Der Karli ärgerte sich und fragte seinerseits, ob der andere vielleicht einen Vogel habe, aber der sagte nur trocken:

"Schaug halt amal in an Spiagel nei, so gelb wia du is net amal a Chines. Sogar deine Augn san wia Zitrona."

Es stimmte tatsächlich, der gelbliche Teint war nicht zu übersehen und die gelben Augen erst recht nicht. Da meldete sich der Karli beim Oberarzt und gab an, starke Leibschmerzen zu verspüren. Der Doktor untersuchte ihn nur kurz und sagte:

"Eine ausgewachsene Gelbsucht haben Sie!"

Dann schrieb er Namen, Dienstgrad und Diagnose auf eine Art Paketanhänger, malte dick die Buchstaben LZH darunter und befestigte die Papierfahne mit einem Draht an Karlis oberstem Uniformknopf.

LZH - das bedeutete: Lazarett - Zug - Heimat.

Der Karli war den Erregern der infektiösen Hepatitis zutiefst dankbar, dass sie ihm einen weiteren Lazarettaufenthalt, noch dazu in der Heimat, beschert hatten. Denn die Wunden, die ihm die russische Werfergranate zugefügt hatte, die waren ja tatsächlich schon fast vernarbt, und man hätte ihn sicherlich bald wieder dahin geschickt, wo er hergekommen war. Dazu verspürte er aber nicht die geringste Lust, denn inzwischen hatte der Karli Grob eine vollkommen nüchterne Einstellung zu seiner eigenen Person bekommen, jedenfalls was den Krieg und das Militär anbetraf. Er wusste nun, daß er keineswegs zum Helden geboren war und bestenfalls das darstellte, was man schon in früheren Jahrhunderten einen "braven Soldaten" nannte.

Deswegen freute er sich auch aus ehrlichem Herzen über die zahlreichen, glücklichen Umstände, denen er es zu verdanken hatte, daß er jetzt in der kleinen schlesischen Stadt in einem weichen Lazarettbett lag.

Die ersten Tage hatte er zwar strenge Bettruhe verordnet bekommen, und das Essen war ziemlich fad, weil kein Fett dabei war: Gemüse, in Salzwasser gekocht, Kartoffelbrei, Grießmus mit Magermilch, ab und zu ein halbes hartes Ei ganz fein gehackt, und am Sonntag gab es einen kleinen Löffel von magerem Kalbfleischragout oben auf dem Kartoffelstampf. Von dem hat der Karli oft einen Schlag nachgefaßt, denn er war mager geworden wie ein indischer Fakir.

Diese Kost hieß Gallendiät, und sie war zur Wiedererlangung einer europäischen Hautfarbe und eines klaren Urins unerläßlich.

Aber was bedeutete die Magerkost schon gegen das unbeschreibliche Gefühl, sauber zu sein, keine Läuse mehr zu spüren, keinen Hunger, keinen Durst, keine

Kälte und keine Angst. Ein Lazarettbett in Bunzlau und ein Schützenloch in Stalingrad, das war ein Kontrast, der beinahe jede Vorstellung übertraf. Und was für einen Kontrast machte erst eine glatte, saubere Krankenschwester, die mit einem freundlichen "guten Morgen!" in die Stube kam und die Verdunkelungsrollos hochzog, gegen einen hohlwangigen, stoppelbärtigen Korporal, der einem mitteilte: "Du bist heute dran mit Essenholen."
 - Essenholen, das war in der letzten Zeit mit vierzig Prozent Wahrscheinlichkeit der Heldentod gewesen - .

Der Unterschied zwischen dem Heute und dem Gestern war so gewaltig, dass dem Karli dieses Gestern vorkam, als hätte es sich in einer anderen Welt ereignet. Er versuchte auch, es nach Kräften zu vergessen. Er las, was er erwischen konnte, und er schrieb Briefe, und er freute sich darauf, endlich auch einmal wieder Post zu bekommen.

Eines Abends wurde im Radio ein Wunschkonzert übertragen, jene wunderbare Erfindung aus der Propagandaküche des Doktor Goebbels, mit deren Hilfe das deutsche Gemüt bewegt und somit der Patriotismus gestärkt werden sollte.
Der Karli dachte, dass es doch seltsam ist, dass zu Zeiten, in denen die Brutalität Triumphe feiert, die Menschen besonders leicht sentimental werden; aber auch ihm haben die Wunschkonzerte immer recht gut gefallen, denn es wurden da die vielfältigsten Musikwünsche von Front und Heimat erfüllt und vom Ansager mit besinnlichen Worten verbunden. Von Herms Niel bis Mozart war für jeden Geschmack etwas dabei, und die Landser in der Krankenstube wurden still, sie legten die Karten hin, hörten das Lesen auf oder das Briefschreiben, und sie lauschten den Klängen aus dem Radio und dachten an zuhause.
Ob dem Goebbels seine Absicht, den Durchhaltewillen von Front und Heimat damit zu stärken, erreicht wurde, ist nicht erwiesen. Jedenfalls sagte plötzlich einer von Karlis Stubenkameraden laut in eine kurze Stille hinein:
 "Scheißkrieg, gottverdammter!"

Und als dann der Rundfunksprecher die Sendung mit den herzinnigen Versen beschloß:
"Die Front reicht unsrer Heimat nun die Hände,
Die Heimat aber reicht der Front die Hand.
Wir sagen: Gute Nacht! - Auf Wiederhören,
Wenn wir beim andernmale wiederkehren.
Auf Wiedersehen sagt das Vaterland!"
 da dröhnte, kaum daß die letzte Silbe verklungen war, eine Geisterstimme tief und unnatürlich rauh aus dem Radiokasten. Und diese Stimme sagte:

"Aus Stalingrad kommt keiner zurück!"
Einige der Kameraden hielten das für einen ausgefallenen, makabren Spaß und lachten. Der Karli aber ist echt erschrocken, denn er hatte eine Ahnung davon, was sich dort in diesen Tagen abspielte.

Die Russen hatten starke Störsender eingesetzt, die mit denselben Wellenlängen und Frequenzen wie die deutschen Rundfunkstationen arbeiteten und deren Programme störten. Die Geisterstimme hatte leider recht, denn im Dezember wurde die sechste Armee eingeschlossen, und viele waren es nicht mehr, die von dort zurückkamen

Für den Karli ist dies das dritte Weihnachten gewesen, an dem er nicht daheim war, aber die Bürger von Bunzlau gaben sich redliche Mühe, es den Soldaten im Lazarett so schön wie möglich zu machen.
Wer nicht im Bett liegen mußte, saß in der Turnhalle an langen Tischen, die weiß gedeckt und mit Tannenzweigen dekoriert waren. Es gab große Kannen mit einer glühweinartigen Flüssigkeit und Selbstgebackenes von der Bunzlauer Frauenschaft. Dazu hielt ein brauner Würdenträger die unvermeidliche Rede, sprach von der Deutschen Weihnacht und dem Band, das Front und Heimat verbindet, sprach vom Endsieg und vom Frieden und vom Führer, der inzwischen längst die Stelle des Lieben Gottes eingenommen hatte. Eine Spielschar des BDM umrahmte das Ganze mit weihnachtlichen Melodien. Den Karli störte das nicht, und er respektierte den guten Willen. Den Plätzchen aber widmete er sich mit echter Hingabe.

Langsam verlor sich das Gelb in Karlis Gesicht, und sein Teint bekam wieder die vornehme Blässe eines normalen Lazarettinsassen. Die verdammten Leibschmerzen wollten allerdings nicht weniger werden. Das lag jedoch vor allem daran, dass es in dieser Zeit für einen Obergefreiten der Deutschen Wehrmacht wohl nirgends gemütlicher war als in einem Lazarett.

Eines Tages kam der Vater zu Besuch. Diesen Besuch hatte er mit einer Dienstreise verbinden können, denn er war inzwischen Oberleutnant geworden und hatte einen guten Posten als Regimentsadjutant irgendwo in Polen. Der Vater hatte ihm zwei Bücher mitgebracht: "Die Jobsiade" von Kortum und "Wind, Sand und Sterne" von Saint Exupéry. Ja, der Vater wußte schon, was seinem Sohn gefallen würde. Sie saßen dann in der Kantine zusammen und redeten vom Krieg und von daheim, und der Karli empfand dankbar das Glück dieser Stunde. Er verstand sich immer gut mit seinem Vater, aber jetzt kam ihm das besonders stark zum Bewusstsein. Der Vater zog eine kleine Flasche Wodka aus seiner Mappe, entkorkte sie und sagte lächelnd:

"Das passt zwar nicht ganz zu deiner Gallendiät, aber heutzutage kann eine Gelbsucht garnicht lange genug dauern."

Nachdem jeder einen kräftigen Schluck genommen hatte, drückte der Vater seine Zigarettenkippe im Aschenbecher aus, blickte kurz im Kantinenraum herum, und er wurde sehr ernst, als er den Sohn über den Brillenrand hinweg anschaute und sagte:

"In der letzten Zeit habe ich in Polen von Dingen erfahren, die so furchtbar sind, daß ein normaler Mensch sie nicht kapieren kann. Einiges habe ich mit eigenen Augen gesehen, und ich weiß jetzt, Karli, dass wir für keine gute Sache kämpfen.

Du erinnerst dich sicher, dass mir die braunen Herrschaften noch nie recht geheuer waren, aber das ist bei mir damals mehr gefühlsmäßig gewesen, weil ich halt ihr martialisches und pathetisches Getue nicht leiden konnte; und wie du noch ein treuer Hitlerjunge gewesen bist, habe ich dich ja auch oft mit meinen ketzerischen Sprüchen geärgert. Weißt du noch, wie wir für den Hitler Namen erfunden haben: Heil Schicklgruber! - Heil Kreuder! - Heil Samm! - Und weißt du noch, wie wir beide damals gelacht haben? Ich kann Dir heute sagen, Karli: An unserem großen Führer ist nichts zum Lachen, rein garnichts. Alles an ihm ist zum Fürchten! Und ich bin jetzt so weit, daß ich mich manchmal schäme, diese Uniform zu tragen. Wenn man im Namen Deutschlands wehrlose Menschen umbringt, bloß weil sie Polen sind, oder Russen, oder Juden, dann ist das Mord - und nichts anderes. Gebe Gott, daß wir beide niemals den Befehl bekommen, so etwas zu tun. Ich würde ihn nicht ausführen."

Und der Karli sagte:

"Ich auch nicht."

Sie kippten den Rest Wodka hinunter, sahen sich traurig an und der Karli fing an zu erzählen:

"Jetzt muß ich daran denken, wie wir kurz bevor's mit Rußland losging in Zamosz waren, das ist in Ostpolen nicht weit von der Grenze eine hübsche kleine Stadt, die fast so aussieht, als ob sie von Italienern gebaut wäre. Du weißt, daß ich gern allein wo rumlaufe, und das hab ich da auch gemacht und bin dabei ins Judenviertel gekommen. Die Straßen waren fast menschenleer, und wie ich so dahingeh und die alten Häuser anschau, da kommt mir auf dem Trottoir ein Jude entgegen wie der Methusalem. Einer wie aus dem Bilderbuch, weißes Haar, weißer Bart, Schläfenlocken, schwarzen Hut auf. Alt und gebückt war er, der Jude, und er hatte einen gelben Stern an seinem schwarzen Kaftan.

Das Trottoir war breit und kaum Leute unterwegs, und wie der Alte ein paar

Meter vor mir ist, macht er einen Schritt über den Randstein hinunter in die dreckige Gosse, und er hebt die rechte Hand zum Hitlergruß, und sein Buckel, der eh schon recht krumm war, der ist noch krummer geworden.

Das ist mir echt peinlich gewesen, daß der alte Mann wegen mir vom Trottoir runtergeht, und ich hab ihn am Arm gepackt und wollt ihn wieder raufziehen, aber da ist der Methusalem vor mir auf die Knie gefallen, er hat angefangen zu zittern, hat mir die gefalteten Hände entgegengereckt und mit leiser Stimme immer wieder gesagt:

"Bitte Härr, Hail Hitlär! - Bitte, Härr, Hail Hitlär!"

Das hat mich ganz fertiggemacht, und ich hab ihm unter die Arme gefaßt und ihn wieder auf die Füße gestellt, denn allein wär der nicht mehr zu Stehen gekommen. Dann hab ich ihm seinen Stecken aufgehoben, ihn freundlich angegrinst und "Servus" gesagt. Der Alte ist wie erstarrt dagestanden und hat mir völlig verständnislos nachgeschaut.

Was müssen die für eine Angst vor uns haben!"

"Ja," sagte der Vater, "denen ihre Angst ist nicht unberechtigt, denn in Hitlers Machtbereich Jude zu sein, das ist wohl das Lebensgefährlichste, was man sich denken kann."

Als sich vor dem Haupteingang ein junger Mann in einem weißblau gestreiften Lazarett-Pyjama und ein älterer Oberleutnant herzlich umarmten, schüttelten zwei des Weges kommende Offiziere missbilligend die Köpfe und ein paar Landser grinsten. Dem Obergefreiten Grob und seinem Vater war das aber scheißegal.

"Mach`s guat, Karli!" - "Mach`s guat, Papa!"

Fast auf den Tag genau ein Jahr war es nun her, dass der Karli seinen letzten Urlaub gehabt hatte, und jetzt saß er endlich wieder in einem Zug, der aus dem Münchener Hauptbahnhof hinaus gen Süden rollte. Drei Wochen Genesungsurlaub hatte er bekommen. Drei Wochen! Und er horchte glücklich auf das Rattern der Eisenbahnräder, die ihm im Rhythmus der Schienenstöße zuriefen: Murnau - Murnau - Murnau!

Gegenüber saß ein Herr mit einer Zigarre und einem Parteiabzeichen an der Trachtenjoppe, der fragte:

"Fahrns in Urlaub?"

"Ja."

"Sans bei die Fliager?"

"Naa."

"Aah, bei die Fallschirmjäger?" (Er hatte das Abzeichen entdeckt.)
"Ja."
"Reschpekt! - Wo kemmas denn her?"
"Vom Lazarett."
"Warns verwundet?"
"Gelbsucht."
"Wo warns denn ei'gsetzt?"
"In Russland."
"Was sagns denn zu Stalingrad?"
"Scheiße!"
"Na, na, - es werd nix so hoaß gessn, wias kocht werd. Jetz im Früahjahr macht da Führer a neue Großoffensive, und dann schmeiß mas in d'Wolga, de Bolschewicken."
"Mir?"
"Ja freili! - Ihr seids ja Pfundsburschen, des schaffts ihr leicht!"
"Da hams recht, des is wirkli a Kloanigkeit."
"Sehgns, des gfreut mi, daß ihr Junga so zuversichtli seids! Heil Hitler, Kamerad! - Und an schöna Urlaub!"

Gottseidank ist der Parteigenosse in Weilheim ausgestiegen, und wie endlich wieder die altvertrauten Stationsnamen Polling, Huglfing, Uffing vor dem Zugfenster auftauchten, da hielt es den Karli nicht mehr länger im Abteil. Er schlug seinen Mantelkragen hoch und ging auf die Plattform hinaus. Zwischen Hügeln und Wäldern glänzte der Staffelsee im milden Licht dieses Märznachmittags. Auf den Bergen leuchtete der Frühjahrsschnee, und der Karli dachte, dass da bestimmt noch was geht mit dem Schifahren. Die Wolken sahen aus, als hätte ein Maler seinen halbtrockenen Pinsel mit weißer Farbe über den blauen Himmel gewischt. Den Karli hatte eine große Erregung gepackt. Er hing sich Rucksack und Gasmaskenbüchse um, und als der Zug im Bahnhof Murnau einlief, da sprang er vom fahrenden Zug ab, wie er das als Bahnschüler auch schon immer gemacht hatte und wie das auch schon immer verboten gewesen ist. Der Hutter Peter, das alte Bahnhofsfaktotum, das sonst immer in dem kleinen Häusl am Perron stand und die Fahrkarten kontrollierte, der ist zufällig am Bahnsteig gewesen und hat gebrüllt:

"Kannst net warten, bis der Zug halt, dappiger Deifi, dappiger!"

Doch dann erkannte er den Karli, sein Gesicht verwandelte sich in freundliches Erstaunen, er schlug dem so unvorschriftsmäßig Angekommenen auf die Schulter und sagte:

"Des is ja der Grob Karli! - Ja wia geht's dir denn allwei - hast an Urlaub?"

Da wurde es dem Karli warm ums Herz, und er fühlte sich gleich wieder zuhause. Und als ihm später die Mutter um den Hals fiel und die kleine Schwester ihn abbusselte, da packten ihn Glück und Rührung, und der Krieg war weit weg. Der guten Tante Emmi liefen vor Freude die Tränen über die runzligen Backen, und sie sagte:

"Heut mach i dir glei no an schöna Apfistrudl, Karli. D'Mama und i, mir ham eigens a bisserl was aufgspart, damit mir guat aufkochn könna, wennst im Urlaub da bist!"

Dann sagte er Grüßgott zu dem alten Haus. Er begrüßte im Flur die dicken Bodenbretter mit den wulstigen Eichenholznägeln, er lief in das Kellergewölbe hinunter, wo seit über zweihundert Jahren der Brennofen stand, der ihm den ersten, fürchterlichen Rausch seines Lebens beschert hatte, als er, elf oder zwölf Jahre alt, den lauwarmen ersten Brand in einem Becher auffing und diesen halb austrank. Mein Gott, war ihm damals schlecht gewesen! Er war zwei Tage krank und der Großvater verzichtete auf eine Ohrfeige und sagte:

"Des glangt eahm scho a Zeit lang."

Dann stieg er auf den Speicher hinauf. Er schaute in den Kasten, in dem Spielzeug und Krempel aus der Kinderzeit ziemlich chaotisch durcheinander lagen, er fuhr mit den Fingerspitzen über seine Schi, die daneben in der Ecke standen, und er kletterte über die Leiter auf den oberen Boden, um durch das kleine Giebelfenster auf das Schloß und die Kirche hinüberzuschauen, zwischen denen im Märzenschnee der Heimgarten leuchtete. Der sah viel höher aus als sonst und gab sich den Anschein, als sei er im letzten Jahr um mindestens tausend Meter gewachsen.

Gegenüber beim Nachbarn hing noch immer die alte Bronzeglocke neben der Haustür wie ein umgedrehter Blumentopf. Dem Karli fiel ein, daß er früher manchmal mit seinem Luftgewehr auf diese Glocke geschossen hatte. Wenn man sie unten am Rand richtig traf, dann machte es ganz laut "Bamm!", und die Nachbarin kam aus der Tür, um zu schauen, ob vielleicht ein lieber Besuch da ist. Und dort an einem Querbalken des Dachstuhls schlang sich um einen rostigen Haken auch noch des Onkels Bergseil, das ihn damals mit seinem Freund Max verbunden hatte, als sie beide mit einem Knieschnackler in der Nordwand der Hohen Kiste hingen!

Dann ging er hinunter in sein Zimmer, und die Bücher in dem kleinen Regal grüßten ihn wie gute Freunde. Er setzte sich an seinen Tisch und fuhr mit der flachen Hand über die grüne Gummiplatte, die ihm für viele Hausaufgaben, etliche Briefe und wenige unbeholfene Gedichte als Schreibunterlage gedient hatte. Die Platte trug ein phantastisches Muster von Tintenflecken und sinnlosen Kritzeleien, wie sie manchmal in Minuten geistiger Abwesenheit entstehen. Dazwischen ein magisches Chaos von Buchstaben und Zahlen, die sich beim Schreiben durchgedrückt hatten. In einer Ecke konnte man noch eine Karikatur vom Schmeil, dem alten Chemielehrer, erkennen, und rechts unten rankte sich ein Gekringel, das aussah, wie ein Konglomerat von Schnürsenkeln oder Spaghetti. Es waren aber die Buchstaben E und K, die sich genialisch ineinander schlangen. Und das bedeutete: Elisabeth und Karl!

Ob sie wohl kommen würde, die Zopfliesel, die blauäugige? Ein Schwall von zärtlichen Gefühlen stieg in Karlis Gemüt hoch wie kochende Milch in einem Haferl, aber ein wenig Besorgnis war auch dabei, denn ein Jahr ist lang und im Krieg weiß man nie, was der nächste Tag bringt. Vor acht Tagen hatte er ihr seinen nahen Urlaub angekündigt, aber noch keine Antwort bekommen. In diesen unruhigen Zeiten brauchte das aber noch lange keine schlimme Bedeutung zu haben.

Er zog seine Uniform aus und schlüpfte in Zivilhemd, Knickerbocker und Pullover, und er kam sich vor, als sei er bei sich selber zu Besuch.

Da kam auch schon die kleine Schwester ins Zimmer gelaufen und rief: "Karli, Essen fertig is!"

Und wie er das Kind auf den Arm nahm und mit ihm hinüber in die Stube ging, durch die schon der märchenhafte Duft von Apfelstrudel zog, da mußte er plötzlich an das tote Mädchen in dem kleinen Steppendorf bei Kalatsch denken. Und die Mutter sagte:

"Warum schaust denn so grantig, Karli, freust dich denn garnet auf den schönen Apfelstrudel?"

Für einen kurzen, schreckhaften Augenblick hatte er die Vorstellung, daß seine Mutter und seine kleine Schwester jetzt auch so daliegen könnten vor einem von Granaten zertrümmerten Haus. Er konnte nichts dagegen machen, daß solche Gedanken manchmal durch seinen Kopf flatterten wie große, schwarze Vögel.

Der Tante Emmi ihr Apfelstrudel gehörte aber zu den positiven Seiten des Lebens. Er hat die schwarzen Vögel schnell verjagt. Und der Karli ließ sich von seiner Schwester mit Weinbeerln füttern, die sie für ihn aus dem Strudel fischte, und er lachte und erzählte den drei Damen lustige Sachen.

Am nächsten Abend hat der Karli natürlich die Regina besucht. Er brachte ihr eine Schachtel Zigaretten mit, und die Regina ging ins - selten benützte - Wohnzimmer hinüber und holte eine Flasche Tiroler Roten. Sie hatte sich eine kleine Reserve angelegt für den Fall, dass einer ihrer jungen Freunde auf Urlaub kam. Die beiden saßen zusammen in der Küche, rauchten, tranken und erzählten, aber ganz so wie früher war es doch nicht mehr, denn die Freunde fehlten. Statt dessen waren die beiden Wände hinter der Eckbank bedeckt mit Postkarten, Briefen und Fotos. "Der lieben Regina zur bleibenden Erinnerung" stand meistens auf der Rückseite der Soldatenbilder. Drei waren darunter, bei welchen die Regina ein kleines schwarzes Band schräg über eine Ecke geklebt hatte. Von den meisten wusste sie zu berichten, wo sie gerade lebten oder wo sie gefallen waren.

"Der Hans wird wohl auch nimmer kommen," sagte die Regina und nickte mit dem Kopf zu einem kleinen Rahmen hinüber, in dem ein lachender Gebirgsjäger zu sehen war, der breitbeinig neben einem Muli stand.

"Der is scho seit September in Jugoslawien vermißt. Wenn er die Partisanen in d'Händ gfallen is, dann werd ma wohl nia mehr was von eahm hörn.- Sei Töchterl is jetz grad zwoa Jahr worn."

Die Regina erzählte dem Karli, was sich in den letzten zwölf Monaten im Ort und bei seinen Freunden zugetragen hatte. Sie war schon immer so etwas wie eine örtliche Nachrichtenzentrale gewesen und wusste - beinahe - alles. Auf einmal aber legte sie eine Hand auf seinen Arm und fragte ihrerseits freundlich und teilnahmsvoll-neugierig:

"Was hast denn von der Elisabeth ghört, Karli?"

"Ja mei, ihren letzten Briaf hab i no im Lararett kriagt. Dass sie ihr Gesellenprüfung gmacht hat, hat sie gschriebn, und dass sie vielleicht kurz nach Murnau kimmt, wenn i Urlaub hab. Vielleicht, hats gschriebn, vielleicht, - wenns Zeit hat!

Moanst, daß sie mi no mag, d'Elisabeth?"

"Ja, warum denn net?"

"Mei, i hab halt so a unsichers Gfühl."

Die Regina schaute den Karli mit einem undefinierbaren Lächeln an und sagte:

"Geh, spinn doch net!"

Wenig später hörte man die Haustür gehen, und die Regina brummte, scheinbar ziemlich unwillig:

"Ja wer kimmt denn jetz da no daher."

Und dann stand auf einmal die Elisabeth in der Küche. Sie trug keine Zöpfe mehr, sondern hatte ihre langen blonden Haare im Nacken zu einem großen Knoten zusammengefaßt. Ein elegantes, dunkelbraunes Kostüm saß an ihr wie an einer Schneiderpuppe, und ihre blauen Augen strahlten heller als je zuvor, als sie lächelnd sagte:

"Grüaß di Gott, Karli - schön, daß d'wieder da bist!"

Der zog erst einmal die Luft ein wie ein großer Blasbalg, dann sagte er, ganz überwältigt von Glück und Rührung:

"Elisabeth! - Du werst ja jeds Jahr schöner!"

"Und du allwei magerer!" lachte die Elisabeth, und der Karli sagte:

"Da hatt'st mi erst vor zwoa Monat sehgn solln, da war i so dürr, da hatt i auf koan Gullideckel stehbleibn dürfn,weil i sonst durchgrutscht waar!"

Dann saßen sie zu dritt um den Tisch in der kleinen Küche, die Regina hatte einen Tee gemacht, und es hätte viel zu erzählen gegeben. Aber seltsam: Der Fluß ihrer Unterhaltung lief nicht sehr lebhaft dahin. Es waren viele nachdenkliche Pausen dazwischen. Auch die Regina und die Elisabeth redeten viel weniger, als es sonst die Art der Frauen ist. In den langen Gesprächspausen schauten sich die drei oft liebevoll an und nickten dabei bedeutungsschwer mit den Köpfen. Der Karli war`s zufrieden. Ihm schien es Glück genug, auf der Bank neben der Elisabeth sitzen und die Wärme ihres Körpers spüren zu dürfen. Manchmal, wenn sie seinen Blick fühlte und ihm ihr Gesicht zuwandte, dann lächelten sie sich beide an, unbefangen und voller Liebe. Und in diesem hellen Mädchengesicht war nichts, was nur einen Hauch von Sorge oder Zweifel in Karlis Herz hätte bringen können.

Auf einmal schaute die Regina zur Küchenuhr hinüber und sagte: "Jetzt geht grad `s Wunschkonzert o. Wenns Lust habts, könnts ins Fremdenzimmer naufgeh, da is a Radio drobn. - Und nehmts den Rest Wein aa no mit."
Als er mit der Elisabeth über die knarzende Treppe in den zweiten Stock hinaufstieg, da fiel dem Karli ein, daß "Regina" auf deutsch "Königin" heißt und daß dieser Name bei der genau passt, denn eben hatte sie wieder ihre absolute Souveränität bewiesen.
Salve Regina! - Wenn man einen Engel dabeihat, dann kann das Paradies überall sein, auf einer Wiese hinter Schilf und See oder im zweiten Stock einer alten Villa.

Seine Uniform hat der Gefreite Grob in diesem Urlaub nur ein paarmal angezogen. Das erstemal, als er sich in der Kaserne beim Standortkommandanten gemeldet hat, wie das halt in dieser Zeit so Vorschrift war, und dann einen Tag nach dem `Wunschkonzert´. Er wollte mit der Elisabeth ins Kino, weil es ihr letzter gemeinsamer Abend war. Da sagte sie zu ihm:
"I mag fei mit an Fallschirmjäger ins Kino geh und net mit an langweiligen Zivilisten!"
Einmal hat er die Uniformjacke auch über seiner dunkelblauen Schihose angezogen. Das war natürlich ganz unvorschriftsmäßig. Aber Soldaten brauchten damals an der Kreuzeckbahn nichts zu bezahlen, und über der Hochalm und auf den Osterfeldern lag noch der herrlichste Frühjahrsfirn, und er wollte doch wenigstens einmal ausprobieren, ob er das Schifahren noch nicht ganz verlernt hatte.

Kurz darauf hat ihn auch einmal der Ortsgruppenleiter auf der Straße angeredet. Er hat ganz freundlich wissen wollen, wie es ihm gehe und wo er zuletzt eingesetzt gewesen sei, und dann sagte er:

"Die Gauleitung erwartet, dass wir geeignete Fronturlauber öfter für die wehrpolitische Erziehung der Jugend heranziehen. Konkret: Sie sollen vor der Hitlerjugend über Ihre Erlebnisse und Einsätze berichten, - in absolut positivem Sinne natürlich, - um damit den latent zweifellos vorhandenen Wehrwillen der heranwachsenden Generation zu wecken und zu stärken. Sie waren doch in Stalingrad dabei?"

"Ja", sagte der Karli, "aber davon gibt es nicht viel Positives zu erzählen."

"Mit der richtigen Einstellung, mein Lieber, lässt sich auch im scheinbar Negativen etwas Positives finden. - Ich rechne mit Ihnen!"

Und der Karli, der sich mit dem Neinsagen immer schon sehr schwer getan hatte, der sagte halt wieder einmal ja.

So kam es, daß er an einem Samstagnachmittag im H.J.-Heim vor etwa fünfzig erwartungsvollen Hitlerjungen und BDM-Mädchen stand. Natürlich hatte er seine Uniform an, denn er sollte denen was vom Krieg erzählen. Vor gut drei Jahren hatte er noch selbst zu ihnen gehört, aber jetzt lag eine Welt dazwischen, und er kam sich vor wie ein steinalter Mann.

Doch dann tischte er ihnen lustige Sachen aus seiner Rekrutenzeit auf. Wie er dem Tod in der Geisterbahn einen Arm ausgerissen hat und wie der Spieß sie einmal "Tangobubis" nannte, weil sie angeblich zu lange Haare hatten, und wie sie sich geschlossen kahlscheren ließen, nachdem der Herr Hauptfeldwebel jedem einen Schüppel Haare vom Hinterkopf geschnitten hatte. Er erzählte ihnen von Paris und vom Eiffelturm, vom Fliegen und vom Fallschirmspringen und dass er einmal erlebt hat, wie der Luftdruck einer Granate einen Kameraden aus seiner Kompanie in eine ziemlich volle Latrine geworfen hat, ohne dass dem Glückspilz sonst etwas Ernstliches passiert ist.

Der Karli stellte zufrieden fest, dass die jungen Leute einen Mordsspaß an seinen Geschichten hatten. Ihr Lachen füllte das ganze Haus. Sicher glaubten sie, dass der Krieg nichts anderes als eine riesenhafte Gaudi sei. Diesen Eindruck hatte er eigentlich nicht erwecken wollen, aber ihnen die Wirklichkeit zu schildern, das brachte er halt auch nicht fertig.

In eine Lachpause hinein sagte der Gruber Willi, der seit Kriegsbeginn Gefolgschaftsführer war, weil er wegen einer Krankheit nicht einrücken mußte:

"Du warst doch in Stalingrad, Karli. Erzähl doch ein bisserl was von Stalingrad!"

Und der Karli sagte:

"Also, paßts auf, Leut. Stalingrad ist eine große Stadt in Rußland. Es ist mindestens zwanzig Kilometer lang und hat vor dem Krieg ungefähr fünfhunderttausend Einwohner gehabt. Jetzt werdens wohl nicht mehr so viele sein, denn die Stadt ist total kaputt. Es hat dort Erdölraffinerien gegeben und ein paar große Industriewerke, in denen Traktoren und Panzer gebaut wurden. Stalingrad liegt an der Wolga. Die Wolga ist der größte Fluß Rußlands und auch der größte Fluß von Europa. Früher, wie in Rußland noch der Zar regiert hat, da hat Stalingrad Zarizyn geheißen, und seit der Stalin an der Macht ist, heißt es Stalingrad. Es liegt auf demselben östlichen Längengrad wie Bagdad, und wer an Atlas dahoam hat, der kann ja amal nachschaugn, wo des is.

So, jetz wissts alles über Stalingrad!"

Damit beendete der Obergefreite Grob seinen wehrpolitischen Unterricht bei der Murnauer Hitlerjugend.

Die letzte Urlaubswoche ging schnell dahin. Sie versickerte wie ein Glas Himbeerlimonade, das man über trockenem Sand ausschüttet.

Nun war es wieder soweit, dass die Mutter und die kleine Schwester mit traurigen Augen auf dem Bahnsteig standen. Das Mädchen drückte einen Stoffkasperl fest an sich und schaute zu seinem großen Bruder hinauf, der sich aus dem Abteilfenster beugte und Belangloses daherredete. Die Mutter versuchte tapfer, das Weinen zu unterdrücken, und nur der Kasperl grinste mit breitem Mund. Er war der einzige in der kleinen Gruppe, der lachte, als der Zug anfuhr. Je mehr die Gestalten von Mutter und Schwester auf dem Bahnhof dahinschrumpften, um so größer wurde in Karlis Herzen die Liebe zu ihnen. Das Taschentuch der Mutter flatterte noch kurze Zeit wie eine weiße Blume im Wind, und dann wischte das vorbeihuschende Ortsschild die Urlaubstage weg, als seien sie nur ein Traum gewesen. Der Karli starrte trübsinnig auf das draußen vorbeiziehende Land, das nun schon nicht mehr das seine war, und er dachte, dass das Abschiednehmen eine Sache ist, an die man sich nie gewöhnen kann. Im Gegenteil, es wurde immer schwerer, je länger der Krieg dauerte.

Der Krieg, der war inzwischen allgegenwärtig geworden. Von Monat zu Monat gab es mehr Luftangriffe auf deutsche Städte, und es verging kaum eine Nacht, in der nicht irgendwo im Land die Sirenen heulten und Brand und Tod vom Himmel fielen.

Hermann Göring, der prächtige Reichsmarschall, hieß beim Volk schon lange "Hermann Meier", denn ganz zu Anfang des Krieges hatte er einmal großartig gesagt, er wolle Meier heißen, wenn es je einem feindlichen Flugzeug gelinge, in den deutschen Luftraum einzudringen.

Nach seinem Genesungsurlaub wurde der Obergefreite Karl Grob noch einmal auf Herz und Nieren untersucht, und ein menschenfreundlicher Luftwaffenarzt bescheinigte ihm bei dieser Gelegenheit, daß er vorerst noch nicht frontdiensttauglich sei. Der Karli war darüber nicht traurig, denn er war längst über das Alter hinaus, in dem er so etwas als ehrenrührig betrachtet hätte. Er wurde zu einer Abteilung versetzt, deren Aufgabe es war, nach Fliegerangriffen Brände zu löschen und Menschen zu bergen. Diese Feuerwehrtruppe bestand zur einen Hälfte aus Männern, die schon ziemlich alt waren, also etwa zwischen vierzig und fünfzig, und zur anderen Hälfte aus jüngeren Leuten, deren Gesundheitszustand nicht ausreichte, um ihn an der Front zu ruinieren. Der Karli war der einzige gelernte Fallschirmjäger in der Kompanie, und darum konnte er sich von Anfang an eines gewissen Ansehens erfreuen - sogar bei den höheren Dienstgraden. Doch die Geräte, an denen sie hier ausgebildet wurden, die waren für ihn völliges Neuland. Es waren tragbare Motorpumpen, Löschfahrzeuge, Strahlrohre, Verteiler und Ventile, Schaumlöscher und vielerlei Bergungsgerät, Sonden und Mikrofone, mit denen man Lebenszeichen von Menschen in den Kellern und Trümmern eingestürzter Häuser zu empfangen hoffte. Es gab auch eine Magirus-Leiter, die man bis auf vierzig Meter Höhe ausfahren konnte, und selbstverständlich war es allein der Karli, dem man zumutete, dort oben mit einem B-Strahlrohr herumzuspritzen. Das hatte er nur seinem Springerabzeichen und seiner oberbayerischen Herkunft zu verdanken. In der Tat bedeutete diese Zumutung kein besonderes Problem für ihn, aber etwas erstaunt war er schon, als er zum erstenmal dort oben stand und der Lastwagen, von dem aus sich das Sprossenungeheuer in die Höhe schwang, wie ein Kinderspielzeug aussah. Was sind schon vierzig Meter auf einem Berg oder in einem Flugzeug? - Da gibt eine schmale Leiter ein ganz anderes Höhenbewußtsein! Und wenn dann das Wasser mit mächtigem Druck in den Schlauch schoß und ein knatternder, glasharter Strahl aus dem B-Rohr fuhr, dann schwang das Leiterende mehrere Meter vor und zurück, und man konnte befürchten, dass der kleine LKW dort unten jeden Moment umkippen würde.

Bei einer Massenveranstaltung im Berliner Sportpalast hatte der Reichspropagandaminister Goebbels vor etlichen Wochen eine gewaltige Rede gehalten und in seiner unvergleichlichen Theatralik, gesteigert durch herrische Gesten, gefragt: "Wollt Ihr den totalen Krieg?"
Und Tausende von Menschen, ein ganzer Sportpalast voll, die brüllten frenetisch: "Jaaa, jaaa, jaaa!" Später hat jener edle Charakter die von ihm so virtuos erzeugte Massenpsychose als "Stunde der Idiotie" bezeichnet. Und damit hatte er zweifellos recht.

Der Krieg, der begann nun wirklich total zu werden. Die Bombengeschwader

der Engländer und Amerikaner trugen ihn über die deutschen Städte, und die Zeit der strahlenden Siege an allen Fronten war vorüber.

Die Kompanie wurde immer schon alarmiert, wenn die Feindflugzeuge noch im Anflug waren, und dann rasten sie mit ihren abgedunkelten Löschfahrzeugen über Landstraßen und Autobahnen zu der bedrohten Stadt. Meistens kamen die Bomber nachts, und die Szenerie war für den Obergefreiten Grob nichts Neues: Ein geröteter Himmel, durch den die suchenden Arme der Scheinwerfer huschten, dazwischen die Sprengpunkte der Flakgranaten. Kleine, orangefarbene Blüten, die alle nur eine hundertstel Sekunde lebten.

Über den Städten standen manchmal auch riesenhafte Christbäume aus tausend Leuchtkugeln, herrlich anzusehen. Was sich aber Minuten später unter diesen Christbäumen ausbreitete, das waren Brand und Tod und Verwüstung. Ein perverser Feuerzauber voller Faszination und Grauen. Dem Karli fiel es anfangs schwer sich vorzustellen, dass es deutsche Häuser waren, die dort brannten, dass es deutsche Menschen waren, die in den Trümmern starben, und dass die Städte, in denen dies geschah, nicht Kursk, Kalatsch oder Stalingrad hießen, sondern Hamburg und Berlin, Köln, Augsburg, Nürnberg oder München.

Ein paarmal passierte es, dass sie in einen zweiten Angriff hineingerieten, während sie mit Lösch- und Bergungsarbeiten beschäftigt waren. Und das war für den Obergefreiten Grob eine völlig neue Kriegserfahrung, denn an der Front hatte er nie dieses Gefühl absoluter Hilflosigkeit gehabt. Da hatte er wenigstens einen Karabiner in der Hand oder ein Maschinengewehr, Dinge, an denen man sich festhielt wie an einem Rettungsring, und mit denen man sich auch gegebenenfalls für erlittene Unbill rächen konnte. Aber wenn aus fünftausend Metern Höhe die zentnerschweren Bomben herabpfiffen und ganze Wohnblocks wie Spielzeug zusammenstürzen ließen, wenn Phosphorkanister ein Feuermeer entfachten und die sauerstoffgierigen Flammen einen Sturmwind erzeugten, der alles zum Inferno steigerte, dann gab es nichts mehr, woran man sich klammern konnte, denn Strahlrohr, Pickel und Schaufel, das waren keine Waffen und somit auch keine moralische Hilfe.

Einmal ist der Karli mit zwei Kameraden auf dem Speicher eines Münchener Hauses herumgekrochen. Der Dachstuhl hat gebrannt, aber Schlauchleitung und Motorpumpe haben tadellos funktioniert, und es ist ihnen gelungen, das Feuer mit Wasser und Sand zu löschen. Als aus dem Durcheinander von zerbrochenen Ziegeln, verkohlten Balken, Sparren und Speichergerümpel nur mehr zarte, weiße Dampfwolken kamen, brüllte er zu der zwei Häuser weiter stehenden

Motorpumpe hinunter: "Wasser halt!" Sie bauten ihr Löschgerät ab und machten sich über die tropfnassen Treppen auf den Weg nach unten.

Aus einem Zimmer im dritten Stock, von dessen Decke Löschwasser, Kalk und aufgeweichter Verputz herunterregneten, klang ein schüchternes "Miaau!" Mitten in dem triefenden Raum stand eine kleine Katze, die aussah wie ein Stachelschwein, denn ihr Fell starrte von der unsäglichen Brühe, die vom Speicher her durch die Decke gesickert war. Der Karli hob das zitternde Viecherl auf und steckte es in die große Vordertasche seines Schutzanzuges. Als die drei Feuerwehrsoldaten das Parterre erreichten, fing die Flak wieder zu schießen an, das infernalische Pfeifkonzert der Fliegerbomben begann von Neuem, und ihre Einschläge lagen nun in der unmittelbaren Nachbarschaft. Der Karli, den die anderen wegen seiner Fronterfahrung respektierten, rief:

"Schnell, schaugn ma, daß ma an Luftschutzkeller findn!"

Im Hausgang waren ein weißer Pfeil und die Buchstaben LS an die Wand gemalt, und sie hasteten in die Richtung, die ihnen dieser Pfeil wies, denn einige Bomben explodierten jetzt so nahe, daß man den Luftdruck wie einen Schlag auf den Magen spürte.

Der Schutzraum war voll verängstigter Menschen. Kinder schrieen, Frauen weinten und beteten, und Männer standen mit eingezogenen Köpfen stumm an den Kellerwänden.

Einer von denen hatte eine braune Amtswalteruniform an, einen Stahlhelm auf und eine Gasmaskenbüchse umgehängt. Er war sehr aufgeregt und fragte die drei Feuerwehrsoldaten mit überlauter Stimme, was sie hier zu suchen hätten. Vermutlich war er bemüht, seine eigene Angst zu besiegen, denn seine Stimme steigerte sich zu einem hysterischen Brüllen, als er behauptete, sie hätten ihren Posten unerlaubt verlassen, weil sie nicht oben auf dem Dachboden beim Löschen geblieben seien.

Der Obergefreite Grob, der inzwischen eine ausgesprochene Abneigung gegen alle Träger von braunen Parteiuniformen entwickelt hatte, der schrie nun seinerseits den Parteigenossen ziemlich unbeherrscht an:

"Mir san fei koane Jungvolkpimpfe, und was mir zum tun ham, des wissen mir scho selber. Sie ham uns jedenfalls überhaupt keine Befehle zu erteilen!"

Der Braune wurde einer Antwort enthoben, denn eine Bombe, die in diesem Augenblick in schrecklicher Nähe detonierte, brachte den Luftschutzkeller zum Schaukeln, Kalk- und Betonbrocken fielen von der Decke, und man hörte das Knallen und Prasseln von Mauerteilen, die draußen auf die Straße stürzten. Die Menschen in dem Schutzraum waren für einen Augenblick stumm geworden vor Entsetzen. Der Amtswalter aber hielt seinen Stahlhelm mit beiden Händen fest und rutschte langsam mit dem Rücken an der Kellerwand hinab, bis er am Boden saß.

Er blieb weiter schweigsam, denn es folgten noch einige sehr nahe Detonationen. Aber auch den Karli hatte die Angst am Kragen, und es war ihm durchaus nicht nach Heldentum zumute.

Auf einer Obststeige brannte eine Petroleumlampe, und er sah zwei Kinder, die sich an die Röcke ihrer Mütter klammerten und versuchten, ihre Gesichter in den Stoffalten zu verstecken.

Auf einem Feldbett saßen zwei alte Leute. Der Mann starrte mit weitgeöffneten Augen vor sich hin, und die Frau hielt einen Rosenkranz in den Händen und betete:

"Heilige Maria, Mutter Gottes, bitt für uns Sünder jetzt, und in der Stunde unseres Todes! Amen."

Neben der alten Frau kauerte ein Mädchen, das vielleicht zehn Jahre alt war. Es hatte die Arme um die Knie geschlungen. Das sah aus, als suche es bei sich selber Schutz, und das blasse Gesicht des Kindes war naß von Tränen.

Da vergaß der Karli seine eigene Angst. Er hatte in der linken Hosentasche noch eine halbe Rolle saure Drops gefunden. Die waren zwar etwas klebrig und feucht, aber nachdem er einige Tabakkrümel, die daran hingen, entfernt hatte, mochten sie wohl ihrem Zweck genügen, und er verteilte die pappigen Scheibchen an die verängstigten Kinder. Das kleine Mädchen, das neben den beiden Alten auf dem Feldbett hockte, schaute den Karli mit großen Augen an, steckte das Gutl in den Mund und sagte plötzlich mit einem tiefen, glücklichen Schnaufer:

"Mei, des is ja d`Muschi!"

Das Kätzchen in der Vordertasche seines Overalls hatte er doch glatt vergessen, und als er es vorsichtig herauszog und dem Mädchen in die Hände gab, da drückte die Kleine das dreckstarrende Tier lächelnd an ihr verweintes Gesicht und rief:

"Muschi, mei Muschi, weils d` nur grad wieder da bist!"

Jetzt ist es dem Karli erst aufgefallen, dass die Flak nicht mehr schoss und dass keine Bomben mehr fielen. Da sagte er zu der braunen Uniform ironisch grinsend

"Heil Hitler, Herr Gauleiter! - Und dankschön für die freundliche Aufnahme!"

Er stieg mit seinen beiden Kameraden über die Kellertreppe auf die Straße hinauf, die übersät war mit Mauerbrocken und schwelendem Holz. Eine Oberleitung der Trambahn hing fast bis auf den Boden herab. Die ganze Häuserzeile brannte, und nach rechts hinunter sah man Berge von Pflastersteinen und dazwi-

schen bizarr verbogene Trambahnschienen. Eine Bombe war mitten auf der Straße eingeschlagen.
Man hörte aber keine Flugzeuge und keine Explosionen mehr.
Der Angriff war vorbei.
Und als von irgendwoher ein langheulender Sirenenton die Entwarnung verkündete, da kamen die Menschen mit blassen, verzweifelten Gesichtern aus ihren Kellern gekrochen und starrten nach oben, auf zerborstene Mauern und brennendes Gebälk.

"Das ist wie am Jüngsten Tag," ging es dem Karli durch den Kopf. "Die Toten kriechen aus ihren Gräbern, der Himmel ist rot, ein Kranz von Flammen umgibt das Geschehen, und die Posaunen, das sind die Luftschutzsirenen, die jetzt von nah und fern zu hören sind. Nur Engel sieht man nicht, von der Dreifaltigkeit ganz zu schweigen."

Das Löschfahrzeug war fast zugedeckt von Mauerbrocken und arg zerbeult, aber der Motor und die Pumpe funktionierten noch, und wenige Meter weiter war ein Hydrant, der unermüdlich Wasser lieferte, als seien nie Bomben auf dieses Stadtviertel gefallen. Am Nachmittag war ihre Arbeit getan, und sie rollten die Schläuche ein, räumten den Schutt vom Dach ihres Wagens und schlängelten sich aus dem verwundeten München hinaus. Als die Kolonne später im Abendlicht durch die offene Landschaft fuhr, Wiesen und Felder an ihnen vorbeizogen und Dörfer, denen man nichts vom Krieg anmerkte, da kam es dem Karli vor, als wären die vergangenen Stunden nur ein böser Traum gewesen, und er öffnete das Seitenfenster und saugte gierig die Luft ein, die endlich nicht mehr nach Brand und Zerstörung roch.

Am Abend sagte ihnen der Spieß, daß der Gefreite Kernbacher vom ersten Löschzug durch eine einstürzende Mauer erschlagen worden sei. Der Karli kannte den Kernbacher flüchtig. Vor einiger Zeit waren sie einmal zufällig in der Kantine zusammengehockt. Der Kernbacher war schon weit über vierzig und hinkte ein wenig. Er stammte aus der Landshuter Gegend. Dort hatte er eine Frau, zwei Kinder und einen kleinen Kramerladen.
Bei der Feuerwehrtruppe hatte sich der Karl Grob inzwischen gut eingelebt. Außerdienstlich war er sogar mit dem Spieß per Du und dadurch bekam er auch einen schönen Druckposten. Er durfte nämlich die langweiligen Barackenbuden künstlerisch ausgestalten, und wenn die anderen an den Löschgeräten üben oder die Fahrzeuge saubermachen mußten, bemalte er große Plakatkartons mit kitschigen Landschaften oder mit angeblich lustigen Szenen aus dem Soldatenleben.

Eines Tages jedoch stellte ein beflissener Stabsarzt fest, dass die Leberwerte des Obergefreiten Grob in Ordnung, der Urin klar wie ein Bergquell, der Blutdruck und die Herzfrequenz normal und die Zähne ausreichend saniert seien, und er schrieb ihn wieder frontdiensttauglich.

Zum Abschied hat er sich mit seinen Stubenkameraden und dem Hauptfeldwebel stark besoffen. Die Möglichkeit hierzu bot eine Sonderration Schnaps, die ihnen zugeteilt wurde, weil sie zwei Tage zuvor, nach einem Luftangriff auf Nürnberg, vierzehn Stunden damit verbracht hatten, Verschüttete aus den Kellern eingestürzter Häuser zu bergen. Es waren nur fünf oder sechs Lebende darunter, und die Toten, die sie aus den Trümmern holten, waren manchmal gargekocht von der Hitze des Brandschuttes, der auf den Kellern lag. Wer Ähnliches je erlebt hat, der weiß, dass die halbe Flasche Fusel pro Mann ehrlich verdient war.

Der Major, der da mit seinem Adjutanten im Schlepptau über den Appellplatz daherkam, der war dem Karl Grob im ersten Moment nicht sehr geheuer, denn er hatte das Ritterkreuz am Hals hängen. An der Jacke glänzten das silberne Verwundetenabzeichen, das EK eins, das Sturmabzeichen und noch einige andere Orden. Am linken Unterarm trug er das braune Ärmelband, zum Zeichen, dass er zu den Glücklichen gehörte, die Kreta überlebt hatten.

Diese zahlreichen Tapferkeitsbeweise aus Metall und Textil hätten noch vor zwei Jahren Karlis Augen in Bewunderung erstrahlen lassen. Inzwischen machte er sich aber nicht mehr so viel aus draufgängerischen Kommandeuren, denn er wusste, dass an den meisten schönen Orden viel Blut klebt.

Die fünfzehn Neuzugänge standen in einer Linie auf dem Platz, alle Dienstgrade durcheinander, vom Gefreiten bis zum Oberfähnrich. Sie kamen von der Springerschule, vom Lazarett oder von einem Ersatztruppenteil. Auch vier oder fünf abgelöste Flugzeugführer und Beobachter waren darunter. Der Major gab jedem die linke Hand, weil er den rechten Arm in einer Lederschiene hatte, und erkundigte sich nach der jeweiligen ruhmreichen Vergangenheit. Er sagte auch ohne Umschweife zu allen Du:

"Wie heißt du?"
"Obergefreiter Grob, Herr Major!"
Wo hast du deine Sprungausbildung gemacht?"
"In Wittstock an der Dosse, Herr Major!"
"Wo warst du zuletzt im Fronteinsatz?"
"Stalingrad, Herr Major!"

"Wie bist du rausgekommen?"
"Nach Verwundung, mit der JU, Herr Major!"
"Und wo kommst du her?"
"LS mot-Abteilung, Gablingen, Herr Major!"
"Nein, ich will wissen, wo du zuhause bist."
"In Murnau, Herr Major!"
"Dann kennst du vielleicht den Reiner Leu?"
Der Karli strahlte den Kommandeur überrascht und freudig an.
"Jawoll, des is a guater Freund von mir!"
"Der Reiner, der war mein Bataillonstrompeter in Afrika. Er ist verwundet worden und dann haben ihn die Tommies geschnappt. - Hoffentlich lebt er noch!"
"Ja, des hoff ich auch, aber der Reiner, der is zaach, Herr Major!"

Der Offizier lächelte mit einem Mundwinkel und fragte weiter:
"Was bist du von Beruf?"
"Ich war auf'm Gymnasium."
"So, so, dann bist du also hochgebildet. - Und was für eine Note hast du im Zeichnen gehabt?"
"An Oanser, Herr Major!"
"Das ist gut, dann kannst bei mir den Gefechtszeichner machen. Meinen letzten haben mir die Neuseeländer bei Marsa el Brega totgeschossen."

Da war der Karl Grob seinem fernen Freund von Herzen dankbar, denn ohne ihn hätte er bestimmt diesen schönen Posten nicht bekommen, und es war schon besser, zum Stab eines neu aufgestellten Fallschirmjägerregiments zu gehören, als in irgendeiner Kompanie der Schütze Arsch zu sein.

In diesen Tagen hat der Karli einen Brief von der Regina erhalten. In dem Brief stand, daß die Elisabeth im April zusammen mit ihrem Vetter in einer Lawine umgekommen ist. Bei einer Frühjahrsschitour am Kitzsteinhorn. Man habe die beiden bis jetzt noch nicht gefunden.
"Noch nie im Leben ist mir ein Brief so schwer gefallen, wie dieser",
 schrieb die Regina,
"aber irgend jemand muss es Dir ja sagen. - Es tut mir so leid, Karli!"
"Es tut mir so leid, Karli - leid, Karli, leid - leid - leid - "
Die Worte auf dem Briefpapier schoben sich hin und her, und die Buchstaben tanzten auf und ab.
Der Regimentsadjutant kam herein.
"He, Grob, was ist los mit Ihnen?"

Der Karli hatte ihn garnicht wahrgenommen. Er stand ganz unmilitärisch langsam auf und sagte mit einer Stimme, die nicht ihm gehörte:
"Die Elisabeth ist tot."
Da legte der Oberleutnant eine Hand auf Karlis Schulter, und mit der anderen hielt er ihm eine Zigarettenschachtel hin.
"Ihre Freundin?"
Der Karli nickte stumm.
"Bei einem Luftangriff?"
"Nein, in einer Lawine, bei einer Schitour."

Der Adjutant fragte nicht mehr weiter, er klopfte dem Obergefreiten tröstend auf den Buckel und sagte:
"Heut ist großer Kasinoabend. Der Kommandeur möchte, daß Sie siebenundzwanzig Tischkarten schreiben. In einer dekorativen, gut lesbaren Schrift. Das können Sie doch, -oder? Hier ist die Namensliste. Vielleicht bringt Sie die Arbeit ein wenig auf andere Gedanken. - Das mit Ihrer Freundin tut mir leid, Grob!"

Als der Oberleutnant gegangen war, holte der Karli das kleine Foto der Elisabeth aus seinem Soldbuch und legte es vor sich hin. Er starrte das lächelnde Mädchen an, bis es vor seinen Augen verschwamm. Wie viele tote Menschen hatte er bisher schon gesehen? Fünfhundert, sechshundert, - tausend? Er hätte es nicht sagen können. Was waren die alle gegen das eine, blonde, wunderschöne Mädchen, das jetzt irgendwo auf einem Berg unter meterhohem, eishartem Schnee lag?

Der Karli malte verbissen Dienstgrade und Namen, die ihm völlig gleichgültig waren, mit seiner schönsten gotischen Schrift auf postkartengroße Kartonstücke, aber wenn er eine leere Karte in die Hand nahm, dann sah er auf dem weißen Geviert immer nur den Namen Elisabeth.
Neben der Trauer schlich sich Hass in sein Herz, Hass gegen einen Unbekannten, dem sie einmal zu Weihnachten ein Paar Socken gestrickt hatte, und der sie dafür am Kitzsteinhorn mit in den Tod nahm.


Ende Mai wurde das Regiment in die Normandie verlegt. Dem Karli gefiel dieses Land sofort, denn es war gleichermaßen erfüllt von Heiterkeit und Melancholie, und überall spürte man alte europäische Geschichte. Er dachte, daß es wirklich besser war, hier zu sein, als zuhause in Murnau, wo ihn alles an die Elisabeth erinnert hätte. Wenn er ihr kleines Bildchen, das schon ganz weiche, filzige Ränder hatte, aus dem Soldbuch zog, dann glaubte er, ihr silberhelles Lachen zu hören, und er mußte an einen Kuss denken, der nach Pfefferminz schmeckte, und er sah die schräge Erle vor sich, die am hintersten Ende des Staffelsees stand, und irgendwo erklang ein Tango Argentino: "Adios, muchachos, amigos, caballeros!" Und er hörte den Akkordeonspieler sagen: "Aus is und gar is." - Und wenn niemand in der Nähe war, dann geschah es auch, dass ein wenig salziges Wasser über sein Gesicht lief.

Vor Tau und Tag, an einem ganz frühen Morgen, fuhr der Obergefreite Grob einmal mit dem Major die Küste entlang. Es war zwischen Avranches und St. Malo. Ein hellgrauer Dunstschleier lag über dem Wasser des Ärmelkanals, und der Himmel darüber begann langsam eine stahlblaue Farbe anzunehmen. In der entgegengesetzten Richtung aber färbte eine noch unsichtbare Sonne den Horizont mit einem hellen Rosa.

Da tauchte aus dem Dunst, der über dem seichten Wasser lag, eine Fata Morgana auf. Ein Schiff, ein Berg, ein Dom? - Aus einem breiten, dunkelvioletten Fundament, das über dem Nebel in der Luft zu schweben schien, schwang sich ein Turm empor, der nadelspitz in den blauen Samt des Himmels ragte. Minuten später begannen die Turmspitze und die Dachfirste im ersten Licht der Sonne aufzuleuchten. Es war ein Szenario von meisterhafter Regie, und der Fahrer hielt den Kübel an, ohne einen Befehl bekommen zu haben.

"Das ist der Mont Saint Michel", sagte der Major, "ein uraltes Benediktinerkloster, im vorigen Jahrtausend erbaut, und ich hoffe, daß es auch dieses beschissene Jahrhundert noch überleben wird, denn demnächst, meine Herren, wird hier die Hölle los sein. Es wäre schade, wenn das da zum Teufel ginge, weil man es eigentlich für den lieben Gott gebaut hat."

Der Mont Saint Michel hat die Hölle überlebt, die zwei Tage später über die Normandie hereinbrach. Es war der sechste Juni neunzehnhundertvierundvierzig, der als der "längste Tag" in die Geschichte eingegangen ist.

Auch zwei Strandgebiete an der normannischen Küste, auf denen die Amerikaner ihre ersten Brückenköpfe bildeten, werden wohl noch lange ihre indianischen Namen behalten: Omaha und Utah.

Armeen kamen in sechstausend Schiffen über das Meer, und wie eine Glocke hing das Dröhnen von tausend Flugzeugen über der Normandie. Divisionen schwebten mit Fallschirmen und Lastenseglern von einem nachtgrauen Himmel herunter. Bomben zermalmten Städte und Dörfer, großkalibrige Granaten, von Schiffsgeschützen weit draußen auf der See abgefeuert, ließen Häuser wie

Spielzeug zusammenfallen, und Hunderte von Jagdbombern schossen auf alles, was sich bewegte.
Von der eigenen Luftwaffe war wenig zu sehen. Auf ein deutsches Flugzeug kamen mehr als fünfzig feindliche. Das finale furioso des großen Krieges hatte begonnen.

Die Vorstellung, die sich der Karli Grob von seiner Tätigkeit als Gefechtszeichner bei einem Regimentsstab gemacht hatte, nämlich ein paar hundert Meter hinter der Front und in einem Keller vor dem Ärgsten geschützt zu sein, erwies sich als reine Illusion. Oft saß der Major mit seinem Gefolge, dem Adjutanten, ein paar Funkern und Meldern, seinem Schreiber, dem Feldwebel Scheurich, und ihm, dem meist arbeitslosen Gefechtszeichner, weit vor den eigenen Stellungen im Niemandsland. Und wenn der Alte überhaupt Nerven hatte, dann schien er das trefflich verbergen zu können. In Carantan war einmal die "Geschäftsstelle", wie der Adjutant den Regiments-Gefechtsstand ironisch nannte, von fünf US-Panzern eingeschlossen. Der nächste stand keine vierzig Meter weit weg auf der trümmerübersäten Straße, und die amerikanischen Infanteristen drückten sich respektvoll in Hauseingänge und hinter Mauerecken. Der Major sagte:
"Jetzt ist es Zeit zum Abhauen." Und hängte sich die MP um den Hals. Die Fallschirmjäger schossen zwei der fünf Shermans kurz hintereinander ab. Dann nützten sie den Schock der Amerikaner aus und rannten durch die qualmende Stadt Carantan, bis sie wieder auf vertraute Gestalten in grünen Hosen und olivgrünen Knochensäcken stießen.
"Wir hatten euch schon abgeschrieben", sagte der Hauptmann, der das zweite Bataillon führte.

Die amerikanischen Soldaten, mit denen sich das Regiment zwischen den Hecken und Hohlwegen und in den Dörfern der Normandie herumschoss, das waren meist Kollegen von derselben Waffengattung: Fallschirmjäger und Luftlandetruppen. Aber die Grünen hatten immer noch eine Menge Selbstbewußtsein und ein Überlegenheitsgefühl, dem vorerst auch das viele Material des Gegners nichts anhaben konnte. Sofern es sich um Amerikaner und Engländer als Einzelindividuen handelte, war jeder Mann in Karlis Verein davon überzeugt, besser zu sein, und daß man sie ohne ihre Unzahl von Kanonen und Panzern, ohne ihre Wolken von Flugzeugen und ohne ihre unerschöpflichen Benzinvorräte längst wieder in die Nordsee geschmissen hätte. Der Karli erinnerte sich an den einäugigen Oberleutnant auf der Springerschule in Wittstock.
"Einer von euch muß besser sein, als drei Dutzend von den Anderen"; hatte

der damals gesagt. Natürlich legte der Karli Grob keinen Wert darauf, dies auszuprobieren, und es allein mit sechsunddreißig Amis aufzunehmen, aber auch er war der Meinung, dass sie als Soldaten eine andere Qualität hätten, als die Boys aus dem Wilden Westen.

Dieses Gefühl der persönlichen Überlegenheit kam vor allem daher, daß die Amerikaner meist sofort wieder verschwanden, wenn irgendwo ein deutsches Maschinengewehr feuerte oder ein paar Karabiner knallten. Es kamen dann nämlich zunächst Granaten und Fliegerbomben in großen Mengen angerauscht, ehe die GI's sich wieder vorsichtig feindwärts bewegten. Im Gegensatz zu den meisten deutschen Führern waren deren amerikanische Gegner nämlich der Meinung, dass tausend Artilleriegranaten und Fliegerbomben noch lange nicht soviel wert sind, wie ein lausiger Infanterist. Und damit hatten sie zweifellos recht. Sie hatten halt das Nibelungenlied nicht so verinnerlicht. Vielleicht kannten sie es überhaupt nicht.

Einmal hockte der Regimentsstab in einem Hohlweg, der beiderseits von dichten Hecken begleitet wurde. Sie drückten sich an die Böschung, während eine Staffel "Marauder" ein kleines Dorf in der Nähe in Ziegelmehl verwandelte. Ein Hochdecker, der eine gewisse Ähnlichkeit mit dem Fieseler "Storch" hatte, kurvte etwas abseits, wie verloren, über der Gegend. Man schoss nicht auf ihn, um sich nicht zu verraten. Viel schien er wirklich nicht zu sehen, denn die amerikanischen Granaten schlugen ziemlich wahllos im Gelände ein. Schräg auf das Dorf zu, von Südwesten her kommend, führte eine Allee. Auf der sah man jetzt drei Panzer rollen, dann kamen einige Jeeps und LKW mit aufgesessener Infanterie, und ihnen folgten noch einmal drei Shermans als Nachhut. Kurz darauf schwenkte der ganze Konvoi von der Straße herunter auf das freie Feld. Man konnte gut beobachten, wie die Amerikaner von ihren Fahrzeugen sprangen und ausschwärmten.

Der Karli und ein Oberjäger von den Kradmeldern, der kein Motorrad mehr hatte, weil es ihm am frühen Vormittag von einem Jagdbomber außer Betrieb gesetzt worden war, lagen oben am Hohlwegrand unter einer Schlehdornhecke. Sie waren beide bedeckt von tausend kleinen, weißen Blütenblättern und hatten ein MG in Stellung gebracht. Die Amis liefen über die Wiesen und schossen wie die Verrückten mit ihren Karabinern und Maschinenpistolen vor sich her, obwohl sie bestimmt keinen einzigen Feind sehen konnten. Auch die Panzer zwischen ihnen feuerten aus allen Rohren. Ihr Ziel war das pulverisierte Dorf, in dem sich aber kein Leben mehr rührte. Der Karli sagte:

"Vierhundert Meter."

Der Oberjäger stellte das Visier ein. Dann knurrte er durch seine fast geschlossenen Zähne hindurch: "Scheiß-Kaugummisoldaten!" - und drückte auf den Abzug. Das Maschinengewehr fraß die Patronengurte, die der Karli ihm zuführte, heißhungrig in sich hinein. Fünfhundert Schuß hatten sie dabei, die waren bald vertan, aber von den Amerikanern war danach nichts mehr zu sehen. Nur die Shermans feuerten noch wild und sinnlos in die Gegend.

Danach machten die Fallschirmjäger einen unauffälligen Stellungswechsel, denn Jagdbomber und Artillerie würden nicht lange auf sich warten lassen.

Solcherart war manchmal die Tätigkeit des Gefechtszeichners Grob bei diesem Regimentsstab. Natürlich hat er auch Karten durchgepaust, Stellungen eingezeichnet und Geländeskizzen angefertigt, aber oft hatte sich die Situation geändert, noch ehe der Karli mit seiner Zeichnerei fertig war.

Der Regimentsschreiber Scheurich war ein netter Kerl. Er stammte aus Sachsen, und wenn es die Umstände erlaubten, saß er in einer Ecke und hatte ein kleines Schachbrett auf den Knien. Die Felder dieses Schachbrettes waren in der Mitte mit Löchern versehen, in die man die winzigen Figuren steckte. Nach hinten zusammengeklappt, war das Brettchen eine Schachtel, in der man die zwei Königspaare mit ihrem Gefolge aufbewahren konnte. Es passte leicht in einen Brotbeutel hinein.

Der Scheurich spielte gegen sich selbst und vergaß dabei alles um sich herum. Nur wenn es sehr nahe krachte oder der Alte ihn brauchte, dann räumte er widerwillig die Figuren ab und verstaute das Spiel in einer zerkratzten Ledermappe.

Als der Karli ihm einmal interessiert zuschaute, hob der Scheurich den Kopf und fragte:
"Spielste auch Schach?"
"Klar", sagte der Karli, und der Feldwebel steckte die Figuren auf das kleine Brett und fragte todernst:
"Auf welchem Felde willste denn matt sein?"
Das ärgerte den Karli, und er sagte:
"Kann ja sein, dass du g`winnst, aber auf welchem Feld mein Kini steht, wenn er matt ist, des mußt scho mir überlassen."
"Nu, ich frag dich ja," meinte der Feldwebel gutmütig grinsend.
"Wär dir f-drei recht?"
"Nein, e-vier ist mir lieber", sagte der Karli, um eventuell schon vorhandene Strategien des Angebers zu durchkreuzen. Und keine halbe Stunde später stand sein zierlicher weißer König auf e-vier und war matt. Der Begriff Frustration

war damals noch nicht so populär wie heute, aber es war genau das, was der Karli nach dieser Demonstration der Scheurich'schen Schach-Virtuosität empfand.

Wie schon gesagt, der Scheurich war der Regimentsschreiber, und ihm oblag es, zu festgelegten Terminen die Soll- und Iststärkemeldungen abzufassen. Das waren lange Listen, in denen der genaue Bestand des Regiments an Soldaten, sowie an Waffen, Munition und Gerät aufgeführt werden mußte, damit die hohe Führung stets im Bilde war, wieviel "Material" - vom Kommandeur bis zur Pistolenpatrone - noch zum Verheizen zur Verfügung stand. Anfangs waren das meist vier- und fünfstellige Zahlen, und der Karli bewunderte den Feldwebel sehr, weil der mit seinem Bleistift diese vielstelligen Zahlenkolonnen hinauffuhr und sie in einer Geschwindigkeit zusammenzählte, wie er, der Karli, es nicht einmal mit Einerstellen zustande gebracht hätte. Und er verrechnete sich nie, der Scheurich.

Im weiteren Verlauf des Einsatzes an der Invasionsfront reduzierten sich die einzelnen Posten, was das lebende Inventar anbetraf, auf nur mehr zwei und drei Stellen, und die konnte der Feldwebel Scheurich natürlich noch schneller zusammenrechnen.

Das Regiment war jetzt einer SS-Division unterstellt, die "Götz von Berlichingen" hieß, und der Karli hörte zufällig, wie der Major zu seinem Adjutanten sagte:
"Da wissen wir doch wenigstens, was die uns können."

Die Fallschirmtruppe hatte auch im fünften Kriegsjahr noch nichts von ihrem guten Ruf eingebüßt, und besonders das Regiment, dem der Karli anzugehören die Ehre hatte, war schon nach kurzer Zeit bei Freund und Feind recht angesehen. Aber das hatte jetzt nicht mehr viel zu sagen, denn die Schlacht um die Normandie war verloren.
Immer mehr Panzer, immer mehr Flugzeuge, immer mehr Soldaten kamen über den Kanal, während auf der deutschen Seite alles knapp wurde: Die Munition, der Sprit und die Menschen.


Mit Durchhaltebefehlen ist die Truppe damals allerdings reichlich versorgt worden. Der Scheurich hat dem Karli erzählt, dass von der Division einer jener Befehle gekommen sei, wie sie in ihrer schlichten und genialen Strategie in dieser Zeit an der Tagesordnung waren. Der Befehl lautete: "Der Führer erwar-

tet, dass dem Feind kein Quadratmeter Boden preisgegeben wird. Daher ist die derzeitige Stellung des Regiments auf der Linie zwischen X und Y bis zum letzten Mann und bis zur letzten Patrone zu halten."
Und der Major diktierte seinem Feldwebel diese Antwort:
"Lieber Herr General! Ihren werten Befehl von heute früh habe ich erhalten. Seine genaue Ausführung kann ich Ihnen jedoch nicht versprechen, da es bei der derzeitigen Lage durchaus möglich ist, dass ich bis heute abend keinen Mann mehr habe, dass aber vielleicht noch fünf oder sechs Patronen übrig sind. - Mit freundlichen Grüßen! Ihr..."
Das war nun freilich eine Antwort, die mit den üblichen militärischen Formen nicht das Geringste zu tun hatte, und zudem war es auch so viel wie eine Befehlsverweigerung. Wenn ein Major einen General schriftlich mit "Lieber Herr General" anredete und auf eine so deutliche Art kundtat, dass er den erhaltenen Befehl für eine Dummheit hielt, dann musste der schon sehr viel Mut und Selbstvertrauen haben.

Der Karli fragte den Feldwebel besorgt, ob er nicht glaube, dass der Alte mit sowas riskiere, vors Kriegsgericht zu kommen. Der Scheurich aber lachte nur und sagte:

"Nö, der ist zu gut, die brauchen den noch, und außerdem hat er auch bei einigen höheren Brötchengebern eine ziemlich gute Nummer."

Etliche Tage nach jenem 20. Juli, an dem die "Vorsehung" aus völlig unerklärlichen Gründen den Hitler davor bewahrt hatte, von Oberst Stauffenbergs Sprengstoff beseitigt zu werden, befand sich der Regimentsstab im Schutz eines relativ beschußsicheren Tonnengewölbes, einem uralten Keller in einer kleinen Ortschaft irgendwo zwischen Avranches und Mortain. Der Major mit seinem Adjutanten und die Führer der vier Bataillone waren um einen Kartentisch versammelt, der aus leeren Weinkisten und darübergelegten Brettern bestand. Der Karli Grob, der Feldwebel Scheurich und ein paar Leute vom Nachrichtenzug hockten bescheiden in einer Kellerecke. Oben kurvten Lightnings und Thunderbolts über den Häusern, ließen ihre Bomben fallen und ihre Bordkanonen knarren. Dann kam auch noch Artilleriefeuer hinzu. Verputz fiel von der Decke, und manchmal löste sich ein Ziegelbrocken aus dem alten Gewölbe. Es war nicht gemütlich. Der Major hatte das letzte Drittel einer längst erkalteten Zigarre im Mundwinkel, die Offiziere fuhren mit ihren Fingern auf der Karte herum, und manchmal wischten sie Mörtelstücke weg, die daraufgefallen waren.

Als endlich die Flieger fort waren und der Artilleriebeschuss nachließ, schenkte der Karli auf des Adjutanten Geheiß roten Landwein in Blechbecher und Kochgeschirrdeckel, denn als willkommene Dreingabe hatten sich in dem guten Keller auch noch zwei Kisten mit vollen Weinflaschen gefunden.

Nachdem die taktischen Fragen besprochen waren, konnte man hören, dass sich die Herren über das Hitler-Attentat und den gescheiterten Putschversuch unterhielten. Der Alte setzte seinen zerkauten Zigarrenstummel in Brand, blies eine Rauchwolke über den Kartentisch und der Obergefreite Grob hörte mit gespitzten Ohren, aber mit ziemlich erschrockenem Gehirn, wie sein Major laut und deutlich sagte:

"Dass der Kerl schon längst weg gehört, darüber sind wir uns ja wohl einig, meine Herren - oder? Aber das Furchtbare ist, dass man es auf solch dilettantische Weise versucht hat. Das mußte ja in die Hosen gehen. Sie und ich und unsere Fallschirmjäger, wir hätten das besser gekonnt!"

Dem Karli blieb die Luft weg, und sein Mund stand in fassungslosem Erstaunen weit offen, und er starrte mit großen Augen den Feldwebel Scheurich an. Der nahm in schöner Ruhe einen langen Schluck aus der Weinflasche und sagte nur:

"Hoffentlich hängt ihn keiner hin."

Als das Regiment im August aus der Westfront gelöst und nach Mecklenburg verlegt wurde, da hatte es nicht einmal mehr die Stärke von zwei Kompanien, aber der Major war zum Oberstleutnant befördert worden und der Obergefreite Grob zum Unteroffizier. Der Alte hatte sich das ehrlich verdient, der Karli aber wusste nicht genau, warum ihm solche Ehre widerfuhr, denn er hatte weder einen Panzer abgeschossen, noch hundert Amerikaner gefangengenommen. Er hatte nur einige Kartenpausen und Geländeskizzen gezeichnet und sich große Mühe gegeben, dabei nicht allzusehr zu zittern.

Jedenfalls war er von Herzen froh, dass er zu den paar Hanseln gehörte, die übriggeblieben waren.

In der Nähe der kleinen Stadt, wo zwischen Heide, Wald und Seen die Baracken der Fallschirmjäger lagen, waren ihnen nun ein paar friedliche und ruhige Tage beschieden. Sie mussten sich erst wieder an eine Welt gewöhnen, in der es nicht alle Augenblicke irgendwo krachte und in der nicht ständig schießwütige Jagdbomber über dem Land herumkurvten. Als sich der Karli einmal für zwei Stunden vom Dienst drückte und in die stille mecklenburgische Landschaft hinauslief, ertappte er sich dabei, daß er sich öfter spontan umdrehte und nach oben schaute. Es war der sogenannte "Lukki-Lukki-Blick". - Nein, es waren keine Flieger in der Luft!

Nach und nach fanden sich auch noch einige versprengte Regimentsangehörige aus der Normandie ein und wurden vom Alten wie liebe Familienmitglieder begrüßt.

Endlich hat es auch wieder einmal Post gegeben, und von der Mutter waren zwei Briefe dabei.

"Lieber Bub!", schrieb sie, "Ich weiß, dass Dich das, was ich Dir heute schreiben muß, sehr traurig machen wird:

Dein Freund Max ist vor drei Wochen in einem Dresdner Lazarett gestorben. Er wurde in Russland schwer verwundet. Seine Mutter hat mir gesagt, dass man ihm ein Bein amputieren mußte und dass sein Herz nicht mehr mitgemacht hat. Gestern habe ich die Regina getroffen, sie wußte es auch schon. Wir sind alle sehr erschüttert.

Von Papa habe ich seit Anfang August keine Nachricht mehr. Ich bin in großer Sorge, weil man hört, daß die Polen in Warschau einen Aufstand machen. Bitte, schreibe bald!"

Jetzt war also auch der Max nicht mehr da.

Der Max, der hatte eine schöne Geige mit einem Löwenkopf anstelle der Schnecke. Auf seine Geige war er unheimlich stolz, der Max. Obwohl er des Violinunterrichts beim alten Chorregenten bald überdrüssig wurde und seither nur noch autodidaktisch arbeitete, hat er sehr gut spielen können, und der Karli bewunderte ihn gerade deswegen besonders. Das Adagio aus Bruchs Violinkonzert zum Beispiel und die Romanze von Beethoven, die beherrschte er fehlerfrei, aber bei den "Zigeunerweisen" von Sarasate, da hat er schon noch ein paar Patzer hineingebracht, und wenn das Fenster vom Max seinem Zimmer offengestanden ist, dann hat man oft hören können, wie er hingebungsvoll daran geübt hat, diese Fehler auszumerzen. Er steckte immer voll Musik. Alle Operettenmelodien kannte er auswendig, und er pfiff sie virtuos. Nur mit Luft und Lippen hat keiner jemals den Fledermauswalzer besser interpretiert als der Max, und wenn sie zusammen ins Kino gegangen sind, dann ist er vorher jedesmal ums Haus herum nach hinten zum Vorführraum gelaufen, hat die Eisentür einen Spalt geöffnet und hineingerufen:

"Herr Schrödl, die `Ballszenen´, bittschön!"

Der Vorführer Schrödl hat dem Max immer den Gefallen getan und die gewünschte Platte aufgelegt. Wenn dann - bevor es dunkel wurde - die Ballszenen von Joseph Hellmesberger den Kinosaal füllten, dann ist der Max mit geschlossenen Augen auf seinem Platz gesessen, hat den linken Arm halb ausgestreckt, und seine Finger haben sich bewegt, als würden sie den Hals und die Saiten der löwenköpfigen Geige streicheln.

"Ach Max, wir wollten doch nach dem Krieg zusammen eine Reise machen, nach Italien, oder einfach nur so, in Deutschland umeinander! Nach dem Krieg, so hast du gemeint, da würde es bestimmt gebrauchte Motorräder zu kaufen geben, spottbillig, aus Wehrmachtsbeständen, und dann könnten wir vielleicht sogar unsere Mädel mit auf die Reise nehmen. Du die Inge und ich die Elisabeth. Auch die Reiserouten haben wir ja schon miteinander ausgeknobelt - Max - weißt du noch? Aber diese Träume haben wir halt geträumt, kurz bevor wir zum Militär gegangen sind. Und damals sah die Welt eben noch ganz anders aus.

Nun gibt es dich nicht mehr, und die Elisabeth gibt es nicht mehr, - und wer weiß, wie lange es mich noch geben wird. - Vielleicht, wenn ich diesen Scheißkrieg überlebe, Max, - und wenn ich dann daheim in Murnau zum erstenmal wieder ins Kino gehe, dann werd` ich auch hinter zum Projektionsraum laufen, die Eisentür werd` ich einen Spalt aufmachen und zum Vorführer Schrödl sagen:

"Herr Schrödl", werd` ich sagen, "Legen s` bittschön die Ballszenen vom Hellmesberger auf. - Für`n Max!"


Als das Regiment mit jungem Ersatz annähernd wieder zur Kriegsstärke aufgefüllt war, wurde es nach Belgien verlegt. Es sollte am Albert-Kanal eingesetzt werden, wo die Engländer einen Brückenkopf gebildet hatten. Überall bildeten die Feinde jetzt Brückenköpfe, in Ost und West, im Norden und im Süden, überall fraßen sich Brückenköpfe und Angriffskeile in die deutschen Fronten hinein - unaufhaltsam. Und der große Feldherr in der Wolfsschanze operierte mit Divisionen, die er schon lange nicht mehr hatte.

Auch dem Unteroffizier Karl Grob war in letzter Zeit der Sinn für die Realitäten abhanden gekommen. Mehr und mehr schien es ihm, als lebe er in einer Welt, die es eigentlich garnicht gab, einer Breughel`schen Welt, die mit der Elle der Vernunft nicht mehr zu messen war. Die Ereignisse prägten sich nicht mehr so in sein Gedächtnis, wie sie das in seiner Kinderzeit getan hatten oder in den Schuljahren. Auch die vielen Monate in Rußland waren noch in seinem Kopf gespeichert, wie auf einem Film, doch seit den Tagen der Invasion hatte er das Gefühl, es würden ihm Zeit und Leben davonlaufen. In seiner Erinnerung kamen ihm die vergangenen Wochen vor wie ein riesenhaftes Aquarell, über das einer mit einem nassen Schwamm gewischt hat; einige Details und Figuren noch erkennbar, das meiste aber schemenhaft, verwaschen und ineinanderfließend, nicht mehr präzisierbar, nicht mehr konkret. Es gab Augenblicke, in denen der Karli sich sagte: "Das geht alles nicht mehr in meinen Kopf hinein, es ist einfach zuviel für mich, und vielleicht ist auch alles überhaupt nicht mehr wahr!"

Es überkam ihn eine große Hilflosigkeit. Und aus diesem Gefühl der Hilflosigkeit wuchs ihm der Hass. Er begann die Amerikaner zu hassen, die "Kaugummisoldaten". Er hasste sie wegen ihrer Wohlgenährtheit, ihrer Arroganz, und er hasste sie allein schon deswegen, weil sie da waren. - Was hatten die hier in Europa verloren? - Er hasste sie wegen ihrer fliegenden Festungen, ihrer Thunderbolts, Mustangs und Shermans.

Seltsam, gegenüber den Russen hatte er ein ähnliches Gefühl nie gehabt, vermutlich, weil die ja eigentlich die Überfallenen waren, die ihr Land verteidigten, und arme Teufel obendrein, die noch mehr Kohldampf und Läuse hatten als die Deutschen.

Und er hasste ihn, den er in seiner Bubenzeit einmal für den Größten gehalten und dem er die Treue geschworen hatte: Den Führer Adolf Hitler hasste er - und die ganzen Nazigrößen, Feldmarschälle und Generale dazu. Diese Einstellung des Karli Grob zu den Mächtigen seines Landes hatte verschiedene Stadien durchlaufen. Aus Respekt wurde Gleichgültigkeit, aus der Gleichgültigkeit Verachtung und aus der Verachtung Hass.

Kurz bevor das Regiment verladen wurde, Richtung Belgien, hatten sie in Güstrow noch einmal gedrucktes Gedankengut von der Wehrbetreuung erhalten. Den "Völkischen Beobachter", "Das Reich", den "Stürmer" und "Das Schwarze Korps". Auch ein paar Exemplare der "Berliner Illustrierten" waren darunter. Der Karli, der hungrig in sich hineinlas, was immer an Lesbarem er in die Finger bekam, der spürte nun mit aller Deutlichkeit, dass er inzwischen zu viel erlebt hatte, um all das Gerede, die Lügen, das falsche Pathos und die abgedroschenen Parolen noch ertragen zu können. Und wenn er in diesen Zeitungen Bilder sah von gut gefütterten Gauleitern, Staatsministern oder anderen Nazibonzen, vom Goebbels mit geballten Fäusten und der viel zu groß scheinenden Schirmmütze auf dem Fanatikerkopf, vom krummbeinigen, dunkelhaarigen Obergermanen Himmler oder vom Reichsmarschall mit Bauch, Prachtuniform und Marschallstab, dann malte er sich mit sadistischer Phantasie aus, wie sich die Herren wohl ausnehmen würden in feuchten Schützenlöchern, zwischen Artilleriebeschuß und anrollenden Panzern, seit Tagen nichts zu fressen und Läuse unterm Hemd

Ja, so weit war es inzwischen mit Karli, dem braven Hitlerjungen, gekommen! Und als er in einer Zeitung das Bild sah, auf dem der Hitler seinem Freund Mussolini den Ort des kürzlich überstandenen Attentats zeigt, da fiel ihm ein Witz ein, der in jenen Tagen herumgeflüstert wurde. Da fragt der Duce bei dieser Gelegenheit nämlich den Führer:

"Adolfo, sag ehrlich, würdest Du den uns aufgezwungenen Krieg ein zweites Mal anfangen?"

Die Landschaft zwischen Tournhout und dem Albert-Kanal war genau das, was empfindsame Gemüter lieblich oder harmonisch nennen würden, und nachdem der Oberjäger Grob Besitzer eines so gearteten Gemütes war, fand er großes Gefallen daran, zusammen mit dem Gefreiten Schmittchen durch diese Gegend zu radeln. Der Gefreite Schmittchen war der Bursche vom Kommandeur. Er hatte dunkle, melancholische Augen und sah aus wie ein Italiener. Er stammte aber aus Magdeburg und hatte Koch gelernt. Am linken Ärmel trug er drei Streifen mit aufgenähten Panzersilhouetten. In der Normandie hatte er an zwei Tagen drei Shermans außer Betrieb gesetzt. Mit der Panzerbüchse. Keiner war weiter weg als vierzig Meter. Da war auch das EK eins noch drin.

Die Fahrräder hatten sie aus einer Garage in Tournhout organisiert. Bei dem starken Feindbetrieb, der in der Luft herrschte, war ein Fahrrad viel sicherer als ein Krad, weil man dank eigener Geräuschlosigkeit anfliegende Jagdbomber rechtzeitiger wahrnehmen konnte. "Radfahren ist gesund!", sagte der Schmittchen, als sie sich wieder einmal in einem Straßengraben kleinmachten und drei Thunderbolts dicht über sie hinwegbrausten. Auf den Chausseen lagen die bunten Herbstblätter wie ein abstraktes Mosaik, und in verlassenen Bauerngärten blühten die Astern.

Der Karl Grob und sein Kamerad Schmittchen waren aber nicht unterwegs, um Belgien im Herbst zu genießen. Sie hatten den Auftrag, ein passendes Gebäude zu finden, das als Regimentsgefechtsstand geeignet war. Der Karli trug eine Karte mit sich, auf welcher das Gebiet, das hierfür in Frage kam, genau aufgezeichnet war.

Obwohl es eigentlich mehr ein glücklicher Zufall war, erfüllte die Entdeckung den Karli doch mit einigem Stolz: Ziemlich im Zentrum dieses Gebietes fanden sie nämlich ein einzelnes Bauerngehöft, das lag an der feindabgewandten Seite eines flachen Hügels, und dahinter breitete sich ein hübscher Gemüsegarten, der von einer dichten Hecke umgeben war. Ein kurzer Feldweg führte zu zwei weiteren Gebäuden, die sich fast versteckt in einem Waldstück befanden. Der Keller des Hauses machte einen recht robusten Eindruck, und von dem Hügel aus hatte man einen guten Ausblick nach Süden, wo ganz deutlich die vertrauten Wolken von Granateinschlägen zu sehen waren. Kurz, es war ein ideales Plätzchen, was die landschaftliche Idylle - und vor allem natürlich auch die taktische Lage betraf.

Der Karli schwang sich dienstbeflissen auf sein Fahrrad, um dem Kommandeur, der fünfzehn Kilometer nördlich auf ihn wartete, von dem schönen Gefechtsstand zu berichten. Er war ganz sicher, dass der mit seiner Wahl hochzufrieden sein würde. Doch als er kurze Zeit später dem Alten stolz die Latifundie

zeigte, auf die hervorragende strategische Lage hinwies und nebenbei auch den guten Zustand des Heldenkellers erwähnte, da sagte der, ziemlich skeptisch umherblickend:
"Ein feines Plätzchen zum Erholen hast du da rausgesucht. - Wirklich hübsch hier - wenn nicht zufällig Krieg wär`."
Dann stieg er auf den kleinen Hügel hinauf, blickte rundum, deutete nach Westen, wo in einer flachen Senke, keine hundert Meter entfernt, ein ziemlich schäbig aussehendes Häuschen mit grindigem Verputz und einer windschiefen Remise stand, und sagte:
"Der Regimentsgefechtsstand kommt dort drüben hin."
Der Karli ärgerte sich nicht schlecht, und er dachte, dass man es den hohen Herren eigentlich nie recht machen kann und dass nach deren komischem Ehrenkodex wahrscheinlich ein Oberstleutnant nichts gutheißen kann, was etwa ein Korporal vorschlägt.
Am Nachmittag aber sahen sie von ihrem schäbigen Häuschen aus, wie etliche Lightnings kamen. Die feuerten mit Bordwaffen und Raketen auf den schönen Bauernhof, und wenig später legten mehrere Artilleriegranaten mittleren Kalibers den Rest vollends in Trümmer.
Darauf sagte der Oberstleutnant zum Karli:
"Bist du nicht auch der Meinung, dass wir beide für`n Heldentod viel zu schade sind?"
Der Oberjäger Grob musste seinem Chef recht geben. Es war ihm schon des öfteren aufgefallen, dass der Alte eine gute Nase für eventuelle Gefahren hatte, und er beschloss, ihm fürderhin nicht mehr von der Seite zu weichen.

Noch einmal geschah es in diesen Tagen, dass die Luft erfüllt war vom Dröhnen vieler hundert Flugzeugmotoren. Es hörte sich an, als ob das Baß-Manual einer Kirchenorgel geklemmt hätte. Ein tiefer, sonor brummender Dauerton. Die Wolken hingen wie ein grauer, gewellter Baldachin fünfhundert Meter über Grund. Knapp darunter strichen die Douglas Dakotas dahin, mit den Lastenseglern im Schlepp. Es war ganz ähnlich, wie damals in der Normandie am "D-Day". Das zweite große Luftlandeunternehmen der Alliierten, zwischen Eindhoven und Arnheim, sollte den Weg freimachen für einen Vorstoß über Rhein und Ruhr ins Reichsgebiet hinein. Das Unternehmen schlug fehl, und die deutsche Propaganda konnte endlich wieder einen großen Sieg vermelden. Einen Sieg freilich, der die endgültige Niederlage wohl verzögerte, aber nicht aufhielt.

Das Regiment machte viele Gefangene, und für einige Tage schwelgten der Karli und seine Kameraden in Corned Beef, Büchsenkäse, Hershey-Schokolade und Lucky-Strike-Zigaretten. Ach, was die alles dabeihatten, diese Kaugummisoldaten! Überflüssiges und Lächerliches manchmal auch. Schlagringe zum Beispiel, Riemen zum Fesseln, bunte Landkarten von Westeuropa, auf Seide gedruckt, und kindische, kleine Kompasse, wie man sie in Andenkenläden kaufen konnte. Und in einigen Lastenseglern waren auch schon Kisten mit deutschem Geld. Keine Reichsmark, sondern "Okkupation Money".

"Die denken halt an alles, die Amis", sagte der Feldwebel Scheurich und band sich so eine schöne seidene Landkarte mit ganz Holland, Belgien und Westdeutschland drauf um den Hals. Dieses bunte Tuch machte ihn schon fast zum Zivilisten. Der Scheurich, der hatte zwar eine Menge Orden, aber eigentlich war er der geborene Zivilist, und die meisten militärischen Gepflogenheiten gingen ihm gegen den Strich. Für einen vorbildlichen Soldaten im Sinne einer Dienstvorschrift war er einfach zu intelligent. Der Kommandeur akzeptierte das, denn er schätzte die zahlreichen anderen Fähigkeiten seines Regimentsschreibers höher ein. Seine rechnerische Begabung zum Beispiel, seine rasche Auffassungsgabe, sein gutes Deutsch und seine Fähigkeit, auch ohne konkrete Befehle das Richtige zu tun. Schach hat er mit seinem Schreiber allerdings auch nur eine Partie gespielt, die war ziemlich kurz, und eine zweite folgte nie.

Nach dem Attentat auf Hitler wurde die althergebrachte militärische Ehrenbezeugung durch Anlegen der rechten Hand an die Kopfbedeckung abgeschafft, und alle Soldaten hatten mit erhobenem rechtem Arm zu grüßen. Damit sollte die unverbrüchliche Treue der Deutschen Wehrmacht zu ihrem Führer und obersten Befehlshaber bewiesen werden. Der Scheurich in seiner Wurstigkeit gegenüber allen Dingen, die er für nebensächlich hielt, hat das meist vergessen und grüßte nach wie vor mit der Hand am Hut. Auch der Karli hat sich nicht recht an den Hitlergruß gewöhnen können und oftmals den alten militärischen Servus gemacht. Der Oberstleutnant quittierte diese Vorschriftswidrigkeiten grinsend mit der Bemerkung:
"Mensch, was seid ihr bloß für reaktionäre Hunde!"

Anfang Oktober war es, als der Oberjäger Grob vom Adjutanten den Befehl bekam, neunundzwanzig gefangene Engländer zur Division zu bringen. Die Tommys hatten in den letzten Tagen ebenfalls einiges mitgemacht und waren ziemlich fertig. Sie marschierten in Gänsereihe am Straßenrand. Der Karli ging vorne, etwas neben den Gefangenen, und hintennach der Gefreite Schmittchen mit entsicherter Maschinenpistole.

Die Wolken hingen tief, und es regnete ein wenig. Das war auch für die Tommys ein großes Glück, denn so bestand kaum die Gefahr, dass sie von ihren eigenen Jagdbombern durchlöchert wurden. Die Landschaft war langweilig, und

dieses Marschieren war langweilig. Und aus lauter Langeweile fing der Karli zu pfeifen an, - was ihm gerade einfiel. Und als sie schon kurz vor ihrem Ziel waren, einer abgelegenen alten Herrschaftsvilla, in welcher der Divisionsstab hauste, da fiel ihm ein, das Tipperary-Lied zu pfeifen, um die müde dahinschlurfenden Engländer ein wenig aufzumuntern. Und die müden, schmutzigen Gesichter unter den Suppenschüssel-Stahlhelmen, diese englischen Gesichter, die um nichts anders aussahen als die ihrer deutschen Feinde, die hoben sich auf einmal. Sie schauten nicht mehr auf die nasse, herbstlaubbedeckte Straße, sondern - höchst erstaunt - auf den Karli. Und als diese gemischte Truppe sich im Gänsemarsch auf den Divisionsgefechtsstand zubewegte, da sang alles aus voller Kehle:
"It`s a long way to Tipperary,
It`s a long way to go.
It`s a long way to Tipperary,
the sweetest girl I know..."

Aus der Stabsvilla kamen Offiziere und Soldaten gelaufen. Einige lachten, aber ein spindeldürrer Hauptmann brüllte den Karli an:
"Sagen Sie mal, sind Sie verantwortlich für diesen Gesangsverein? Ja sind Sie denn total verrückt geworden? Wir führen hier einen Kampf auf Leben und Tod und Sie lassen Gefangene singen wie auf einem Maiausflug! - Von welchem komischen Haufen kommen Sie eigentlich?"

Und der Karli nannte artig sein Regiment und seinen Kommandeur. Da wurde der nervöse Hauptmann sofort ein wenig ruhiger und er sagte:
"Bringen Sie Ihre Wandervögel hinüber zum Nebengebäude und warten Sie dort, bis der Vernehmungsoffizier kommt - und lassen Sie sich was zu essen geben."
Dann verschwand der schlanke Herr schnellen Schrittes in der Villa. Seine Reitstiefel glänzten wie das Blech einer fabrikneuen Luxuslimousine. Der Karli dachte, dass es wohl der ständige Kampf auf Leben und Tod ist, der die Stiefel so glänzen lässt.

Der Schmittchen sagte:
"Die Tommys haben wahrscheinlich genau so Kohldampf wie wir, und ein paar haben auch gefragt, ob sie nicht was zu trinken bekommen."
Daraufhin verhandelte der Karli mit dem Divisionsküchenbullen, und er bekam einen Eimer lauwarmen Tee und zwei große Blechtöpfe mit ziemlich zerkochten Nudeln, in denen sich winzige Stückchen von Fleisch und Gelberüben versteckt hatten. Eine Handvoll Löffel hatte er auch dabei. Das stellte er vor

seine neunundzwanzig Engländer hin und sagte:

"That's yours, - eat - guten Appetit."

Aber keiner aß einen Bissen, keiner trank einen Schluck. Ein paar drehten sich einfach um und schauten die Hauswand an, und einige lächelten etwas verlegen. Ein ganz Junger stierte auf die Nudeln und schluckte. Da ging dem Karl Grob plötzlich ein Licht auf und er brüllte:

"We are soldiers, no killers - understand! - You crazy british fools!"

Dann aß er aus jedem Hafen einen Löffel heraus und schöpfte einen Schluck Tee aus dem Eimer. Und dann sagte er:

"This poison is dangerous only for british people, not for Germans."

Da grinsten die grauen Gesichter unter den flachen Helmen, und es dauerte nur wenige Minuten, bis die Töpfe und der Eimer leer waren. Die Tommys hatten zwar sicher schon einmal Besseres gegessen, aber echter Kohldampf ist eben international. Einer sagte leise zum Karli:

"Excuse, but they told us a lot of bad things about you."

Der Karli erwiderte, dass er sich das schon gedacht hat, und der Engländer bot ihm eine Zigarette an, obwohl er nur noch drei Stück in seiner Schachtel hatte.

Dann kam der Vernehmungsoffizier mit der neuen Bewachung. Der Karli hob die Hand und sagte: "Good luck, Tommys!"

Und die riefen: "Good luck, Krauts!" - Und alle lachten.

Seit Ende Oktober fand der Krieg auf deutschem Boden statt, und es war deutsches Land, das verteidigt werden mußte. Aachen war vom Feind besetzt, und die Reste des Regiments hielten eine Stellung an der Rur. Dort kostete allein ein vielumkämpfter Staudamm noch Hunderte das Leben. Im Hürtgenwald gab es große Gebiete, wo die Bäume nur noch wie riesige Zahnstocher kahl und trostlos in den Himmel ragten.

Am vierundzwanzigsten Dezember des Jahres vierundvierzig, dem letzten Heiligen Abend dieses wundervollen Krieges, hockten sie zu fünft im Keller eines Hauses, das oben nur noch aus drei Wänden bestand, die nicht einmal mehr bis zum ersten Stock reichten. Das Haus gehörte zu einem kleinen Eifeldorf, das Leversbach hieß.

Die Ardennenoffensive, jener letzte, verzweifelte Versuch der obersten Führung, im Westen doch noch eine Wende herbeizuführen, hatte dem Karl Grob und seinen Kameraden in dieser Weihnachtszeit einige relativ ruhige Tage beschert. Einer von den Meldern hatte sogar einen Christbaum mitgebracht. Das Bäumchen war recht gleichmäßig und hübsch gewachsen, und sie suchten in den verlassenen Häusern des Dorfes herum, und sie fanden ein paar Kerzen und ein wenig buntes Papier, und sie zogen das Stanniol aus den Zigarettenschachteln und schnitten mit ihren Messern Sterne und Monde und Häuschen daraus und schmückten damit den kleinen Baum. Post war keine mehr gekommen, aber als es dunkel wurde, brachten die Essenholer Tee mit und eine Sonderzuteilung Zigaretten. Der Tee hatte sogar ein leichtes Rum-Aroma. Und so konnte auch diese letzte Kriegsweihnacht noch einigermaßen würdig begangen werden.

Führer, wir danken dir!" sagte der Karli, als er den ersten Schluck Tee mit dem echt künstlichen Rum-Aroma genüsslich schlürfte.

Sie zündeten die Kerzen ihres Christbaums an. Die ausgeschnittenen Sterne, Monde und Häuschen drehten sich in der warmen Luft, und dann huschten Schatten und Reflexe über die Kellerwand. Sie wärmten sich die Hände an dem Tee mit der schüchternen Rum-Reminiszenz, rauchten - und redeten wenig. Es war auffallend ruhig an diesem Abend. Ganz weit weg hörte man manchmal Artillerie schießen, oder das Pochen von leichter Flak klang sehr gedämpft herein. Es hörte sich an, als ob jemand höflich an die Tür klopfen würde.

Der Karli hatte von zwei Zigaretten das Papier entfernt und den Tabak in seine Pfeife gestopft. So geraucht schien ihm das Kraut verträglicher zu sein, und er freute sich der Beschaulichkeit und der Stille. Ob die Amis jetzt wohl auch an Weihnachten dachten? Eigentlich traute er`s ihnen nicht zu. Eigentlich traute er denen überhaupt nichts zu. Jedenfalls nichts Gutes. Er starrte träumend auf einen Stanniolmond, der sich im Aufwind der Kerzenflamme sacht hin und her drehte, und er hatte beide Hände um den Kopf seiner Pfeife geschlossen. Er nahm einen Schluck Tee aus dem Feldbecher, und sein ganzes Gefühl wandte sich zu den scheinbar toten Dingen hin. Er empfand in diesem Moment eine brüderliche Liebe zu seiner Tabakspfeife, zu seiner Armbanduhr, seinem Taschenmesser, dem Feuerzeug, zu seinem Feldbecher und dem Soldbuch mit den vier kleinen Fotos darin, ja, sogar zu seinem Brustbeutel und der Erkennungsmarke. Auch die Tokarew-Pistole des toten Pavel Koltschak aus Kamyschin gehörte noch dazu. Hatten ihn diese Dinge nicht alle getreulich begleitet, durch schlimme Zeiten, durch Strapazen, Hunger, Angst und Durst, durch Dreck und Mühsal? Und indem der Karl Grob zusah, wie die Kerzen den Rauch seiner Pfeife in die Höhe trieben, dachte er, dass wohl immer, wenn sich das Leben aufs Überleben reduziert, unscheinbare Dinge zu Schätzen werden, während viele Schätze in der Unwichtigkeit versinken. Das ist das Tröstliche an den Not.

Der Feldwebel Scheurich kämpfte gegen sich selbst auf seinem Steckschach, die beiden Kradmelder würfelten schweigend und verbissen, und der Gefreite Schmittchen sagte in die Stille hinein:

"Ich hab ein paar Kartoffeln organisiert und Zwiebeln. Was haltet ihr von einem Schlag Bratkartoffeln?"
Ob er auch Fett oder Öl dazu hatte, verschwieg er vorsichtshalber.

Drei, vier Granateinschläge unterbrachen plötzlich und unsagbar brutal diese weihnachtliche Ruhe. Die letzte Granate detonierte so nahe am Haus, daß der Luftdruck die hölzerne Kellertüre aufriss. Explosionsrauch und Schneestaub wehten herein, - und dann hörten sie ein verzweifeltes Brüllen. Die Schreie Verwundeter dringen einem immer wieder in Herz und Hirn wie schartige Messer, auch wenn man sie schon tausendmal gehört hat. Oben auf der Straße, keine zehn Meter vom Haus entfernt, lag einer, der hatte nur noch ein Bein. An der Stelle des anderen war blutiger Schnee, sonst nichts. Der Karli kannte den Mann, es war der Obergefreite Hartwig von den Funkern. Sie schleppten den Verwundeten, dem bereits die Kraft fehlte, um noch laut zu schreien, in den Keller und legten ihn auf eine Matratze, die sich der Karli erst am Nachmittag aus dem Nebenhaus geholt hatte. Aus dem zerfetzten Beinstumpf lief dem Funker das Leben davon. Der Scheurich band ihm mit einem Koppelriemen den Oberschenkel ab, und der Karli schob ihm zwei Schmerztabletten in den Mund und versuchte, ihm etwas Tee einzuflößen. Aber dem armen Kerl war nicht mehr zu helfen, er hatte schon zuviel Blut verloren. Nein, er sah nicht mit verklärten Augen auf den Christbaum, er hat ihn wahrscheinlich überhaupt nicht wahrgenommen, und es war alles ganz und gar unsentimental und unheroisch, und das Leben des Obergefreiten Hartwig verlöschte still. - So, wie jetzt die ersten Kerzenflammen an der kleinen Tanne verlöschten.

"Die Sanis brauchen wir nun auch nicht mehr, und morgen graben wir ihn ein", meinte der Schmittchen trocken. Und dann sagte er:
"O du verdammte Scheiße!", denn durch den Keller zog der penetrante Geruch von verbrannten Kartoffeln und Zwiebeln.


Es war nicht mehr weit bis zum Rhein. Jeden Tag verteidigten sie ein paar Städtchen und Dörfer gegen die Amerikaner - um das Verteidigte kurz danach aufzugeben. Nichts, was sie taten, hatte noch einen Sinn.
Auch die Bevölkerung war längst nicht mehr auf ihrer Seite. Und wer, außer ein paar unverbesserlichen Parteiidioten, wollte es den Leuten übelnehmen, daß sie nichts mehr von einer heldenhaften Verteidigung hielten. Sie wollten ihr Leben retten - und ihre Häuschen. Das allein war es, was jetzt noch zählte. Das Regiment war schon seit langem verwaist, denn Mitte Dezember war der Kommandeur noch mit einer Kampfgruppe weit hinter den amerikanischen Linien in

den Ardennen abgesprungen. Doch auch dieser letzte verwegene Sprungeinsatz scheiterte. Nun führte der Adjutant das Regiment. Aber niemand wußte in diesen Zeiten genau, ob das stolze Regiment die Stärke eines Bataillons hatte oder ob es nur noch aus einer Kompanie bestand.

Bald darauf ist dann auch noch der Adjutant bei Euskirchen gefallen, und wenige Tage später kam der Scheurich von einem Spähtrupp nicht zurück. Der Karli hoffte sehr, daß dem besten Schachspieler unter allen Feldwebeln der Welt nichts Ernstlicheres passiert war.

Jetzt waren sie noch zu dritt: Der Oberjäger Merkel mit seinem Steyr-Geländewagen, der Karl Grob mit einigen Landkarten der rechts- und linksrheinischen Gebiete und der Gefreite Schmittchen mit einem Riesenklumpen Margarine, sechs Büchsen US-Corned-Beef und einem Sack Zucker.

Weiß der Teufel, wo der Kerl diese Raritäten herhatte!

Die Tatsache, dass sie Fallschirmjäger waren und auch wirklich noch so aussahen, erwies sich als großer Vorteil. In einem Wehrmachtsdepot, das sich in eiliger Auflösung befand, erhielten sie sogar drei Kanister Benzin. Außerdem hatten sie ein paar Panzerfäuste und Handgranaten sowie ein Maschinengewehr dabei. Das genügte vollkommen, um sich als "kämpfende Truppe" auszuweisen.

Sie hatten aber alle drei keine Lust mehr auf Heldentaten. Aus dem Kriegführen war in diesen Tagen eine Art Räuber- und Gendarmspiel geworden. Natürlich war es noch oft ein ziemlich blutiges Spiel. Das Kriegführen inmitten der eigenen Zivilbevölkerung, die ja eigentlich nur noch aus Frauen, Kindern und alten Männern bestand, das machte alles noch unendlich schwerer, und für den Karli war es völlig absurd und undiskutabel.

Als er einmal mit dem Merkel und dem Schmittchen ein Haus betrat, um Trinkwasser zu bekommen, da kam ein Mädel in die Küche und stellte einen Korb mit etlichen Weinflaschen auf den Tisch. Der Karli sagte lachend:

"Das find ich prima, dass ihr hier noch ein bisserl was zu trinken aufgehoben habt für ein paar arme Landser."

Da wandte sich eine ältere Frau, die am Herd werkelte, um und sagte mit ziemlich keifender Stimme:

"Der ist nicht für euch! - Haut bloß ab hier und versucht nicht, jetzt noch Krieg zu spielen. Muss denn wirklich alles kaputtgehen? - verduftet doch endlich, Ihr Idioten!"

Da nahm der Karli eine Flasche aus dem Korb und sagte:

"Die ist requiriert. Die Amis brauchen das nicht alles allein zu saufen!"

Dann stolperten sie aus der Küche. In der Tür drehte sich der Merkel noch einmal um und sagte zu dem Mädchen:

"Viel Spaß mit den Yankees, Mariechen, - und pass gut auf, daß du kein Kind von einem Neger kriegst!"
"Verstehen kann ich die Leut` schon",
sagte der Karli draußen zu seinen Kameraden.
"Dass die lieber lebendig und mit bewohnbarem Haus beim Ami sind, als tot und in Trümmern beim Adolf, das ist doch klar. Aber irgendwie kommt man sich schon recht angeschissen vor, wenn man erlebt, dass die eigenen Landsleute einen zum Teufel wünschen und den letzten Wein raufholen, um die Amis freundlich zu empfangen, und ich wette, dass unsere treuen BDM-Damen ihren geliebten Führer ganz vergessen werden und für Schokolad` und Zigaretten reihenweise mit denen ins Bett gehen."
"In Belgien, in Tournhout, hab ich noch mit einer gepennt, einer Wallonin, die hat ausgesehen wie die Zarah Leander, bloß jünger",
sagte der Oberjäger Merkel grinsend.
"Die konnte gut französisch, aber die hat mich auch nur gelassen, weil ich ihr ein halbes Kommißbrot und eine Büchse Schmalzfleisch gegeben habe. - Ja, so ist das halt heutzutage mit der Liebe: Die einen wollen vögeln und die andern wollen essen. - C`est la guerre!"

Wenige Minuten vor den ersten amerikanischen Panzern sind der Karli und seine Kameraden mit ihrem Kübelwagen noch über die Brücke von Remagen gerumpelt. Jetzt war also auch der Rhein kein Hindernis mehr für die Feinde. Die Amerikaner glaubten zunächst garnicht an ihr Glück und kamen recht zögerlich über die unbeschädigte Brücke. Die drei Fallschirmjäger mit ihrem Steyr-Geländewagen aber spielten Sonderkommando und zogen sich zunächst ins Siebengebirge zurück.

Hinsichtlich ihrer fast feindseligen Unfreundlichkeit unterschied sich die Bevölkerung nur wenig von der in Frankreich, Belgien und Holland. Seit die Niederlage wie eine dunkle Wolke über den deutschen Truppen hing, waren die Soldaten von Volksgenossen schnell zu ungeliebten Besatzern geworden.

Im Hohen Westerwald aber erlebten die drei eine Ausnahme. Durch Zufall gerieten sie auf eine schmale Straße, die führte durch eine romantische Gegend mit herrlichen Bäumen. Die Buchen, Erlen und Ahorn hatten gerade ihr allererstes zartes Grün aufgesetzt, und dazwischen standen dunkel Fichten und Tannen. Die Straße führte sie zu einem ganz einsam gelegenen Forsthaus. Ein blondes Försterstöchterlein wie in dem schönen Soldatenlied gab es dort zwar nicht, es war aber trotzdem fast wie ein Märchen. Der alte Förster nämlich erwies sich als ein Prachtmensch. Er war klein, fast zierlich, trug aber einen respektablen Schnauz-

bart unter seiner gemütlichen Knollennase. Als die drei mit ihrem Steyr in den Hof fuhren, stand er unter der Tür und sagte:
"Stellt euern Panzer unter die Bäume, damit ihn die Jabos nicht sehen, und kommt rein."
Als er durch den trophäengeschmückten Hausgang voranging, konnte man sehen, dass er ein wenig hinkte. Er führte sie in die Küche, welche sich als das Zentrum eines unbeschreiblichen Wohlgeruchs erwies, der das ganze Haus durchzog, und sagte:
"Setzt euch, Männer. Was haltet Ihr von Wildschweinbraten? - Vor drei Tagen habe ich die Sau geschossen, da drüben, keine zweihundert Meter vom Haus weg. Und heute in aller Frühe habe ich das Kochen angefangen, weil ich dachte, dass am Ende vielleicht doch noch irgend jemand kommt, der Kohldampf hat. Wir wollen jetzt so viel wie möglich davon essen, damit die Amerikaner so wenig wie möglich davon bekommen. - Langt zu, Leute!"

Für den Karl Grob und seine zwei Kameraden war es seit langer Zeit wieder das erste richtige Essen, und sie langten hin, dass der alte Herr bewundernd sagte:
"Respekt, vom Futtern versteht ihr was. Haut rein, Jungs, haut rein. Es ist noch genug da."
Und sie taten gut daran, kräftig reinzuhauen, denn das sollte für lange Zeit auch das letzte "richtige" Essen gewesen sein, das sie bekamen.

Dann brachte dieses Juwel von einem Förster auch noch drei Flaschen Wein an und sagte:
"Den verlöten wir auch, denn der ist viel zu schade für die Amis. - Trinken wir auf den Frieden!"

Am anderen Morgen hörte man im Westen Gefechtslärm, und die drei Fallschirmjäger nahmen Abschied von dem gastfreundlichen Waidmann. Zehn Minuten später aber blieb der gute Geländewagen stehen. Der Tank war endgültig leer, und es bestand auch nicht die geringste Aussicht, neuen Sprit zu bekommen.
Sie holten ihre Habseligkeiten aus dem Wagen, und der Oberjäger Merkel nahm auch noch eine Panzerfaust mit. Er stellte sich hinter eine alte Eiche und schoss sein geliebtes Auto tot. Es gab einen Mordskrach, weil drei Panzerfäuste und zehn Handgranaten mit in die Luft flogen.
Dem Merkel standen Tränen in den Augen, denn seit der Invasion steuerte er den Kübel durch tausend Gefahren, und dabei hat ihn der brave Karren nie im Stich gelassen.

So war es denn dem Oberjäger Grob beschieden, die letzten Kilometer dieser elend langen, dreckigen Straße, die man Krieg heißt, als ziemlich friedlicher Wanderer zu Fuß zurückzulegen.

Sie hatten vorerst alle drei keine Lust, in Gefangenschaft zu gehen. Sie verkrochen sich tagsüber im Wald oder in irgendwelchen unbewohnten Gebäulichkeiten, und nachts marschierten sie nach der Karte auf kleinen Wegen quer übers Land. Jetzt, wo alles zu Ende ging, hatte das Heimweh den Karli in nie gekannter Stärke gepackt. Er träumte von nichts anderem mehr als von Seen und Bergen, von Heimgarten, Zugspitz und Ettaler Mandl, von einer zwiebeltürmigen Kirche und einem alten Schloß mit Zinnengiebel - und von den Menschen, die er liebte. Und in ihm wuchs die verrückte Idee, die Gefangenschaft zu vermeiden und - am Tag unsichtbar und nachts unterwegs - unbehelligt und frei die Heimat zu erreichen. Seine beiden Kumpel hatten es da schwerer, denn der Schmittchen war in Magdeburg zuhause und der Merkel irgendwo in Schlesien. Dort waren aber vielleicht schon die Russen.

Als sie einmal in der Abenddämmerung an ein Fenster klopften, um ihre Feldflaschen voll Trinkwasser zu bekommen, da schaute zuerst ein ängstliches Frauengesicht hinter der Gardine hervor, dann öffnete sich die Haustüre einen Spalt und die Frau sagte:

"Seid um Gottes willen vorsichtig, die Amerikaner sind schon seit gestern hier. Im Nachbardorf stehen viele Lastwagen und Panzer!"

"Wir wollen nur Wasser und sind gleich wieder weg", sagte der Karli. Die Frau ließ die drei Soldaten zwar nicht ins Haus, aber sie füllte ihnen wenigstens die Feldflaschen, die sie ihr durch die Tür reichten. Dann wedelte sie aufgeregt mit der Hand und sagte:

"Haut bloß ab, ich will nicht, daß euch jemand hier sieht!"

Nach einer etwas ziellos durchwanderten Nacht - sie hatten keine Karten mehr von der Gegend - saßen die drei Marodeure in einem Versteck, das aus einigen halbhohen Fichten und dichtem Buschwerk bestand. Die aufkommende Morgendämmerung hatte sie in das Buschwerk getrieben. Sie strichen sich hauchdünn Margarine auf trockenes, brösliges Kommissbrot und streuten Zucker darauf, Der Zucker und die Margarine waren der Rest von Schmittchens großartiger Beute - und das Kommissbrot hatten sie dem Volkssturm zu verdanken.

Drei Tage vorher nämlich war ihnen auf einer kleinen Straße das letzte Aufgebot entgegengekommen. Eine seltsame Truppe. Den Anfang machten etwa zwanzig alte Männer in Jacken und Mänteln und mit Straßenhüten oder Schirmmützen auf dem Kopf. Zwei von ihnen hatten sogar einen Stahlhelm auf. Sie hatten Karabiner und lange, altertümliche Gewehre aus dem ersten Weltkrieg umgehängt, und am linken Arm trugen sie Binden mit der Aufschrift "Volkssturm". Der zweite Teil der Streitmacht bestand aus Kindern. Es waren Hitlerjungen mit blassen Bubengesichtern unter den Schirmen ihrer Schimützen. Auf den Ärmeln der Uniformblusen leuchteten - weithin sichtbar - die Hakenkreuzarmbinden. Die Burschen hatten Panzerfäuste geschultert, wie weiland die alten Landsknechte ihre Morgensterne. Und der Karli dachte, dass wohl mancher von denen imstande wäre, einen Sherman zu knacken - oder selbst dabei draufzugehen, denn man hatte sie ja von ihrer Pimpfenzeit an mit heroischen Parolen gefüttert und ihnen gesagt, dass es nichts Schöneres gebe, als für Deutschland und seinen großen Führer zu sterben.

Ein graubärtiger, hagerer Mann, der vermutlich der Kommandant des Haufens war, weil er eine lederne Kartentasche umhängen hatte, machte eine Kopfbewegung Richtung Himmel und fragte:

"Seid ihr gesprungen?"

Er hatte offenbar gleich erkannt, dass er es bei den dreien mit Fallschirmjägern zu tun hatte.

"Nein," antwortete der Karli bescheiden, "wir sind gegangen."

Der Oberjäger Merkel fragte:

"Wo wollt ihr denn noch hin mit eurer Armee?"

Und der magere Volkssturmmann fingerte aufgeregt ein Kartenblatt aus seiner Meldetasche, fuhr suchend mit dem Finger darauf herum und sagte:

"Hier auf dieser Anhöhe sollen wir am Waldrand in Stellung gehen und verhindern, dass der Feind hier" - er deutete auf eine kleine Straßenbrücke - "einen Brückenkopf bildet."

"Die hauen bestimmt gleich ab, wenn sie euch sehen," sagte der Karli grinsend. "Wer hat euch diesen Blödsinn denn befohlen?"

"Der Kreisleiter."

"Und wo ist der jetzt?"

"Soviel ich weiß, ist er zu einer Lagebesprechung in die Gauleitung gefahren. Keine Ahnung, wo sich die jetzt befindet."

Der Karli lachte geringschätzig und zeigte mit dem Daumen in die Ferne:

"Ich mach` jede Wette, die besprechen die Lage so weit hinten, dass sie nicht mehr wissen, ob sie zur Westfront oder zur Ostfront gehören!"

"Reden Sie nicht so unverschämt daher!" sagte einer der Volkssturmmänner, der ein Parteiabzeichen am Mantelrevers hatte und aussah, wie ein stark abgemagerter Mussolini. Er streckte jedenfalls sein massiges Kinn genauso martialisch in die Luft.

"Augenscheinlich haben Sie sich ja selbst unerlaubt von der Truppe entfernt," sagte er und bemühte sich dabei, besonders scharf und schneidend zu sprechen.

"Ich könnte Sie ohne weiteres vors Kriegsgericht bringen!"

Da legte der Gefreite Schmittchen seine MP auf den Boden, schnallte sein Koppel ab und zog seinen Knochensack aus, dann steckte er beide Hände in die Hosentaschen und ging langsam auf den Parteigenossen zu. Der starrte fast erschrocken auf Schmittchens imponierende Heldenbrust. Die dargebotene Ausstellung schöner Orden, von der Nahkampfspange bis zum EK eins sowie die drei Ärmelstreifen für die erledigten Panzer beeindruckten ihn sichtlich. Auch die Hitlerjungen machten große Augen. Der Schmittchen aber erklärte:
"Wir sind ein Sonderkommando und brauchen dringend was zu fressen!"
Da winkte der Alte mit der Kartentasche einen der Jungen her und sagte:
"Du weißt ja, wo das Depot ist - führ die drei Kameraden hin."
So kamen sie wenigstens zu ein paar Laiben Kommissbrot, denn mehr an Essbarem war auch dort nicht aufzutreiben.

Sie rollten sich unter der dreckigen Zeltbahn, die dem Karli gehörte, zusammen und versuchten zu schlafen. Wie junge Hunde lagen sie, eng aneinandergedrückt, denn es war saukalt. Die Zweige des Gebüschs, unter das sie sich verkrochen hatten, streiften ihre Gesichter, und der Karli mußte an die stachligen Beine großer Käfer und Spinnen denken. Am Himmel brummten Flugzeuge, und nicht weit entfernt hörte man die Geräusche vieler Fahrzeuge. Auch Panzer waren darunter. Anscheinend ging ganz in der Nähe eine größere Straße vorbei.
Da sagte auf einmal der Oberjäger Merkel:
"Ich hab die Schnauze restlos voll! - Morgen mach ich `surrender´. Lang kann der Schwindel sowieso nicht mehr dauern, und vielleicht ist gar der Krieg schon aus und wir haben`s noch nicht gemerkt. - Ist euch nicht aufgefallen, daß man seit fast zwei Tagen niemanden mehr schießen hört?"
"Jetzt wo du`s sagst," ließ sich der Gefreite Schmittchen vernehmen, "merk` ich`s auch. Seit gestern hab ich gedacht, daß mir irgend etwas fehlt zu meinem Wohlbefinden. Wenn es nirgends mehr knallt, kommt man sich so überflüssig vor. Bei der nächsten Gelegenheit werd ich die Händchen heben und den Krieg beenden. - Vielleicht können die Amis sogar einen guten Koch brauchen."

Der Karl Grob war über die Absichten seiner beiden Kameraden zunächst nicht besonders erfreut, denn er träumte noch immer davon, sich nach Süden durchzuschlagen und möglichst bald nach Hause zu kommen. Andererseits fehlte auch ihm jeglicher Auftrieb. Er wollte nicht mehr tapfer sein, nichts mehr riskieren. Er wollte nach Hause - sonst nichts. Der große Krieg ging zu Ende, und er, der kleine Unteroffizier, war auch am Ende, und das Heimweh machte ihn fertig, und seine Gedanken flogen ihm davon wie ein Schwarm Vögel. Und da, wo sich seine Gedankenvögel niederließen, waren die Häuser, Wiesen und Berge der Heimat. Und der Karli, der ohnehin keine Begabung für bedenkenlo-

ses Draufgängertum hatte, der gab den verrückten Plan, sich viele hundert Kilometer nach Hause durchzuschmuggeln, endgültig auf.
Er war doch nie der Meinung gewesen, dass er zum Sterben für Deutschland geboren sei. - Jetzt schon garnicht mehr!

Ohne noch viel miteinander zu reden, vergruben die drei Fallschirmjäger ihre Maschinenpistolen und Patronen unter fauligem Laub und feuchter Erde, und der Karl zog die Pistole des Pavel Koltschak aus Kamischyn von seinem Koppel und vergrub sie ein wenig abseits von den anderen Waffen. Wie gern hätte er die als Erinnerung mit nach Hause genommen! Woher wusste er eigentlich so genau, dass der Iwan, von dem er die Tokarew hatte, Pavel Koltschak hieß, aus Kamischyn an der Wolga stammte und fast auf den Tag so alt war, wie er, der Karli? Das stimmte sicher alles, denn sie haben ja miteinander geredet, in dem zerschossenen Haus - damals - in Stalingrad!

Sie krochen aus ihrem Versteck, liefen einen bewaldeten Hang hinab und erreichten eine Landstraße. Auf der Teerdecke hatten Panzerketten ihre Spuren hinterlassen, und sie hockten sich an den Straßenrand. Der Karli schenkte dem Merkel und dem Schmittchen Zigaretten aus seinem eisernen Bestand. Und sie rauchten und warteten und redeten nichts.

Da kamen vier Jeeps angerollt, und sie standen auf und hoben die Hände. Die Jeeps hielten mit quietschenden Reifen, und im Nu waren sie von einem Haufen GI`s umringt, die ihre Karabiner und Maschinenpistolen in Anschlag brachten. Einer rief immer "paratroops, paratroops!" und schaute dabei suchend in den Himmel hinauf. Der Karli versuchte zu erklären, dass sie keineswegs aus einem Flieger gesprungen, sondern zu Fuß gekommen seien und die Absicht hätten, den Krieg zu beenden und sich in Gefangenschaft zu begeben.

Das hätte gerade noch gefehlt, dass die schießwütigen Boys jetzt, wo alles vorbei war, noch ein Unheil anrichteten! Einer, ein breitschultriger Sergeant, konnte es doch nicht ganz lassen und schoss mit seiner Pistole direkt vor den Füßen des Oberjägers Merkel ein paarmal in die Straße, daß die Teerbrocken herumflogen. Dieses wildwestliche Imponiergehabe bewirkte aber nur, daß der Merkel - völlig ungerührt - laut und deutlich "Arschloch" sagte.

Der Karli und seine zwei Kameraden wurden auf drei Jeeps verteilt. Sie mussten sich vorn auf die Kühlerhauben setzen, wie Gallionsfiguren. Der vierte Jeep, auf den man ein Maschinengewehr montiert hatte, fuhr am Ende der Kolonne, die aufwendig genug war für die drei kriegsmüden Landser, aber als sie später auf LKW umgeladen wurden, achtzig oder hundert Mann auf jedem, da ging die Schinderei erst richtig los. Die Trucks jagten wie die Wilden stundenlang über

Landstraßen und Autobahn, und da waren etliche schon halbtot, als sie an einem großen Sammelplatz in der Nähe von Gummersbach abgeladen wurden.

Viele Tausende hockten dort auf einer großen Wiese. Schulter an Schulter und Knie an Rücken. Kaum einer hatte Platz, sich auszustrecken. Die Wiese sah aus wie ein grobgenoppter Teppich, schmutzfarben. Dreißig- oder vierzigtausend Köpfe nebeneinander. Wer konnte schon sagen, wie viele? Eine Armee hatte aufgegeben. Es gab sicher noch mehr solcher Sammelstellen. Der Karli kannte dieses Bild von Russland her, dort hatte er ähnliche Noppenteppiche gesehen. Nur die Farbe war etwas anders, mehr ins Bräunliche spielend. An solchen Bildern sah man deutlich, wie sich der Mensch, speziell der Soldat, verwandelt, wenn die Sache der großen Herren, denen er dient, in die Hosen geht: Der Soldat wird dann nämlich nicht nur überflüssig, nein, er wird für die eigenen Herren zum Feigling, zum Verräter, weil er nicht bis zum letzten Blutstropfen gekämpft hat. Für den Sieger aber wird er zum Ballast und zum Kehricht, den man leider irgendwo deponieren muß, bis er vielleicht von selbst weniger wird.

Am Eingang des Sammellagers war ein großes Durcheinander. Militärpolizisten prügelten auf die Gefangenen ein und riefen:
"Maakt snell, Krauts, maakt snell,!"
Der Karli, der nicht gewillt war, sich ausgerechnet von einem Amerikaner einen Prügel über den Buckel schlagen zu lassen, duckte sich und lief wie ein Hase durch die Reihe der Militärpolizisten. Prügel hat ihn zwar keiner berührt, aber er hat in dem Trubel seine beiden Kameraden aus den Augen verloren und nicht mehr wiedergefunden. Das regte ihn jedoch nicht weiter auf, denn es war ihm alles sehr gleichgültig geworden, was nicht unmittelbar mit seiner eigenen Person zu tun hatte. Seine Gefühle beschränkten sich nur noch auf Hunger, Durst und Müdigkeit. Für eine Feldflasche voll Wasser und für die Möglichkeit, die Beine auszustrecken, hätte er jetzt viel gegeben. Was aber hätte er im Augenblick viel geben können? Eine verkrustete Tabakspfeife, einen Rasierhobel, ein kleines Seifenstück, acht Zigaretten, ein Sturmfeuerzeug, ein Taschenmesser, eine dreckige Zeltbahn und ein noch dreckigeres Taschentuch. Das war sein ganzer Besitz, und damit war er bestimmt noch immer reicher als die meisten der vielen Tausend in diesem gottverdammten Pferch.

Über dem Meer von Köpfen tanzten auf einmal drei oder vier helle, wurstförmige Luftballons. Es waren Präservative, für die man wohl in nächster Zeit keine Verwendung haben würde und die auf diese Weise für eine ganz anders geartete Unterhaltung zweckentfremdet wurden. Die hellen Würste schwebten über den vielen Köpfen, sanken nieder, wurden wieder hochgeschubst und in eine andere Richtung getrieben. Und es wurden mehr und eine andere Richtung getrieben. Und es wurden mehr und immer mehr dieser dünnhäutigen Luftfahrzeuge. Anscheinend waren bei der Westarmee noch bedeutende Restbestände dieses Artikels vorhanden.

"Hier gibt's mehr Pariser als auf der Place de la Concorde", sagte der Karli zu seinem Nebenmann. Aber der fragte nur vollkommen verständnislos:
"Was`n das?"

Auch die Amerikaner spielten mit, auf ihre besondere Art. Die Wachen, die an den Rändern der großen Wiese standen, hatten einen Mordsspaß daran, die Kondome über die Köpfe der Gefangenen hinweg mit ihren automatischen Karabinern abzuschießen. Für einige Zeit hatten somit alle Beteiligten ihr Vergnügen, bis einer der amerikanischen Bewacher mit einem Bauchschuss zusammenbrach. Kurz darauf hörte man eine Lautsprecherstimme über die Wiese hallen:
"Deutsche Gefangene! - Wer mit die Preservativen spielt, wird streng bestraft!"

Da breitete sich Langeweile und Trostlosigkeit wieder wie ein graues Tuch über die vierzigtausend Verlierer.

Am Abend hatte es zu regnen begonnen, und die Nacht war kalt. Der Karl Grob hatte sich kunstgerecht in seine Dreieckszeltbahn gewickelt, und es gab im Augenblick für ihn nichts Wichtigeres als dieses Stück Tuch, denn es half ihm, den Regen wenigstens halbwegs trocken zu überstehen. Als am Nachmittag graue Wolken über die westlichen Rheinhöhen zogen, hatte er sich mit seinem Essbestecklöffel eine tiefe Rinne in der Form eines Ovals in den Boden gegraben. Innerhalb des Ovals war dadurch eine Art Insel entstanden - und diese Insel diente ihm als Bett.

Karlis Überlegung erwies sich als richtig, denn das Regenwasser, welches von ihm und seiner Zeltbahn ablief, das sammelte sich zum größten Teil in der Rinne, und sein Lager ward dadurch nicht zur Lehmbrühe.

Um gegen Wind und Regen etwas Schutz zu haben, hatten viele der Prisoners Löcher und Höhlen in den Boden gewühlt. Mit leeren Konservenbüchsen oder mit den bloßen Händen.

Als der Karl Grob im Morgengrauen auf seiner selbstgemachten Insel erwachte, wunderte er sich, daß es ihm gelungen war, tatsächlich zu schlafen. Freilich in mehreren Raten, aber immerhin. Der Graben hatte sich bewährt, er war voll Wasser gelaufen, und die Insel war relativ trocken geblieben. Seinem Nachbarn zwei Meter rechts von ihm ist es in dieser Nacht nicht so gut gegangen. Der hatte sich eine schöne Höhle geschaufelt. Drei oder vier Tage lang hatte er mit einem Stück Brett und einer leeren Tomatenbüchse daran gearbeitet. Der junge Flakkanonier war sehr stolz auf sein Werk. Es war eine Wohnhöhle mit Vorhof, eine gute Sache, solange es nicht zu stark regnete. Als aber der Karli aufstand und sich frierend die nasse Zeltbahn um die Schultern zog, da sah er, dass nebenan eine flache Mulde entstanden war, in der nur noch ein Paar Stiefel aus dem Dreck schauten. Der Regen hatte die Höhle einstürzen lassen, und die nasse Erde hatte den armen Kanonier erstickt.

Das massenhafte Sterben war noch lange nicht aus der Mode, und an jedem Morgen sah man da und dort graue Gestalten, die andere graue Gestalten wegtrugen: Soldaten, die in ihren eingestürzten Erdhöhlen umgekommen oder nur ganz einfach verhungert waren.

Nachdem der Krieg im Westen praktisch zu Ende war, hatte man die deutschen Gefangenen am linken Rheinufer auf großen Wiesenflächen zusammengetrieben. Das Camp, in dem der Karli seine nutzlosen Tage verbrachte, lag in der Nähe von Remagen. Im Norden konnte er die altertümlichen Türme der Brücke sehen, über die sie vor wenigen Wochen mit ihrem braven Geländewagen gerollt waren, nur eine Viertelstunde vor den ersten Amerikanern. Dem Karli schien es, als sei inzwischen eine Ewigkeit vergangen.

Es wurde gesagt, dass in diesem Remagener Camp rund dreihunderttausend Mann lebten. "Leben" war vielleicht etwas zuviel gesagt; sie versuchten zu überleben, und sie beschäftigten sich hauptsächlich mit Hunger, Durst, Nässe, Kälte und Dreck, und ab und zu halfen sie auch, einen wegzutragen, den diese Probleme nicht mehr berührten.

Das riesige Lager war mit einem vier Meter hohen, doppelten Stacheldrahtzaun umgeben, und der Raum zwischen den beiden Drahtwänden war von spiraligen Rollen aus dem gleichen, sympathischen Material ausgefüllt. Der Karli hasste Stacheldraht von ganzem Herzen, denn der war schon in seiner Schulbubenzeit die Ursache für manchen schmerzhaften Riß auf der Haut und manchen hässlichen Triangel in der Hose gewesen. Er hatte seine eigene Philosophie über den Stacheldraht entwickelt, und er dachte bei sich, dass das Zeug neben dem Schießpulver, der Folterkammer und dem Giftgas wohl zu den bedeutendsten Erfindungen der Menschheitsgeschichte gehört und dass es beinahe zu einem Symbol für das fortschrittliche zwanzigste Jahrhundert geworden ist. Was wären der Burenkrieg und der erste Weltkrieg ohne den Stacheldraht gewesen? Was hätten wohl die Nazis ohne den Stacheldraht gemacht - oder die Russen? - Und jetzt die Amerikaner?

Viele tausend Kilometer Stacheldraht haben in aller Welt entscheidend zur

Durchsetzung von Recht und Ordnung beigetragen, und glücklich die tüchtigen Unternehmer, die sich rechtzeitig auf die Produktion von Stacheldraht verlegt haben! Der Karli dachte, dass diese segensreiche Erfindung außerdem wirklich ein probates und preiswertes Mittel für eine bessere Differenzierung ist, und daß man damit viel leichter und sicherer zwischen Mein und Dein und zwischen Gut und Böse unterscheiden kann. Durch den Stacheldraht können diese Gegensätze auf einfache Weise voneinander getrennt werden: Alles, was sich vor ihm befindet, das ist gut, und alles, was sich hinter ihm befindet, das ist schlecht. Und im einfachsten Fall verhindert er, daß Nachbars Vieh unser Gras frisst.

Im Abstand von sechzig oder siebzig Metern standen hölzerne Wachttürme, die jeweils von zwei US-Soldaten mit einem Maschinengewehr besetzt waren. Manchmal, wenn ein schwarzer GI sich da oben langweilte, konnte es passieren, dass eine Stimme herabrief:
"Hey, Kraut!"
Und dann fiel ein Kaugummi, ein Stück Schokolade oder gar eine Camel vom Himmel herunter.
Es gab unter den farbigen Amerikanern weitaus mehr gutmütige Burschen als unter den weißen, und bald kam es so weit, daß sich immer dann besonders viele Gefangene unter einem Wachtturm herumdrückten, wenn er eine schwarze Besatzung hatte. Das, was sich aber oft abspielte, wenn eine kleine Gabe von oben kam, ließ auch den letzten Rest von Selbstachtung vermissen, denn dann prügelten sich die Herrenmenschen und wälzten sich im Dreck herum, bis von dem Streitobjekt kein Krümel mehr zu finden war. Freilich gab es auch welche, die sich darob schämten. Zu denen gehörte der Karli.
Einmal ist es ihm jedoch gelungen, auf ganz zivilisierte Weise an fünf Ami-Zigaretten zu kommen. Er besaß noch drei silberne Zehnguldenstücke, die er einst in einem Lastensegler bei Eindhoven gefunden hatte. An einem frühen Morgen legte er die Münzen auf seine ausgestreckte Hand und zeigte sie einem schwarzen Corporal, der gerade im Begriff war, seinen Posten zu beziehen. Der Karli sagte:
"Five cigarettes and some chocolate!"
"Five cigarettes only!" antwortete der Corporal und hob eine Hand mit fünf gespreizten Fingern. Der Karli nickte. Er warf die drei Geldstücke hinüber, ohne einen Augenblick daran zu denken, dass der Amerikaner ein Schuft sein könnte. Er war auch keiner. Kurze Zeit später rief es von oben: "Hey, Kraut!" - Und fünf Zigaretten flogen von der Plattform herab. Sie waren zusammen mit einem Stein in ein Stück Zeitung eingewickelt.
Nachdem der Karli die ersten Lungenzüge gemacht hatte, wurde ihm schwindlig. Für einen Halbverhungerten war der Virginiatabak einfach zu stark. Vier

Zigaretten hat er in Etappen geraucht, und die fünfte hat er bei einem total Süchtigen gegen einen Löffel Büchsenspinat eingetauscht.

Der Herr über die Dreihunderttausend, die hier auf den Rheinwiesen lagerten, der hieß schon lange nicht mehr Hitler oder Generaloberst Soundso, und er hatte auch keinen amerikanischen Namen. Der absolute Herrscher über all diese müden, seltsamen, grauen, schmutzstarrenden Wesen, denen seit Wochen die nackte Erde Bett und Wohnung war, der hieß Hunger; und der ergriff mit jedem Tag mehr Besitz von den Leibern und den Gedanken der Gefangenen. Es war eigentlich ganz verständlich: Je leerer die Mägen waren, desto voller wurden die Köpfe mit Phantasievorstellungen, die sich alle ums Essen drehten. Auch in den schlimmsten Zeiten waren die Frauen das Thema Nummer eins bei den Soldaten gewesen, aber jetzt versank die Erotik in völlige Bedeutungslosigkeit, und Frauen tauchten in den Gesprächen der Gefangenen nur noch im Zusammenhang mit bestimmten Kochkünsten und Kochrezepten auf. Die Leibriemen waren ihnen inzwischen um drei Löcher zu weit geworden, und von einer unwiderstehlichen Manie getrieben erzählten sie sich, wie ihre Frauen, Mütter, Omas, Tanten und Freundinnen Labskaus zubereiteten oder schlesisches Himmelreich, Gulasch, Zwetschgenknödel, Schweinebraten oder Apfelstrudel.

Es gab erregte Debatten darüber, ob in einen Kaiserschmarrn Weinbeerln gehören oder nicht, ob Bratkartoffeln mit Zwiebeln besser schmecken oder mit Kümmel und ob zum Kartoffelgemüse eine Thüringer Rotwurst adäquater ist als eine Lyoner. Diese verbalen Mahlzeiten waren zwar nicht nahrhaft, aber sie förderten wenigstens die Sekretion von Spucke und Magensäften.

Nicht nur die Liebe starb in diesem Riesencamp an Hunger, auch Kameradschaft und Freundschaft siechten dahin.

Einmal hat sich der Karli aufgemacht, den Merkel und den Schmittchen zu suchen. Über eine Stunde ist er durch das Camp II gestolpert, ein Geviert, das etwa so groß war wie der Auslauf der Olympia-Sprungschanzen in Garmisch-Partenkirchen. Fünfzig- oder sechzigtausend Mann lagen allein auf diesem Camp II. Er schlängelte sich zwischen unzähligen Wohnstätten durch. Das waren Löcher, Mulden, Gräben oder ein paar Pappdeckel auf der Erde und ganz vereinzelt ein Dreier- oder Viererzelt. Er stieg über Apathische, Schlafende, Halbtote, ging an Menschen vorbei, die sinnlose Dinge taten - nur um etwas zu tun - oder die hysterisch keifend miteinander stritten. Und endlich fand er den Oberjäger Merkel. Die Begrüßung war nicht besonders herzlich, und der Merkel sah elend aus. Er hockte am Rand seiner Grube und schlug mit einem Stein und einem Nagel Löcher in den Deckel einer Konservenbüchse.

"Das wird eine Reibe, falls es demnächst vielleicht wieder zwei rohe Kartoffeln gibt", erklärte er.

Auf den Boden der Mulde hatte er einen Pappdeckel gebreitet, der war dreckig und feucht, aber man konnte noch gut lesen, was draufstand: "U.S.-Army corned beef hash 25 cs".

Der Merkel saß plötzlich ganz gekrümmt da, er presste die linke Hand an die Hüfte, und seine Lippen waren wie ein dünner Strich. Der Karli fragte ihn, ob er etwa krank sei.

"Nö", sagte der Merkel, "ich hab mich wahrscheinlich nur überfressen - gestern, an den zwei Keks und dem Löffel Büchsentomaten."

"Was ist mit dem Schmittchen?" fragte der Karli.

"Keine Ahnung. - Der hat Krach bekommen, mit zwei Staffs. Es ging um einen Holzprügel, den sich der Schmittchen organisiert hat. Weißt du, so einen Stecken, auf den man die Stacheldrahtrollen schiebt. Den wollten sie ihm wieder abnehmen. Der Schmittchen hat dem einen was auf die Nase gegeben, und dann haben ihn die beiden zusammengeschlagen. Er ist dagelegen und hat sich nicht mehr gerührt. Ich weiß nicht, ob er überhaupt noch lebt. Ich hab ihm nicht geholfen, es ging alles so schnell, und an dem Tag hab ich mich selber kaum auf den Beinen gehalten. Was ist bloß aus uns geworden? - Wie kann der aber auch so blöd sein und einem Staff auf die Nase hauen!"

Die Staffs, das waren deutsche Lagerpolizisten. Sie hatten Schlagstöcke als Waffen und bekamen fast soviel Verpflegung, wie die U.S.-Soldaten. Für dieses Privileg erfüllten sie natürlich ihre Pflicht auf gute, deutsche Art in hervorragender Weise. Sie waren weit amerikanischer als die Amerikaner.

"Das hier", sagte der Merkel, "ist eine noch viel größere Scheiße als der Krieg. Hier verrecken wir auch, nur langsamer. Und du kannst dich nicht einmal wehren. - Nach Hause kann ich auch nicht mehr, in Schlesien sind die Russen. - Ich sag dir was, Karli: Wenn ich jemals hier rauskomme, dann geh ich zur Fremdenlegion oder irgendwohin, wo sie Leute brauchen, die was vom Krieg verstehen. Ich hab ja nichts gelernt außer Soldatenspielen und Autofahren.

"Schmarrn!" sagte der Karli. Der Kriag dauert doch höchstens noch a paar Tag, und dann lassens uns bestimmt bald hoam. Des könna sich die Ami net erlaubn, daß alle verhungern."

Der Merkel kauerte mit krummem Rücken auf dem Rand seiner Wohngrube. Er hatte die Ellbogen auf die Knie gestützt, starrte auf seine lehmverkrusteten Springerstiefel und drehte den Kopf langsam hin und her.

"Ich geh nicht zu den Russen", sagte er.

"Die schicken alles, was den Arsch noch hochbringt, nach Sibirien - und ich mag lieber wärmere Gegenden. - Ich geh nach Afrika."
Der Karli legte seinem Kameraden die Hand auf die Schulter und sagte: "Vorerst sind wir ja noch am Deutschen Rhein und es wird nix so heiß gegessen, wie's gekocht wird."
Noch während er redete, merkte er, wie banal seine Worte waren. Aber es ist ihm nichts besseres eingefallen.

Eines Tages hielt ein Jeep auf einem Feldweg, wenige Meter vor dem Stacheldrahtzaun, und eine blecherne Lautsprecherstimme hallte weit über das Lager:
"Achtung, Achtung! Deutsche Soldaten! Das Oberkommando der amerikanischen Streitkräfte in Deutschland gibt bekannt:
Der Naziführer und oberste Befehlshaber der Wehrmacht, Adolf Hitler, hat gestern in seinem Bunker in der Berliner Reichskanzlei Selbstmord begangen."

Auf irgendeinem entfernten Wachtturm ließen US-Soldaten ihr Maschinengewehr knattern, dann war wieder Ruhe. Ja, es war sogar eine ziemlich auffallende Ruhe, die nun über den vielen tausend Gefangenen lag. Fast alle reagierten mit großer Gleichgültigkeit auf diese Nachricht und die meisten von ihnen verspürten gewiß nichts anderes als eine große Erleichterung, auch wenn sie es nicht gleich offen zugaben. In ihren Herzen fing ein kümmerlicher Funke an, wieder heller zu glimmen: Die Hoffnung auf Frieden und Heimkehr.

Natürlich empfand auch der Karli keine Trauer um den Führer, und er sagte zu seinem Nachbarn, mit dem er bisher kaum drei Sätze geredet hatte:
" Gottseidank, den samma los!"
Und der andere, dessen Lebenszweck schon seit Tagen darin bestand, mit einem Steinbrocken an einem Stück Bandeisen zu feilen, bis vielleicht so etwas wie ein Messer daraus wurde, der antwortete ohne der Kopf zu heben:
"Wennde wieder mal ne Aktive - Lucky, Camel oder so - von de Amis einhandelst, Kumpel, denn läßte mir gefälligst 'n paar Züge dran, und denn könn' wa vielleicht ooch über det Ablehm von Adolf palavern."
Ein paar Lagerstätten weiter jedoch hörte man einen fast brüllend reden:
"Von allen ist er verraten worden - von allen! Immerhin war er unser Führer, und er hat was geleistet! Und wenn die Amis behaupten, dass er Selbstmord begangen hat, dann lügen sie! Ich sage euch: Der hat gekämpft bis zum letzten Blutstropfen!"

Das war eigentlich die einzige lautstarke Reaktion, die der Karl Grob an jenem ersten Mai neunzehnhundertfünfundvierzig zu hören bekam. Die Herzen der Landser waren von weit Wichtigerem ausgefüllt: Sie hatten Hunger und wollten nach Hause!

Zwei Tage später hat sich der Karl Grob mit einem alten Infanteriefeldwebel zusammengetan, der auch eine dreieckige Zeltbahn besaß. Aneinandergeknüpft ergaben die beiden Tücher nämlich ein Beinahe-Zelt, eine Dreieckpyramide, der eine Seite fehlte, und unter diesem Dach war man wenigstens bis zu den Knieen vor dem Regen geschützt. Zunächst also war dieses Zusammentun eine reine Zweckverbindung, eine Symbiose, wie man sie auch aus der Tierwelt kennt. Tatsächlich hatten sich die Soldaten auf den Wiesen bei Remagen inzwischen in erstaunlicher Weise der Fauna angenähert. Fressen und Überleben waren zu den Maximen ihrer Tage geworden.

Nach kurzer Zeit stellte es sich heraus, dass dieses Zusammenknüpfen zweier Zeltbahnen mehr war, als nur eine kleine Verbesserung der äußeren Lebensbedingungen. Es war ein Wunder: Der Karli hatte jemanden gefunden, mit dem man nicht n u r über das Essen reden konnte.

Sie saßen nebeneinander in der Grube unter ihrer halben Pyramide, die ihnen an diesem Tag zum ersten Mal auch als Schattenspender diente. Es war Mai geworden, und eine wunderbar warme Sonne schien auf den deutschen Rhein und auf die dreihunderttausend armen Teufel in dem Riesencamp herab.

Ganz unrealistisch ragten aus diesem gewaltigen Menschenkonglomerat da und dort noch einige unsagbar ramponierte Kirschbäume in die Luft. Es waren bizarre Reste von Bäumen, denn die Gefangenen hatten sie entzweigt, entastet, entlaubt und entrindet. Einige Blätter lagen aber noch auf dem Boden herum, und die hat der Karli eingesammelt und getrocknet, um sie als Tabakersatz in seiner Pfeife zu rauchen. Das war keine gute Idee. Es schmeckte wie verbrannter Mist; und er hat die stinkende Glut gleich wieder aus seiner Pfeife geklopft, bevor ihm schlecht wurde. Nun rauchte er kalt, und das mußte der Ersatz für`s Frühstück sein.

Ganz in der Nähe wurden zwei Tote vorbeigetragen. Es waren Flakhelfer, fünfzehn oder sechzehn Jahre alt. Die gehörten zur Hitlerjugend, und es gab einige Hundert von ihnen in diesem Lager. Die Hitlerjungen und die Alten vom Volkssturm, die hatten die größten Probleme mit dem Überleben, denn die waren meist schon stark unterernährt, bevor sie in Gefangenschaft gerieten, und sie starben wie Fliegen an einem ungeöffneten Dachbodenfenster.

Der Feldwebel machte mit dem Kinn eine Bewegung in Richtung des Leichentransportes und fragte:

"Was meinst du, Kamerad, die zwei Buben da, sind die heut nacht den Heldentod gestorben, oder sind sie nur ganz einfach verhungert? Kannst du mir sagen, wo die Grenze liegt zwischen einem gewöhnlichen Dahinscheiden und einem Heldentod? Ist es heroischer, wenn dir ein Granatsplitter die Eingeweide zermanscht, als wenn du mit fünfzehn in der Gefangenschaft verhungerst? Stirbst du mit einem Kopfschuß als Held, und wenn du in einem Feldlazarett an Flecktyphus eingehst, bist du nur ein Verblichener? Wann kommt ein toter Soldat nach Walhall, und wann nur ins Fegefeuer, wie jeder schäbige Zivilist? - Kannst du mir das sagen, Kamerad?"

Der Karli Grob wunderte sich, daß der Alte, der einen graumelierten Stoppelbart hatte und der sein Vater hätte sein können, ihn das fragte, und er wusste zuerst nicht recht, was er ihm antworten sollte, Dann nahm er nachdenklich seine kalte Pfeife aus dem Mund und fing an, von dem Hochlandlager zu erzählen und von der großen schwarzen Wand auf dem Thingplatz mit dem schönen Satz darauf: "Wir sind zum Sterben für Deutschland geboren."

Der Feldwebel drehte seinen Kopf zum Karli hin und fragte:

"Da seid ihr wahrscheinlich alle sehr stolz und begeistert gewesen und habt euch schon als zukünftige Helden gefühlt?"

"Naa, den Satz, den hab i damals schon für an Krampf g`halten," sagte der Karli. "Aber sonst war i recht gern dabei, und a Zeit lang, da hab i ehrlich g´moant, daß der Adolf ein ganz großer Führer is, und wia dann der Kriag da war, ham wir uns natürlich gleich freiwillig g´meldet, meine Freund und ich, und wir haben Angst g´habt, dass wir zu spät kommen zu dem schönen Abenteuer. Heut weiß ich natürlich, daß die Angst ganz unbegründet war, aber in der Zeit warn wir halt noch recht jung und blöd."

"Und wie alt biste jetzt?" fragte der Feldwebel.

"Dreiundzwanzig", sagte der Karli, und für einen kurzen Augenblick wunderte er sich selbst darüber, dass es noch nicht mehr der Jahre waren.

Der andere stieß ein kleines Lachen aus.

"Also, sag mir, was hältst du vom Heldentod?"

"Nix mehr", sagte der Karli.

"Heut` weiß ich, daß keiner gerne stirbt, ob er mutig ist oder feig. Überhaupt, was ist das schon: Mutig, tapfer - oder feig? Keiner weiß, wie er in der einen oder der anderen Situation reagiert. Und keiner kann schließlich was dafür, dass er von tausend Vorfahren etwas mitbekommen hat, obs nun gut oder schlecht ist, ob er gscheit is oder blöd, ob er gute Augen hat oder zu Plattfüßen neigt - oder ob er mit der Angst fertig wird oder nicht.

Ich glaub' auch, dass es leichter ist, mutig zu sein, wenn man keine Phantasie hat. Man kann sich's dann einfach nicht so vorstellen, was vielleicht alles passiert, wenn man das oder jenes tut. Ich hab` leider ziemlich viel Phantasie, und darum nie große Chancen gehabt, ein Held zu werden. Und wenn ich einen kalten Arsch bekommen hätte - bei mir wär`s sicher kein Heldentod gewesen."

"Ja, das ist eben der Unterschied zwischen Mut und Tapferkeit," sagte der Grauhaarige. "Einer, der ohne jedes Vorstellungsvermögen ist, der kann leicht mutig sein. Wenn du Phantasie hast - und dadurch Angst - und du kannst das verdrängen, dann bist du tapfer."

"Oder gar ein Held?" fragte der Karli grinsend.

In dem grauen Bartgesicht des Feldwebels öffnete sich der Mund wie ein dunkles Loch, und er sagte:

"Der ganze Heldenmythos ist ein einziger verdammter Schwindel, und die zwei Flakhelfer da, die sind ganz einfach nur gestorben, sinnlos, nutzlos, hoffnungslos, wie all die anderen Millionen auch, die der Krieg umgebracht hat. Der `Heldentod´ ist eine böse Erfindung. Wahrscheinlich haben ihn Leute erfunden, die selber oft die Hose vollhatten: Fürsten, Kaiser, Könige, Politiker, zwielichtige Führer und Volksbefreier, große Feldherren und Usurpatoren aller Art, die haben den Heldentod erfunden, um damit die unglaubliche Frechheit zu bemänteln, mit der sie zu allen Zeiten verlangten, dass sich andere für sie totschlagen ließen. Und brave Oberlehrer und Vereinsvorstände, Pastoren jeglicher Konfession, sogenannte aufrechte Bürger und leider manchmal sogar Künstler waren auch früher schon eifrig damit beschäftigt, das Heldentum unter die Leute zu bringen. Auch der liebe Gott wurde ständig bemüht, wie du weißt: "Der Gott, der Eisen wachsen ließ", "Gott mit uns!" Und "Mit Gott für Kaiser und Vaterland!" Und immer haber die hohen Herrschafter ihren folgsamen Helden erzählt, dass Gott (oder die Götter) mit ihnen sind - und n u r mit ihnen! - und dass sie direktemang in den Himmel kommen, wenn sie die Ehre haben sollten, in der bevorstehenden Bataille für ihren erlauchten Herrscher das Leben aushauchen zu dürfen. Selbst unser geliebter Führer hat ein paarmal behauptet, dass der Herrgott keinen echten Deutschen im Stich läßt. - Wenn ich hier so herumschaue, scheint mir, dass sich der größte Feldherr aller Zeiten auch in diesem Punkt gründlich geirrt hat."

Der Graubärtige zog seine speckige Feldmütze nach vorn, bis zur Nasenspitze herab, verschränkte die Arme hinter dem Kopf und legte sich auf seine Tarnjakke zurück. Der Karli, dem dessen aufrührerische Rede ausnehmend gut gefallen hatte, schaute seinen Gefährten von der Seite her an. Der alte Mann tat ihm leid.

Es fiel ihm jetzt erst so richtig auf, wie schrecklich mager der Mensch war. Aus dem Kragen seiner Uniformjacke kam der Hals heraus, graubraun und faltig wie von einer hundertjährigen Schildkröte. Er hatte des warmen Tages wegen seine Schaftstiefel ausgezogen, und die nackten Füße des Feldwebels in der Farbe einer Eichenrinde, sehnig mit krallenartig gebogenen Nägeln, erinnerten den Karli an eine Mumie oder Moorleiche. Der Mund unter dem Schirm der Feldmütze aber redete weiter:

"Alle sind sie zum Sterben für Deutschland geboren worden. Die Hitlerjungen, die vom Volkssturm, die in den Schützenlöchern, die in den Flugzeugen und auf den Schiffen, die Frauen und Kinder in den Luftschutzkellern und vielleicht sogar die Zahllosen, die in den Konzentrationslagern beseitigt werden. Auch ihr Tod ist schließlich sinnvoll, denn sie schaffen damit Platz für die "Reinrassigen".

Er unterbrach seine zynische Rede abrupt und sagte:

"Übrigens, ich heiße Adolf und bin Parteigenosse seit neunzehnhunderteinunddreißig. Und das ist kein Witz!"

Der Karli grinste und deutete eine Verbeugung an:

"Angenehm, i hoaß Karl, Hitlerjunge seit neunzehnhundertdreiunddreißig."

"Na, wunderbar!", sagte der Graubart, "ich hab doch sofort gemerkt, daß wir weltanschaulich ausgezeichnet zusammenpassen. - Aber mein schöner Vorname Adolf, der ist ein reiner Zufall. Als ihn mir meine Eltern vor fünfzig Jahren einem Onkel zuliebe verpasst haben, da hatten die bestimmt noch keine Ahnung, was ein anderer Adolf dereinst einmal so anrichten würde. Wahrscheinlich hätten sie mich dann lieber August, Emil oder Hieronymus genannt."

Der Karli sagte:

"Wenn's dir recht ist, werde ich dich Hieronymus nennen. Das passt am besten zu dir."

"Du meinst, weil ich jetzt langsam einen Vollbart bekomme, wie der heilige Hieronymus von Albrecht Dürer. Die Ähnlichkeit ist aber rein äußerlich, denn mit dem Frommsein, da hapert's bei mir. Immerhin, nenn mich Hieronymus. Ich höre das jedenfalls lieber als 'Adolf'. Natürlich weiß ich, daß es kindisch ist, wenn sich hunderttausend brave Adolfs ihres Namens schämen, bloß weil einer von ihnen zufällig der Hitler war. Aber Hieronymus paßt auch besser zu meiner derzeitigen Situation. Einsamkeit und Askese. Mit dem, was wir hier zu fressen kriegen, ist die Askese perfekt. Und sag ehrlich, Karl: Ist man irgendwo einsamer, als wenn man hautnah unter dreihunderttausend Mitmenschen leben muß?"

So war es also abgemacht, dass der neue Freund des Karl Grob Hieronymus heißen sollte.

Anderntags gingen ein Amerikaner und ein Staff im Camp herum. Der Staff

trug einen Blechkübel, und in den mußten die Gefangenen ihre Orden und Ehrenzeichen werfen. Der Staff sagte:
" Rein mit euren Klempnerläden! - Wer ab heute noch mit 'nem Orden erwischt wird, der kommt nach Frankreich, und da dauerts dann etwas länger, bis er wieder bei der Mutti ist!"
Der Kübel war schon fast voll von dem sauer verdienten Blech. Eiserne Kreuze , Nahkampfspangen, Sturm- und Verwundetenabzeichen schepperten darin durcheinander, wenn ihn der Staff schüttelte und "rein mit dem Zeug!" brüllte. Sein Springerabzeichen hätte der Karli wirklich gerne behalten, denn es sah gut aus, und er war auch heute noch ziemlich stolz darauf. Der Hieronymus sagte:
"Und so geht buchstäblich unsere ganze Ehre in den Eimer. Friede ihrer Asche!"

Der Karli aber dachte, dass die Ehre auch so eine Art Hur' ist: Dem Sieger gehört sie an, und der Verlierer ist sie von einem Tag auf den anderen los. Und es fiel ihm ein, dass er früher in längst vergangenen Zeiten sogar einmal kurz davon geträumt hat, im Urlaub - oder nach dem Krieg - in Murnau herumzuspazieren , vielleicht in ein Café zu gehen oder in einen Biergarten, in Uniform, mit dezent geschmückter Heldenbrust und die Elisabeth am Arm. - Die wär` dann sicher ein wenig stolz gewesen auf ihn.

Eine Woche später war der Krieg offiziell zu Ende. Man merkte es zunächst daran, dass die Amerikaner plötzlich zentnerweise Munition in die Luft jagten. Auf allen Wachttürmen hämmerten die Maschinengewehre , und auch auf den Rheinhöhen über Sinzig und Unkel knallte es allenthalben. Der Karli war gewiss nicht der einzige, der ob des inzwischen ungewohnt gewordenen Kriegslärms zunächst etwas erschrocken ist, aber bald hörte man überall die GI's rufen:
"War is over - Germany capitulates - war is over!"
Und dann hallte aus den Lautsprechern - in gutem Deutsch und genüsslich vorgetragen - die Nachricht, dass das Hitlerreich kapituliert hat, und zwar bedingungslos.
Auch diesmal blieben die meisten der vielen tausend Gefangenen auf den Rheinwiesen seltsam ruhig und gelassen. Nur ein paar ganz Naive freuten sich mit kindlichen Worten und Gebärden, weil sie meinten, jetzt würde gleich der Stacheldraht abgebaut werden, und sie könnten nach Hause gehen.
Einer stand da - grau gegen den Himmel, wie ein Denkmal. Ein großer Kerl in einem langen Soldatenmantel. Er hatte sein mageres, bärtiges Gesicht zu den Wolken erhoben, die Arme hielt er starr nach unten gestreckt, und die Finger seiner knochigen Hände waren weit auseinandergespreizt. Der Mensch sah aus, wie von El Greco gemalt. Seine weit geöffneten Augen waren ekstatisch nach

oben gerichtet und er wiederholte wie in Trance immer die gleichen vier Worte:
"Der Krieg ist aus - der Krieg ist aus!"
Niemand lachte, und ein anderer, der vor ihm am Boden saß, sagte beruhigend und fast ebenso monoton:
"Is ja gut, Kumpel, is ja gut!"

Etwas weiter entfernt tanzten vier oder fünf Männer unbeholfen und stolpernd im Kreis herum, und sie sangen nach der Melodie des "Lambeth Walk":
Ham Se schon gehört - der Krieg is aus!
Alle Landser gehn vergnügt nach Haus.
Doch Sie könn`sich freun:
Nächstes Jahr gibt`s `nen neu`n!"
Solche Gefühlsausbrüche zählten aber zu den Ausnahmen.

Es war der neunte Mai neunzehnhundertfünfundvierzig, und am Nachmittag flog ein Geschwader B17-Bomber ganz niedrig über das Lager. Man konnte die Bordschützen hinter ihren Plexiglasfenstern sitzen sehen, und das Dröhnen der viermotorigen Flugzeuge erfüllte das ganze Rheintal. Die brüllende Armada, die da in hundert Meter Höhe dahinbrauste, sollte wohl eine Demonstration von Macht und Größe und vielleicht auch eine Einschüchterung sein. Aber wen konnte man damit wohl einschüchtern? Menschen, die sich seit vielen Wochen mit homöopathischen Nahrungsmittelmengen ernähren, lassen sich von nichts beeindrucken, was nicht essbar ist.
Von Freiheit, Frieden und Heimat wurden freilich viele Träume geträumt in diesen Tagen nach dem Waffenstillstand, aber es gab noch lange keine Hoffnung, dass diese Träume in Erfüllung gingen, und noch immer verging kein Tag, an dem nicht stumme Männer aus dem Camp getragen wurden.

Auch Karlis Freund, der Hieronymus, konnte sich kaum noch auf den Beinen halten. Er sah noch elender aus als alle die anderen Elenden, und der Karli bekam Angst um ihn. Als an diesem Tag die Verpflegung verteilt wurde - es gab eine fingerdicke Scheibe Weißbrot mit Schimmelspuren, einen Esslöffel Büchsenspinat, einen Teelöffel Milchpulver und einen Teelöffel Zucker - da hat sich der Karl Grob aufgerafft und an die Hundertschaft, zu der er gehörte, eine Rede gehalten.
"Passt`s amal auf!", sagte er,
"dem alten Feldwebel, mit dem ich zusammenhaus`, dem geht`s sauschlecht. Was haltet ihr davon, wenn wir ihm ein paar Tage ein bisserl mehr zukommen lassen, bis er wieder etwas besser beieinander ist. Er hat Frau und vier Kinder daheim und ist ein Pfundskerl!"

"Wir haben auch Frau und Kinder daheim!", rief einer.
Und ein anderer sagte:
"Scheiß doch drauf - wir sind alle Pfundskerle, und wir sind alle am Verhungern!"
Die meisten aber sagten nichts, und einige nickten sogar mit ihren mageren Köpfen. Der Pionierkorporal, der die Verteilung unter sich hatte, war auch einverstanden und sagte:
"Probieren wir's. Aber zwei Mann gehen zur Kontrolle mit, damit der Fallschirmheini die Zulage nicht allein frisst!"
So kam es, dass der Hieronymus tatsächlich am Leben blieb.

Die Amerikaner ließen sich selten im Lager blicken. Sie hatten wohl Angst, sich mit irgendwas anzustecken oder überhaupt mit den dreckstarrenden, stinkenden Prisoners in Kontakt zu kommen. Aber einmal gingen zwei Offiziere, ein Captain und ein Leutnant, sowie ein Corporal, der eine MP unter dem Arm hatte, durch das Camp.
An ihnen war alles so sauber. Es waren Wesen aus einer anderen Welt. Diesen Außerirdischen liefen ein paar Gefangene vor den Füßen herum und einer, der besonders aufgeregt war, rief:
"Sie, - Sir, mir wolln haam! Mir san kaane Deutschen net, mir san Österreicher!"
Und ein anderer humpelte neben einem der Offiziere her und übersetzte die Worte seines Kameraden ins Englische:
"Please, Sir, - let's go home! We are no Germans, we are Austrians!"
"Da drehte der US-Captain den Kopf zu ihm hin und sagte eiskalt und ohne Lächeln:
"Just like your Fuhrer!"
Der Corporal aber richtete seine Maschinenpistole auf die abtrünnigen Ostmärker und brüllte:
"Shut up!"
So lag die Freiheit für alle noch in unbekannten Fernen, und das Leben der Gefangenen war um keine Spur besser geworden, seit deutsche Generale in den Hauptquartieren der Alliierten die bedingungslose Kapitulation unterschrieben hatten. Der Karli sagte zu dem alten Feldwebel:
"Jetzt können die mit uns erst recht machen, was sie wollen, weil sie keine Angst vor Repressalien haben müssen."


Kurz darauf aber flatterten von den Wachttürmen dutzendweise Zeitungen herab. Die Blätter entfalteten sich in der Luft und schaukelten hin und her. Manchen Gefangenen gelang es, sie noch im Herabschweben aufzufangen. Und auch um diese Blätter wurde zunächst erbittert gerauft und gestritten. Natürlich nicht wegen des darauf Gedruckten, sondern weil Papier ein unsagbar wichtiges und vielseitig verwendbares Material war. Der Karli, der im Vergleich zu den anderen noch immer ziemlich flink war, hat sich etliche Seiten ergattert und freute sich der Beute. Er lief damit zu seinem Freund Hieronymus, und sie hockten nebeneinander in ihrer Grube unter dem Zeltdach, hochzufrieden, dass sie endlich wieder einmal etwas zum Lesen hatten. Es war die Soldatenzeitung der US-Army, und diese hieß:"Stars and Stripes".

Was die Augen des Karl Grob auf den schmutzigen Zeitungsblättern sahen, das begriff sein Hirn zunächst nicht. Es gab da Bilder von Menschenbergen, mit Haut überzogene Skelette, die durcheinander und übereinander lagen wie Scheitholz, das ein Lastwagen abgekippt hat. Skelette sah er, die aufrecht standen, in längsgestreifter Kleidung, mit Totenköpfen, in denen die Augen noch lebten. Bilder von Öfen sah er, Baracken hinter Stacheldraht. Und er las zum erstenmal Namen wie Treblinka, Auschwitz und Bergen-Belsen. Das einzige Konzentrationslager, das ihm bis dahin - vom Namen her - bekannt war, das war Dachau. Weil es in Bayern lag. Und er las mit ungläubigem Entsetzen irrsinnige Zahlen von Menschen, die dort angeblich umgebracht worden waren. Und er fragte den Hieronymus:
"Glaubst du das?"
"Ja," sagte der, "Das glaube ich. - Ich habe dir doch von meinem Onkel Adolf erzählt. Ausgerechnet der Onkel Adolf, von dem ich meinen schönen Vornamen habe, der war ein Jude. Die ältere Schwester meines Vaters hat ihn kurz vor der Jahrhundertwende geheiratet. Er hatte ein gutgehendes Trikotagengeschäft in Dortmund. Ja, und im Frühjahr zweiundvierzig haben sie den alten Herrn dann mitten in der Nacht abgeholt. Es hat ihm nichts genützt, dass er im ersten Weltkrieg ein ziemlich guter Soldat war. Wir haben nie mehr etwas von ihm gehört. Ich persönlich habe ihn nicht besonders geliebt. - Nein, nicht, weil er ein Jude war. Das war mir völlig wurscht! - Aber er war mir einfach zu pedantisch. Im Gegensatz zu mir war mein Patenonkel nämlich ein schrecklich ordnungsliebender Mensch. Dabei sah der arme Kerl nicht jüdischer aus als der Hitler oder der Himmler oder sonst einer von diesen Vollblutgermanen. Und ein kreuzbraver Mann war er obendrein."
Der Karli musste an das letzte Gespräch denken, das er mit seinem Vater hatte, damals im Lazarett in Bunzlau, und an die Andeutungen, die der machte über das, was er in Polen gesehen und gehört hatte. Und er erinnerte sich, wie sein Vater gesagt hatte, er schäme sich manchmal, ein Deutscher zu sein. Auch der alte Jude in Zamosc kam ihm in den Sinn, der vor ihm - dem jungen Soldaten -

in die schmutzige Gosse trat und ihn mit einem unterwürfigen "Heil Hitler" grüßte.

Der Karli sagte:
"Wenn das wahr ist, was hier steht, - und wenn auch nur ein Teil davon wahr ist - dann kann ich verstehen, dass sie uns hassen und uns wie den letzten Dreck behandeln."

"Auch wenn es bei uns nie KZ oder Massenmorde gegeben hätte, würden die Herren Sieger uns wie Dreck behandeln", sagte der Hieronymus.

"Ein kleiner Soldat ist in so einem Riesenkrieg immer nur Dreck - und wenn er zu den Verlierern gehört, dann ist er eben der letzte Dreck. So einfach ist das. Aber die Sauereien, die da passiert sind," - er deutete mit dem Handrücken auf die Zeitung - "die wird man noch unseren Enkeln und Urenkeln vorwerfen. Und das haben wir alles unserem geliebten Führer zu verdanken."

Sie starrten beide schweigend auf die Blätter von "Stars and Stripes", dann schaute der Karli den graubärtigen Feldwebel an und fragte:
"Kannst du begreifen, warum Menschen so etwas tun?"

"Ja," sagte der Hieronymus, "Sowas geschieht entweder aus abgrundtiefem Hass und somit emotional, oder es geschieht, weil es befohlen worden ist. Nachdem aber die meisten von uns nicht besonders emotional veranlagt sind, wird der Grund wohl in dieser beinahe masochistischen Freude am Gehorchen zu suchen sein, diesem Glauben an den "bedingungslosen Gehorsam", den der Hitler doch glatt zur Ersatzreligion erhoben hat. Durch Tradition und Erziehung steckt es leider in vielen Deutschen drin, dieses Hackenzusammenschlagen, das Jawoll-Sagen, dieses: Befehl ausgeführt - Toiletten gereinigt! Befehl ausgeführt - zehn Gefangene gemacht, fünf eigene Verluste! Befehl ausgeführt - dreihundert
Juden beseitigt!

Kaum einem der Befehlsausführer bereiten diese Dinge Freude, da bin ich sicher, aber die Meldung machen zu können, dass ein Befehl ordnungsgemäß ausgeführt wurde, das ist für viele eben eine echte Befriedigung. Und wenn es dann noch ein Lob aus vorgesetztem Munde gibt, ein 'gut gemacht' oder gar einen Orden, dann sind - im Bewusstsein korrekt erfüllter Pflicht - mit einem Schlag Mühe, Angst und schlechtes Gewissen verdrängt. Und schließlich dient ja alles, was getan wird, einem höheren Ziel.

"Hieronymus, du redest so g'scheit daher," sagte der Karli.
"Was hättest du denn gemacht, wenn du den Befehl bekommen hättest, wehrlose Menschen umzubringen?"

"Ich weiß es nicht, - ich weiß es wirklich nicht", antwortete der Alte und drehte seinen ausgemergelten Kopf langsam hin und her.

"Du hast doch vorher keine Ahnung davon, was in deinem Herzen stärker ist:

Die Angst oder der Anstand. Es hat einmal eine Zeit gegeben, da habe ich selbst geglaubt, dass der absolute Gehorsam eine durchaus positive Sache ist. Das war im Sommer siebzehn, als ich das erstemal Soldat wurde. Etwas später, in Giftgas und Trommelfeuer, kam mir dieser Glaube dann abhanden. Ich fing langsam an zu denken und kam zu der Überzeugung, dass es nicht gut ist, wenn Menschen, wenn ganze Völker zu blindem Gehorsam erzogen werden. Die Leute verlernen das Denken. Sie tun nur noch, was befohlen wird, und vergessen, dass sie auch noch eine eigene Verantwortung haben. Das allein wär` ja noch gar nicht so schlimm, aber jeder, der Macht hat, missbraucht sie auch."

"Ja, da hast du recht," sagte der Karli und spuckte einen Holzsplitter aus, an dem er seit dem Vormittag herumgekaut hatte. Und er erzählte seinem Freund, wie der Gefreite Mendler seine Gruppe in der Rekrutenzeit durch den eigenen Urin hatte robben lassen.

"Die Geschichte der Menschheit besteht zu zwei Dritteln aus missbrauchter Macht", sagte er.

"Du übertreibst - sagen wir: zur Hälfte", bemerkte der Hieronymus lächelnd.

"Du musst doch zugeben, von Kriegen und Massenmorden bis zu den dummen Schikanen eines kleinen Ausbilder-Gefreiten oder irgendeines stumpfsinnigen Behördenbürokraten, das ist doch alles nichts als missbrauchte Macht, und ich werde mir`s in Zukunft zehnmal überlegen, bevor ich einen Befehl oder eine Anordnung befolgen tu!"

"Dann kommst du auch im Zivilleben aus dem Bau nicht mehr heraus, du Anarchist", sagte der Feldwebel und tippte sich an die Stirn.

Der Karl Grob empfand dankbar, dass er da jemanden hatte, mit dem er über alles das reden konnte. Er schaute das bemerkenswerte Profil seines Kameraden an und sagte:

"Ich bin froh, dass ich nie so einen Befehl bekommen hab, wo ich mich zwischen Angst und Anstand hätt` entscheiden müssen. Ich glaub`, ich hätt`es nicht gemacht. Zumindest hätt` ich versucht, mich zu drücken, hätte probiert, eine plötzliche Krankheit vorzutäuschen, einen Dachschaden oder
eine Ohnmacht. - Vielleicht wär` ich auch ganz einfach stiften gegangen. - Du darfst nicht glauben, dass ich das Zeug für einen Märtyrer habe oder dass ich lebensmüde bin, aber jemanden umbringen, der einfach so dasteht, sich nicht wehrt und auf seinen Tod wartet, das könnt` ich ums Verrecken nicht. Voriges Jahr in der Normandie, da ist ein Unteroffizier mit zwei Mann abgehaut. Wenige Kilometer hinter der Front hat man die drei aufgegriffen - sie waren total durchgedreht, und es waren so ziemlich die letzten, die von ihrer Kompanie noch übrig waren. Es gab ja den Führerbefehl, dass jedes unerlaubte Entfernen von der Truppe als Feigheit vor dem Feind zu betrachten und unnachsichtig mit dem

Tod zu bestrafen sei - unnachsichtig! Was glaubst du, Hieronymus, was an diesem Tag an dem Frontabschnitt los was : Bombenteppiche, Tiefflieger, Trommelfeuer und Panzerangriffe mit Flammenwerfern. Da hätte sich auch manch stolzer General die Hosen vollgemacht, - von den Parteibonzen ganz zu schweigen. Die zwei Gefreiten hat der Alte wieder zu ihrem Bataillon geschickt. Der Unteroffizier ist erschossen worden. Beiläufig habe ich gehört, dass ich bei dem Erschießungskommando hätte mitmachen sollen. - Ein paar Kradmelder, zwei Funker und ich - . Da hab`ich mich unsichtbar gemacht und mich mit einigen Kartenblättern und Pauspapier in einen Keller verkrochen. Dort hab`ich sinnlos Karten abgepaust. Nur um eine Aussred zu haben, wenn sie mich aufgestöbert hätten. Es war völlig idiotisch. Und wie ich am Abend wieder aufgetaucht bin aus meinem Versteck, da war man grad dabei, den Gefechtsstand zu verlegen, weil die Amis durchgebrochen waren. Zum Glück hab` ich beim Adjutanten und beim Alten eine gute Numer gehabt, und meine Abwesenheit ist überhaupt nicht erwähnt worden. So bin ich drumherumgekommen, den Henker machen zu müssen. - Ich hätt`s eh nicht fertiggebracht."

Der Feldwebel stieß ein kurzes Lachen aus und sagte:

"Da haste ja Glück gehabt, dass du nicht zur Waffen-SS gekommen bist. Bei so einer laschen Dienstauffassung hättest du bei denen keine Karrierechancen gehabt."

"Ja," sagte der Karli, "für die wäre ich ein gutes Stück zu klein gewesen mit meinen einszwoundsiebzig."

Der Hieronymus wühlte in seiner Hosentasche herum, zog einen Streifen Kaugummi heraus und reichte diese Kostbarkeit wie nebenbei dem Karli.

"Den hat mir vor zwei Tagen ein Schwarzer vom Turm aus zugeworfen, wie ich nachts beim Pinkeln war", sagte er.

"Ich kann damit nichts anfangen. Ich hab nämlich ein paar Stiftzähne und eine Brücke, und die bleiben immer an dem Zeug kleben. Durch das üppige Leben hier hat in meinem Maul alles zu wackeln angefangen."

Dankbar schob der Karli den Kaugummistreifen in den Mund. Er schmeckte nach Pfefferminz, und in seinen Gedanken tauchte kurz die Elisabeth auf. Der andere aber redete bedächtig weiter:

"Um beim Thema zu bleiben: Hast du schon mal darüber nachgedacht, wieviele Soldaten vielleicht nur deswegen nicht davongelaufen sind, weil sie vor der Feldpolizei und dem Standgericht noch ein gutes Stück mehr Angst hatten als vor dem Feind?"

Ich weiß nicht", sagte der Karli.

"Ich geb ja zu, dass ich manchmal ganz schöne Bollen gehabt hab`,aber an Feldpolizei und Standgericht hab ich im ganzen Krieg nie gedacht."

"O du mein junger Held!" sagte der Hieronymus.

"Blöder Hund," sagte der Karli, "das `H´ in deinem Namen kannst du dir schenken. `Ironymus´ passt viel besser für dich."

Der Alte lächelte geschmeichelt, und der Karli redete weiter:

"Vielleicht ist es aber wirklich so, dass ohne Angst nichts mehr läuft auf der Welt. Die Leut sind tapfer, weil sie vor irgendwas Angst haben, - und wenn`s nur Spott und Blamage ist. Man ist ein ehrbarer Bürger, der sich an Gesetz und Moral hält. Aber nicht, weil man aus Überzeugung ein guter Kerl ist, sondern weil man Schiss hat. Man hat Schiss vor der Polizei im Diesseits und vorm Teufel im Jenseits. Und wenn ich weiter denk`, dann glaub` ich sogar, dass viele gute Taten garnicht wegen der guten Tat getan werden, sondern weil sie erstens dem Renommee dienlich sind, und weil sie zweitens vielleicht ein paar Pluspunkte für ein warmes Platzerl im Himmel bringen."

"Für dein Alter hast du ziemlich beschissene Ansichten", brummte der Feldwebel.

"Ist ja auch alles ziemlich beschissen", sagte der Karli.

"Aber hier kommt man endlich einmal dazu, über alles das nachzudenken, weil man Zeit hat und nichts zu tun - außer Kohldampfschieben. Neulich ist mir zum Beispiel eingefallen, wie verlogen das war, mit der sogenannten Ehre: Man hat uns doch immer gesagt, dass es für einen deutschen Soldaten die höchste Ehre ist, an der Front, in der vordersten Liniekämpfen und vielleicht sogar sterben zu dürfen. In der Hitlerjugend haben sie uns das auch schon erzählt. - Wenn aber nun einer einen schönen Druckposten in der Etappe gehabt hat oder gar in der Heimat, und er hat was ausgefressen, dann ist er zu einer Fronttruppe strafversetzt worden. Er ist also mit der Ehre bestraft worden. - Können Sie mir den Widerspruch erklären, Herr Feldwebel?"

"Leck mich am Arsch!" sagte der Hieronymus und legte sich auf sein Pappkartonbett zurück. Der Karli aber steckte sich die "Stars and Stripes" mit den schrecklichen KZ-Bildern darauf unter die Jacke, denn die Nacht versprach kühl zu werden. Dann wickelte er sich in seinen tarnfarbigen Knochensack ein. Der Kaugummi in seinem Mund schmeckte noch immer leicht nach Pfefferminz.

Mitte Juli wurden die ersten Gefangenen entlassen. Aus einem Lautsprecher tönten die Namen von Städten und Landkreisen, und wer in einer der genannten Regionen zu Hause war, der kam in ein Entlassungscamp. Dort gab es riesige braune Zelte der US-Army, in denen die Gefangenen nach Wochen und Monaten unter freiem Himmel trocken und windgeschützt schlafen konnten. Es gab auch ein wenig größere Rationen, es gab aus großen Wurstspritzen Wolken von DDT-Pulver unter die Hemden und in die Hosen - gegen jegliches Ungeziefer - und es gab vor allem sehr eindringliche und oft ziemlich dumme Befragungen. Man wollte herausbekommen, ob jemand Parteifunktionär war oder SS-Mann.

Der Hieronymus gehörte zu den ersten Glücklichen, deren Heimatstadt aufgerufen wurde, und somit war der Karl Grob alleiniger Besitzer der halben Zeltpyramide und des Pappdeckelbettes.

Aber der alte Feldwebel fehlte ihm, denn sie hatten verwandte Seelen und sie waren Freunde geworden.

Nun war er wieder allein unter den vielen Tausenden und noch weit einsamer als vor seiner Bekanntschaft mit dem guten Hieronymus. Seit die Amerikaner begonnen hatten, ihre Gefangenen zu entlassen, wurden alle von einer gewaltigen Erregung ergriffen. Es kam schon fast einer Geisteskrankheit gleich, was sich da unter den Massen ausbreitete, wenn aus den Blechtrichtern der Lautsprecher die Landkreisnamen schallten. Nach einer Woche waren endlich auch bayerische Namen darunter, und als der Karli "Landkreis Weilheim" hörte, da traf ihn das wie ein Sonnenstrahl aus regengrauem Himmel.

Und wenige Tage später stand er dann in einem langen Zelt einem rundlichen US-Captain gegenüber. Der hatte eine Zigarre im Mundwinkel und schaute völlig teilnahmslos durch ihn hindurch. In einem sehr gelangweilten Ton fragte er:

"Name - Dienstgrad - Truppenteil? Wo zuletzt eingesetzt? Spezialausbildung? Wann sind Sie in die Partei eingetreten?" - "Nie!"
"Wann sind Sie aus der Kirche ausgetreten?" - "Nie!"

Nachdem der Karli zwei Daumenabdrücke draufgemacht hatte, bekam er seinen Entlassungsschein. Somit hatte er es amtlich, dass er nicht mehr zur "German Air Force" gehörte, frei von ansteckenden Krankheiten und "fit for full labor" sei. Unterschrieben war das Papier mit "Wilbert R. Eichenlaub, US-Army Discharging Officer".

"Gott möge dich immer beschützen und dich hundert Jahre alt werden lassen, auch die Zigarren sollen dir nie ausgehen, Captain Eichenlaub!"


Der Güterwagen war voll belegt, und es gab nicht viel Lebensraum für den Einzelnen, aber das ärgerte jetzt keinen mehr, denn der Zug rollte nach Süden, in die Heimat, in die Freiheit!

Die meisten Bahnhöfe lagen in Trümmern, auf Nebengleisen standen ausgebrannte Waggons, Bombentrichter daneben und umgestürzte Masten. Der Krieg war noch ganz gegenwärtig in den größeren Orten und auf den Bahnhöfen, aber das Land dazwischen lag da in der hellen Augustsonne, schön wie eh und je. Die kleinen Dörfer, die Wiesen, die Felder und die Bäume, den Mohn, der aus dem

Korn leuchtete und den Ginster am Damm, Kinder an einer Bahnschranke und einen glitzernden Bach, das alles nahm der Karli mit vorher nie empfundener Freude in sich auf. Es waren Grüße des Friedens.

Im Waggon aber war plötzlich kein Friede mehr. In einer Ecke ging ein Geschrei und Geschimpfe los:

"Schlagt`s ihn tot, den Saukerl!"

"Du brauchst nichts zum Fressen, hast dich lange genug gemästet, wie wir am Verhungern waren!"

"Geh doch nach Amerika, du Arschkriecher!"

"Schlagt`s ihn tot, den Schikanierer, den Vollgefressenen!"

Sie hatten einen der "Staffs", der verhassten deutschen Lagerpolizisten, wiedererkannt. Der Karli vergönnte dem die Prügel von ganzem Herzen, und er räumte höflich seinen Platz an der Tür, als man den Blutüberströmten kurz vor Donauwörth aus dem Wagen warf. Der Zug fuhr aber gerade ziemlich langsam, und der laut Brüllende kugelte den Bahndamm hinunter. Der Karli konnte noch sehen, wie er aufstand und davonhumpelte. - Gottseidank! -

Im Augsburger Bahnhof holten die Ami-Soldaten ihr Maschinengewehr vom vorderen Waggon herunter und bedeuteten den Deutschen, dass sie gehen könnten, wohin sie wollten, dass sie frei seien. - Frei! - Go away, Krauts!

Was hatten die Bomben aus dem schönen alten Augsburg gemacht! Jetzt, da der Krieg vorbei war, wirkten die vielen Ruinen noch trauriger und sinnloser. Aber die Trambahn nach Mehring hinaus, die fuhr schon wieder. Die Frau, die dem Karl Grob in der Straßenbahn gegenübersaß, trug ein grünes Kopftuch mit einem lustigen Blumenmuster. Sie mochte etwa so alt wie seine Mutter sein, und sie schaute ihn auch mit großen mitleidigen Mutteraugen an und fragte ihn, ob er gerade aus der Gefangenschaft entlassen worden sei und wie lange er schon nichts richtiges mehr zu essen bekommen habe. Dann kramte sie in ihrer blaukarierten Stofftasche und holte ein winziges, blassrosa gefärbtes Stückchen Papier heraus. Das gab sie dem Karli. Es war der Abschnitt einer Lebensmittelkarte und berechtigte zum Einkauf von fünfhundert Gramm Mischbrot. Von Karlis verlegenem Dank wollte die Frau nichts wissen. Sie sagte nur:

"I hab au so an Buaba ghabt. Vor zwoi Jahr is er in Russland bliaba."

Auch die in dem Mehringer Bäckerladen war guten Herzens. Sie teilte einen Kilolaib und schob dem Karli die sichtbar größere Hälfte hin. Den ließ der Duft des Brotes jede Beherrschung verlieren. Noch im Laden riss er sich ein Stück aus dem Wecken und begann, es mit einer wilden Gier hinabzuschlingen. Als er, mit vollem Mund "Pfüagod" sagend, aus der Tür stolperte, schaute ihm die Bäkkersfrau mit einem verständnisvollen Lächeln nach.

Von Mehring aus fuhr kein Zug mehr nach Weilheim. Der Karli hätte auch keine Zeit gehabt, vielleicht mehrere Stunden auf einen zu warten, denn er hatte es sehr eilig, heimzukommen.so marschierte er auf der Landstraße Richtung Ammersee. Sein abenteuerliches Aussehen war ihm vollkommen gleichgültig, denn jetzt stand er in keinem Dienstverhältnis mehr mit der Deutschen Wehrmacht. Die Haare hingen ihm fast bis auf die Schultern herunter. - "Tangobubi" hätte ein Rekrutenspieß zu so etwas gesagt. - Seine Oberlippe bedeckte ein rotblonder Schnurrbart, der zwar noch nicht zur vollen Pracht gediehen war, dessen Enden er aber schön spitz emporgezwirbelt hatte. Der scheckige Knochensack, die grüne Hose und die Springerstiefel wiesen ihn zwar noch immer als ehemaligen Angehörigen einer ruhmreichen Elitetruppe aus, aber es war nichts mehr elitär an ihm, und er musste über sich selber lachen, als er sein Spiegelbild in einem Fenster sah. Vor fünfeinhalb Jahren war er zu den Soldaten gegangen, voll Stolz, im Bewusstsein, einer guten Sache zu dienen und von dem Wunsch beseelt, nach Kräften mit beizutragen zu Deutschlands großem Sieg über alle Feinde. Nun trabte er zwischen Mehring und Ammersee auf der Landstraße dahin, ein knochendürrer, dreckiger Landstreicher, ein Clochard; kein Sieger, sondern ein Marodeur, den der große Krieg verächtlich ausgespuckt hatte. Was für ein Glück, dass der Krieg keinen Gefallen an ihm gefunden hatte. Er hätte ihn ja genausogut verschlingen können, wie die vielen anderen!

Der Karli tat sich leicht mit dem Marschieren, denn er trug nicht schwer an seinem Hab und Gut und an seiner Körperfülle erst recht nicht, und mit jedem Schritt wuchs das Glücksgefühl in seinem Herzen.

Er lebte noch, und er war auf dem Weg nach Hause! Er hatte ein Pfund Brot im Bauch, und das gab ihm Kraft und Zuversicht, denn die langen Monate auf den Rheinwiesen hatten seine Lebensansprüche auf das Wesentliche reduziert. Er hatte seinen Brotbeutel an einer Schnur um die Schulter gehängt, und darin befand sich der größte Teil seiner Habe: Zwei notdürftig gewaschene Taschentücher, ein Rasierhobel, eine Zahnbürste, deren Borsten ein kleines Gestrüpp bildeten, eine Tabakspfeife und eine kleine, aus Konserverbüchsenblech gefertigte Dose mit schwarzem Tee, den er seiner Mutter mitbringen wollte. Auch eine alte Feldmütze war dabei, auf die er einmal in einer Anwandlung von Heimweh und Langeweile mit weißem Zwirn das Murnauer Schloss, die Kirche, das Bergpanorama und das Ortswappen mit dem Drachen gestickt hatte. An seinem Leibriemen schepperte eine große US-Konservenbüchse, die er mit einem Drahtbügel versehen und so zu einem nützlichen Mehrzweckgeschirr gemacht hatte. Davon wollte er sich zunächst auch noch nicht trennen. Die Sohle eines Stiefels hatte sich vom Oberleder gelöst und schlappte etwas beim Gehen. Es sah aus wie ein Froschmaul, in dem ein löchriger Socken steckte. Aus einem Haufen Prügelholz am Wegrand suchte er sich einen herrlichen Stecken heraus. Aber er war es nicht gewöhnt, an einem Wanderstab zu laufen, und er warf ihn bald wieder weg. Schließlich konnte er die letzten wenigen Kilometer seines langen Marsches durch die Geschichte auch ohne Spazierstock hinter sich bringen.

Seine Ungeduld und seine Sehnsucht wuchsen mit jeder Wegbiegung, und in seinem Kopf gingen die Gedanken wirr durcheinander. Dazwischen schlich sich auch die Sorge ein, denn seit sieben Monaten hatte er von daheim keine Nachricht mehr. Der Karli hoffte von ganzem Herzen, dass es da nicht am Ende noch irgendeinen heroischen Idioten gegeben hat, dem es eingefallen ist, den Landkreis Weilheim gegen die Alliierten zu verteidigen.

Während solchermaßen seine Gedanken zwischen Freude und Sorge pendelten, schritt er wie im Traum durch das wunderbare Land. Er hätte den Stamm eines jeden Baumes berühren mögen, und er verspürte Lust, über das Gras der Wiesen zu streichen, so wie man zärtlich über das Haar eines geliebten Menschen streicht.

Das Land breitete sich behaglich in der Sonne dieses Spätsommertages, als ob nie ein Krieg gewesen wäre. Da und dort an den Wegrändern leuchteten schon die Vogelbeeren grellrot aus dem Laub der Ebereschen. Aus manchen Bauerngärten schauten ihn die runden Gesichter der Sonnenblumen an, und durch die Zaunlatten lugten neugierig die Malven. Dem Karli kam es bei seinem verträumten Dahinwandern vor, als ob alle Dinge mit einem freundlichen Kopfnicken "Grüßgott" zu ihm sagen würden: Die Blumen, die Bäume und die Kirchtürme. Ja sogar die Zaunlatten, die Wegweiser und die Kamine auf den Dächern. Und jetzt grüßte von links durch Busch und Baum auch noch der Ammersee mit glitzernden Wellen zu ihm herauf! An der rechten Straßenseite aber hielt plötzlich ein amerikanischer Lastwagen, und der Karli überlegte einen kurzen Moment, ob er sich nicht seitwärts in die Büsche schlagen sollte.

Es war zu spät. Der Fahrer winkte ihn her und ließ sich seinen Entlassungsschein zeigen. Dann deutete er mit dem Daumen nach hinten und sagte, er solle aufsitzen. Auf der Ladefläche saßen vier Klosterschwestern und zwei US-Soldaten. Die Amis sagten: "Hey, Kraut!" und die Schwestern lächelten ihn gütig an. Eine ältere, etwas mollige Klosterfrau mit dem Gesicht eines betagten Barockengels fragte:
"Wo wollns denn hin?"

"Nach Murnau", sagte der Karli.

"Ja mei, da sans für heut scho z'spaat dro. Jetz is scho fünfe durch und ab neune is Ausgangssperre, da derf si koaner mehr blicken lassen auf der Straß', sonst werd er glei verhaft. Passens auf, i frag den Feldwebel von die Ami, obs' bis Tutzing mitfahrn derfn, dann könnas' bei uns übernachten, und morgn früh find't si dann scho a G'legnheit, dass' hoamkomma."

"Mei, des is ja unbandig nett von Eahna!" sagte der Karli, "und auf die paar Stund kimmt's mir jetz aa nimmer o - nach fünfeinhalb Jahr."

So kam es, dass der Unteroffizier a. D. Karl Grob die letzte Nacht seiner Soldatenzeit in einem Nonnenkloster verbrachte.

Ach was für ein herrliches, akzentfreies Bayrisch sprach doch dieser alte Barockengel in der schwarzen Ordenstracht! Es war wie Musik in Karlis Ohren. - Und eine große Schüssel Lüngerl mit einem rechtschaffenen Knödel darin ward ihm vorgesetzt, und eine Halbe Dünnbier dazu. Dann führte man ihn zu einem Nebengebäude, und dort standen in einem nüchternen Raum in einer ordentlichen Reihe etliche Feldbetten. Die Strohsäcke und Decken waren mit schneeweißer Wäsche überzogen!

"Suchens' Ihnen ein passendes aus!" sagte der Barockengel lächelnd. Aber der Karli hob beide Hände und meinte:

"Naa, da leg i mi net nei, - des geht wirkli net - i bin total verdreckt, bad't hab i seit dem letzten Herbst nimma, und 's Wasser hat in der G'fangenschaft kaum zum Trinken g'langt, geschweige denn zum Waschen! - Um die saubere Wasch waars wirkli schad. Gebns mir a alte Deckn, dann schlaf i aufm Boden, - des bin i g'wohnt."

"Papperlapapp," sagte der schwarze Engel, "der Kriag is aus, Sie könna net ewig am Boden schlaffa und müssen eahna wieder an a Bettstatt gwohna. - Was taat denn da Eahna Frau sagn, wenns' amal verheirat' san? - Mir ham a recht a guate Waschkuchl im Kloster, da könnas' ganz beruhigt sei. - Jetz schaugns', dass' ins Bett kemma - und schlafens' guat!"

Nun lag der Karli also seit ewig langen Zeiten zum erstenmal wieder zwischen duftenden, frisch gewaschenen, weißen Laken, und es grauste ihn - vor sich selbst. Denn jetzt merkte er deutlich, dass er wirklich nicht besonders gut roch.

"Der Herr Doktor nimmt Eahna bis Weilheim mit" , sagte die Pfortenschwester am anderen Morgen, nachdem der Karli eine große Tasse Malzkaffee ausgetrunken und dazu ein Marmeladebrot verdrückt hatte, das so groß war wie die Stiefelsohle eines Holzknechts.

Der Doktor war ein kleiner, weißhaariger Mann, der von einem Krankenbesuch kam. Er und sein klappriger DKW, die hatten beide schon bessere Zeiten gesehen.

"Eigentlich praktizier' ich schon längere Zeit nicht mehr," sagte er zum Karli, "aber was soll ich machen, meine jüngeren Kollegen sind entweder tot oder in G'fangenschaft, oder sie waren in der Partei und dürfen nimmer. - Nach Murnau kann ich Sie leider nicht fahren, in Weilheim warten noch ein paar Patienten auf mich, und 's Benzin langt auch hinten und vorn nicht."

Dem Karli war es gerade recht. Die letzten zwanzig Kilometer seines langen Weges durch den Krieg, die wollte er gerne zu Fuß gehen, und jeden Schritt wollte er genießen, der ihn seinem Zuhause näherbrachte. Von dem Doktor hatte er erfahren, dass Murnau von Bomben und Granaten verschont geblieben war, und ohne diese Sorge war es für den Karli ein leichtes Marschieren auf der altbekannten Straße.

Die Berge wuchsen langsam auf ihn zu und nahmen wieder ihre vertrauten Formen an. Als er die Häuser von Spatzenhausen hinter sich gelassen hatte, sah er zwischen dunklen Tannenwipfeln die Zwiebel des Murnauer Kirchturms hervorschauen. Da begann der Karli zu laufen. Es schlug ihm der Brotbeutel im Rhythmus seiner Schritte an den Hintern, es schepperte die US-Konservenbüchse im Takt dazu, und die halb abgelöste Sohle seines linken Stiefels klatschte monoton auf den Asphalt.

Da, wo die Straße nach Hofheim abzweigt, holte er ein Ochsenfuhrwerk ein. Der Wagen war mit Grummet beladen, und als der Karli klappernd und scheppernd vorbeitrabte, rief einer vom Heu herunter:

"He, magst aufsitzen?"

"Naa, mir pressierts!" winkte der Karli ab, und er vernahm im Weiterlaufen noch ganz deutlich, dass ihn der Bauer für einen "Hanswurscht, einen dappigen," hielt.

Bei der Werdenfels-Kaserne standen vier oder fünf Männer, die hatten schwarze Uniformen an - dem Aussehen nach eingefärbte US-Klamotten - und wie der Karli in seinem abenteuerlichen Aufzug daherkam, da schien das den Kerlen ein rechtes Vergnügen zu bereiten. Sie lachten spöttisch, hoben den rechten Arm und riefen:

"Heil Hitler! - Du Nazi - Deutschland kaputt - Heil Hitler - Scheiß-Nazi!"

Da kochte in dem armen Heimkehrer Scham und Wut hoch, und er dachte, dass er, der Karli, sich im umgekehrten Fall bestimmt nicht so kindisch benommen hätte. Dann sah er, dass sie an ihren Jacken aufgenähte rote Ärmelstreifen trugen, auf denen "Poland" stand, und er machte, dass er weiterkam. Einer der

Polen warf ihm noch einen Apfelbutzen nach.

Als er die Hauptstraße hinunterlief, erkannte ihn zunächst niemand, und das war dem Karli eigentlich ganz recht, denn so wie er aussah, ein seit ewigen Zeiten ungewaschener Vagabund, ein Landstreicher, da passte er wirklich nicht in diesen aufgeräumten Ort. Auch sah er nur wenige Menschen, die er kannte. Dort kehrte die Stadlerin das Trottoir vor ihrem Gemischtwarenladen, der Bäcker Erdinger stand in seiner Haustür und redete mit jemandem, die alte Waldmichlin schlurfte mit ihrem Handwagerl, das voll mit undefinierbaren Dingen war, die Straße herauf, und am Hauseck vom Oberen Wirt lehnten zwei amerikanische Soldaten und unterhielten sich lachend mit einer, die er früher schon oft in BDM-Kluft gesehen hatte. Alle drei rauchten, und den Karli packte spontan die Lust. Aber nicht nach einem Mädel, sondern nach einer Camel.

Ein paar Meter vor seinem Zuhause wäre er fast in die kleine mollige Nachbarin hineingelaufen. Er sagte: "Tschuidigen`S, Fräu'n Berger!" und grinste sie freundlich an. Sie schob ihn eine Armlänge weit von sich, musterte ihn mit weitaufgerissenen Augen, und dann schrillte ihre Stimme durch die halbe Straße:

"Jessas, des is ja der Grob Karli! - Mei, die Muatter werd si freun, - hat ja eh allwei so viel Angst g'habt um dich!"

Das Fräulein Berger sang Sopran im Kirchenchor, und ihre Stimme drang wirklich überall hin. So war es auch diesmal. Im ersten Stock öffnete sich ein Fenster, und die Mutter schaute herunter: -"Der Karli!" -

Abschiednehmen ist gewiss schwer, aber das Nachhausekommen ist auch nicht immer ganz einfach. Der Karl Grob, der ein so weiches Gemüt besaß, dass er eine fast panische Angst davor hatte, jemand könnte das merken, der flüchtete sich vor den Freudentränen der Mutter und Tante, vor den vielen Küsschen seiner kleinen Schwester und vor seinen eigenen, starken Gefühlswallungen ins Grobe, und er sagte:

"Jetzt gebt's a Ruah, - i bin ja da! - Erstens muass i baden, zwoatens muass i a saubers G'wand oziagn - und drittens, macht's mir bittschön den Hafen da voll mit irgendwas zum essen. Guat und teuer braucht's net sei, - aber viel!"

Damit stellte er seine verbeulte US-Konserverbüchse auf den Tisch.

Aber auf einmal rissen sich die von ihm mühsam gezügelten Gefühle doch von der Leine. Er umarmte seine drei Damen - alle drei auf einmal - und sagte mit stark belegter Stimme:

"Mei, bin i froh, dass i wieder dahoam bin - und dass` alle drei gesund seids!"

Die Schwester zupfte an seinem stolzen Schnurrbart herum, und die Mutter sagte:

" Karli, bittschön, tu mir den Gefallen und mach dir den gräuslichen Bart wieder weg. Du schaust aus wie ein Zuhälter!"

Eine Woche später kam auch der Vater aus der Gefangenschaft heim. In Polen war er gerade noch den Russen entwischt und über die Ostsee nach Westen ins amerikanisch besetzte Gebiet gelangt. Außer einigen Kalorien fehlte auch ihm weiter nichts, und mager war er ja schon immer, der Papa.

So kam es, dass der Karl Grob mit seinem Schicksal wieder einmal recht zufrieden war, vor allem, wenn er es mit dem der armen Teufel verglich, die nicht in ihre Heimat zurückkonnten oder die aus der Gefangenschaft in eine zerbombte Stadt entlassen wurden und nicht wussten, ob sie dort noch ihre Familie und ein Dach über dem Kopf vorfanden. Von den Hunderttausenden ganz zu schweigen, die in aller Welt hinter Stacheldraht lebten, zwischen Verzweiflung und Hoffnung auf die Stunde der Freiheit wartend. Eine Familie zu haben und ein Zuhause, das bedeutete in jenen Septembertagen der Jahres neunzehnhundertfünfundvierzig das absolute Glück. Wer beides nie entbehrt hat, der mag es als eine Selbstverständlichkeit ansehen. Für den Karl Grob war es ein Geschenk.

Anderntags ging er aufs Rathaus, um sich anzumelden. Erstens, weil es Vorschrift war, und zweitens, weil er sonst keine Lebensmittelkarte bekommen hätte. Der politisch unbelastete Mitbürger auf dem Gemeindeamt eröffnete dem Karli, dass er keinen Anspruch auf eine Nahrungsmittelzuteilung habe, wenn er nicht ab sofort bei einer Arbeitskolonne mitarbeiten würde. Alle entlassenen Soldaten - sofern sie noch Arme und Beine dranhätten - müßten das. Befehl vom amerikanischen Ortskommandanten. Und der Magistratsbürokrat zog einen Mundwinkel hämisch hoch und sagte:

"Euch Nazisoldaten schadet das garnichts, wenn ihr endlich amal wieder richtig arbeiten müsst!"

Der Karl Grob hätte dem Unbelasteten, der zwar nie ein Parteigenosse, aber trotzdem stets ein emsiger Radfahrer gewesen war, gerne die Schreibtischlampe über den Schädel geschlagen. Aber für so eine Untat war er zu vernünftig - und zu feige. Was ja manchmal dasselbe ist.

In diesen Tagen merkte der Karli mit Staunen, dass zwar das äußere Gesicht der lieben Heimat von unveränderter Schönheit war, dass Berge, Seen und Häuser noch genau so freundlich ausschauten wie früher, dass aber der Charakter mancher Leute in den letzten Jahren anscheinend stark gelitten hatte. So wie es einstens viele Volksgenossen gab, die ihre nationalsozialistische Gesinnung zur Schau stellten, wie ein Zirkusathlet seine Muskeln oder wie eine Bardame ihren Busen, so gab es jetzt viele, die mit der politischen Unbescholtenhheit, die sie angeblich hatten, hausieren gingen, und die ihre weißen Westen herumzeigten, wie ein Schulbub sein gutes Zeugnis: Schaut her, ich hab´ mich nicht schmutzig gemacht - ich nicht! So war jedermann bestrebt, auch den kleinsten braunen Flecken schamhaft zu verbergen, und auf den Schutthalden des Dritten Reiches gedieh die übelriechende Pflanze Denunziation noch prächtiger als zu Adolfs Zeiten.

Am nächsten Tag hat der Karli dann als vierter Mann in einem Bautrupp mitgearbeitet, der am Ortsrand alte Baracken abreißen mußte. Die drei anderen waren ebenfalls Murnauer Kriegsheimkehrer und genau so mager und verhungert wie der Karli. Es war eine Sauarbeit für jemanden, der gerade noch fünfzig Kilo wog. Das Werkzeug, das man ihnen gegeben hatte, war halb kaputt, und Bezahlung erhielten sie auch keine. In ihren Körpern war nicht mehr viel Kraft, und dem Michl ist schon am zweiten Tag ein Balken ausgekommen und auf den Fuß gefallen.

Solcherart herzlich war der Empfang, den das offizielle Murnau seinen heimgekehrten Soldaten bereitete.

Was wollten die denn auch? Schließlich hatten sie ja den Krieg verloren, - sie ganz allein.

Der Vater blieb von diesem Arbeitsdienst zum Glück verschont, weil er fast fünfzig war. Einen Onkel vom Karli aber hatten die Amerikaner schon im Mai verhaftet. Nein, er war kein großer Nazi, der Onkel Ernst, beileibe nicht. Er hatte auch nie jemanden schikaniert, denunziert oder gar umgebracht, aber er ist halt schon im Jahre siebenundzwanzig in die Hitlerpartei eingetreten, und dafür hat er dann das goldene Parteiabzeichen bekommen. Das genügte, um ihn samt seiner hölzernen Beinprothese in ein Internierungslager zu sperren. Genauso, wie es nach Hitlers Machtübernahme genug aufrechte, pflichtbewußte Mitbürger gab, die ihre höchste Befriedigung im Denunzieren und Anschwärzen fanden, so gab es solche Pflichtbewußten auch zwölf Jahre später, als das Hitlerreich zusammengebrochen war. Die Nemesis, das alte Flitscherl, freute sich natürlich dieser Mitarbeiter und waltete über Gerechte und Ungerechte, wie sie das zu allen Zeiten tat.

Der Onkel betrieb in Karlis Elternhaus einen kleinen Fotoladen mit einem Labor dabei, und der Karli hatte bei ihm schon als Schulbub gelernt, wie man Filme entwickelt und Vergrößerungen macht. Nun wollte er nachschauen, ob in der Dunkelkammer des Onkels noch alles beim Alten sei. Die Tür war unverschlossen, und er erschrak zunächst ein wenig, denn die gelbgrüne Lampe brannte, und am Vergrößerungsgerät hantierte ein Amerikaner. Der Soldat hob den Kopf, als der Karli den kleinen Raum betrat, und sagte: " Helloh!" Der Karli sagte das gleiche, und dann versuchte er zu erklären, dass er der Neffe des Besitzers sei, und dass er früher manchmal hier gearbeitet habe. Der Ami sagte, dass er Heavelyn heiße, - Sergeant Heavelyn - , und dass er der "Press-Officer" von seinem Bataillon sei. Der Karli konnte sich zunächst unter einem Press-Officer nichts vorstellen, aber er dachte, dass dies für einen Feldwebel auf jeden Fall ein angenehmer Druckposten ist.

"Have a smoke", sagte der Sergeant, und hielt dem Karli sein Chesterfield-Päckchen hin. Und dann fingen sie an zu ratschen. Natürlich redeten sie vom Krieg, weil der ja für beide noch ganz und gar gegenwärtig war. Im magischen Licht der Dunkelkammerlampe glänzten und schimmerten viele Orden an der Uniformjacke des Amerikaners, und als der Karli lächelnd "a lot of medals" sagte, fing der an zu erzählen, wo er in diesem Krieg schon überall gewesen ist: In Tunesien, in England, in der Normandie, in Belgien und zuletzt in Westdeutschland. Anschließend spulte auch der Karli seine Kriegsstory herunter, und als er beiläufig Stalingrad erwähnte, machte der Sergeant große, runde Augen und bewegte anerkennend den Kopf auf und ab. Am Schluß ihres Veteranen-Palavers stellte sich dann heraus, dass sie beide im vergangenen Winter südlich von Aachen genau am selben Frontabschnitt eingesetzt waren, für geraume Zeit nur durch den kleinen Fluß Rur voneinander getrennt. Damals war in dieser Gegend die Hölle los, und allein der Kampf um die Talsperren kostete auf beiden Seiten viele hunderte Soldaten das Leben.

Es gab manches "do you remember?" , und der Heavelyn meinte, es könne leicht sein, dass sie damals beide aufeinander geschossen hätten.

Der Karli aber sagte:

"Besser, wir haben uns jetzt getroffen, als im letzten Winter."

Diese Bemerkung hört sich zwar im Englischen nicht ganz so witzig an, wie auf Deutsch, aber der Ami lachte trotzdem und sagte:

"Das einzig Gute an diesem Scheißkrieg ist, dass wir beide ihn überlebt haben."

Der Karli gab ihm völlig recht, und er hatte das Gefühl, dass der kleine, stämmige US-Sergeant, der da als ungebetener Gast in des Onkels Dunkelkammer herumhantierte, seinem Herzen näherstand, als beispielsweise der emsige Murnauer Mitbürger auf dem Gemeindeamt.

Es war ja auch ein Erlebnis von besonderer Qualität, hier friedlich mit einem von der anderen Seite beisammenzusitzen, den die Geschichte dazu bestimmt hatte, sein Feind zu sein. Es war einfach verrückt, sich vorzustellen, dass vor neun Monaten der eine den anderen totgeschossen hätte, ohne Gnade und ohne Hemmungen, wenn der eine dem anderen richtig ins Visier geraten wäre. Jetzt saßen sie beide da im magischen Schein einer gelbgrünen Dunkelkammerlampe vor Vergrößerungsapparat und Entwicklerschalen und rauchten Chesterfields. Und jeder hatte das Gefühl, dass der andere eigentlich ein ganz netter Kerl sei. Nachdem sie nun ihre Kriegsabenteuer ausgetauscht und die Möglichkeit erwogen hatten, dass sie einander im Januar oder Februar leicht hätten umbringen können, da wuchs ein Gefühl der Solidarität, der Kameradschaft und des gegenseitigen Respekts zwischen ihnen, wie halt aus Fäulnis und Dreck manchmal eine schöne Blume emporwächst.

Die Freundschaft, die da so spontan zwischen dem Karl Grob und dem US-Sergeanten John Heavelyn entstanden war, hat sich vor allem für den Ersteren als sehr nützlich erwiesen. Er brauchte jetzt nicht mehr für die Gemeinde alte Baracken abzureißen, denn er war zum Foto-Assistenten des "Press-Officers" avanciert, und außerdem hat ihm der gute John manches Päckchern Zigaretten in die Tasche gesteckt. Auch für die kleine Schwester hatte er meist einen Riegel Schokolade oder ein Candystangerl dabei. Zur Mutter aber sagte er höflich "Madam" und schenkte ihr gute, duftende Seife. Diese milden Gaben blieben für immer die einzigen Vorteile, die der Karli von seiner kriegerischen Vergangenheit hatte.

Einmal brachte der Ami eine ganze Flasche Whisky mit, und die beiden Exfeinde haben sich fürchterlich betrunken. Sie saßen in dem kleinen Büroraum zwischen des Onkels Laden und der Dunkelkammer, denn der Karli wollte seinen Eltern und der Schwester diese Orgie nicht zumuten. Sie gröhlten zusammen "Lilly Marleen" und "A Yankee-boy is trim and tall and never over fat, sir!". Dann stellte der Sergeant lallend und mit der Bourbonflasche fuchtelnd fest, dass alle Soldaten vom Captain abwärts gottverdammte, blutige Narren seien, weil sie immer aufeinander schießen würden, sobald es ihnen befohlen werde, statt dass sie vorher ihre gottverdammten Führer, Präsidenten und Generäle außer Betrieb setzten. Der Karli stimmte seinem Freund eifrig aber genauso lallend zu

Als zu später Stunde die Mutter leise und besorgt herunterkam, um nachzuschauen, da lag jeder der Helden in einem anderen Eck des kleinen Büros und schnarchte.

Wenige Tage später kam der John Heavelyn mit einer Büchse Kaffee und zwei Päckchen Zigaretten zum Karli, um Lebewohl zu sagen. Die Mutter hat gleich ein Wasser aufgesetzt, und bald zog der lange entbehrte Duft von echtem Kaffee durch die Wohnung. Die Mutter hat sogar ein sorgsam gehütetes Glas Marmelade aufgemacht.

Sie klopften einander zum Abschied auf die Schultern, der John und der Karli, und der John sagte, dass er Murnau und die Zeit, die er hier verbrachte, nie vergessen wird.

"Oh boy, I had a good time in your nice little town! - Hope, we see us again!"
"I hope it too!", sagte der Karli.

Und dann schenkte er seinem ehemaligen Feind ein kleines Hinterglasbild, das er einmal vor dem Krieg gemalt hat: "Der Wildschütz Jennerwein in seinen besten Jahren".

Die Zigaretten und der Whisky waren es nicht allein, warum der Karl Grob die Abreise des US-Sergeanten John Heavelyn bedauerte.


Die Regina war nie eine Freundin von übertriebenen Zärtlichkeiten. Sie gehörte eben auch zu jenen altbayerischen Naturen, die ein liebendes Herz hinter derben Worten verstecken müssen. Als aber der Karli einen Tag nach seiner Heimkehr die alte Villa in der Kohlgruber Straße aufsuchte und an die wohlbekannte Küchentür klopfte, da ist ihm die gute Regina um den Hals gefallen und hat ihn abgebusselt.

Es gibt ja Leute, die bei jeder Gelegenheit Küsschen verteilen, aber - wie gesagt -die Regina gehörte nicht dazu, und darum löste diese Umarmung beim Karli sofort ein Gefühl tiefer Zuneigung aus, und er sagte gerührt:

"Griaß di, oide Fischhaut!"

Die Regina ging ins Wohnzimmer hinüber und holte hinter dem grünen Kachelofen eine halbvolle Flasche Rotwein hervor. Von den Wänden über der Eckbank schauten wie immer die Fotos der Freunde auf die geblümte Wachstuchdecke des Tisches herunter, und der Karli hat sich doch tatsächlich einen Augenblick lang ein bisserl geniert, weil er von allen der einzige war, der jetzt da in der gemütlichen Küchenecke saß, einen Kalterer See trank, eine Chesterfield rauchte und mit der Regina redete.

Hinter den Bildern jener, die nie mehr hier sitzen, trinken und lachen würden, steckten kleine Sträußchen vertrockneter Blumen, und an einem der Rahmen leuchteten drei kleine rote Moosröschen. Ein Mädchen mit blonden Zöpfen und hellen Augen lächelte da unter einem breitrandigen Trachtenhut. - Hier in der kleinen Küche, vor diesen Bildern mit den welken Blumen dahinter, da ist dem

Karl Grob eigentlich zum erstenmal so richtig in den Sinn gekommen, wie furchtbar endgültig der Tod ist.

Die Regina fing an zu erzählen:
"Den Bernhard, den hams noch im November über Holland abgschossen; er is nimmer rauskommen aus seim Fliager, weil er bloß fuchzg Meter hoch war, wia ihn die Flak erwischt hat. A Staffelkamerad hats dem Vater vom Bernhard gschrieben. - Und sei Bruader, der Robert, der is im selben Monat von einer Feindfahrt nimmer zruckkommen. Der liegt mit seim U-Boot irgendwo im Atlantik.

Und der Biwi, der is in an Lazarettzug umkommen, wie er scho auf der Hoamreis' war. Der Karlo und der Reiner lebn no, san alle zwoa in englischer G'fangenschaft. Der Reiner in Ägypten und der Karlo in England. Er hat mir übrigens scho an Briaf gschrieben, der Karlo, aus Leeds oder wia des Kaff hoaßt. I zoag ihn dir nachher. - Vom Rudi, vom Franz und vom Klaus woaß ma no nix."

Der Wein machte zitternde rote Lichtreflexe auf das geblümte Wachstuch, und der Zigarettenrauch zog in dünner blauen Schleiern um die Lampe herum.

"A paar wern scho no kemma", sagte der Karli und schaute geistesabwesend an der Regina vorbei.

"Mei, des hoff i Tag und Nacht!"

Auf einmal war die Regina nicht mehr da. Der Tisch, der Herd, die Lampe waren weg, und allein im Raum schwebte die braune Küchentür, die der Karli anstarrte, als müsste er sie hypnotisieren. Er träumte mit offenen Augen von einem Abend im März vor zweieinhalb Jahren. Da saß er hier in der Küche, und die Elisabeth ist mit einem Lächeln, das schöner war als tausend Frühlingsmorgen, hereingekommen. Aber die alte Küchentüre würde sich nie wieder für dieses Lächeln öffnen - nie wieder!

"I woaß scho, an wen dass d' jetzt denkst", sagte die Regina und schenkte dem Karli den Rest Tiroler ein.

"Die Elisabeth, die hat dich fei ehrlich gern g'habt, und mit dem andern, da war nix, des war wirkli bloß a Vetter von ihr. Die zwoa ham anand nix wolln, ham si bloß zum Bergsteign und Schifahrn zammto, weil sei Freundin ziemlich unsportlich war. -

"Trink ma auf d'Elisabeth."

"Ja," sagte der Karli, "und auf die andern alle."

Und er drehte sich halb um, zu der Wand hin, und hob den Fotos, die dort hingen, sein Glas entgegen. Das Bild der Elisabeth aber, das hat er ganz sacht damit berührt.

Kurze Zeit später kamen drei alte Freunde aus der Volksschulzeit wieder nach Hause. Der Franz, der Rudi und der Klaus. Das war für den Karli natürlich eine rechte Freude, denn jetzt hatte er, sozusagen, vom Schicksal drei Kameraden zurückerhalten, mit denen er in die Berge gehen konnte. Die Berge hatten lange genug warten müssen.

Endlich machten sie wieder einige bescheidene Touren miteinander, endlich knirschten wieder die heimatlichen Steine unter ihren Nagelschuhen, während ihre hungrigen Mägen die Begleitmusik dazu knurrten, endlich gab die herbstliche Höhensonne ihren blassen Gesichtern wieder etwas Farbe und wärmte ihre Herzen, und das Glück, das die Freunde im Licht der Gipfel erfüllte, ließ keinen Platz mehr für Kohldampf und Sorgen und traurige Erinnerungen. Sie waren noch am Leben, und sie waren noch jung, und die Heimat, die gehörte immer noch ihnen!

"Wir müssten uns amal umtoa und schaugn, ob mir net irgendwo in der Näh' a Hütten auftreiben könna", sagte der Karli einmal zu seinen Spezln.
"Damit mir wenigstens ab und zu eine Ruah haben von dem Zeug, was sich jetzt so bei uns rumtreibt."
Mit dem Ausdruck "Zeug" umschrieb der Karl Grob - sehr unfein - den gewaltigen Zuzug an Ortsfremden, den der kleine Markt in diesen unruhigen Zeitläuften erfahren hatte. Man traf auf den Straßen in Murnau weit mehr Unbekannte als Bekannte. Und früher, da war es genau umgekehrt.
"Ja, da hast recht!" stimmte der Klaus begeistert zu.
"A Hütten muass her, möglichst noch vorm Winter - und mit an guaten Schigelände drumrum!"
Der Klaus war weit und breit der beste Schifahrer.
Nachdem sie einige Berge der Umgebung erfolglos abgesucht hatten, wurden sie auf dem Hörnle fündig. Auf dem Sattel unterhalb des mittleren Gipfels stand eine uralte Hirtenhütte. Aus mächtigen Stämmen zusammengefügt, lehnte sie - ein wenig altersschief - am Berghang, schindelgedeckt, mit Steinen drauf. Der Palast hatte drei winzige Fenster und an der Südseite eine schöne Hausbank. Von dort aus hatte man einen wunderbaren Blick ins Ammertal hinunter, auf Kofel und Pürschling, und hinter dem Kofel erhob sich die Zugspitz und das Wetterstein wie aus blauem Papier geschnitten. Das alles war so schön, dass es schon fast wieder ein wenig kitschig war. Es hätte als Illustration in einen Gang-

hofer-Roman gepasst. Der Rudi sagte:
"Die Hütten steht bloß deswegn no, weils net woaß, nach welcher Seitn dass umfalln soll."
Aber dieser Traum von einer Berghütte dachte noch lange nicht ans Umfallen.

Der zuständige Almmeister war der Gut Martl von Kraggenau, und der sagte:
"Wenn von die Almrechtler koaner was dagegen hat, dann mach ma an Pachtvertrag, und ihr könnts aufziagn. Jedes Jahr von September bis Mai. - Aber a bissl herrichten müsst´s es. Beim Dach geht der Tropf nei, zwoa Fensterscheibn san hi, ´s Ofenrohr is durchgrost, und sonst is halt alles a weni runterkemma. Die letzten Tag vom Kriag ham si a paar SS-ler da obn versteckt. Ja, und wegam Pachtzins wern mir uns dann scho eini."

Nachdem der Almmeister dafür war, hatten die anderen Mitglieder der Weidegenossenschaft nichts dagegen, und so ist der Traum von einer eigenen Hütte für den Karli und dessen Freunde schneller in Erfüllung gegangen, als sie dachten.

Der Franz sagte:
"Guat, dass mir koan auswärtigen Akzent sprechen, sonst hätt´ er uns die Hütten net gebn, der Martl!"

Es war aber eine elende Schinderei, die Luxusvilla wieder in einen bewohnbaren Zustand zu bringen. Jeder Nagel, jedes Brett und jedes Werkzeug musste hinaufgetragen werden. Und das nicht nur bei schönem Wetter. Es war Herbst, und die Stunden mit Sonnenschein waren rar. Manchmal sind sie auch, mit mäßig hellen Sturmlaternen bewaffnet, in Nebel und Dunkelheit mit ihren Lasten aufs Hörnle gekeucht. Das war freilich kein Vergnügen, besonders wenn man einen größeren Balken oder Teile eines Küchenherdes dabei hatte.

Nach diesen abendlichen Expeditionen mussten sie immer oben übernachten, weil damals um einundzwanzig Uhr Sperrstunde war- Aber trotz allem hatte die Freunde eine wilde Begeisterung gepackt und ein großer Ehrgeiz dazu. Die Hütte sollte bis zum Winter einen möglichst komfortablen Zustand erreicht haben, denn in ihren Köpfen nistete der fromme Hintergedanke, später einmal etwas Langhaariges da hinauf zu locken.

Die Beschaffung von Baumaterial war in dieser Zeit nicht einfach, denn es gab beinahe nichts, was man auf legale Weise bekam. Entweder man musste versuchen, Nägel, Bretter, Ofenrohre oder Dachpappe im Tauschhandel zu kriegen - falls man etwas zu tauschen hatte - oder man musste es "organisieren". So wurde einst beim Militär das Stehlen genannt.

Für das deutsche Geld gab es praktisch nichts zu kaufen, amerikanische Zigaretten waren die gängige Währung, und wenn der Karli für US-Soldaten und Polen Filme entwickelte, vergrößerte und kopierte, dann wurde er zum Glück meist in dieser nikotinhaltigen Währung bezahlt. Manche Camel oder Lucky Strike hat damals für die Beschaffung eines Ofenrohrs, einer Fensterscheibe oder einer Büchse Ölfarbe herhalten müssen.

Es stellte sich bald heraus, dass die alte Hüttentüre für die Winterzeit nicht mehr ausreichte. Es gab oben und unter Fugen, dass man mit der Hand durchfahren konnte, und die Bude wurde nicht mehr warm. Und einmal, nach dem ersten Schneesturm des Jahres, war eine halbmeterhohe Wächte auf dem Fußboden. Es leuchtete ein, dass unter solchen Umständen mit Damenbesuch kaum zu rechnen gewesen wäre. Darum sagte der Klaus auch:

"Mir brauchen unbedingt innen noch a zwoate Tür, die wo guat schließt. Außerdem isoliern zwoa Türn viel besser, weil a Luft dazwischen is."

Da hatte er zweifellos recht, der Klaus. Woher aber eine Tür nehmen und nicht stehlen?

Ach, es wurde so viel gestohlen in dieser schlimmen Zeit!

Zufällig entdeckte der Franz in der offenen Remise einer Herrschaftsvilla eine schöne Türe, die einsam an der Wand lehnte und ganz so aussah, als ob sie genau für die Hütte passen würde. Hier in der Remise stand sie völlig zwecklos herum, und oben auf dem Berg, da könnte sie vielleicht Menschen vor bösen Erkältungen, Erfrierungen oder gar vor dem Tod retten! Man konnte es wirklich nicht Stehlen nennen, wenn man einen unbenützten Gegenstand einer sinnvollen Verwendung zuführte! -

Zwei Tage später hätte der Karli seinen Freund Rudi mit selbigerTür aber beinahe umgebracht.

Dieses nützliche Beutestück hatte nämlich im oberen Drittel ein Fenster, das sich leicht herausnehmen ließ.Als nun der Karli und sein Freund das Trumm zusammen auf die Hütte transportieren wollten, erwies es sich als zweckmäßig, dass der Rudi, der um ein gutes Stück größer war, seinen Kopf durch die Fensteröffnung steckte, während der Karli das Türblatt am unteren Rand fasste. Das sah wirklich spaßig aus: Der eine mit einem riesenhaften hölzernen Halskragen auf den Schultern und der andere wie ein Schleppenträger feierlich hintennach.

Es funktionierte anfangs auch recht gut, aber auf den Hängen lagen ein paar Zentimeter nasser Neuschnee, und es war nicht leicht zu gehen. Am vorletzten Steilhang ist dem Karli die Tür von den kältesteifen Fingern gerutscht, und das hätte dem Rudi beinahe das Genick gebrochen. Es hat ihm den Kopf nach hinten gebogen, und er hat fast keine Luft mehr bekommen. Er brachte nur noch ein paar gequetschte Töne heraus, und der Karli ist auf dem nassen Hang etliche Meter nach unten gerutscht. Der Franz und der Klaus, die einige Schritte hintennach gingen, haben auch kaum noch schnaufen können - weil sie so furchtbar lachen mussten. Es hat ja auch wirklich komisch ausgesehen, als der Rudi mit der Tür um den Hals röchelnd auf die Knie sank. Dann war es aber auf einmal höchste Zeit, dass sie den armen Kerl von dem Folterinstrument befreit haben, weil er schon ganz blau im Gesicht war. Eine Zeit lang hat der Rudi überhaupt nicht mehr richtig reden können und sein Genick hat ihm noch zwei Wochen später so weh getan, dass er sich mit dem ganzen Körper umdrehen musste, wenn ihn einer von hinten anrief.

Die Tür aber, die hat sich auf der Hütte gut bewährt und alle Erwartungen erfüllt.

Der Winter ließ sich in diesem Jahr Zeit, und kurz vor Weihnachten lag noch nicht viel Schnee auf den Bergen. Immer wieder ließ der Föhn die Hänge aussehen, als hätten sie schandbar zerrissene Hemden angezogen. Für die Arbeit an der Hütte allerdings war das Wetter nicht schlecht, und als dann endlich - um Sankt Adelheid herum - ein dickes weißes Federbett auf dem Schindeldach lag und ein meterlanger funkelnder Eiszapfen von der hölzernen Dachrinne herunterhing, da war das große Werk vollendet. Und der Karl Grob war mit seinen Freunden der festen Überzeugung, dass es zwischen Karpathen und Montblanc kein schöneres Berghäusl gab.

In diesem ersten Friedenswinter ist die alte Hütte, die sie gemeinsam und mit viel Mühe repariert hatten, zu einem Mittelpunkt in ihrem Leben geworden. Mit jedem Trumm, das sie auf den Berg geschleppt haben, mit jedem Brett, jedem Balken, mit jedem Stück, das sie festgenagelt, zugeschnitten und eingebaut haben, ist ihre Freundschaft ein wenig fester geworden. Sie fühlten sich wie Herren. Fürsten und Könige in einer kummervollen Welt, denn wenn ihnen die Nebel im Tal zu grau und die Menschen zu fremd wurden, dann konnten sie hinaufsteigen, über das trübe Meer hinaus in das blaugoldene Licht der Berge, auf ihr hölzernes, fünf mal neun Meter großes Traumschloß. Und der Klaus sagte einmal:

"So a Hütten mit an Schnee aufm Dach und am schön´Feuer im Kuchlherd is mir liaber als wia vornehme Villa mit Schulden drauf und Amerikaner drin."

Und wenn am Abend die Schi an der Hüttenwand lehnten, die Fichtenprügel im Herd krachten und der Dunst von Kartoffelschmarrn, Pfeifentabak Marke "Eigenbau" und trocknenden Socken durch die niedere Stube waberte, dann wurde diese heimelige Atmosphäre zuweilen auch durch schöne Gesänge angereichert. Eines dieser Lieder ging so:

"Mir samma vier Jungg'selln,
Samma kalt wia der Schnee.
Koane Weiber hamma, koane Kinder hamma,
Koa Familie - juchhee!

Aber zwoa Brettl für d' Hax'n
Und a Klampf'n für d' Händ
Und a Feuer hamma in der Hüttenkamma,
Unser Öferl, des brennt!"

Der Pfeifentabak stammte übrigens vom Klaus seinem Vater, der ihn selbst angebaut und - nach eigenem Geheimrezept - selbst fermentiert hatte. Sie nannten das Rauchkraut "Würginia". Und in der Tat, wer keine trainierten Organe hatte, den würgte es, selbst wenn er nur daneben saß.

Nun stand das erste Friedensweihnachten vor der Tür. Nach sechs Jahren endlich wieder eines, an dem nicht mehr offiziell aufeinander geschossen, sondern nur noch in Lazaretten und Krankenhäusern, auf Flüchtlingstrecks und in Gefangenenlagern unauffällig gestorben wurde. Im Karli wollte keine rechte Weihnachtsstimmung aufkommen, denn die glücklichen Feste der Kindheit lagen tausend Jahre zurück, und er war traurig darüber, dass er rein garnichts mehr von dem Zauber früherer Zeiten empfand. Der Krieg war freilich vorbei, aber seit er erleben musste, dass nicht einmal sogenannte Heilige Nächte die Menschen davon abhalten konnten, sich gegenseitig umzubringen, stand er allen festlichen Stimmungen ablehnend und beinahe feindselig gegenüber. Trotzdem ist ihm einmal zu später Stunde ein Märchen eingefallen. Eine Geschichte von einem kleinen Hüterbuben, dem drei Schafe weggelaufen sind, und der auf der Suche nach ihnen ganz allein hoch in die Berge hinaufsteigt. Dabei begegnet er allen Naturgewalten in Gestalt von guten und bösen Geistern. Diese Geschichte hat der Karli aufgeschrieben, bunte Bilder dazu gemalt und ein Buch daraus gebastelt. Jetzt hatte er wenigstens für seine kleine Schwester ein Weihnachtsgeschenk, denn die war ja wirklich nicht schuld an den beschissenen Zeiten, und für sie sollte das Christkind auf jeden Fall weiterleben!

Für den Papa hatte er auch schon ein Geschenk: Drei US-Zigarren, in Zellophan verpackt, und eine Flasche Lambrusco. Beides hatte er kürzlich von einem Captain für etliche Vergrößerungen bekommen, auf denen dieser neben einem Panzer zu sehen war. Auf dem Turm des Panzers stand, mit weißer Farbe hingepinselt, "Merry Christmas!" - Aber für die Mutter und die Tante Emmi hatte er noch nichts. Der einzige Ausweg war da, ein kleines Schwarzmarktgeschäft zu tätigen.

Das Hotel Post im Obermarkt war nach dem Einmarsch der Amerikaner beschlagnahmt worden, und dort wohnten jetzt Ausländer, meist Polen, die im Krieg zur Zwangsarbeit nach Deutschland verschleppt worden waren. Man nannte sie "displaced persons". Wenn man die entsprechenden Tauschobjekte oder Devisen hatte, konnte man bei denen damals alles bekommen, vom Auto bis zur Zahnbürste. Die Deutsche Reichsmark freilich war nichts mehr wert und höchstens noch zum Austapezieren zugiger Aborthäusl zu verwenden.

Die gute alte "Post", in der schon die bayerischen Könige Ludwig Zwei und Drei sowie der freundliche Prinzregent Luitpold abgestiegen waren, in der auch einmal der rumänische Herrscher Carol der Erste zu logieren geruhte, in der schon Carl Spitzweg, Ludwig Thoma, Ganghofer, Kaulbach und viele andere berühmte Leute gewohnt und in deren Gaststube der Ödön von Horvath Krach mit Murnauer Nazis bekommen hatte, als kurz nach der Machtergreifung - im Frühjahr dreiunddreißig - eine Hitlerrede im Rundfunk übertragen wurde, worauf der Dichter die goldenen Worte des Führers laut und in aller Unschuld einen "saublöden Schmarrn" nannte und die Bedienung aufforderte, das Radio abzuschalten, und wo schließlich auch er selbst, der Karl Grob, seine ersten blamablen Tanzschritte in der Öffentlichkeit gewagt hatte. Dieses geschichtsträchtige Haus also ist in der ersten Nachkriegszeit zu einem Zentrum des Schwarzen Marktes herabgesunken. Dem Karli ist die Post dadurch ausgesprochen unsympathisch geworden, denn alles, was mit Feilschen und Schachern zu tun hatte, war ihm von Herzen zuwider.

Schließlich hat er aber seinen Widerwillen überwunden und ist eines Abends - vorsichtig um sich blickend - hinübergelaufen, um gegen ein altes Fernglas und reichlich Ami-Zigaretten eine Büchse Nescafé und zwei Bund Schafwolle einzutauschen. So hatte er wenigstens für die Mutter und die Tante Emmi auch ein Geschenk. Er wurde aber lange das Gefühl nicht los, dass ihn die Polskis ganz schön übers Ohr gehaut haben.

Ja, ohne die Schwarzhändler lief nichts in dieser Zeit. Sie waren zum wichtigsten Wirtschaftsfaktor geworden. Gehasst hat sie jeder, der nicht gerade selbst in dieser "Branche" tätig war, aber was half's, gebraucht hat man sie halt auch. In einer Zeitung war in jenen Tagen einmal eine Karikatur abgedruckt, auf der einige Schieber beisammenstehen und einer sagt:

"Da hilft kein Law und kein Order, wenn wir streiken, verhungert sogar die Polizei!"

Selbst der Besitz eines ordnungsgemäßen amtlichen Bezugsscheins für den legalen Erwerb eines Hemdes, einer Unterhose, von einem Paar Schuhe oder einem Kinderjäckchen bedeutete damals keineswegs, dass jeder ehrenwerte

Handelsmann diese Kostbarkeiten herausrückte, und oft wurde mit hochgezogenen Schultern und trauriger Miene beteuert, dass nichts, aber auch garnichts mehr auf Lager sei.

Es war wie überall: Die meisten Leute schlugen sich mit Bravour durch die kargen Zeiten. In Murnau hatte man es allerdings auch um einiges leichter als in den zerbombten Städten. Doch auch hier wurden jetzt viele Ringlein, Uhren, Armbänder und Kameras, manche Geige und manches schöne Bild im Hotel Post in Ess- und Anziehbares verwandelt, bis dann endlich, zweieinhalb Jahre später, der strahlende Hermes, Gott der Kaufleute und der Diebe, das große Wunder an seinen Kindern tat: Als nämlich die Deutsche Mark an einem Frühsommertag des Jahres achtundvierzig das Licht der Welt erblickte, da waren dann - ganz plötzlich, von einem Tag auf den anderen - die Regale manch eines tüchtigen Ladeninhabers wieder mit lange entbehrten Dingen angefüllt, und die weniger Tüchtigen glotzten mit staunenden Augen durch die Schaufensterscheiben auf das beginnende Wirtschaftswunder.

Vorerst aber war es noch nicht so weit. Der Karli hatte in der Aschau einen schönen Baum gestohlen, den die Mutter voll Liebe und Sorgfalt mit dem Christbaumschmuck behängte, der zum größten Teil noch aus ihrer eigenen Kinderzeit stammte. Der Karli kannte und liebte jedes Stück davon. Da waren nicht nur bunte, glänzende Kugeln, in denen sich das ganze Universum - oder doch wenigstens das ganze Wohnzimmer - spiegelte, nein, da schwebten auch noch kleine, pausbäckige Engel mit großen Augen unter den Tannenzweigen. Auch goldene Trompeten aus Glas hingen da, die sogar einen richtigen Ton von sich gaben, wenn man hineinblies. Allerdings ähnelte dieser Ton mehr dem Blöken eines jungen Schafes, als dem Schmettern einer Trompete. Zwei oder drei Schäfchen aus dünnwandigem, perlmuttfarbigem Glas waren tatsächlich auch dabei und dazu noch Herzen, bunt bemalt, kleine Häuschen mit Kristallschnee auf dem Dach, silberne Glöckchen, die einen ganz zarten, hellen Klang hatten, und etliche Vögel mit bunten Schwänzen aus haardünnen Glasfäden. Die ganzen Herrlichkeiten hatte der Großvater vor langer, langer Zeit einmal im Bayerischen Wald gekauft, und die drehten sich nun wie einst im Kerzenlicht und reflektierten es in hundert Farben.

Den Christbaum zu schmücken, das war das alleinige Privileg der Mutter. Einmal, als kleiner Junge, hat der Karli in seinem Forscherdrang versucht, einem der schillernden Vögel ein paar von den Glashaaren aus dem Schwanz zu ziehen, und dabei hat sich das kleine Kunstwerk von der Drahtklammer gelöst und ist am Boden in hundert glitzernde Scherben zersprungen. Weil die Mutter so traurig war, glaubte der Karli wirklich, er hätte einen echten Paradiesvogel umgebracht und sich damit ein kleines Stückchen Weihnachtsglück zerstört. Seitdem hatte er eine fromme Scheu vor den dünnwandigen Glaswesen.

Nach Dreikönig, wenn die Nadeln des Christbaumes anfingen, auf den Boden zu rieseln, wurden die gläsernen Wunder wieder in Schachteln zwischen weiches, zerknülltes Papier gelegt und auf dem Dachboden in der hintersten Ecke eines alten Schrankes verstaut.

Jetzt, da sich an diesem Weihnachtsabend neunzehnhundertfünfundvierzig all diese Vögel, Schafe, Herzen, Kugeln und Trompeten im Licht der Kerzen drehten, da zauberten sie dem Karli wieder ein wenig von seiner Kinderzeit herbei, und es kam ihm vor, als ob sein Herz in einem weichen Pullover steckte, den die Tante Emmi eigens für ihn gestrickt hatte, und er freute sich der warmen Stube und der Menschen, die darin waren, und er dachte bei sich, dass es wohl nicht viele gibt, die so ein Glück hatten wie er.

Die Mutter hatte ihm ein Paar Schihandschuhe gestrickt, richtige Norweger, mit einem Schneestern-Muster darauf. - Der Birger Ruud hatte damals ganz ähnliche an, wenn er von der Olympiaschanze segelte. - Sie sagte:

"Ich hab´ einen alten Pullover von dir aufgetrennt, er wär´ dir eh viel zu klein gewesen - und von der restlichen Wolle hat dir die Tante noch ein Paar Kniestrümpfe gemacht. Schau!"

Dann war da noch eine Papierrolle mit einem rosaroten Bändchen drumrum. Die kleine Schwester schaute erwartungsvoll, als der Karli die Schleife aufmachte und das Blatt entrollte. Es war aber auch ein prächtiges Bild: Eine wildromantische Berglandschaft, und davor sauste ein Zwetschgenmännchen mit ausgebreiteten Armen und einer roten Zipfelmütze auf dem Kopf auf elendlangen gelben Brettern einen kobaltblauen Berg hinunter.

"Des bist du beim Schifahrn!" erklärte die Kleine stolz, und der Karli sagte:

"Ja freili, des kennt ma doch sofort. So einen guaten Stil fahrt außer mir höchstens no der Klaus! Und mei Gsicht hast ja auch sehr guat troffen. Da bin i ja glei noch schöner als in Wirklichkeit!"

Der Vater aber holte hinter dem Bücherschrank sein Electrola-Koffergrammophon hervor, stellte es auf den Tisch und sagte:

"Da, des hat´s Christkindl für dich dalassen. Des kannst mit auf euer Hütten nehmen, denn außer Grammophon und Mundharmonika kannst du ja eh koa Instrument spielen, du Banause! - In der untern Schubladn san etliche Schallplatten - suachst dir halt raus, was d´ brauchen kannst. - Aber lass net jeden Depp mit dem Kasten rumhantieren, zum Kaputtmachen is er z´ schad."

Das fand der Karli auch, und er war fast ein wenig verlegen, als er sich bei seinem Vater bedankte, denn er wusste, dass sich der manchmal selbst sehr gern eine gute Platte aufgelegt hat.

Auch dem Karli seine Geschenke sind von der Familie mit Dank und Freude angenommen worden. Doch als die sechsjährige Schwester zum viertenmal verlangte, dass er ihr das Märchen von dem kleinen Hüterbuben vorliest, da streikte er.

Am ersten Feiertag, wie er gerade aus dem Haus gehen wollte, ist er vor der Tür der Inge begegnet. Die Inge war die Freundin vom Max gewesen.
"I wollt grad zu dir," sagte sie, "aber i möcht dich net aufhalten, weilst d' doch grad am Fortgeh' bist."
"Du haltst mi net auf, mir pressiert heut nix und mi g'freut's, wenn mir zwoa a weni ratschn könna."
Die Inge hatte eine flache Schachtel dabei, die war verschnürt, und hinter der Schnur steckte ein Tannenzweig.
"Da, des is für dich, Karli", sagte sie.
"Eigentlich wollt ich`s amal dem Max schenken, aber des geht ja jetzt nimmer - und ihr seids doch so gute Freund g'wesen, du und der Max - und i hoff halt, dass du auch a Freud hast damit."
Die Inge lächelte den Karli an, aber ihre braunen Augen schwammen hinter Tränen. In der Schachtel lagen drei große Schallplatten: Das ganze D-Dur-Violinkonzert von Beethoven.
Der Karli wußte nicht, was er sagen sollte, und die Inge meinte mit einem kleinen Lächeln:
"Von dem Violinkonzert hat der Max immer g'schwärmt, und das meiste davon hat er auswendig pfeifen können, und einmal hat er mir auch was draus vorgespielt, auf seiner Geigen. - Gesagt hat er, dass ma des Allegro heißt - oder so ähnlich - i versteh ja nix davon. Aber schön hat er's g'spielt, der Max, wunderschön - nur für mich. Mei Schwester, die damals noch in München g'arbeitet hat, die hat mir die Platten b'sorgt, aber drei Wochen, nachdem ich s' kriegt hab, war der Max tot. Jetzt hoff ich halt, dass dir des Violinkonzert auch g'fallt - und irgendwen werst nacha schon kennen, der an Grammophon dahoam hat."
"Ja, sagte der Karli, "i kenn scho wen, - weil mir nämlich mei Vatta sein Grammola gestern zum Christkindl g'schenkt hat!"
Da lachte die Inge und der Karli hätte ihr gerne einen Kuss gegeben, aber er fand's anständiger, darauf zu verzichten, denn es könnte ja sein, dass der Max von irgendwoher zuschaut - und vielleicht wäre es auch der Inge nicht recht gewesen.
Doch dann sagte er:
"Heut abend trag i die ganze Musi auf d'Hüttn nauf, die andern kommen morgen mittag nach, und dann feiern mir a ganz vornehme Hüttenweihnacht mit dem Ludwig van Beethoven und mit die fünf Mass Vollbier, die uns der Anderl g'stift hat. Was moanst, Inge, hättest net Lust, dass d' amal mit naufgehst auf unser Hüttn?"

"Vielleicht, - irgendwann, wenn's an besonders schöna Schnee hat. Pfüat di, Karli!"

"Dank dir schön, Inge!"

Als der Karli seine Spur über den unteren Stockhang zum Hohlweg hinüber zog, kam der Mond hinter den Wolken hervor. Auf der linken Seite fehlte ihm noch ein kleines Stück zur kreisrunden Vollendung, aber er war sehr hell, dieser Mond, und die Schatten der ziehenden Wolken huschten den schneebedeckten Berghang hinauf. Der Karli huschte nicht mit, und er beneidete die Wolkenschatten um ihre Schwerelosigkeit, denn der Aufstieg war diesmal eine rechte Schinderei. Es lag Neuschnee, und es gab noch keine Schispur, die nach oben führte, dafür war aber der große Rucksack so schwer wie ein Felsen. Wer sagt denn, dass Grammophonspielen leicht ist? Der Musikapparat und die zwei Dutzend Schallplatten hatten jedenfalls ein schandbares Gewicht, und wenn man so etwas bei Neuschnee auf eine Berghütte hinaufbuckeln muss, dann ist auf einmal jede Musik eine schwere Musik, ob sie nun von Peter Igelhoff ist oder vom löwenmähnigen Beethoven.

Die Hütte duckte sich schüchtern an den Berghang, und sie trug zwei herrliche Plumeaus auf ihren Schindeln. Vom Ende der Dachrinne war ein besonders weihnachtliches Exemplar von Eiszapfen nach unten gewachsen, kleine blaue Reflexe glitzerten darauf, und es sah aus, als hätte der gute Mond selbst ihn da aufgehängt.

Als das Teewasser über den krachenden Fichtenscheiten zu kochen begann, füllte sich auch die Hütte mit Wärme, und der Karli freute sich seines Alleinseins. Der Tee war von zeitgemäßer Qualität: Apfelschalen mit Kamille, aber Mutters Plätzchen schmeckten noch immer so, wie in früheren Zeiten. Später zog der Karli die Lawinenschaufel unter dem Vordach heraus und räumte draußen vor der Hütte den Schnee von Tisch und Bank. Dann zog er seinen Anorak an, hängte sich eine Decke um und dann ließ er die Nadel seines Grammophons vorsichtig in die erste Rille der Schallplatte mit dem "Allegro ma non troppo" von Beethovens Violinkonzert gleiten.

Er wollte einen langgehegten Traum Wirklichkeit werden lassen - und die Wirklichkeit geriet ihm zum Traum. Er lehnte seinen Rücken an das Holz der alten Hirtenhütte und er schaute in den Mond, an dem ab und zu eine gemächliche, silbergerandete Wolke vorbeizog. Vom Ammertal blinzelten kleine, schüchterne Lichtlein herauf, und der gutmütige Hörnlegipfel wuchs im kalten Mondlicht ins Unermessliche, er wurde zum Montblanc, zum Nanga Parbat, zum Berg schlechthin. Dies war der großartigste Konzertsaal der Welt - und er gehörte dem Karl Grob ganz allein. Und es war ganz und gar unwichtig, dass die Musik nur von einem alten Koffergrammophon und einer Schellackplatte erzeugt wurde. Die Musik, die ließ alles zu einem Teil des gewaltigen Universums werden, nicht nur den Mond und die Sterne, auch die Berge ringsum, die Hütte und den glänzenden Eiszapfen. - Und schließlich auch ihn selber. Und der Karli hielt sich an seiner Tabakspfeife fest, und er drückte den Buckel an die zerfurchten Hüttenbalken. - Sonst wäre er wahrscheinlich davongeflogen.

Das letzte Weihnachten des Krieges und dieses erste im Frieden, die würde der Karli nie vergessen, und wenn er so alt werden sollte wie die Zugspitz.

Am nächsten Vormittag polterten die Freunde mit schweren Skistiefeln und lockeren Sprüchen in seinen Weihnachtsfrieden hinein. Er war allerdings darob nicht traurig, denn erstens hatten die Kameraden Essbares und fünf Mass Vollbier dabei, und zweitens ist Einsamkeit nur dann schön, wenn sie nicht gar zu lange dauert.

Abgesehen von der Liebe gibt es wenige Genüsse, die sich mit dem vergleichen lassen, der entsteht, wenn man in unberührte Schneehänge die ersten Spuren und Schwünge hineinschreiben kann. Den hierbei aufkommenden Zustand bezeichneten die Freunde als "Weißen Rausch" oder "Schneezapfen".
Wenn es in der Nacht geschneit hatte und sie am Morgen ihre Hütte zusperrten, um wieder in den grauen Alltag hinabzugleiten, dann gehörte ihnen manchmal - selten genug - die Abfahrt ganz allein. Das gibt dann ein Gefühl von Freiheit, wie man es höchstens noch in einem Segelflugzeug verspüren kann. Den Karli erfasste jene alkoholfreie Trunkenheit meist so stark, dass er irgendeinen Buckel im Gelände übersah und dadurch mit einem schönen, dynamischen Sturz zur Erheiterung seiner Freunde beitrug.

Sie waren zwar alle gute Schifahrer, aber der Klaus, der war mit weitem Abstand der Beste. Er glitt über den Schnee wie ein unirdisches Wesen, und er beherrschte seinen Körper wie eine Primaballerina. Sonst hatte er allerdings wenig Ähnlichkeit mit einer solchen. Im Gegenteil, er war das maskulinste Mannsbild, das man sich vorstellen kann. Er war zwar nicht besonders groß gewachsen und ziemlich mager obendrein, aber über seinen Knochen spannten sich Sehnen und Muskeln aus Stahl, und der ganze Kerl sah aus, als hätte ihn vor langer Zeit Erasmus Grasser geschnitzt. Sein Profil war bemerkenswert dinarisch, mit stark ausgeprägter Nase und einem Kinn, das energisch nach vorne wies. Er hatte überall mehr Haare als auf dem Kopf, und wenn er darob von seinen Spezln gehänselt wurde, dann sagte er:

"Das Haar is a Sumpfpflanzn und gedeiht nur auf an Wasserkopf!"
Ihn Schifahren zu sehen, war eine Augenweide, denn pure Ästhetik lag in jedem seiner Schwünge. Als Ende der vierziger Jahre wieder größere Schirennen stattfanden, hat man ihn in die Nationalmannschaft geholt, und er gehörte zu den ersten Deutschen, die nach dem Krieg im Ausland starten durften. Er ist auch bayerischer Meister im Torlauf geworden. Aber was waren das damals doch für bescheidene Zeiten! Etlichemale hat der Karli den Klaus zu einem Rennen begleitet. Als "Betreuer" sozusagen. Im Rucksack hatte er einen halben Wecken Brot, ein Stück Hartwurst - von einem sportbegeisterten Murnauer Metzgermeister gestiftet - drei Äpfel und ein kleines Schiwachs-Sortiment. An den Startplatz kam man oft nur zu Fuß, weil beileibe nicht überall eine Bergbahn oder ein Schilift hinaufging. Auf die Dammkarscharte zum Beispiel war man gut drei Stunden unterwegs. In solchen Fällen hatte der Karli auch noch ein trockenes Unterhemd für seinen Spezl dabei.

Oben angekommen, wurde der Klaus zunächst mit ein paar Radln Wurst, einer Scheibe Brot und einem Apfel gedopt, dann prüfte er den Schnee fachmännisch mit den Fingern wie ein Schneidermeister einen Anzugstoff prüft, und er sagte zum Karli:
"I moan, i tua no a Bilgeri - mittel drauf und deck´ a weni mit Paraffin ab, weil unt´ naus werds wärmer, und da hast glei an stumpfen Schi beinand."

Nachdem die Startnummern ausgegeben waren, kramte der Karli noch zwei Schuhbandl aus seiner Tasche. Mit diesen Schuhbandln haben sich die Rennläufer damals die Keilhosen unter dem Knie abgebunden. Dadurch wurde der Luftwiderstand verringert und das unangenehme Knattergeräusch vermieden, welches der Hosenstoff bei hohen Geschwindigkeiten erzeugte. Der Klaus beendete dieses Startzeremoniell, indem er einen Batzen Blut in den Schnee spuckte und "Scheiße" sagte. Er hatte seit Tobruk einen Granatsplitter in der Lunge. - Dann schob er die Rennbrille auf seine bemerkenswerte Nase und stürzte sich mit mächtigen Schlittschuhschritten in den Starthang. Der Karli konnte sich nicht erinnern, dass der Klaus jemals versagt hat, aber oft hat er gewonnen. Von Beruf war er Bäcker, und unter der Woche ist er manchmal schon um drei Uhr nachts in der Backstube gestanden. Später hat er dann in der Murnauer Schifabrik gearbeitet.

Damals hatten auch die besten Läufer noch keinen eigenen Masseur, Arzt, Techniker, Psychotherapeuten, Manager, PR-Fachmann oder Anlageberater, aber Schi gefahren sind die Burschen trotzdem gut und der Sport war noch nicht zum reinen Geschäft verkommen, denn es ging halt hauptsächlich um so unrealistische Dinge wie die Ehre und die Freude an der eigenen Leistung.

In der unteren Schrankschublade waren noch etliche Sachen aus der Schulzeit aufbewahrt. Der Karli nahm das und jenes in die Hand, blätterte in Heften und Mappen und begab sich damit wieder einmal auf eine kurze Reise in die eigene Vergangenheit. Die Zeitmaschine in seinem Kopf machte einen großen Sprung rückwärts, einen Sprung von sieben, acht oder neun Jahren, und er merkte mit Staunen, dass ihn die schlechten Noten in seinen Heften noch genauso ärgerten und die guten ihn noch genauso freuten wie damals. Schulhefte und Ordner waren da, und der Karli wunderte sich, was für eine Menge Papier er in diesen Jahren vollgeschmiert hat.

Zuhinterst im Eck lagen einige Schulbücher. Die lateinische Grammatik bestand nur aus fliegenden Blättern. Das rührte aber nicht von dem übergroßen Lerneifer des Schülers Grob her, vielmehr war das Buch schon in diesem desolaten Zustand, als der Karli es einst von einem älteren Schüler erwarb. Eine Reichsmark hat er damals dafür bezahlt. Das war mehr als genug.

Der Karli wusste garnicht mehr, was er eigentlich suchte. Es war ihm auch wurscht, es ging ja nicht ums Suchen, sondern ums Finden. Ein paar hölzerne Winkel, ein Lineal und ein Rechenschieber lagen da, und darunter die große Zeichenmappe aus dickem Karton, mit grünem Leinenrücken und mit einem gleichfarbenen Bändchen verschlossen.

Die Mappe war voll von alten Schulzeichnungen, die sich der Karli wie im Traum, aber trotzdem kritisch anschaute: Die Kaffeemühle, die Petroleumlampe, die zwei alten Schistiefel, die Geländeskizzen und ein paar technische Sachen, Netzabwicklungen und Kegelschnitte. Und er dachte bei sich:

"So akkurat, wie ich das damals gemacht hab, - das brächt ich jetzt ums Verrecken nicht mehr zusammen!"

In der rechten unteren Ecke der Blätter war ein Stempel abgedrückt: "Anton Nüßlein, Stud.Prof." und darüber hatte der Onkel Toni mit roter Tinte meistens einen Einser hingemalt. - Der Onkel Toni! - Wie es dem wohl gehen mochte? Der Karli beschloss, ihn bald einmal aufzusuchen.

Die Kastanienbäume im Schulhof trugen schon zartrosa Blütenkerzen in ihren kugeligen Laubkronen. Durch den spärlichen Kiesbelag schauten Gras und Löwenzahn, und aus dem gusseisernen Brunnen, der wie einst zwischen den Kastanien stand, kam noch immer kein Tropfen Wasser. Die verrostete Muschelschale unter dem Auslass war trocken wie eh und je und voller Abfall. Das alte

Gymnasium hatte sich in den letzten sechs Jahren kein bisschen verändert. Der Karl Grob aber hatte, als er über die grauen Steinplatten zum Schultor ging, das beruhigende Gefühl, dass er inzwischen ein ziemlich erwachsener Mensch geworden war, den keine ungemachten Hausaufgaben mehr bedrückten.

Gleich rechts vom Eingang war der Physiksaal. Die Verdunkelungsrollos waren heruntergelassen, aber zwei Fenster hatte man weit geöffnet, und die Stimme vom Professor Paul war deutlich zu hören:

"Schaut's, wie der Zigarrenrauch den Strahlengang wunderbar sichtbar macht! - Jetzt hab ich zwei bikonvexe Linsen im Projektor, ein sogenanntes Periskop. - Seht ihr, wie sich die Strahlen im Brennpunkt sammeln! - Die bikonvexen Linsen sind eigentlich die einzigen Linsen, die man mit Recht als Linsen bezeichnen darf. - Oder habt's ihr in eurer Suppen schon amal a Linsen g'funden, die wo konkav war?"

Der Karli musste lachen. Das war noch immer der alte Paule, der da drin dozierte! Den hatten die bewegten Zeiten anscheinend nicht verändert, und die Optik, die war schon immer sein Lieblingsgebiet, weil er da das Privileg hatte, auch im Unterricht eine seiner geliebten Zigarren zu rauchen, um die Strahlengänge in optischen Systemen gut sichtbar zu machen.

"Und jetzt schaun wir uns noch amal an, wie die konkaven Linsen, die ja eigentlich gar keine Linsen net sind, das Licht zerstreuen. Schaut's, wegen dem Rauch kann man eben wunderbar sehen, wie das Licht durch ein konkaves System kegelförmig zerstreut wird. Daher auch der Name Zerstreuungslinsen für diese Linsen, die eigentlich keine sind - und so kann sich's am Ende jeder Depp merken."

Ob der Paule wohl eine angemessene Sonderzuteilung auf seine Tabakwarenkarte bekam, weil er die Zigarren doch so notwendig für den Physikunterricht brauchte?

Als der Karli auf den Klingelknopf drückte, machte der alte Pedell Schramm das Schalterfenster auf, schob seinen mächtigen Schädel mit der grauen Bürstenfrisur heraus und sagte unvermittelt:

"Ich mein, dich kenn ich, - du bist doch der Kerl aus Murnau, der wo damals im Stiegenhaus den Löw' vom Sockel g'haut hat, mit seiner verdammten Stiagenglanderrutscherei!"

Da hatte die Vergangenheit den Karli urplötzlich wieder eingeholt. Schuld an dem Unfall war seine Hose, deren Stoff so glatt war, dass er auf dem Stiegengeländer, vom dritten Stock herunter, ein derartiges Tempo draufbekam, dass er nicht mehr rechtzeitig bremsen konnte und den bayerischen Löwen, der am Ende der Treppe stolz auf einer gedrechselten Säule stand, herunterstieß. Dabei brach auch noch die rechte Pranke ab, die das Staatswappen hielt. Es gab einen rechten Ärger, und wenig später wurden metallene Zapfen auf das schöne Holzgeländer geschraubt.

"Sie ham vielleicht a guats Gedächtnis", sagte der Karli und fragte den Hausmeister, ob der Professor Nüßlein noch da sei.

"Der Nüßlein, der is nimmer an der Schul, den hams glei entlassen, weil er doch in der Partei war, und außerdem is er jetzt eh schon im Pensionsalter. - Ich glaub, der wohnt jetzt da drüben in einem von den Wohnblocks am alten Bahnhof."

Die Frau in dem kleinen Kramerladen, die der Karli fragte, deutete aufs Nachbarhaus hinüber:

"Da drüben, im vierten Stock wohnt er, der Herr Professor."

An der Türe, ganz oben unter dem Dach der Mietskaserne, war mit Reißnägeln ein Schildchen befestigt mit dem altbekannten Stempel drauf:

"Anton Nüßlein, Stud.Prof."

Die zierliche, weißhaarige Dame, die dem Karli öffnete, schaute zunächst ein wenig erschrocken und mißtrauisch drein, aber als der Karli sich vorgestellt hatte, sagte sie mit einem Lächeln, das wie eine Entschuldigung aussah:

"Kommens rein, Herr Grob, da wird sich mein Mann sicher sehr freuen!"

Doch dann zog sie den Besucher ein wenig zu sich heran und flüsterte:

"Aber bittschön, net zu lang, er is zur Zeit net gut beinand, der Anton!"

Der Onkel Toni saß mit einem Kissen im Rücken im Lehnstuhl. Er hatte einen grauweiß gestreiften Bademantel an und sah zum Erbarmen schlecht aus. Es schien dem Karli, als sei er auf die Hälfte seiner früheren Größe geschrumpft. Zusammengesunken saß er da, ein rechtes Häuferl Elend. Der silbergraue Schnurrbart starrte wie eine Wurzelbürste zwischen den eingefallenen Wangen, und seine weißen, mageren Hände lagen ganz tot auf den Armlehnen.

Der Karli sagte:

"Grüß Gott, Herr Professor! - I wollt bloß amal schaun, wie´s Ihnen geht. Und da hab ich a bisserl was mitbracht. Hoffentlich mögen S´ so einen Süßen."

Damit holte er eine Flasche Heidelbeerwein, die er kürzlich gegen eine Schachtel Camel eingetauscht hatte, aus seiner Mappe und stellte sie vor den Professor auf den Tisch. Der schaute ihn über den Rand seiner Brille hinweg mit wässerigen Augen an und sagte gerührt:

"Ja mei, Grob, des hätt´s doch net braucht. Den hätten S´ selber trinken sollen -vielleicht mit Ihrer Freundin, in einem stillen Eckerl. Des kann ich ja nie wieder gutmachen."

"Des ham S´ scho lang vorher gutg´macht, Herr Professor. - Soviel Einser,

wie Sie mir gegeben ham, hab ich ja nie verdient!", sagte der Karli und lachte.
Auch der Onkel Toni lächelte ein wenig, als er dem Karli gestand:
"Ab der siebten Klass' hab ich dir nix mehr beibringen können, Karli, da warn deine Zeichnungen besser wie meine. Aber ich freu mich ja so, dass du mich b'suchst und dass d' noch lebst. -
Sind ja so viele gefallen von euch, so furchtbar viele!"
Er streckte dem Karli seine kalten, blau geäderten Hände entgegen und flüsterte entschuldigend:
"Jetzt hab ich vor lauter Freud' auch noch Du g'sagt zu Ihnen!"
Der Karli lachte:
"Is mir eh lieber, wo wir uns doch schon so lang kennen!"

Die Frau Nüßlein kam herein und stellte drei Tassen und einen kleinen Teller mit Keksen auf den Tisch.
"A Tässle trinken S' aber schon noch mit, Herr Grob", sagte sie. "Des is zwar nur a Hagebuttentee, aber g'sund is er wenigstens. Und die Keks, die hab ich eigens aufgehoben, wenn amal a B'such kommt. An Weihnachten hats uns mei Nichte vorbeibracht. Kann sein, dass die vielleicht a bisserl hart sin, weil sie bloß a Roggenmehl g'habt hat, mei Nichte."
"Aber ich will Ihnen doch keine Umständ machen, Frau Nüßlein, und die Plätzerl will ich Ihnen auch nicht wegessen", wehrte der Karli höflich ab.
"Des sin keine Umständ, und die Keks sind für meinen Mann und mich sowieso viel zu hart", sagte die Frau Professor.
"Für an alten Soldaten is nix zu hart!" warf der Onkel Toni ein.
"Und der Karl Grob, der wird in den letzten Jahren schon Schlimmeres erlebt haben als deine Plätzle.
Hast sicher viel mitgemacht, Karl?"
"Ja mei, wie man's nimmt, ich hab eigentlich immer Glück g'habt und es is mir net viel passiert."

Und dann kam der Karli, ohne es zu wollen, doch ein wenig ins Erzählen über das, was er in den letzten fünf Jahren des tausendjährigen Reiches so erlebt hatte, und dann sagte er:
"Dass Sie uns damals beigebracht haben, wie man Geländeskizzen und Kartenkrokis zeichnet, das war für mich garnet schlecht, denn das letzte Jahr war ich Gefechtszeichner im Regimentsstab, und da is ma doch nimmer gar so exponiert."
Der alte Lehrer schaute ernst über den Brillenrand.
"Tag und Nacht mach ich mir Vorwürf', weil ich immer versucht hab, euch zu vorbildlichen Deutschen im nationalen Sinn zu erziehen", sagte er.

"Weißt du noch, wie ich oft so nebenbei erwähnt hab, dass einer erst dann ein richtiges Mannsbild ist, wenn er eine geraume Zeit beim Militär war - ich war dumm, Karl Grob, saudumm! Und ich hab ehrlich an den Hitler geglaubt, und dass er schon alles recht macht, und ich hab meinen Schülern immer einen echten Nationalstolz und einen rechten Patriotismus vermitteln wollen. Glaub mir's, Karl, das hab ich ganz ehrlich g'meint, und mit dem Direktor und mit dem Kollegen Paul bin ich oft aneinandergeraten, wenn's um Politik gangen is. - Aber die zwei waren g'scheiter wie ich! - Ich hab lang net glauben wollen, was alles geschehen ist. - Jetzt glaub ich's! Wieviele werden wohl noch leben von deiner Klasse? Die Hälfte oder ein Drittel? - Ich muss immer dran denken, dass ich mit schuld bin an allem. Dass unser Sohn gefallen ist, im Herbst dreiundvierzig, dass ich meine Stellung verloren hab und keine Pension bekomme und dass ich krank bin und nichts mehr tun kann, das ist vielleicht die gerechte Straf für meine Dummheit. - Aber was kann denn meine Frau dafür?"

"Des wird schon wieder, Anton, des wird schon wieder", sagte die Frau Nüßlein ein wenig hilflos, während sie das Geschirr abräumte.

Als sich der Karli verabschiedete, hätte er am liebsten dem Professor den Kopf gestreichelt oder ihm auf den krummen Buckel geklopft, aber statt dessen sagte er:

"Wenn ich darf, besuch ich Sie bald wieder, und dann rauchen wir eine gute Zigarre zusammen!"

"Ich freu mich, wenn du kommst, Karl, ich freu mich wirklich!" sagte der Nüßlein.

Aus der Zigarre ist nichts mehr geworden. Fünf Wochen später war der Onkel Toni tot.


Eines Tages war der Reiner wieder da. Er kam aus einem englischen Gefangenenlager in Ägypten, und er war in den sechs Jahren, in denen die Freunde sich nicht mehr gesehen hatten, ein anderer Mensch geworden, fast ein Fremder. Er redete wenig, war wortkarg und eigenbrötlerisch. Er schien mit seinen Gedanken meistens weit weg im afrikanischen Wüstensand zu weilen, suchte keine Gesellschaft und blieb lieber allein.In einer seltenen Anwandlung von Gesprächigkeit sagte er einmal, dass es ihm in der Gefangenschaft recht gut gegangen sei und dass er eigentlich ganz gern in Ägypten geblieben wäre, weil er vor einem normalen bürgerlichen Leben in Murnau Angst habe.

"Die Tommys wollten uns aber nicht länger behalten," erzählte er, "denn wir haben denen die Sachen unterm Hintern weggestohlen - auch Autos und Waffen

- und das haben wir dann an die Araber verscherbelt. Eigentlich war das ein Pfundsleben dort unten!"

Der Karli wusste aber, dass der Reiner in Tunesien einen Granatsplitter in den Rücken bekommen hat und - wie man hierorts sagt - dem Totengräber grade noch von der Schaufel gehupft ist. Seine beiden Brüder sind kurz hintereinander im Osten gefallen. Das mag zu seiner Veränderung mit beigetragen haben. Jedenfalls war er nicht mehr dabei, wenn sich die übriggebliebenen Freunde bei der Regina in der Küche trafen, und der Karli konnte ihn nie überreden, mit auf die Hütte zu gehen oder auf eine Bergtour. So hatte der Krieg den Reiner zwar gnädig am Leben gelassen, aber er hat ihm dafür ein gehöriges Stück seines Wesens umgekrempelt.

Ganz anders war es, als wenig später der Karlo heimkam.
Sie saßen mit der Regina um den Küchentisch herum: der Klaus, der Rudi, der Franz und der Karli. Da hörte man, wie die Haustüre ins Schloß schnappte. Die Regina sagte: "Wer kommt denn jetzt da noch daher?" Sie wollte gerade aufstehen, als plötzlich der Karlo in der Küche stand. Er fuhr mit drei Fingern in den kleinen zinnernen Weihwasserkessel, der seit ewigen Zeiten an der Wand neben dem Türstock hing, und sagte:
"Really, empty - why have you no Weichbrunna? - Saubande, unkatholische!"
Und dann wurde der Karlo mit einer Welle von verbalen Zärtlichkeiten überschüttet, wie das halt im Oberland so üblich ist, wenn sich ein paar Mannsbilder, die sich gut leiden können, nach langer Zeit wiedersehen.

Warum man ihn, den Haderlump, den elendigen, überhaupt wieder ausgelassen habe, wurde er gefragt, und warum man ihn nicht gleich aufgehängt oder wenigstens nach Australien zum Känguruheinfangen geschickt habe - den Bazi, den miserabligen!

Der Karlo machte eine souveräne Handbewegung und sagte:
"Shut up, foolish Krauts! - Ihr seids anscheinend noch genau so vornehm wie früher!"

Alle freuten sich von Herzen, dass sie von nun an wieder um einen mehr waren. Und es fing ein großes Erzählen an am wachstuchbunten Küchentisch der Regina, unter den Bildern derer, die nie mehr da sitzen würden und die doch auf eine spürbare Weise ganz gegenwärtig waren.

Sie redeten und sie lachten, und in ihren Gesprächen nahmen die Kriegsjahre keinen großen Platz ein. Der Krieg war eben noch zu nah, um davon zu reden. Keiner wollte damit anfangen, weil jeder fürchtete, dass ihn die anderen dann vielleicht für einen Angeber gehalten hätten. Nur die Regina zählte die Toten auf, die Vermissten und die Gefangenen - soweit man von denen ein Lebenszeichen hatte. Niemand wusste so viel über den Ort und seine Bewohner wie die Regina. Sie war ein einziges Auskunftsbüro.

Auch die eingesperrten Nazis erwähnte sie - ohne die geringste Schadenfreude. Es war seltsam, sie, die niemals ein Hehl daraus gemacht hatte, daß sie alles, was mit dem Hitler und seiner Partei zusammenhing, aus tiefster Seele verabscheute und hasste, sie, die einst mit einer Frechheit ohnegleichen diese Abneigung auch gegenüber örtlichen Nazigrößen kundtat, die alte Erz-Antifaschistin Regina, bei der schlug jetzt auf einmal die altbayerische Gutmütigkeit durch, und die meisten der inhaftierten Nazis taten ihr leid. Zumindest, wenn es sich um Murnauer Mitbürger niedriger Rangstufen handelte. Sie sagte dann zum Beispiel:

"O mei, der Schindlbeck, der hat doch koam was to. - Der hat doch koaner Fliagn was z'leid toa könna! - Und der Hausler Sepp, der is doch damals bloß zur SA ganga, weil er arbeitslos war. Freili, bei der Saalschlacht, beim Kirchmeier, da hat er fest mitg'rauft, aber sonst war er wirklich ein seelenguter Kerl, der Sepp. - Und der Söllbacher Vinzenz! Der war doch eigentli aa bloß a G'schaftlhuber mit an bösen Wei dahoam - sonst nix. Und der Wimmer Beni, den hams aa hinghängt, der is ja in der Schul schon so saublöd g'wesen! - A Rindvieh war er halt, der Beni, aber koa Verbrecher."

"Ja," sagte der Karli, "die vielen Rindviecher, die san das Wichtigste in einer Diktatur! Ohne die Rindviecher waar aa beim Hitler nix g'laufen."

Später fing dann der Karlo an, von seiner englischen Gefangenschaft zu erzählen. Das war spannend wie eine Kriminalkomödie.

Der Karlo hatte schon immer eine großartige Begabung, aus jeder Situation das Beste zu machen, und obwohl er wirklich kein Angeber war, ließ der Bericht über sein unfreiwilliges Inselleben klar erkennen, dass das britische Königreich dem aufgeweckten Jungeisenbahner aus Murnau in keiner Weise gewachsen war. Ihn heimzuschicken, war für die Engländer ein Akt der Notwehr gewesen. Die guten Sprachkenntnisse aber, die er aus der Gefangenschaft mit nach Hause brachte, die waren dem Karlo später die Basis für eine erfolgreiche Berufskarriere, die dann allerdings mit der Eisenbahnerei nicht mehr viel zu tun hatte.

Auch der Onkel vom Karli kam eines Tages aus dem Internierungslager zurück. Elend mager und krank sah er aus, und er tat sich schwer mit dem Gehen, denn seine Prothese passte nicht mehr an den dürren Beinstumpf. Es dauerte lange, bis ihn die Mutter und die Tante Emmi wieder einigermaßen in die Höhe gebracht hatten. Die Untat, dass er schon neunzehnhundertsiebenundzwanzig in die Partei eingetreten war, die hat er jedenfalls ehrlich abgebüßt.

Der Onkel, der nach der Internierungshaft nie mehr ganz gesund wurde, der fragte den Karli, ob er nicht Lust habe, das Fotogeschäft zu übernehmen. Nach kurzem Überlegen sagte der Karli Ja, denn für das vorgehabte Studium fehlten ihm zwei wesentliche Dinge: das Selbstvertrauen und das Geld vom Papa.So kam ihm das Angebot des Onkels nicht ungelegen. Schon früher, in der Schulbubenzeit, bedeutete die Fotografie für den Karli etwas faszinierend Mystisches, und er hat manche Stunde in der Werkstatt seines gutmütigen Onkels verbracht. Wenn er seine ersten, in einer billigen Klappkamera belichteten Filme bei rotem oder grünem Dunkelkammerlicht durch den Entwickler zog und sich auf der lichtempfindlichen Oberfläche die Rechtecke der Aufnahmen abzeichneten, ganz zart zuerst, dann kräftiger werdend, kontrastreicher, die umgekehrte Wirklichkeit, das Helle dunkel, das Dunkle hell, eine negative Realität, aus dem Nichts entstanden, dann hat sich der Karli als Alchimist gefühlt, als Magier, als Doktor Faust.

Auch jetzt, da er erwachsen war, hatte dieses Handwerk für den Karli noch nichts von seinem Reiz verloren. Gab es denn irgendeine vergleichbare Sache, in welcher Physik, Chemie und subjektives Gefühl einen derart sinnvollen Dreibund eingingen? War es denn nicht ein echtes Wunder, wenn in einem winzigen Augenblick auf einer fotografischen Schicht ein latentes Bild entstand, das nicht zu sehen war, Licht, das die Moleküle der Emulsion auf geheimnisvolle Weise festhielten und das nach Stunden, Tagen oder Monaten durch die Chemikalien des Entwicklers sichtbar gemacht werden konnte?

Der Witz an der Sache ist: man weiß natürlich, dass es funktioniert, aber man weiß bis heute noch nicht genau, warum es funktioniert.

Ja, das war eigentlich schon eine Arbeit nach seinem Herzen: Wenn ein gutes Bild entstehen soll, dann ist da zuerst ein Gedanke im Kopf, eine bestimmte Vorstellung oder auch das Begreifen eines flüchtigen Augenblicks, eine blitzschnelle Reaktion. Die Kamera zwingt zum Sehen und Erfassen, und ihre technischen Möglichkeiten erlauben es, den winzigen Bruchteil einer Sekunde für ewige Zeiten zu konservieren. Das kam dem Karli manchmal wie ein kleines Abenteuer vor.

Verständnis für technische Zusammenhänge war notwendig, um die Kamera zu einem gediegenen Werkzeug werden zu lassen, und die Arbeit in der Dunkelkammer erlaubte ebenfalls viele kreative Variationen. Man konnte ein Bild in mannigfacher Weise verändern, mit diversen Papiergradationen, unterschiedlichen Entwicklern und Tonern oder durch Herausvergrößern einzelner Bildausschnitte. Auch mit Solarisationen und Doppelbelichtungen waren hochinteressante, graphische Effekte zu erzielen. Der Karli fand viel Freude an diesen Experimenten. Nur jemanden, der solche Spielereien bezahlt hätte, fand er leider nicht.

Aber der Karl Grob war's zufrieden. Er und sein Onkel konnten zur Not von dem kleinen Fotoladen leben, und allein schon der Umstand, dass es hier war, wo er leben konnte, unter Menschen, die er gern hatte und in einem Land, in dem Berge und Seen und alle Schönheiten dieser Welt griffbereit in der Nähe lagen, machte ihn glücklich und erfüllte ihn mit einer Zufriedenheit, die nicht ganz ungefährlich war, denn von der Zufriedenheit zum Phlegma ist oft nur ein kleiner Schritt.

Er genoss das Daheimsein jedenfalls in vollen Zügen, denn er war der Meinung, dass er sich lange genug in der Welt herumgetrieben habe.

Eines Abends, als er im Bücherregal des Vaters herumstöberte, sagte der zu ihm:
"Hast du gesehen, dass der Buchhändler Wiegelmann jetzt Bücher in seiner Auslag' hat, die in der Nazizeit bei uns nicht erscheinen durften? Du weißt ja, dass man im Mai dreiunddreißig in Berlin auf einem Riesenscheiterhaufen Bücher verbrannt hat, die nicht in die Ideologie des Adolf Hitler gepasst haben, und ich bin sicher, dass man die Autoren dieser Bücher der Einfachheit halber auch gleich mit verbrannt hätte, wenn die nicht untergetaucht oder emigriert wären."

Jene Nachkriegs-Neuerscheinungen waren einfach gebunden und auf miserablem Papier gedruckt, aber was macht schon ein schäbiger Hut aus, wenn der Kopf darunter gut ist? Dem Karl Grob tat sich eine neue Welt der Literatur auf, die er bis dahin nicht gekannt hatte, und er fragte sich, was denn am Zuckmayer, am Kästner, am Horvath, am Thomas Mann, am Oskar Maria Graf, am Zweig und am Tucholsky so undeutsch wäre. Mit der deutschen Sprache konnten die alle jedenfalls recht gut umgehen. Der Karli dachte, dass es damals mit dem Selbstbewusstsein der Machthaber wohl nicht sehr gut bestellt war, wenn sie eine solche Angst vor Büchern hatten. Aber die Angst der Mächtigen, die war ja schon immer der Grund für die Unfreiheit der anderen, der Un-Mächtigen.

In jenen Tagen, da der Friede noch jung war und unbeholfen, wie ein pubertierender Knabe, da hatte sich freilich auch die wunderschöne Dame Freiheit noch nicht zu ihrer ganzen Herrlichkeit entwickelt. Es gab - wie einst - Verbote und Zensuren, denn in einem besiegten Land ist eine Militärregierung halt nur ein

Provisorium, und viel Demokratie kann man da noch nicht erwarten. Aber auf die Nazis konnte man jetzt wenigstens schimpfen, ohne Angst vor schlimmen Folgen haben zu müssen, und langsam, ganz langsam - der Karl Grob spürte es wie einen ersten, linden Frühlingshauch - kam sie näher, die Freiheit, mit kleinen, zaghaften Schritten. Eine schüchterne Geliebte.

Dass es die früher verbotenen Bücher jetzt wieder gab, war schon ein kleines Stück dieser Freiheit, und die Tatsache, dass sich kein Schwein mehr dafür interessierte, was für einen Sender man in seinem Dampfradio empfing, die gehörte auch dazu.

Das Kurgebäude war seit Kriegsende von den Amerikanern beschlagnahmt. Die hatten den Saal mit Sternenbannern und anderem farbenfrohen Dekor ausgeschmückt, und dort trafen sich des Abends die GI's zu Trunk und Tanz. Das Etablissement war für die Deutschen "Off Limits". Ausgenommen natürlich die Musikkapelle und die "Fraulein". Das brave Kurgebäude nannte sich jetzt "Hill Top Club". Freilich war das ein wenig übertrieben, denn es lag beileibe nicht auf dem Gipfel eines Hügels, sondern nur am Ende der ein wenig bergauf führenden Postgasse, ein paar Meter höher als das Rathaus.

Einmal, an einem warmen Sommerabend, saß der Karli mit der Inge auf der Tuffsteintreppe, die von der Lesehalle zu den Anlagen hinunterführte. Die Flügeltüren des "Hill Top Club" waren weit geöffnet, und zusammen mit buntem Licht, Gelächter und Zigarettenrauch drang auch eine bemerkenswerte Musik hinaus zu den alten Lindenbäumen des Parkes. Sie klang für den Karli zunächst ein wenig fremd, diese Musik, amerikanisch halt, eine seltsame Mischung aus Sentimentalität und Lebensfreude. Das brachte seine Phantasie in Schwung, und in seinem Kopf tauchten Vorstellungen auf von Wolkenkratzern und Lucky Strikes, von Kaugummi und Whisky, von großen Brücken und der Freiheitsstatue, von Cowboys, Lippenstift, Nagellack und Corned Beef.

Die Kapelle bestand nur aus Deutschen, die für Zigaretten und Naturalien eine ausgezeichnete Musik machten. Am Klavier saß der Franz Grothe, das war ein bekannter Komponist und Kapellmeister der dreißiger Jahre, und der wohnte damals in Murnau.

"Jetzt, wo i die amerikanischen Liadln a paarmal g'hört hab, find i s' eigentlich ganz guat", sagte der Karli.

Und dann stand er auf und hielt der Inge die Hand hin:
"Probier ma's?"
"Sentimental Journey", sagte die Inge.
"Ha?" fragte der Karli.

"So hoaßt das, was die grad spieln".

Und dann fingen sie an, auf dem grasdurchwachsenen Steinpflaster vor dem Kursaal traumverloren zu tanzen. Das war kein ideales Parkett, aber die Melodien und die Sommernacht ließen sie den rauhen Boden, auf dem sie sich bewegten, ganz und gar vergessen.
Beim nächsten Stück beugte die Inge den Kopf zurück, sah mit großen Augen zum Nachthimmel auf und hauchte:
"Moonlight Serenade!"Und der Karli fragte:
"Woher woaßt denn du des alles?"Die Inge lachte:
"Ja, lebst du hinterm Mond? - Habt´s ihr koan Radio dahoam?"

Und dann rief plötzlich jemand von der weit offenen Saaltür her:
"Hello photoman! Have a drink for you!"
Es war der US-Corporal Hewitt. Dem hatte der Karli vor einigen Tagen einfühlsam eine Beute-Leica erklärt und einen Film entwickelt. Die Fotos, die der Corporal gemacht hatte, waren recht eindeutig.
Der Hewitt hielt drei Gläser mit Whisky und Eiswürfeln in den Händen, und sie stießen miteinander an und sagten "Prost und cheers!"
Dann schaute der Amerikaner wohlgefällig auf die Inge und bemerkte:
"Deine Girlfriend ist eine sehr scheune Fraulein, Photoman!"
Der Karli lachte ein wenig mühsam und sagte: "of course!"
Und er war dann auch irgendwie erleichtert, als sie ihren Whisky ausgetrunken hatten und der Hewitt sich mit den Worten:
"Goodnight, ladies and gentlemen, my darling is waiting for me!" verabschiedete und im Trubel des "Hill Top Club" verschwand.
Kurz darauf sahen sie ihn an der Tür vorbeitanzen. Dem Hewitt sein Darling war grell geschminkt, ziemlich betrunken und lange nicht so hübsch wie die Inge.

Weil diese warme Sommernacht mit Glenn Miller, George Gershwin und Bourbon-Whisky so wunderschön begonnen hatte, dachten auch der Karli und die Inge nicht daran, sie zu beenden, zumal die Sperrstunde inzwischen aufgehoben worden war. Und sie wanderten durch die vertraute Allee mit den uralten Eichbäumen bis zu der Bank, von der aus man über das weite Moos schauen konnte. Und dem Karli fiel ein, wie er einst hier mit der Elisabeth gesessen ist, ein paar Tage bevor der Krieg anfing. Damals ist - wie ein Symbol - ein Wetterleuchten über Heimgarten und Jochberg gestanden. Heute blinzelten nur die kleinen Lichter von Ohlstadt herüber, und von den Bergen kam ein milder Wind herab, der strich den beiden zärtlich über die Haut. Der Karli hatte seinen Arm über die Banklehne gelegt und tat wie der Bergwind: Er streichelte Hals und Rücken des Mädchens und spielte mit dessen Haaren. Die Inge ließ sich's gerne gefallen, sie legte genießerisch den Kopf nach hinten und schloss die Augen. Dann liefen sie Hand in Hand über den schmalen Feldweg zum Moos hinunter. Die Frösche am Ramsachufer plärrten wie nicht gescheit, und im Goldhofer seinem alten Stadel verströmte das Heu freigebig den Duft von vielen sonnentrunkenen Sommertagen.

In diesem Jahr ist die Deutsche Mark geboren worden. Als am einundzwanzigsten Juni des Jahres achtundvierzig jeder Bewohner der drei westlichen Besatzungszonen bare vierzig Mark in die erwartungsfrohe Hand gedrückt bekam, da hatten mit einem Schlag Lucky Strikes, Camels, Philip Morris und Chesterfields als Zahlungsmittel ausgedient.

Der plötzliche Wegfall dieser rauchbaren Währung war für den Karli Grob zunächst ein harter Schlag, denn seine Kunden waren hauptsächlich Amerikaner und Polen, und die haben halt nur mit Zigaretten bezahlt, und das war in dieser Zeit eine grundsolide kaufmännische Basis. In seiner grenzenlosen Unbedarftheit freute er sich aber seiner vierzig D-Mark, und er dachte, dass nun endlich einmal die absolute Gerechtigkeit da wäre, weil jetzt jeder mit dem gleichen Startkapital anfangen musste. Der mit dem großen Kaufladen und den drei Häusern genau so wie der Kriegsheimkehrer, der Brauereibesitzer genau so gut wie der alte Steinbrucharbeiter, und auch die Frau Metzgermeister hatte an jenem Tag nicht mehr Bares auf der Hand als die junge Flüchtlingsfrau.

Natürlich war es mit dieser Gleichheit schon nach wenigen Stunden vorbei, denn da hatten die einen die Kassen voll und die anderen den Geldbeutel leer, und nach allem, was wir bisher über den Karl Grob erfahren haben, besteht kein Zweifel, dass er zu jenen mit dem leeren Portemonnaie gehörte. Aber die neue Deutsche Mark hatte großartige Zauberkräfte: Sie füllte - fast über Nacht - die Regale der Kaufläden wieder mit lange entbehrten Dingen, sie bewirkte, dass die Hühner wieder Eier legten und dass aus den Eutern der Kühe wieder Milch kam. Auch das Gemüt manch eines Krämers veränderte sie in wunderbarer Weise, indem dieser seine Kunden auf einmal wieder freundlich lächelnd nach ihren Wünschen fragte, weit davon entfernt, sie als lästige Störenfriede zu empfinden, wie er das noch bis vor kurzem getan hatte.

Ein paar Tage später ist der Karli auf die Sparkasse gegangen und hat gefragt, was ihm jetzt noch geblieben ist von seinem Soldatenlohn. Zuerst durchfuhr ihn ein freudiger Schreck: Es waren genau dreihundertachtundzwanzig Mark und fünfzig Pfennige! Das waren ja mehr als acht Kopfgelder! Es waren D-Mark! - Was kostete die Welt?

Erst später dämmerte es dem guten Karli, dass sich der Krieg für ihn doch nicht besonders gelohnt hat, rein kaufmännisch betrachtet. Dreihundertachtundzwanzigfünfzig - das war nicht viel für fünfeinhalb Jahre Kommiss.

Aber besser als garnichts war es immerhin, und zu den erstern Neuanschaffungen, die er sich leistete, gehörte ein Paar Kletterschuhe, denn die hanfstrickbesohlten Dachdeckersandalen, die er sich im Herbst gegen eine Packung Ami-Zigaretten eingetauscht hatte, die waren stark gebraucht, eine gute Nummer zu groß und eher lebensgefährlich als hilfreich. Seine neuen Kletterpatschen hingegen waren damals der letzte Schrei. Sie bestanden aus grauem Spaltleder und hatten Manchonsohlen. Das war ein dicker, elastischer Filz, und der sollte eine besonders gute Haftung haben, auch dann, wenn der Fels nass war.

Die Mutter, als sie die Neuanschaffung gewahr wurde, sagte:
"Karli, du spinnst! - Strümpfe, Unterhosen oder ein Hemd für besser, auch eine g'scheite Jacke und Halbschuhe, das hättest du dringender gebraucht. Alles, was du zum Anziehen hast, stammt noch aus deiner Schulbubenzeit und ist dir entweder zu klein geworden oder so hin, dass man's nimmer richten kann!"
Sie hatte ja recht. An Werktagen lief er noch oft mit seiner alten Luftwaffenjacke herum, die mit angenähten grünen Revers und Hirschhornknöpfen auf Trachtenjanker getrimmt war. Dem Karli war das aber ziemlich wurscht. Richtige Kletterschuhe hatte er sich schon lange gewünscht, denn die alten Dachdeckersandalen reichten für die Zwölferkante nicht mehr, und die Zwölferkante hatte er doch für Anfang Juli mit dem Klaus fest ausgemacht.

Die Mutter freute sich natürlich überhaupt nicht über die bergsteigerischen Ambitionen ihres Sohnes. Sie sagte vorwurfsvoll und mit dem Zeigefinger an die Stirn tippend:
" Den Krieg hast heil überstanden, und jetzt brichst dir am End 's Gnack bei der Kraxlerei, der saublöden!"
"Geh, da brauchst dir nix denken," versuchte der Karli sie zu beruhigen. "Du woaßt doch, dass i überhaupts koa risikofreudiger Mensch net bin - und an übertriebenen Ehrgeiz hab i auch no nia g'habt."
"In der Schul jedenfalls net", sagte die Mutter grantig.

Eines Tages wurde der Onkel von Amts wegen aufgefordert, Entlastungsschreiben für seine demnächst anhängige Spruchkammerverhandlung beizubringen. Er war ja einst Träger des goldenen Parteiabzeichens, weil er schon im Jahr neunzehnhundertsiebenundzwanzig in diesen Verein eingetreten ist. Außer seiner langen Mitgliedschaft konnte dem Onkel allerdings nichts vorgeworfen werden, und im Ort wußte jeder, dass er während des tausendjährigen Reiches keinem Menschen etwas zuleide getan hat. Dass er vor langer Zeit einmal an den großen Führer glaubte, dafür hat der Onkel genug büßen müssen, denn nach sechzehn Monaten Internierungslager ist er halbtot nach Hause gekommen und nie mehr ganz gesund geworden.

Der Karli hielt das Ganze für ein höchst fragwürdiges Theater, denn er war der Meinung, dass auch hier wieder die Kleinen die Schweinereien der Großen ausbaden sollten. Er sagte zum Onkel:
"Brauchst di net kümmern, i bring dir so viel Entlastungsschreiben zamm, dass dir koa Spruchkammer was ohänga kann!"
Und er lief in Murnau herum zu vielen Leuten, von denen er wusste, dass sie keine Freunde vom Hitler gewesen sind.

Die Regine war die Erste, die er aufsuchte. Die setzte sich auch gleich an den Küchentisch und schrieb, ohne lang am Federhalter zu kauen, einen zwei Seiten langen Brief, in dem sie dem Onkel seine politische Unschuld bescheinigte. Der Karli staunte nicht schlecht, ein Rechtsanwalt hätte das nicht besser formulieren können.
"Dem Ernstl kann i des mit guatem G'wissen schreim," sagte sie, "da taat's in Murnau scho andere geben - sogar etliche Nicht-Parteigenossen - für die i koa oanzigs guats Wort ei'legn könnt".

Auch der Reindl Xaver machte keine Schwierigkeiten. Der Xaver war ein alter Kommunist, der in der Arbeitslosenzeit oft mit dem roten Ottl und den anderen Genossen vor der Maria-Hilf-Kirche gestanden ist und auch ab und zu ein Fünferl für zwei Zuban in den Laden der Mutter getragen hat. Kurz nach der Machtergreifung haben SA-Leute den Xaver zusammen mit einigen anderen Kameraden auf einem Lastwagen nach Dachau gefahren. Über ein Jahr war er im KZ, der Reindl, und er hätte wirklich keinen Grund gehabt, einem alten Nazi zu helfen, aber er sagte zum Karli:
"Dei Onkel war net schuld, dass` mi eig'naht ham. Der war immer a toleranter, anständiger Mensch, und mir ham oft ganz freundschaftlich dischkriert mitnand. I woaß no guat, wia er amal zu mir g'sagt hat, dass er sich garnet so sicher is, ob er überhaupt auf der richtigen Seiten steht."
Und auch der Xaver Reindl schrieb dem Karli auf der Stelle ein paar freundschaftliche, entlastende Zeilen für den Onkel auf.

Beim Bauhofer, dem Wirt vom Sollerbräu, hatte er nicht so viel Glück. Zwar ist der Onkel viele Jahre im Sollerbräu am Stammtisch gesessen - und an so einem Stammtisch erfährt ein hellhöriger Wirt allemal mehr von der menschlichen Seele, als zwanzig Dorfpfarrer in ihren Beichtstühlen - und darum hätte der Bauhofer auch mit gutem Gewissen des Onkels politische Harmlosigkeit bescheinigen können. Er tat´s aber nicht, sondern er zog die Schultern hoch, wedelte mit der Hand vor seinem Kopf hin und her und sagte:

"Tuat ma leid, des mach i prinzipiell net. Wenn i jedem Gast, der wo bei der Partei war, a Entschuldigung schreiben sollt, da hatt´ i viel zum toa, und am End stand i dann selber als der größte Nazi da. Als G´schäftsmann und Gemeinderat kann i mir des net leisten."

Der Karli bekam eine rechte Wut, denn er wusste, dass dem Herrn Bauhofer unterm Hitler nie etwas Nachteiliges widerfahren ist, und wenn Parteigenossen bei ihm eingekehrt sind, dann hat er sie immer mit "Heil Hitler!" begrüßt und einen freundlichen Buckel dazu gemacht.

Ein unerwartetes Problem gab es auch beim Baurat Kerber. Der Kerber war ein guter Bekannter der Familie. Er ist einstmals bei der bayrischen Volkspartei und ein weit über die Ortsgrenzen hinaus bekannter Antifaschist gewesen. Vor Dreiunddreißig war er auch im Gemeinderat. Er hat aus seiner Einstellung nie ein Hehl gemacht und mit den Nazi gestritten, dass die Fetzen flogen. Als die dann an die Macht kamen, haben sie ihn gleich in "Schutzhaft" genommen, wie das damals so schön hieß. Ein gutes Vierteljahr ist er jedenfalls gesessen, der Kerber. Dann hat man ihn irgendwohin strafversetzt und nicht mehr befördert. Jetzt wohnte er wieder im Ort. Als der Karli seine Bitte um ein paar entlastende Zeilen für seinen Onkel vortrug, da machte der Kerber - nach dem Krieg hat man ihn endlich zum Oberbaurat gemacht - ein verlegenes Gesicht. Er legte dem Karli eine Hand auf die Schulter und sagte:

"Herr Grob, keinem täte ich so gern eine Entlastung schreiben wie Ihrem Onkel. Wir haben doch jahrelang zusammen musiziert, und ich weiß wirklich, was für ein gutmütiger und anständiger Mensch er ist. Aber ich darf nicht!"

- Er senkte seine Stimme und brachte seinen Mund neben Karlis Ohr:

"Ich war doch selber in der Partei. Im Frühjahr vierzig bin ich eingetreten. Es ist mir nichts anderes übriggeblieben. Die haben mich einfach vor die Alternative gestellt: Partei - oder Entlassung. Und ich war doch Beamter, hab Familie gehabt, zwei Buben am Gymnasium, da hab ich halt kapituliert. - Können´s des verstehn, Herr Grob? - und bittschön, sagen´s niemand was davon, ich bin ja sozusagen selbst belastet!"

Der Karli sagte, dass er das sehr gut verstehen könne, und er versprach dem Oberbaurat Kerber, keinem Menschen etwas von dieser Unterhaltung zu erzählen.

Das Dutzend Entlastungsschreiben, das er insgesamt für seinen Onkel zusammengebettelt hat, reichte dann auch leicht aus, dass der bei seiner Entnazifizierungsverhandlung als politisch "minderbelastet" eingestuft wurde. Der Karli selbst, wie gesagt, hat das Ganze eh nur für ein saublödes Theater gehalten.

An einem Tag, der so aussah, als hätte ihn jemand aus einem farbigen Bergkalender herausgeschnitten, fuhren der Karli und der Klaus mit ihren Rädern ins Karwendel, über dessen Gipfeln sich an diesem Morgen ein wolkenloser, zartblauer Himmel wölbte. Dieser helle Himmel und die harten Konturen der Berge davor ergaben einen Kontrast voll wunderbarer Harmonie. Die schroffen Felsen steigerten die Zartheit des Aethers, und dessen lichtes Blau ließ die Felsgipfel ganz besonders eindrucksvoll, beinahe arrogant aussehen.

In Hinterriss gab es nun ein Zollamt, und für den Karl Grob war dies die erste Auslandsreise nach dem Krieg. Er fand es schade, dass man jetzt wieder einen Pass brauchte, wenn man ins liebe Tirol hinein wollte. Als bekannt wurde, dass die Besatzungsmächte den Deutschen erlaubten, ihre Nachbarn zu besuchen, das hat der Klaus gleich zum Karli gesagt:
"Wia waars, wenn mir im Herbst a paar schöne Karwendeltouren mitnand macherten? - Du muaßt unbedingt schaugn, dass d' im September vier, fünf Tag Urlaub machen kannst. - Hast eh no koan richtigen Urlaub g'habt, seit dem Krieg!"
Da hatte er freilich recht, der Klaus. Als es dann so weit war, hat der brave Onkel auch keinerlei Schwierigkeiten gemacht und gesagt, daß er es die paar Tage ganz leicht allein schafft. Die Mutter hätte es natürlich lieber gesehen, wenn sie woanders hingefahren wären, nach Niederbayern zum Beispiel, weil es da nicht so hoch und steil hergeht. Aber die Tatsache, dass der Klaus dabei war, beruhigte sie etwas. Den hielt sie - zu Recht - für einen vernünftigen und zuverlässigen Menschen.

So traten die Freunde die Pedale ihrer quietschenden Fahrräder frohgemut zum Ahornboden hinauf. Rechter Hand schickte ihnen der Rissbach tausend glitzernde Wellen entgegen, und der Karli hätte am liebsten zu jedem der zahllosen Felsbrocken, die im Bach lagen, "Grüß Gott" gesagt. Wenn das Wasser sie auf der einen Seite silbern funkelnd umspielte und auf der anderen, talseitigen, dunkle Strudel bildete, dann sahen die Steine aus wie Frauenköpfe, die von kostbaren Tüchern umhüllt waren.

Als sie an die alte Holzbrücke kamen, über die der Weg hinein ins Johannestal geht, sagte der Klaus:

"Im Herbst oanavierzg, in meinem ersten Barrasurlaub, bin i für zwoa Tag in d'Eng einigfahrn, mitn Radl. - I wollt wenigstens für zwoa Tag koane Leut mehr sehgn, vor allem keine Uniformen, und da - kurz hinterm Bruckerl - hab i an Platten kriagt!"

Der Klaus hatte das letzte Wort noch kaum heraussen, da gab es an seinem Hinterreifen ein Geräusch, dem man unschwer entnehmen konnte, dass dem Radlschlauch mit großer Schnelligkeit die Luft entwich. Der Karli wäre beinahe von seinem Drahtesel gefallen, weil er so lachen musste.

"Des is garantiert derselbe Nagl wie vor zehn Jahr!" sagte er mit tränenden Augen. "Nach zehn Jahr in an so an großen Gebirg' an so an kloan Nagl mit an so an schmalen Hinterroafen genau wieder treffen - des macht dir koaner nach!"

"Erstens," sagte der Klaus würdevoll, "is des erst neun Jahr her, und zwoatens war's damals der Vorderroafen."

Es war ein stark verrosteter Bergschuhnagel, den der Klaus dann aus dem Reifen zog und in seinen Geldbeutel legte.

"Den heb i mir auf - als Talisman!" sagte er.

"G'scheiter is scho, du nimmst den Nagl mit hoam, sonst fahrst 's nächste Mal wieder nei; und lass ihn ja dahoam net rumliegn, sonst hockst di vielleicht aus Versehgn amal drauf, und dann geht dir aa no d'Luft aus", meinte der Karli. Aber der Klaus sagte nur:

"Pass liaber auf, dass d i r morgen d'Luft net ausgeht, an der Lamsenspitz!"

Das Loch war bald geflickt, denn man hatte damals Übung im Fahrradschlauch-Reparieren. Es war nicht mehr weit bis zum Ahornboden. Das Tal weitete sich, und auf den flachen Almwiesen standen wie Denkmäler die schönsten Bäume, die der Karli je gesehen hatte. In den Kronen der uralten Ahorne brannten schon die ersten Farben des nahen Herbstes. Sie standen wie riesige, leuchtende Blumensträuße im Licht dieses frühen Septembernachmittags vor den dunkelblauen Wänden der Grubenkarspitze.

Im Hintergrund, ganz schüchtern hingeduckt, lagen die Hütten der Engalm mit ihren steinbeschwerten Dächern. Die Zwei stiegen von ihren Rädern, setzten sich auf die Querstangen und der Klaus fragte:

"Na, was sagst dazu?"- "Unbandig!" sagte der Karli, weil ihm nichts Besseres einfiel.

Dann haben sie sich im Berggasthof einen Schoppen Roten geleistet und den Wirt gefragt, ob sie ihre Radln in seiner Holzlege einstellen dürfen. Der hatte natürlich nichts dagegen. Dem Kofler ist der Klaus irgendwie bekannt vorgekommen, und er hat gefragt, ob er der ist, der im März das Dammkar-Rennen gewonnen hat. Wie der Klaus gesagt hat, dass er derjenige ist, hat der Kofler gleich noch einen halben Liter Roten spendiert, weil ihm der Fahrstil vom Klaus damals so gut gefallen hat. Der Kofler verstand was davon, denn er war selbst ein alter Bergführer und ein guter Schifahrer.

Dann haben sie sich auf den Weg gemacht über die Binsalm zum Lamsenjoch hinauf. Die zwei Schoppen Rotwein, die jeder der beiden im Bauch hatte, die ließen denn auch den Weg recht kurzweilig werden. Nein, besoffen waren sie natürlich nicht, aber der kleine Stich, der in ihren Köpfen hockte, der reichte gerade aus, sie besonders beschwingt und mit heiterem Gemüt bergan schreiten zu lassen, sodass sie den steilen Weg nicht spürten und die schweren Rucksäcke auch nicht.

Der Klaus sagte:
"Den guaten Lagreiner, den ham mir nur der Tatsache zum verdanka, dass i halt ein international bekannter Schifahrer bin und weil´s für jeden Wirt eine Ehr is, wenn er einem solchen einen ausgebn derf. - Is dir übrigens aufgfalln, wia nett dass mi die Bedienung o´glacht hat? - Vielleicht hat mich die aa scho amal wo g´sehgn!"
"Des stimmt," sagte der Karli, "g´lacht hats scho, aber wahrscheinlich hat ihr bloß dei Platten so imponiert!"

Als sie über das Lamsenjoch gingen, war es schon spät am Nachmittag, und der mächtige Schatten des Berges reichte fast bis zur Hütte hin. Die Ostwand stand dunkel gegen den rötlich-violetten Abendhimmel, sie sah garnicht freundlich aus, und der Karli blickte sie an, wie ein ganz kleiner Bub, der ein schlechtes Gewissen hat, einen ganz großen Nikolaus anblickt. Der Klaus lachte ein wenig, als er fragte:
"Schaugt guat aus, des Wandl,- g´fallt´s dir?"
Und der Karli antwortete - sehr überzeugend:"Wunderbar!"

In der Hütte studierten sie am Abend noch einmal die Routenbeschreibungen für die Lamsen-Ostwand. Der Klaus fuhr mit seinem Finger eine gestrichelte Linie entlang und sagte:
"Also, mir genga die da, die Nummer zwoa. Des is höchstens a Vierer - a unterer Vierer. - Schwaarer wia d´ Zwölferkantn is auf koan Fall, und die ham mir doch im Sommer spielend packt, mir zwoa."
Ja, das war wirklich eine unvergessliche Tour damals, ein einziger Genuss. Nebst dem Klaus war das auch den neuen Kletterschuhen mit den Filzsohlen zu verdanken, denn die klebten am Fels wie Fliegenbeine an der Zimmerwand.

Aber eines ist dem Karl Grob nach einigen schönen Unternehmungen auch aufgegangen: Um bei einer halbwegs anspruchsvollen Tour als Erster zu gehen, dafür langte es bei ihm einfach nicht. Irgend etwas fehlte da. Das Selbstvertrauen? Der Mut? Die Übersicht? - Vielleicht auch alles zusammen? Er war halt der geborene Zweite, damit musste er sich abfinden. Wenigstens beim Klettern. Der Klaus hat das sicher gewusst und nie von ihm verlangt, dass er einmal eine Seillänge führt. Auch Bergsteiger hängen am Leben.

"Noch drei Meter!" rief der Karli mit zurückgeneigtem Kopf und schob das Seil in gleichmäßigen Zügen über seinen Buckel. Von oben schallte die Stimme eines Unsichtbaren herab:

"Nachkemma, - i hab an Stand!"

Der kurze Quergang nach links war kein Problem, die Felsrippe auch nicht, und der Karli verspürte jenes starke Glücksgefühl, das ihn immer packte, wenn sich herausstellte, dass er doch nicht ganz so schlecht war, wie er das vor kurzem noch von sich geglaubt hat.

Auf einer kleinen Rampe stand der Klaus und zog mit ruhigen Bewegungen das Seil ein.

"Heut is guat zum geh," sagte er, "aber oben naus soll´s a weni brüchig wern, hat der Kofler gmoant, - müass ma halt a bissl obacht gebn zwengs an Stoaschlag, und wennst grad koan Griff findst, schmeiß i dir einfach oan abi!"

Noch drei Seillängen bis zum Vorgipfel. Es war eine genussvolle Kletterei ohne große Schwierigkeiten. Unterwegs begegnete der Karli zwei verrosteten Mauerhaken und drei Edelweiß, die ihm aus einem kleinen Graspolster heraus freundlich zunickten. Er dachte dabei zwar ganz kurz an die Inge, ließ aber die drei Sternchen ungepflückt. Nur einmal brach unter seinem linken Fuß der Tritt aus, und der Steinbrocken schlug ein paarmal knallend auf, bevor er hinunter ins Kar flog, und der Karli wurde für eine kurze Schrecksekunde an seine ersten, leichtsinnigen Versuche in der Kistenwand erinnert.

Ansonsten achtete er beflissen darauf, dass das Seil zwischen ihm und dem Klaus nie straff gespannt, sondern immer schön locker war, denn es wäre ihm sehr unangenehm gewesen, wenn der Freund eine spöttische Bemerkung über sein Gewicht gemacht oder gar so ein böses Wort wie "Mehlsacktechnik" gebraucht hätte.

Karlis Sorge war unbegründet, denn inzwischen hatten er und sein Freund sich zu einer Seilschaft von vollendeter Harmonie entwickelt, und der Karli hatte sich auch mit seiner Rolle als Zweiter recht gut abgefunden, schließlich kann ein guter Zweiter ja auch ein recht achtbarer Mensch sein.

Als sie sich auf dem Gipfel die Hand gaben, weil das halt einmal so der Bergsteigerbrauch ist, da fing es urplötzlich an zu regnen, und ein hundsgemeiner Wind trieb ihnen die Wassertropfen in die Augen. Die Eiskarlspitze, das Hochglück, der Kaiserkopf und der Hochnissl, die versteckten ihre charaktervollen Köpfe übellaunig hinter grauen Wolken. Der Klaus ärgerte sich nicht schlecht, weil aus der ersehnten Gipfelzigarette nichts wurde. Er hätte sie garnicht zum Glühen gebracht, und sie wäre im Nu durchweicht gewesen. Auch die Gipfelbrotzeit ward ihnen von Sturm und Regen vereitelt.

Sie liefen hastig über die Schrofen der südlichen Bergflanke hinunter und merkten in ihrer Eile nicht, dass dieser Abstieg über nasse Felsen und glitschige Graspolster weit gefährlicher war als die ganze Ostwand.

An der Scharte, hinter der sich in der regengrauen Tiefe die Almböden des Lamsenjochs auftaten, goss es dann wirklich wie aus Kübeln, und während sie über das Kar und die Wiesen hinuntersprangen, liefen viele silberne Bächlein mit ihnen um die Wette bergab.

Endlich tauchte, geisterhaft, wie die Arche Noah, die Hütte hinter den grauen Wasservorhängen auf, und die beiden Ostwand-Bezwinger kamen sich beinahe vor wie Schiffbrüchige. Sie hatten keinen Fetzen mehr am Leib, der nicht patschnass war, und selbst dem Karli sein trockener Humor ist etwas feucht geworden, denn er sagte:

"Bei so einem Sauwetter, so einem verbieselten, da regnt's gern."

Sie stolperten hastig und nach Trockenheit lechzend in die Hütte, aber der Wirt ließ sie garnicht erst in die Stube sondern meinte, sie sollten ihr nasses Zeug gleich draußen im Hausgang aufhängen. Diese Anordnung befolgten der Karli und der Klaus so gewissenhaft, dass sie außer ihren Armbanduhren nichts mehr anhatten, als sie eiligst über die Stiege hinauf in ihre Schlafkammer strebten. Aus der gegenüberliegenden Tür kam in dem Moment ein älteres Ehepaar. Der Mann lachte herzlich und die Frau sagte vorwurfsvoll:

"Oiso - naaa!"

Abends in der Gaststube, von trockener Wäsche und warmen Trainingsanzügen umhüllt, eine Halbe Bier und einen Weidling mit heißer Pfannkuchensuppe vor sich, da hatten der Karli und der Klaus die kalten Regengüsse bald vergessen. Dafür haben sie aber die schöne Lamsen-Ostwand noch einmal genüßlich nacherlebt.

"Dass mir koan oanzigen Mauerhaken braucht ham, des find i ausgesprochen guat", sagte der Karli.

"Wer sich auf so einer durchschnittlichen Routen in d' Höh nagelt, des is für mi a Flaschen," meinte der Klaus und zog die Schultern hoch, "sowas ham doch m i r net nötig. - Wia g´sagt, mehr wia a Vierer is des net, und wennsd´ magst, dann probiern mir ´s nächste Mal den Weg, der wo rechts davo naufgeht, der soll a weni hantiger sei."

Am Tisch neben ihnen ließ sich das ältere Ehepaar nieder, dem sie vorhin auf der Stiege begegnet waren. Der Mann fragte lachend:
"So, sans wieder trocken? Auf die Dauer is halt ohne G´wand nix, scho weil ma dann koane Hosensäck´ hat."
Und die Frau lächelte etwas verlegen, als sie sagte:
"Mei, i bin fei richtig daschrocken, wia Sie so oben und unten "ohne" daherkemma san."
"So was Schöns hat mei Frau halt scho lang nimmer g´sehgn", sagte der Mann.

Es waren nette Leute, und sie erzählten von vielen gemeinsam erstiegenen Bergen.
"Jetzt gehn mir zwoa aufn Siebziger zua, und da hört si halt langsam alles auf", sagte die Frau ein wenig traurig.
"Hams morgen no was vor?" fragte der Mann.
"Ja, übers Rotwandl zum Hochnissl, - wenns Wetter mag", antwortete der Klaus. Der Mann sagte, dass das Barometer gestiegen sei und dass es morgen bestimmt wieder das schönste Wetter geben werde.

Als sie vor Sonnenaufgang aus der Hütte traten, war der Nebel so dicht, dass man kaum drei Meter weit sehen konnte, und sie beschlossen, zuerst aufs Schafjöchl zu steigen, einen kleinen Felsgrat etwa zweihundert Meter über der Hütte. Schon nach hundert Metern waren sie über dem Nebel. Das ging ganz schnell, fast von einem Meter zum anderen. Plötzlich wurde es heller über ihren Köpfen, und dann lag das Meer unter ihnen. - Ein Meer von hellgrauer Wolle - Lammwolle - Schafwolle, vielleicht die Wolle von all den tausend Tieren, die hier seit ewigen Zeiten geweidet haben? Wollfinger tasteten in die Rinnen und Kare des Schafjöchls hinein, wie in Meeresbuchten. Nah und fern standen die Karwendelgipfel in dem hellen Grau wie vielgestaltige Inseln. Rund und behäbig die einen, schroff und unnahbar die anderen. Aber sie waren alle nichts gegen die Lamsenspitze, denn deren Ostwand stieg ganz nah vor ihnen aus dem Nebel wie der Buckelschild eines Riesensauriers - oder wie eine gewaltige Kathedrale! Einen Augenblick lang musste der Karli an jenen Morgen hinter der normannischen Küste denken, da sich der Mont Saint Michel wie eine Vision aus dem Atlantik hob. Und jetzt kam er zu der Überzeugung, dass der liebe Gott sich die schönsten Kathedralen wohl selber gebaut hat, denn kurz bevor sie den Grat

erreicht hatten, war die Sonne aufgegangen, und ihre erste
die Bergwand zum Glühen. Es schien fast, als käme das
des Berges heraus. Vom Gipfel wanderte der rotgold
wärts, dem Nebel zu. Wieviele Farben können die Felsen
kann ein Berg sein! Auch die Nebel-Wolle bekam Farben und
von der Sonne berührt wurde. Sanfte Wellen gab es, mit rosa
violetten Tälern. Es war ein ruhiges, stilles Meer, auf dem nur die Farb
Und dann begann eine einmalige, ganz private Sondervorstellung, die v
gütigen Natur eigens für den Karli und den Klaus inszeniert wurde: Die Son
projizierte die Silhouette des Schafjöchl auf den hellen Nebel unter der Bergwand, und darauf sah man zwei mächtige, geisterhafte Wesen stehen, Schattenriesen, die sich ganz deutlich abhoben, und die aussahen, als seien sie mit blauschwarzer Aquarellfarbe auf nasses Papier gemalt worden, und wenn der Karli und der Klaus die Arme bewegten, dann winkten die dunklen Dämonen zurück.

"Gell, so von der Weiten schaun mir recht guat aus!" sagte der Karli und lachte. Aber dann war plötzlich ein großer Kreis um die zwei Schattenmenschen, und dieser Kreis schimmerte in allen Farben des Regenbogens. Sie fanden keine Worte, die des Sagens wert gewesen wären. Sie standen nebeneinander und bewegten die Arme im gleichen Rhythmus auf und nieder, und ihre zwei Schattenbrüder in dem farbigen Kreis da drüben, siebenhundert Meter ertfernt unter der Ostwand, die taten desgleichen. Es sah aus, als wollten sie wegfliegen.

Leider war das schöne Schauspiel schnell beendet, und ihre körperlosen Gegenstücke waren auf einmal nicht mehr da. Die höhergestiegene Sonne hatte sie samt dem herrlichen Regenbogenring einfach weggeschleckt, so wie ein Rest Schokoladensirup von einer flinken Kinderzunge vom Teller geschleckt wird. Der Klaus brach das andächtige Schweigen und sagte:

"Des war a Brockengespenst!"

Der Karli aber konnte sichs nicht verkneifen, seinen Freund darauf hinzuweisen, dass sie hier im Karwendel seien und nicht im Harz.

Er hätte auch im Bodensatz längst vergangener Physikstunden wühlen und ein paar siebengescheite Bemerkungen über Spektralfarben, Lichtbrechung und Interferenz machen können. Das wäre aber seinem Freund Klaus gegenüber recht angeberisch gewesen und recht dumm gegenüber den verzauberten Minuten, die sie gerade erlebt hatten.

Sie stiegen über die Schrofen zur Hütte hinunter. Die Sonne hatte den Nebel sozusagen vergeistigt, er war in dünnen Schleiern nach oben geschwebt, und ein wolkenloser Himmel breitete sich über den Karwendelbergen. Man konnte es kaum glauben, dass erst gestern nachmittag der Regen sie fast von der Lamsenspitze heruntergespült hätte.

...ad, dass solche Tag so schnell vergehn", seufzte der Karli. Und der Klaus ...die Hände in die Taschen seiner Bundhose, die noch etwas klamm war von ...gestrigen Niederschlägen, und sagte:

"Mei liaber Mo, du werst di noch wundern, wia schnell dass alles vorbei is, 's Bergsteign, 's Schifahrn, die Weiberleut und 's Lustigsei! - Des erste Vierteljahrhundert, da moanst, des dauert ewig - aber dann gehts dahi, allwei schneller, auf oamal hast koa Zeit mehr und koa Lust, weil dir d'Haxen weh tean und 's Kreuz."

Der Klaus hielt seinen Zeigefinger belehrend vor Karlis Gesicht und sagte:

"Wichtig is, dass ma nix vergisst im Lebn. Des Schöne net und des Schlechte aa net. - Weil ma dann länger was davo hat!"

Recht hast!" sagte der Karli.